인적자원관리의 심리학

이재창 저

학지사

머리말

'인사는 만사다' 또는 '기업이나 조직은 사람하기 나름이다' 라는 말이 있다. 인적자원의 중요성을 강조하는 표현이다. 조직은 사람에 의해 구성되며 또한 사람에 의해 관리된다. 따라서 사람이 없다면 조직은 존재하지 않는다. 조직의 목표를 달성토록 하는 것은 다름 아닌 조직의 구성원들이며, 이들을 어떻게 관리하는가에 따라서 조직의 성패가 좌우된다. 결국 기업경쟁력의 원천은 역시 사람이라는 인식이 강조되고 있으며, 인적자원은 기업의 가장 소중한 전략적 자산으로 인정되고 있다. 따라서 이렇게 소중한 인적자원을 관리하는 활동의 중요성은 아무리 강조해도 지나치지 않으며, 조직의 생존과 번영을 위해서는 우수한 인적자원을 채용하여 활용하고 유지하는 것이 필수요건이라고 할 수 있다.

이 책은 산업심리학적 관점과 경영학적 관점에 근거하여 인적자원관리와 관련한 다양한 주제를 가능한 한 모두 포괄했으며, 최근 들어 현장에서 관심이 집중되고 연구의 필요성이 부각되는 내용을 포함하려고 노력하였다. 이러한 취지에 따라 집필한 이 책의 구성 내용을 각 장별로 간략히 살펴보면 다음과 같다.

우선 **인적자원관리의 이해**(understanding) **영역**인 제1부는 인적자원관리의 기초와 인적자원관리 환경으로 구성하였다. **제1장**(**인적자원관리의 기초**)에서는 인적자원관리의 정의, 인적자원관리의 역사, 인적자원관리의 역할과 역량, 인적자원관리의 내용, 인적자원관리의 연구방법 등을 살펴보았다. **제2장**(**인적자원관리 환경**)은 최근 경영환경의 변화 및 특징, 인적자원관리의 내 · 외 환경요인 등을 소개하는 내용으로 구성하였다.

그다음 **인적자원관리의 과정**(process) **영역**인 제2부는 직무분석, 모집, 선발, 직무수행평가, 산업교육 및 훈련, 경력개발, 보수 및 보상 등으로 구성하였다. **제3장**(**직무분석**)에서는 직무분석의 정의, 직무분석의 용도, 직무분석의 유형, 직무분석의 단계,

직무분석을 위한 정보의 출처, 자료수집의 방법, 직무기술서와 직무명세서, 직무분석의 새로운 방향, 직무분석의 실례 등을 살펴보았다. **제4장(모집)**에서는 모집의 목표 및 절차, 모집에 영향을 주는 요인, 모집자의 특성, 모집자원, 모집방법, 모집에 대한 대안적 방법 등을 다루었으며, **제5장(선발)**은 예언변인의 신뢰도와 타당도, 예언변인의 내용(전기적 자료, 신원조회 및 추천서, 면접, 심리검사, 작업표본검사, 모의상황 기법), 선발 의사결정 등을 기술하였다. **제6장(직무수행평가)**에서는 직무수행평가의 목적, 직무수행평가의 영향과정, 직무수행평가의 구성요건, 직무수행측정의 유형, 직무수행 평정자, 직무수행평정의 기법, 직무수행평가 시의 판단오류, 직무수행평가 오류의 감소 방안, 직무수행평가의 피드백, 전략적 직무수행관리 등을 살펴보았다. **제7장(산업교육 및 훈련)**의 내용은 산업교육 및 훈련의 정의, 산업교육 및 훈련의 과정, 교육 및 훈련에 대한 요구분석, 성인교육의 특징 및 원리, 다양한 산업교육 및 훈련의 방법, 웹 기반의 기업교육, 산업교육 및 훈련의 평가 등으로 구성되어 있다. **제8장(경력개발)**에서는 경력개발의 의미와 중요성, 경력개발 이론, 경력개발 단계, 다양한 경력개발 프로그램, 경력개발의 고려사항 및 단계, 경력개발의 원칙과 성공조건 등을 살펴보았다. **제9장(보수 및 보상)**은 보수 및 보상의 개념, 보수의 중요성, 보상의 유형, 보수 및 보상의 원칙, 보수결정에 영향을 주는 요인, 임금제도 개선을 위한 기본 원칙, 임금체계, 연봉제, 인센티브 제도, 종업원 복지제도 등을 주된 내용으로 한다.

마지막으로 **인적자원관리의 적용(application) 영역**인 제3부는 직무 스트레스, 산업상담, 노사관계, 국제 인적자원관리 등으로 구성하였다. **제10장(직무 스트레스)**에서는 직무 스트레스의 의미, 직무 스트레스의 접근방법, 직무 스트레스 이론, 직무 스트레스의 출처, 직무 스트레스의 결과, 직무 스트레스의 조절변인, 직무 스트레스의 관리전략 등을 살펴보았다. **제11장(산업상담)**에서는 상담의 의미, 산업상담의 기초 이론, 산업상담의 기본원리 및 기법, 심리검사에 근거한 산업상담, 직업상담 등을 다루었다. **제12장(노사관계)**에서는 노사관계의 의미, 노동조합, 단체교섭, 단체협약, 부당노동행위, 노동쟁의, 노사협의제도, 경영참가제도, 신노사문화 등을 살펴보았다. 마지막으로 **제13장(국제 인적자원관리)**은 국제 인적자원관리의 개념, 국제 인적자원관리 환경과 접근방법, 국제 인적자원관리 전략, 국제 인적자원관리 기능 등을 살펴보는 것으로 마무리하였다.

이 책을 집필하는 과정에서 나름대로 집필지침을 정해 놓고 가급적 이에 충실하려고 노력했으나 여러 가지 미흡하고 부족한 점이 있었다. 앞으로 이러한 점은 계속 수정하고 보완해 갈 것을 독자 여러분께 약속드리며, 이 책의 잘못된 부분에 대해서는 기탄 없는 조언을 부탁드린다. 끝으로 이 책이 출판될 수 있도록 기회를 주시고 많은 격려를 해 주신 학지사의 김진환 사장님을 비롯한 관계자 여러분께 깊이 감사드리며, 나의 사랑하는 가족에게도 고마운 마음을 전한다.

2011년 1월

대전의 용운골에서 이재창

차례

제9장 보수 및 보상 237

제3부 인적자원관리의 적용

제12장 노사관계 339

제 1 부

Understanding of Human Resource Management

인적자원관리의 이해

제 1 장

인적자원관리의 기초

조직은 사람에 의해 구성되며 또한 사람에 의해 관리된다. 따라서 사람이 없다면 조직은 존재할 수 없다. 조직의 목표를 달성하게 하는 것은 다름 아닌 조직의 구성원이며 이들을 어떻게 관리하는가에 따라서 조직의 성패가 좌우된다. 결국 기업경쟁력의 원천은 역시 사람이라는 인식이 강조되고 있으며, 인적자원은 기업의 가장 소중한 전략적 자산으로 인정되고 있다. 따라서 이렇게 소중한 인적자원을 관리하는 활동의 중요성은 아무리 강조해도 지나치지 않으며, 조직의 생존과 번영을 위해서는 우수한 인적자원을 채용하여 활용하고 유지하는 것이 필수요건이라고 할 수 있다. 이 장에서는 인적자원관리의 정의, 인적자원관리의 역사, 인적자원관리의 역할과 역량, 인적자원관리의 내용, 인적자원관리의 연구방법 등을 살펴보고자 한다.

1. 인적자원관리의 정의

인적자원관리(HRM: Human Resource Management)란 조직의 목적을 달성하기 위하여 효율적으로 활용해야 하는 자원 중 인적자원의 획득 및 개발에 관한 활동으로 '기업의 장래 인적자원의 수요를 예측하여, 기업전략의 실현에 필요한 인적자원을 확보하기 위하여 실시하는 일련의 활동' 이라고 정의할 수 있다. 이러한 인적자원관리는 인적자원계획(human resource planning), 인적자원개발(human resource development), 인적자원활용(human resource utilization)의 세 가지 측면으로 나누어진다. 이러한 인적자원의 계획/개발/활용을 통해서 조직은 구성원에게 직무수행에 필요한 지식과 기술을 습득시키게 된다. 또한 조직의 목표를 달성하는 데 요구되는 구성원의 노력을 강화하는 여건을 조성함으로써 조직의 성과를 증대시킴과 동시에 구성원의 만족도를 증대시킬 수 있다. 인적자원관리의 세 가지 활동영역을 살펴보면 〈표 1-1〉과 같다.

〈표 1-1〉 **인적자원관리의 세 가지 활동영역**

활동영역	세부 내용
인적자원계획 활동	인적자원의 수요와 공급계획, 직무분석, 핵심역량 파악 등
인적자원개발 활동	인적자원의 확보활동(모집, 선발), 개발활동(교육 및 훈련), 평가활동(직무수행평가, 인사고과) 등
인적자원활용 활동	보상활동(직접보상, 간접보상), 생산성 향상 활동(성과급제, QC활동), 유지활동(근로조건관리, 안전보건관리) 등

1) 인적자원관리의 목표

인적자원관리의 목표는 상위목표인 기업조직의 목표에서 도출되어야 하며 기업조직의 목표달성에 기여해야 한다. 또한 인적자원관리의 목표는 경제적 효율성 추구와 사회적 효율성 추구로 구분한다. 이러한 인적자원관리의 목표 사이에는 상호보완관계와 상호경쟁관계가 동시에 존재하며 이러한 두 목표 간에는 조정 시스템이 구축되어야 한다.

그리고 인적자원을 관리함에 있어서 일관성의 원칙, 공정성의 원칙, 합리성의 원칙이 기본원칙으로 준수되어야 하며, 현대 인적자원관리의 목표는 21세기 정보화 사회에서 필요로 하는 인재상을 구현하는 데 있다.

2) 인적자원관리의 중요성

지식을 많이 보유한 기업만이 글로벌 경쟁사회에서 최고의 기업으로 생존할 수 있는 현재의 상황에서 인적자원은 그 기업만의 지적 자산이다. 예전처럼 기업활동 과정 중에 농업적 근면성만을 강조해서 종업원을 독려한다면, 그 기업은 조만간 퇴출 위기를 감수해야 되리라고 본다. 그리고 경영층 또한 전체 조직의 발전을 위해 전문 경영인에 맞는 자기개발 교육에 소홀함이 없어야 하며, 강력한 리더십을 바탕으로 지식경영을 선도해야만 급변하는 기업환경에 대응할 수 있을 것이다.

21세기는 과거의 연장선상에서는 결코 예측할 수 없는 단절적 변화의 시대이며, 기존의 강점이 미래의 약점으로 바뀌는 패러다임 전환의 시대다. 이러한 21세기 환경변화에 적응하여 선진기업으로 성공적인 진입을 하기 위해서는 내부 핵심역량의 근간을 이루는 인적자원을 효과적으로 육성하여 활용해야 할 것이다.

2. 인적자원관리의 역사

인적자원관리의 역사를 시기적으로 구분할 때, 생산성과 인간성에 대한 관심을 그 중요한 기준으로 하는 것이 일반적이다. 이 발전단계를 구체적으로 살펴보면, 거의 인간성을 무시하고 생산성만을 강조한 시기, 생산성 향상의 수단으로서 인간성을 중시한 시기, 그리고 인간성과 생산성의 통합을 통한 양자의 조화를 강조한 시기로 구분할 수 있다. 최근 많은 조직은 생산성의 원천이 사람이라는 인식에서 사람을 통한 생산성의 향상을 중요하게 여기고 있으며, 새로운 것을 습득하고 활용할 수 있는 인적자원을 양성하기 위해 노력하고 있다.

1) 생산성 강조의 시대: 과학적 관리적 접근

종래의 가내수공업체제가 대량생산체제로 바뀌면서 산업의 고용인력을 크게 확대하였으며, 이를 기점으로 하여 산업사회가 대두하게 되었다. 영국에서 일어난 산업혁명은 19세기 중엽까지는 프랑스, 독일, 미국 등으로, 그리고 19세기 말엽에는 러시아와 일본에까지 확산되었으며, 이것은 또한 자본주의가 지역적으로 확산된 과정이기도 하였다.

이러한 시대적 변화는 인적자원관리 분야에도 커다란 변화를 가져와 과학적 관리의 중요성이 대두되었다. Taylor는 과학적 관리의 창시자로 경영자들이 작업을 가장 효율적으로 설계할 수 있는 방법을 연구하려면 과학적이고 객관적인 방법을 채택해야 한다고 생각하였다. 그래서 그는 그 당시에 직무를 설계할 때 과학적인 자료수집과 분석을 활용하여, 각 직무에 요구되는 동작, 이용되는 도구, 각 과제수행에 요구되는 시간 등에 대한 연구의 중요성을 강조하였다. 예를 들면 시간과 동작 연구(time and motion study)는 작업연구를 통한 표준 과업량과 표준 작업조건을 설정함으로써, 기존의 주먹구구식의 작업방법을 과제를 수행하는 데 가장 효율적인 방법으로 바꾸어 놓았다. 그리고 차등성과급 제도를 통해 할당된 과업을 초과달성한 종업원에게는 높은 임금을, 달성하지 못한 종업원에게는 낮은 임금을 지급하여 생산성 향상을 꾀하였다. 이와 같이 Taylor는 주먹구구식의 전통적인 관리에서 벗어나 과학적이고 합리적인 경영관리를 통해 이를 해결하려고 노력했으며, 이 같은 인식에 바탕을 둔 그의 노력에 힘입어 오늘날 테일러리즘(taylorism)으로 불리는 과학적 관리법이 창안됨으로써 능률 향상에 크게 기여하였다.

Taylor의 과학적 관리법은 여러 가지 측면에서 평가될 수 있으며, 많은 시사점을 제공하고 있다. 우선 장점으로는 과학적 관리를 시도했다는 점, 조직에 의한 관리를 실현했다는 점, 기획업무와 집행업무를 분리시켜 관리의 기능인 계획과 통제의 개념을 확립했다는 점, 전문지식을 가진 관리자가 업무의 감독과 집행을 수행하도록 했다는 점 등이 있다. 반면 단점으로는 운영에 있어 인간성을 경시하고 사람을 기계처럼 취급했다는 점, 종업원의 생산성 향상만을 강조했다는 점, 작업의 전체성이 부족하여 작업현장의 기술론에 지나지 않는다는 점 등을 들 수 있다.

2) 인간성 강조의 시대: 인간관계적 접근

과학적 관리법은 종업원들의 능률 향상에만 초점을 두어 인간을 기계의 부속품처럼 취급하였다. 그래서 종업원들이 감정을 가진 존재로서 생리적 욕구뿐만 아니라 존경을 받고 싶은 욕구와 자아실현의 욕구도 갖고 있다는 사실을 간과하였다. 이렇게 인간의 심리적 · 사회적 측면을 무시한 과학적 관리법에 반발하여 나타난 이론이 인간관계론이다.

이 인간관계론은 Mayo가 한 전화기 제조회사(Western Electric Company)의 호손 공장(Hawthorne factory)에서 실시한 일련의 연구를 기초로 형성되었다. 당시 호손 공장에서는 Taylor의 과학적 관리법에 근거하여 작업환경의 물리적 변화나 작업시간, 임금의 변화 등이 종업원의 작업능률에 어떤 변화를 가져오는지를 연구하기 위해 1924년부터 약 10여 년에 걸쳐 대규모 연구를 수행하였다. 그 결과 생산성은 작업집단의 구성원 사이에서 형성되는 상호관계와 그들 사이의 상호작용에 의하여 크게 영향을 받는다는 사실이 밝혀졌다. 특히 공식적인 직무구조와 권한체계보다는 자연발생적인 비공식 조직과 비공식 역할이 더 중요한 것으로 나타났고, 집단구성원이 자기 직무와 관리자, 그리고 다른 구성원에 대하여 어떻게 생각하고 있는지가 생산성에 크게 작용하고 있는 것으로 나타났다.

Mayo 등은 종업원들의 감정은 집단 내 인간관계, 관리자의 리더십 유형과 의사소통 정도 등에 의해 강력하게 영향을 받는다는 사실을 검증하였다. 이와 같이 심리적 · 사회적 요인은 종업원의 생산성 향상에 커다란 영향을 끼친다고 볼 수 있다. 이러한 인간관계론은 인간을 하나의 생산수단으로만 간주하던 당시의 지배적 사고방식에 인간관계의 중요성을 부각시키는 계기를 만들었다.

그러나 인간관계론이 분명히 종업원들의 작업환경을 개선하는 효과적인 수단은 되었으나, 여러 가지 문제점도 나타났다. 첫째, 조직상황에서 지나치게 단순화된 인간행동의 개념에 기초를 두고 있다는 점이다. 둘째, 종업원을 조직목표로 지향시킬 때 필요한 절차, 표준 및 작업규칙의 중요성을 무시한다는 점이다. 셋째, 인간관계만이 동기화의 유일한 요소라는 인식 때문에 다른 여러 가지 변인을 크게 고려하지 않는다는 점이다. 결국 조직에서 종업원 사이의 심리적 · 사회적 요인이 매우 중요하지만, 이것이 종업원의 만족과 생산성 향상을 보장하는 절대적인 요소는 아니다.

3) 생산성과 인간성의 통합의 시대: 인적자원관리적 접근

조직구성원을 어떻게 관리할 것인가에 대한 관점의 방향이 1980년대 이후에는 인적자원관리적 접근으로 변화되었다. 이 인적자원관리적 접근에서는 조직의 목표와 개인의 목표가 조화를 이루어야 하며, 따라서 일과 만족이 별개로 취급되는 것이 아니라 동시적으로 취급되어야 한다. 따라서 조직은 생산 및 효율의 극대화와 종업원의 욕구 만족이라는 두 가지 목표를 동시에 달성할 수 있어야 한다.

인적자원관리적 접근의 내용을 요약하면 다음과 같다. 첫째, 조직의 인적자원이 주어진 직무만을 수행하는 존재가 아닌 기업경쟁력 확보의 핵심요소로서 경영전략 및 조직구조와 연계되어 상호 영향을 주고받는다. 둘째, 종업원은 많은 잠재력을 갖고 있는 존재이므로 관리자는 이를 발견하고 개발해야 한다. 셋째, 인적자원을 더 이상 비용요소로 보지 말고 투자요소로 간주해야 한다. 결국 사람을 생산의 한 요소로 또는 감정에 기초해서 행동하는 존재로 보기보다는 자원(resource)으로서 관리하는 것이 조직과 종업원 모두에게 실질적인 이익을 가져다줄 수 있을 것이다.

3. 인적자원관리자의 역할과 역량

1) 인적자원관리자의 역할

조직에서 인적자원관리자의 역할은 급격히 변해 왔으며 앞으로도 계속 변화될 것이다. 최근 인적자원관리는 운영적인 것에서 전략적인 것으로, 단기에서 장기로,

감시자 역할에서 지원자 역할로, 기능 중심에서 사업 중심으로, 내부 중심에서 외부 및 고객 중심으로, 수동적 역할에서 주도적 역할로, 활동 중심에서 해결책 중심으로 변화하고 있다(김용구 외 역, 2003). 그러나 현실적으로 보면 인적자원관리자는 운영적 역할과 전략적 역할을 동시에 수행하여야 하며, 단기와 장기에 걸쳐 기업의 목표를 동시에 달성하여야 한다. 따라서 인적자원이 조직의 경쟁우위 달성에 기여하려면 점점 복잡해지는 다양한 역할을 수행하여야 한다.

인적자원관리자의 역할은 수직적 차원과 수평적 차원으로 분류하여 [그림 1-1]과 같이 요약할 수 있다(황규대, 2008). 수직적 차원은 미래지향적/전략적 관점과 일상적/운영적 관점을 나타내며, 수평적 차원은 사람 중심적 관점과 과정 중심적 관점을 나타낸다. 이 두 가지 차원을 중심으로 인적자원의 역할을 전략적 인적자원관리(전략적 파트너, 전략의 실행), 변혁 및 변화의 관리(변화 주도자, 쇄신된 조직의 창출), 기업의 인프라 관리(관리 전문가, 효율적인 인프라 구축), 종업원 공헌의 관리(종업원 챔피언, 종업원의 헌신과 역량의 향상) 등 네 가지로 구분할 수 있다. 최근 들어 인적자원관리자가 담당하는 전략적 파트너, 변화 주도자, 종업원 챔피언으로서의

[그림 1-1] 인적자원관리자의 역할

역할은 점점 증가하고 있지만, 관리 전문가로서의 역할은 점차 줄어들고 있다. 이는 다양한 정보통신기술이 발달하면서 관리적 목적의 인적자원기능을 대체하고 있으며, 또한 최근에는 많은 기업이 일상적인 관리 업무를 아웃소싱하기 때문이다.

2) 인적자원관리자의 역량

위에서 언급한 네 가지 역할을 효율적으로 수행하기 위하여 인적자원관리자가 갖추어야 할 역량은 다음과 같다(황규대, 2008). 전략적 파트너로서의 역할을 수행하기 위해 필요한 역량은 현재나 미래의 사업목표를 고려할 수 있는 능력, 다양한 문제들(생산성 저하, 이직률 증가, 고객만족도 감소)을 분석하여 해결책을 제시할 수 있는 능력 등이며, 변화 주도자의 역할을 위해서는 새로운 인적자원에 관한 정책, 제도, 기술, 작업설계 등에 대한 저항극복 능력이 필요하며, 관리 전문가로서의 역할을 위해서는 효과적인 인적자원 시스템을 설계하여 실행하는 능력, 기술이 어떻게 인적자원 시스템을 보다 저비용 고효율로 만드는지 이해하는 능력 등이 필요하고, 종업원 챔피언의 역할에서는 종업원에 대한 코칭 능력, 종업원의 관점을 경영자에게 전달하는 능력 등이 필요하다(〈표 1-2〉).

〈표 1-2〉 인적자원관리자의 역할과 역량

인적자원관리자 유형	역할	역량
전략적 파트너	전략적 인적자원관리	다양한 자료에 근거한 의사결정 능력
변화 주도자	변혁 및 변화의 관리	변화에 따른 저항극복 능력
관리 전문가	기업의 인프라 관리	인적자원 시스템을 설계/실행하는 능력
종업원 챔피언	종업원 공헌의 관리	종업원에 대한 코칭/상담 능력

4. 인적자원관리의 내용

인적자원관리 분야는 특정한 직무에 필요한 인적 기술과 재능이 무엇인가를 결정하고, 그 직무에 적합한 사람을 선발하고, 적성에 맞게 배치하고, 직무수행을 평가하고, 직무수행을 개선하기 위한 훈련을 실시하고, 임금과 승진 등을 결정한다. 따라서 이 분야는 조직 수준이라기보다는 개인 수준에서 이루어지는 내용을 주로 다룬다(Muchinsky, 1993). 인적자원관리 분야에서 다루는 중요한 주제를 간략하게 살펴보면 다음과 같다.

1) 종업원 선발

어느 기업체든 당면한 가장 중요한 문제는 이 복잡한 환경 속에서 요구하는 여러 가지 업무를 잘 수행할 수 있는 종업원을 선발하는 것이다. 한 기업의 성패는 결국 얼마나 능력 있는 종업원으로 구성되었느냐에 의해 결정된다고 해도 과언이 아니다. 이러한 측면에서 종업원 선발의 문제는 인적자원관리 분야에서 매우 중요한 문제로 다루어지고 있으며, 일반적인 선발절차를 살펴보면 다음과 같다.

우선 지원자를 모집하기 전에, 그 직무에서 필요한 요건이나 직무의 특성, 그 직책에 요구되는 자격사항 등을 결정하기 위해 직무분석을 실시해야 한다. 그 직무에 꼭 필요한 사항, 즉 그 일을 성공적으로 수행하기 위해서는 어떤 지식, 기술, 적성, 성격특성 등이 필요한지를 정확히 알지 못하고는 그 일을 누가 잘 수행해 낼 수 있는가를 알 수 없다. 일단 직무분석을 통해 직무의 세부사항과 자격조건이 알려지고 나면 어떤 선발방법을 사용하는 것이 가장 신뢰할 수 있고 타당한 것인지를 고려하여 선발방법을 정하고 그에 따라 종업원을 선발한다. 그런 다음 일정 기간이 지난 후 선발된 종업원의 직무수행 성과를 선발 시에 사용했던 검사의 점수와 비교하여 평가한다. 이렇게 오랜 기간의 연구 조사를 통해서만 선발절차를 객관적으로 평가할 수 있는 것이다. 이러한 종업원 선발과 평가절차는 기업의 입장에서 볼 때 매우 중요한데, 왜냐하면 적절한 선발과 평가절차가 이루어지면 시간과 비용을 절약할 수 있고 또 그 기업에서 꼭 필요한 우수한 인재를 선발할 수 있기 때문이다.

2) 직무수행평가

종업원들이 직무를 얼마나 잘 수행했는가를 측정하는 것은 기업과 종업원 모두에게 중요하다. 왜냐하면 이 직무수행평가 결과가 종업원의 인사결정과 자기개발에 중요한 기초자료로 활용되기 때문이다. 예를 들면 '어떤 종업원을 승진시켜야 하는가?' '상여금은 얼마나 올려야 하는가?' '해고시켜야 하는가?' '직무수행에서 부족한 부분에 대한 교육/훈련을 더 시켜야 하는가?' 등이다. 이러한 결정은 가능한 한 공정하고 객관적으로, 그리고 정확히 이루어져야 하는데, 이러한 측면에서 인적자원관리자의 역할이 막중하다고 할 수 있다.

3) 교육 및 훈련

기업체에서 교육/훈련의 목적은 종업원의 직무수행 성과를 최대화하기 위해 구체적인 기술, 능력, 자세 등을 개발하는 것이다. 일반적으로 기업체의 모든 신입사원은 입사 후 어느 정도의 교육과 훈련을 받고 있고, 경험이 없는 생산직 종업원은 그들이 수행해야 하는 특수한 작업에 대한 교육을 받아야 하고, 경험이 있는 종업원도 새로운 기술과 수행절차를 배워야 한다. 인적자원관리자는 이러한 기업체의 교육/훈련계획을 수립하고 수행하고 평가해야 하는 막중한 책임을 갖고 있다.

4) 경력개발

기업에서 종업원의 경력개발은 조직과 개인에게 매우 중요한 의미를 갖는다. 우선 조직의 입장에서 볼 때 경력개발은 경력통로를 추적하고 경력의 층을 개발하는 것이다. 즉 특정 종업원 집단이 성장할 수 있도록 지도하고, 관리자적 역량과 기술적 재능이 조직의 욕구에 부합할 수 있도록 보장하기 위해 정보를 탐색하는 것이다. 반면 종업원의 입장에서는 개인이 자신의 주요 목표를 확인하고 이와 같은 목표를 달성하기 위해 해야 할 일이 무엇인지를 결정하는 과정이다. 결국 조직 차원에서의 경력개발은 조직의 욕구를 충족시킬 수 있는 개인을 찾는 것이고, 종업원 개인 차원에서의 경력개발은 각 개인의 사적인 직업경력과 그의 라이프스타일의 문제에 초점을 두는 것이다.

5) 보수 및 보상

조직에서 종업원이 조직에 제공한 노동의 대가로 받는 보상이 보수다. 보수는 종업원 개인과 조직 모두에게 매우 중요한 의미를 갖는다. 우선 종업원 개인에게 보수는 성취에 대한 인정의 수단이며, 지위의 상징이며, 개인의 능력과 업적을 대변해 주는 주요 지표다. 한편 조직에서는 종업원의 직무성취에 대한 능력과 업적을 인정하는 가치의 상징이며, 직무담당자가 기여한 공헌가치의 척도이며, 종업원 개인의 성장과 발전을 알리는 지표가 된다. 따라서 보수 및 보상체계에 대한 합리적이고 공정한 연구 및 실행이 반드시 필요하다.

6) 노사관계

노사관계는 고용주와 종업원 간에, 또는 고용주와 노동조합 간에 발생하는 여러 가지 문제를 다룬다. 이 분야의 인적자원관리자는 노사관계에 영향을 주는 요인, 노사관계의 주체(사용자, 노동조합, 정부), 노사관계의 과정(노사 커뮤니케이션, 단체행동, 단체교섭과 협상 등), 종업원의 경영참여 문제, 성공적인 노사관계 전략 등 다양한 문제에 관심을 갖는다.

7) 국제 인적자원관리

점차 해외경영이 확대됨에 따라, 오늘날의 기업은 국제 활동무대에서 필요한 지식, 기술, 경험을 갖춘 인적자원을 개발하고 관리해야 한다. 기업의 모든 인적자원을 초국적 글로벌 차원에서 관리하는 것을 국제 인적자원관리라고 한다. 국제 인적자원관리에는 주재원 선발과 배치, 국제평가, 국제보상체계, 이문화 경영, 국제 노사관계, 글로벌 리더십, 국제 인적자원개발 전략 등이 포함된다.

5. 인적자원관리의 연구방법

인적자원관리 분야는 산업장면에서의 종업원의 행동을 이해하고, 여기서 밝혀진 원리를 실제 문제해결에 적용함에 있어 과학적인 방법을 사용한다. 과학적인 방법이란 변인과 변인 사이의 관계에 관한 가설적 명제를 실증적으로 검증하는 방법으로, 그 결과는 객관적이고 합리적이며, 체계적인 평가과정을 통하여 끊임없이 지식을 교정하는 특징을 가진다. 과학적 연구는 주어진 현상 내의 많은 변인 중에서 특정변인에 주목하여 ① 이 변인의 특성이나 관계가 어떠한지를 먼저 기술하고(describe), ② 왜 그런 관계가 성립하게 되었는지를 설명하고(explain), ③ 설명을 통해 보편타당한 지식체계를 정립함으로써 주어진 현상에 대해 구체적으로 예언하고(predict), ④ 나아가 현상을 통제하는 데(control) 그 목적이 있다(Kaplan, 1964). 인적자원관리 분야에 활용되는 다양한 연구방법을 살펴보면 다음과 같다(〈표 1-3〉 참조).

1) 관찰법

관찰을 통하여 주요한 현상을 찾아낼 수 있고 그것을 설명하기 위한 가설을 생각할 수 있다. 심리학에서의 관찰은 행동의 관찰이 된다. 그러나 인간의 행동에 영향을 미치는 변인은 너무 많아서, 행동의 조건을 명확하게 판별하고 일일이 기록하기란 거의 불가능하다. 따라서 연구자가 관찰상황에 어느 정도 개입할 필요가 생긴다. 한 가지 방법은 관찰 상황을 정형화하여 비교적 반복적이게 하는 것이다. 그러면 다른 요인이 우연히 작용하여 엉뚱한 관찰을 하는 일이 줄어들 것이다. 이 관찰법이 어떤 결정적인 증명은 하지 못할지라도, 인간행동의 새로운 측면을 발견하거나 좋은 가설을 얻을 수 있다. 또한 현실적으로 관찰법을 택할 수밖에 없는 경우도 있다.

관찰법의 장점은 연구 장면의 자연성이 전혀 훼손되지 않은 상태에서 연구가 이루어지기 때문에 외적 타당도가 매우 높고, 한 번에 많은 변인에 대한 자료를 동시적으로 수집할 수 있고, 다른 방법에 비해 연구자의 편파가 개입될 가능성이 상대적으로 적다는 점이다. 반면 단점은 변인에 대한 조작이나 통제가 없기 때문에 인과성 추론을 거의 할 수 없고, 변인의 측정도 실험법에 비하여 엄밀하지 않고, 연구대상의 반응이 편파적이거나 전집을 대표하고 있지 못할 수도 있고, 관찰자의 주관을 배제하기 어렵다는 점이다.

2) 설문조사법

사람들의 생각이나 감정을 속속들이 관찰하기는 힘들다. 이런 경우 직접 물어보는 것이 효과적일 수 있다. 그래서 연구자들은 미리 준비된 질문을 통해 자료를 수집한다. 이 방법은 제한된 시간 내에 많은 자료를 비교적 쉽게 모을 수 있다는 점에서 효과적이다. 널리 알려진 조사에는 Kinsey의 성행동 연구, 갤럽(Gallup)의 여론조사, 에이시 닐슨(A.C. Nilson)의 마케팅조사 등이 있다.

이러한 조사나 검사를 통해 수집된 자료를 통해 변인 간의 상관관계를 알 수 있다. 상관관계란 두 변인이 정적으로 혹은 부적으로 관련됨을 뜻한다. 그러나 이 방법은 상관관계는 알 수 있지만 변인 간의 인과관계를 밝히기는 어렵다. 즉 어느 것이 원인이고 어느 것이 결과인지를 분명히 알기가 어렵다. 예를 들면 '직무만족도와 생산성 간에는 정적 상관이 있다' 는 결과가 나왔을 때 직무만족도가 높기 때문에 생산성이 높은 것인지, 생산성이 높기 때문에 직무만족도가 높은 것인지 알 수 없다.

3) 실험법

실험법이란 연구자가 조작한 조건과 그 결과 간의 관계를 연구하는 매우 정교화된 연구방법으로, 독립변인과 종속변인 간의 인과관계를 검증할 수 있다. 이때 연구자가 조건을 만들기 위해 임의로 조작한 변인을 독립변인(independent variable)이라고 하고, 그 결과를 알아보기 위해 측정하는 변인을 종속변인(dependent variable)이라고 한다.

실험법이란 말 그대로 인위적으로 만들어 놓은 실험실에서 독립변인의 조작을 통해 행해지는 실험을 뜻한다. 이렇게 인위적인 상황에서 실험을 하는 이유는 연구자가 관심을 갖고 있는 독립변인이 종속변인에 미치는 영향을 정확히 알아보기 위해서다. 즉 실험실 상황에서는 연구자가 원하는 대로 독립변인을 조작할 수 있고, 종속변인에 영향을 미칠 수 있는 독립변인 이외의 다른 변인을 엄격하게 통제하는 것이 가능하다. 예를 들면 어떤 일을 수행함에 있어서 구체적인 목표가 주어지면 애매한 목표가 주어졌을 때보다 그 일의 수행 정도가 높게 나타날 수 있을 것이다. 이 가설은 Locke의 목표설정 이론에 있는 명제인데, 이 명제를 실험을 통해 검증해 볼 수 있다. 50명의 대학생을 우선적으로 뽑아서 그들을 한 명씩 실험실로 데리고 와서 5분 동안에 50개의 덧셈문제를 풀도록 한다. 이때 25명에게는 '5분 내에 40개의 문제를 풀어라' 라고 지시하고, 나머지 25명에게는 '5분 동안 최선을 다해서 풀어라' 라고 지시한다. 50명에 대한 실험이 모두 끝난 후 각 조건별로 문제를 푼 개수를 계산한다. 만일 전자의 지시를 받은 조건(구체적인 목표)의 학생이 후자의 지시를 받은 조건(추상적인 목표)의 학생보다 문제를 더 많이 풀었다면, 본 연구의 가설은 지지되는 것이다. 이 예에서 연구자가 대학생에게 지시한 두 조건은 독립변인이 되고, 각 조건별로 문제를 푼 평균 개수는 종속변인이 된다.

일반적으로 실험법은 과외변인의 영향을 엄격히 통제할 수 있고, 피험자의 무선할당이 가능하며, 독립변인을 자유롭게 조작할 수 있고, 정확한 측정을 할 수 있다는 장점이 있다. 반면 매우 제한된 상황에서 연구를 하기 때문에 외적 타당도가 낮고, 인위적인 환경에서 연구를 하기 때문에 독립변인의 효과가 약하게 나타나거나 실제와 다르게 나타날 수도 있으며, 어떤 현상은 실험실에서 전혀 다룰 수 없는 경우도 있다는 단점이 있다.

4) 심리검사법

심리검사법은 보다 정밀한 측정이 요구되는 장면에서 사용되는 것으로 개인의 지능, 적성, 흥미, 태도, 성격 등을 측정하며 개인차(individual difference)를 규명하는 것을 목적으로 한다. 심리검사법은 수많은 영역에서 다양하게 실시되고 있는데 간단한 검사에서부터 특수한 검사까지 아주 다양하다. 심리검사법은 신뢰도, 타당도 및 실용성을 지닌 검사를 개발 · 제작하여, 표준화된 절차에 따라 실시하고 해석할 때 그 결과를 수용할 수 있다.

심리검사의 기본 특성은 몇 가지 측면에서 살펴볼 수 있다. 첫째, 인간의 행동이 측정대상이 된다. 그러나 모든 가능한 행동을 측정할 수는 없다. 예를 들어, 작문능력을 측정할 경우에 쓰인 모든 기록을 검사하는 것이 가장 정확하지만 이는 비실용적이다. 일반적으로 검사의 질은 표본의 대표성에 의하여 결정된다. 예를 들어, 운전면허시험의 경우 필기, 코스, 주행 시험을 보는데, 이것은 일부분만을 측정하는 것이다. 따라서 전체를 대표하지 못하며 결국에는 운전면허시험으로서 좋은 검사가 되지 못한다고 볼 수 있다. 둘째, 심리검사는 표준화된 조건하에서 이루어진다. 예를 들어, 지시사항, 검사의 시간 제약, 검사실시 환경(조명, 좌석배치 등)의 통제, 통계방법 등이 표준화되어 있다. 심리검사를 표준화하는 이유는 검사결과의 정확성, 타당성, 신뢰성을 높이기 위함이다. 예를 들어, 능력검사, 특히 외국어 청취능력 검사의 경우에 조용한 환경에서 실시하는 경우와 시끄러운 환경에서 실시하는 경우에 다른 결과가 나타날 수 있다. 셋째, 심리검사에는 채점규칙이 있다. 검사결과를 해석하고 활용하기 위하여 검사에 대한 반응을 수량화하는 확립된 규칙이 필요하다. 채점규칙이 있는 이유는 검사자가 달라도 동일한 사람을 대상으로 실시할 때 동일한 반응이라면 동일한 검사점수를 얻을 수 있도록 여건을 만들기 위함이다. 이를 위하여 심리검사는 규준을 정하고 채점절차를 규정해 놓고 있다.

좋은 심리검사가 되기 위해서는 몇 가지 요건을 갖추어야 한다. 첫째, 좋은 심리검사는 적합성을 지니고 있어야 한다. 적합성이란 심리검사가 측정하고자 하는 바를 실제로 측정하는 정도를 나타내는 것으로, 원하는 바를 정확하게 측정할 수 있어야 한다. 이것을 심리검사에서 타당도(validity)란 이름으로 검토하게 된다. 둘째, 좋은 심리검사는 일관성이 있어야 한다. 검사를 실시하는 사람이 달라도 동일한 인물의 검사결과는 일관되게 나와야 하고, 시간이나 장소에 상관없이 일관된 검사결과를 얻어 낼 수 있어야 한다. 이것을 심리검사에서 신뢰도(reliability)라는 이름으로 다루게 된다. 셋째, 좋은 심리검사는 현실성이 있어야 한다. 좋은 심리검사는 검사를 실시하거나 결과를 도출하는 데 들이는 시간과 처리과정에서 경제성이 있어야 하며, 시사하는 바나 적용범위가 넓어 실용성이 있어야 한다. 넷째, 좋은 심리검사는 객관성을 지니고 있어야 한다. 검사의 실시와 검사결과의 채점, 분석 및 해석이 표준화되어 객관성을 지니고 있어야 한다.

5) 사례연구법

관찰법과 실험법이 현재 중심적인 연구방법인 데 비해 사례연구법은 과거 중심적인 연구방법이다. 이 방법은 주로 개인이 성장해 온 사례사(case history)를 바탕으로 연구가 이루어지는데, 대개의 사례사 연구는 개인이 기억해 내는 사건이나 과거에 대한 기록을 분석하고 재구성해서 이루어진다. 이런 측면에서 회고적 방법이라고도 한다. 이와 같이 사례연구법은 개인의 기억과 그것을 바탕으로 재구성하기 때문에 개인의 주관을 배제할 수 없다.

사례연구법은 개인이 가지고 있는 문제의 원인을 회고적으로 파악하는 방법이므로 그 결과를 바탕으로 실험이나 체계적 관찰을 위한 정보를 제공하는 장점이 있다. 그러나 개인의 주관을 배제하기 어렵다는 단점도 있다. 따라서 모든 정보를 정확하고 객관적으로 수집하며 실생활의 예를 많이 포함하는 것이 필요하다.

〈표 1-3〉 각 연구방법의 장단점 비교

	장점	단점
관찰법	• 외적 타당도가 매우 높음 • 많은 변인에 대한 자료를 동시에 수집함 • 연구자의 편파가 개입될 가능성이 상대적으로 적음	• 인과성 추론이 불가능함 • 변인의 측정이 정교하지 못함 • 연구대상이 전집을 대표하지 못함 • 관찰자의 주관을 배제하기 어려움
설문조사법	• 많은 양의 자료수집이 가능함 • 빠른 시간 내에 자료수집이 가능함 • 비용이 적게 듦	• 변인 간의 관계에 대한 제한된 정보만 제공함 • 연구자의 의도에 순응하는 경향이 있음
실험법	• 내적 타당도가 높음 • 인과관계 검증이 가능함	• 외적 타당도가 낮음 • 어떤 현상은 실험실에서 전혀 다룰 수 없는 경우도 있음
심리검사법	• 표준화되어 있으며, 채점규칙이 있음 • 시간과 비용이 적게 듦	• 사회적 바람직성이 높음 • 반응경향성의 문제
사례연구법	• 대상에 대한 심층적 이해가 가능함 • 실험이나 체계적 관찰을 위한 정보를 제공함	• 연구결과의 대표성이 부족함 • 개인의 주관을 배제하기 어려움

정리해 볼 문제

1. 인적자원관리의 중요성에 대해 설명하시오.

2. 인적자원관리의 세 가지 활동영역에 대해 설명하시오.

3. 인적자원관리의 역사 중 인간관계적 접근에 대해 설명하시오.

4. 인적자원관리자의 네 가지 역할에 대해 설명하시오.

5. 인적자원관리 분야에서 다루는 중요한 주제에 대해 설명하시오.

6. 인적자원관리의 연구방법 중 심리검사법의 기본 특성을 설명하시오.

7. 인적자원관리의 연구방법 중 실험법의 장단점을 설명하시오.

제 2 장

인적자원관리 환경

요즘의 경영환경을 무한경쟁 또는 국경 없는 글로벌 경쟁환경이라고 한다. 인적자원관리를 비롯한 기업경영은 이러한 경쟁환경의 변화로부터 커다란 영향을 받고 있다. 따라서 조직은 환경변화에 적응하고 조직경쟁력을 유지 · 강화하기 위해서 지속적인 변화와 혁신이 필요하다. 경영환경은 정지되어 있는 것이 아니라 지속적으로 변화하는 것이다. 변화는 어느 날 갑자기 찾아오는 것이 아니라 근거와 원인을 가지고 진행되던 흐름이 외부에 현상적으로 나타난 것이다. 이 변화의 속도는 완만할 수도 있고 급격히 진행되기도 하지만, 최근의 경영환경은 완만하기보다는 급격한 형태로 진행되고 있다.

경영환경의 변화에 적응하는 것이 기업생존의 핵심일 뿐만 아니라 경쟁에서 승리할 수 있는 원동력이다. 따라서 변화의 방향을 예측하고 이에 대한 사전 준비를 철저히 수행하는 일이 필요하다. 이러한 작업을 성공적으로 계속해 나가는 것이 기업 입장에서는 절대절명의 과제라고 할 수 있다. 즉 변화의 특징을 분석해서 조직에 미치는 영향을 파악하고 이에 대비하기 위해서 조직의 역량을 집중하는 것이 중요하다. 이 장에서는 최근 조직을 둘러싼 경영환경의 변화에 대해 살펴보고, 그다음으로 인적자원관리에 영향을 끼치는 구체적인 환경요인을 언급하고자 한다.

1. 최근 경영환경의 변화

현대 경영에서 발생하고 있는 변화의 주요 방향은 특정한 몇 가지 유형으로 구분할 수 있는 것이 아니라, 복잡하고 다양한 방식으로 진행되고 있다. 그러나 변화의 특징이 새로운 것이 아니라 과거에서부터 나타난 현상의 일부라는 견해도 존재한다. 다시 말하면 경영환경 변화에 관한 많은 연구와 주장에서 제기된 것이기 때문에 완전히 새로운 것은 아니라는 것이다. 그렇지만 새로운 것이 아닐지라도 변화의 주요 현상을 무시할 수는 없으며 이를 적절히 반영해서 경영활동을 수행해야 한다. 또한 변화가 어느 순간 갑자기 부각되는 것이 아니라는 특징을 고려한다면 과거에서부터 강조되는 것이야말로 더 중요한 것임을 인정해야 한다. 최근 강조되고 있는 경영환경 변화의 특징을 살펴보면 다음과 같다.

1) 정보통신기술의 발달

정보기술의 발달은 인간의 노동을 대체하기도 하고 제품의 변화를 가져오기도

〈표 2-1〉 아날로그 시대와 디지털 시대의 비교

	아날로그 시대	디지털 시대
사회발전의 원동력	물리적이고 기계적인 정보	지적이고 소프트한 정보
경쟁력의 근간	물질, 에너지	정보, 지식
기업경쟁 상태	다수과점 경쟁, 다수의 중간기업 존재	초대형 기업의 번성, 중간기업의 몰락
시장경쟁 상태	무자비한 경쟁으로 다수의 탈락자 발생	독자적 차별화로 경쟁우위 확보
행동방식	과거의 답습, 모방	변화, 창조
조직구조	정형화, 위계적	비정형화, 수평적
인력관리	전체 인력의 확보 및 유지	핵심인재의 확보 및 유지
인재관	평균적 인간	최고 우수인재 확보

한다. 동시에 직무 자체와 직무방식의 변화를 가져온다. 예를 들면 기술의 발전은 구성원에게 일일이 지시하지 않아도 되는 권한위임을 가능케 하였고, 작업성과의 측정을 사람이 아닌 컴퓨터가 할 수 있도록 변화시켰다. 또한 정보기술 시스템의 도입은 조직의 규모를 축소시켜, 인력을 정보화가 대체하든지 외부의 용역으로 가능케 하였다. 참고로 정보통신기술의 발달에 근거하여 디지털 시대와 이전의 아날로그 시대를 비교하면 〈표 2-1〉과 같다.

2) 글로벌화

글로벌화란 각 국가경제가 세계경제로 통합되는 것을 의미한다. 즉 글로벌화란 국가 및 지역 간에 존재하던 상품, 서비스, 자본, 노동, 정보 등에 대한 인위적 장벽이 제거되어 세계가 일종의 거대한 단일시장으로 통합되어 나가는 추세를 말한다. 이러한 글로벌화는 최근 국가 간에 상품, 서비스, 자본 등의 이동을 촉진시키고 정보의 교환을 확대시키는 정보통신기술과 그 인프라가 발달됨에 따라 급진적으로 확대되어 나가고 있다.

글로벌화는 국가 간, 지역 간, 기업 간, 계층 간의 격심한 경쟁을 통해 효율의 극대화를 초래하며, 경쟁을 통해 자본 · 노동 등 자원의 최적 배분을 초래하는 역할을 한다. 또한 글로벌화는 세계시장의 단일적 통합과 시장광역화를 통해 규모의 경제 이익을 발생시키기도 하며, 무역장벽을 소멸시키고 자유무역의 이점을 가져다주는 역할을 하기도 한다.

3) 조직형태의 변화

최근 조직은 급변하는 경영환경에 유연하고 탄력적으로 대응할 수 있는 형태로 변화하고 있다. 예를 들면 조직이 정보통신기술을 이용하여 서로 간의 유기적 연계를 극대화시킨 네트워크 조직을 형성하기도 하고, 물리적 공간이나 장벽이 없어진 가상조직을 형성하기도 한다. 네트워크 조직(network organization)은 수평적인 연결과 왕래가 더 많아 자연적으로 구성원의 참여가 더 개방적으로 된다. 그리고 가상조직(virtual organization)은 핵심역량은 그대로 가지고 있으면서 그 외의 부문은 외주를 주기도 하고, 끌어당겨 내부화하기도 하며, 불필요하면 언제든지 떼어내 버리기도 한다.

4) 구성원의 가치관 변화

최근 들어 조직구성원의 개성을 중시하고, 개인주의가 확산되며, 여가와 근로생활의 질을 중시하는 등 가치관이 변화하고 있다. 어느 정도 물질적 욕구를 채운 현 시점에서 근로자들의 중요한 욕구는 인간다운 삶, 성취감, 보람 등이라고 할 수 있다. 그리고 회사를 위해 개인은 희생할 수 있다는 과거의 가치관은 더 이상 설 자리가 없으며, 오히려 개인의 적성과 능력을 살리고 자신을 과시할 수 있는 기회를 찾아 회사를 옮겨 다닌다.

2. 인적자원관리의 환경요인

인적자원관리에 영향을 미치는 많은 환경적 요인이 존재하는데, 이를 크게 외부적 환경요인과 내부적 환경요인으로 구분할 수 있다. 이들 환경요인을 도식화해서 정리하면 [그림 2-1]과 같다(구본장 외, 2009).

1) 외부 환경

외부 환경은 조직 밖에서 기업의 인적자원에 영향을 끼치는 제반 요소들로, 일반적 환경과 과업 환경으로 구분할 수 있다.

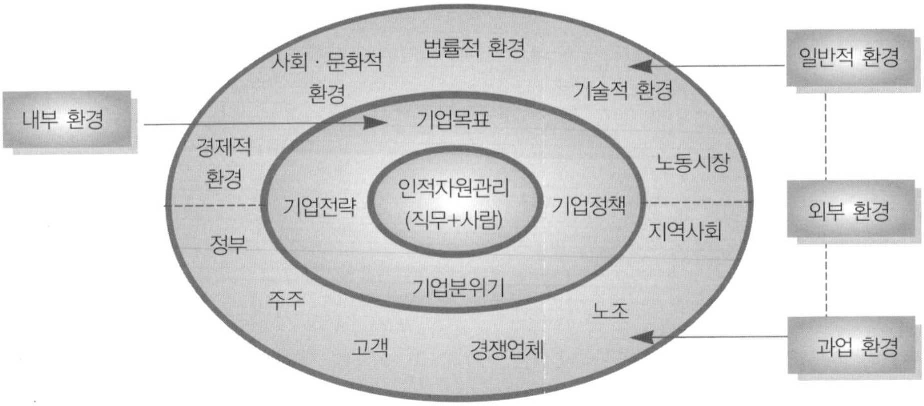

[그림 2-1] 인적자원관리의 환경요인

(1) 일반적 환경요인

① 경제적 환경

인적자원관리와 관련되는 기업의 경제적 환경은 크게 두 가지로 구분할 수 있다(박경규, 2002).

첫째, 제품 및 서비스 시장에서의 경기변화다. 만일 제품 및 서비스 시장에서의 경기가 호황일 경우 기업의 인적자원관리는 비교적 여유를 가지고 운영하게 된다. 그러나 인력확보의 측면에서는 해당 기업이 필요로 하는 양질의 인력을 확보하는 데 보다 적극적인 노력을 해야 한다. 왜냐하면 다른 동종기업도 역시 기업경영이 원활하게 이루어질 수 있기 때문에 우수한 인력을 확보하기 위해 많은 투자를 할 것이기 때문이다. 반면 경기가 불황일 경우 모든 기업은 원가절감에 대한 관심을 보다 높게 가질 것이며, 인력에 대한 보상 측면에서도 가능한 한 비용을 최대한 줄이려고 할 것이다. 또한 구조조정의 일환으로 인력축소 현상이 일어나게 되어 인적자원관리의 어려움은 더욱 가중될 것이다.

둘째, 기업의 경쟁력 확보를 위해 추진되는 세계화 추세다. 기업의 세계화 추세는 우리 기업이 해외에 진출하여 합작회사 내지 단독회사를 만들거나 외국 기업이 우리나라에 진출하는 경우 등 여러 가지 상황을 고려할 수 있다. 어떤 경우든 해당 기업에 종사하는 종업원의 국적이 다양해질 것이며, 기업의 인적자원관리 업무는 국가 및 지역적 문화가 상이함에 따라 더욱 복잡하게 될 것이다. 따라서 인력확보, 인력보상, 인력개발, 인력방출 등 인적자원관리의 업무에서 다양하게 발생되는 문제점을 해결해야 할 것이다.

② 사회 · 문화적 환경

사회 · 문화적 환경이란 개인의 행동에 영향을 끼치는 집단, 문화, 태도, 행동규범, 라이프스타일 등과 관련한 환경으로서, 그 사회의 오랜 역사와 전통에 의해 영향을 받는다. 이러한 요인은 조직의 관리자와 구성원의 행동은 물론 제품 및 서비스 형태에도 영향을 끼친다.

문화란 사회를 구성하고 있는 모든 사람이 공동으로 소유하고 있는 가치관과 신념, 이념과 관습, 그리고 지식과 기술을 포함한 거시적이고 종합적인 개념이다. 이 문화는 쉽게 변화하지 않으며 지속적으로 유지되어 가는 것으로 이해할 수 있지만, 세대 간에는 큰 차이를 보일 수 있다. 즉 기성세대와 젊은 세대 간의 의식구조와 가치관에는 상당한 차이가 존재한다(박내회, 1998b). 예를 들면 젊은 세대는 보상에 있어서도 연공급보다는 능력급을 더 중시하고, 평생직장의 개념보다는 자신의 자아실현을 위해서라면 어느 때라도 이직하고자 하는 의식을 가지고 있다. 특히 최근에는 자신의 경력관리를 위해서 회사를 이직하는 현상이 매우 빈번하게 일어나고 있으며, 조직의 의사결정 과정에도 적극적인 참여를 요구하고 있다. 또한 젊은 세대의 조직구성원은 더 이상 배치전환, 승진, 승급, 교육훈련 등에 대한 조직의 결정에 기성세대의 구성원만큼 일방적으로 따르지 않고 있다.

사회 · 문화적 환경은 조직구성원, 특히 세대 간의 행동 양식에 큰 영향을 미치기 때문에 각 구성원 세대의 의식구조와 가치관 등을 이해하여 인적자원관리를 수행해 나가야 한다. 다시 말하면 인적자원관리자는 일률적인 모집, 채용, 보상, 교육훈련, 경력개발 등을 실시하는 것보다는 각 세대별 가치관을 고려하여 개인의 목표와 조직의 목표를 일치시키는 방향으로 나아가야 할 것이다.

③ 법률적 환경

인적자원관리 업무에서 직면하는 가장 중요한 법률적 환경은 노동관계법이다. 노동관계법은 주로 고용관계와 관련한 법률이 대부분이며 사용자의 재량권을 지속적으로 제한하고 있다. 예를 들면 채용 시 남녀차별 금지를 비롯하여 노동쟁의, 단체교섭, 단체협약, 임금 및 근로시간, 기타 근로조건 등 인적자원관리의 모든 측면은 정부가 제정한 법률이나 법원의 판결에 의해 많은 제약을 받고 있다.

노동관계법은 인적자원관리 전반에 영향을 끼치게 되는데, 분야별 세부부문으로서는 고용기회 평등부문(모집 및 채용, 교육훈련, 배치 및 전환, 동일 임금, 정년퇴직, 해고), 임금 · 근로시간 등 근로조건에 관한 부문(임금지급, 최저임금, 퇴직금, 근로시간, 휴일 및 휴가), 안전 및 보건부문, 노사관계부문(노동조합, 단체교섭, 단체협약 체결, 쟁의행위, 노사협의) 등으로 구분할 수 있다.

이에 따라 사용자는 개별적 근로관계법에 의해 근로의 대상으로 임금지급 의무, 법적 최저기준의 준수 의무, 안전배려 의무, 차별대우금지 의무 등을 준수해야 하고, 근로기준법 등에서 정한 최저기준에 미달될 경우 법적 제재를 받으며 나아가 임금지급, 산업안전보건관리에 필요한 각종 규정 작성 및 신고 의무를 지는 등 기업경영상의 재량권을 규제받고 있다. 또한 사용자는 임금 · 근로시간 등 근로조건, 교육훈련 · 복지후생 · 산업안전, 노동쟁의 등의 부문에 관해 노동조합과 협의하여 단체협약을 체결해야 하며, 정당한 조합활동을 방해하거나 단체교섭을 정당한 이유 없이 거부하는 행위를 할 경우에 이는 사용자의 부당노동행위가 되어 처벌을 받게 된다.

그러므로 인적자원관리자는 최적의 노동력을 획득하고 유지해야 하는 고유의 역할을 수행해야 할 뿐만 아니라 새로운 법의 제정 및 개정, 정부의 각종 지침, 법원의 판결을 항상 숙지하고 있어야 한다. 또한 인적자원관리자는 관련 법이 정하는 테두리 내에서 조직의 모든 규정을 제정하고 이에 적합한 프로그램을 개발해야 하며, 기업과 근로자의 이해관계를 잘 조화시키고 협력관계가 실현될 수 있도록 인적자원관리 업무에 초점을 맞추어야 할 것이다.

④ 기술적 환경

컴퓨터와 정보통신기술 등 과학기술의 급속한 발전으로 인한 최근의 기술변화는 경제 전체의 고용수준 및 구조를 결정할 뿐만 아니라 개별기업의 고용수준 및 형태를 좌우하는 가장 중요한 외부 환경요인으로 대두되고 있다. 이러한 기술의 변화는 고용수준에 영향을 줄 뿐만 아니라 직종구성, 직무구조, 업무분담 등에도 영향을 끼친다.

즉 기술변화는 인간의 노동을 대체하는 수단을 제공하거나 새로운 노동을 필요로 하게 된다. 새로운 제품 및 서비스 생산과 관련되는 기술은 새로운 수요를 창출하게 되고 기업에는 새로운 직무들이 발생하게 된다. 이에 따라 해당 기업 업무의 직무구조와 직무수행 요건이 변화하게 되며, 이에 필요한 인력이 공급되어야 한다.

이를 위해서는 기술변화에 따라 창출된 새로운 직무의 자격요건을 구비시키기 위한 직무전환 교육이 필요하며, 기존의 작업장에서 하위 작업층을 관리해 왔던 중간관리자들의 역할 역시 많이 줄어들게 되므로 인력구조에 대한 재조정이 필요하게 된다.

이와 같이 기업 내에서 기술변화 또는 기술혁신을 시행하게 되면 일반적으로 인력감소 현상이 초래되기 쉽기 때문에 조직구성원과 노동조합의 반발을 야기할 수 있다. 따라서 인적자원관리자는 기술변화에 따른 구성원과 노동조합의 반발을 예방하기 위해 구성원에 대한 배치전환, 재교육 등을 통해 그들의 반발을 최소화할 수 있도록 효율적인 인적자원관리 방안을 강구해야 할 것이다.

(2) 과업 환경요인

① 정부

정부(government)가 기업과 근로자의 관계에 개입하는 것은 산업화 초기부터 시작되었으며 점차 그 정도가 높아져 왔다. 정부는 노동관계법을 제정함으로써 사용자와 근로자 간의 관계에 어떤 규칙을 제공하여 산업 평화, 사회문제의 최소화, 나아가 국가경쟁력 강화라는 여러 가지 목적을 추구해 왔던 것이다.

사회보장제도가 잘되어 있는 독일, 스웨덴과 같은 나라는 실업으로 발생하는 비용을 본질적으로 국가가 부담하지만, 우리나라와 같이 사회보장제도가 발달하지 못한 나라에서는 근로자의 실업과 관련된 비용을 해당 기업에 부과시키는 경향이 있다. 이와 같이 정부는 노동관계법을 제정하여 기업의 인적자원관리에 영향을 주고 있는 것이 사실이며, 직업안정이라는 국가목적을 달성하기 위해 기업의 인력확보, 인력개발, 그리고 인력유지 측면에도 상당부분 개입하고 있는 실정이다.

② 주주

주주(stockholder)는 기업의 실질적인 소유자들로서 기업의 운영이 효율적으로 이루어질 수 있도록 지대한 관심을 가지고 있으며, 기업의 순이익이나 배당금 지급 및 주식가격 등은 그들의 주요 관심사가 되고 있다. 또한 주주들이 회사에 대한 금융적 투자를 확대하면서 기업에 유리하다고 판단되는 주요 사업이 때로는 도전을 받고 어려운 상황이 발생할 수도 있다.

따라서 경영자는 기업목표를 달성하기 위해 기업을 운영하면서 주주들의 요구에 항상 귀를 기울여야 하며, 근로자들과 주주들의 욕구 충족에 있어서 서로 상반되는 요인이 발생할 경우 적절하게 조화를 이루어 낼 수 있도록 노력해야 한다.

③ 고객

고객(customer)은 기업에서 생산된 제품과 서비스를 이용하는 사람들이며, 고객으로부터 신뢰를 받을 수 있을 때 그 기업은 지속적으로 발전할 수 있게 된다. 고객은 항상 양질의 제품과 개선된 서비스를 요구하고 있으며, 기업은 고객의 욕구를 적극적으로 수용해 나가야 한다. 따라서 기업은 언제나 우수한 제품과 서비스를 제공할 수 있는 능력을 갖춘 노동력을 확보하도록 노력해야 한다. 기업이 고용하고 있는 근로자들의 기술 및 자질과 관련되어 있는 제품의 질에 의해 판매량은 증가하기도 하고 감소하기도 한다.

④ 경쟁업체

경쟁업체(competition company)는 특수한 제품이나 특별한 환경적 요인으로 인해 어느 특정 기업이 시장을 독점하고 있지 않은 이상 반드시 등장하게 마련이다. 모든 기업은 조직목표를 달성하기 위해 많은 노력을 하겠지만, 기업의 주요 임무 중의 하나는 다양한 경력을 가진 유능한 인력을 확보하고 유지하는 것이다. 이에 따라 경쟁업체들이 그들에게 필요한 인력을 찾아 나설 때 치열한 인력유치 전쟁이 일어나게 된다.

또한 많은 기업은 생존을 위해 서로 경쟁해야 하기 때문에 그들의 보상체계를 개선해야 한다는 상당한 압력을 받기도 한다. 이러한 환경에 적절히 대응해 나가기 위해서 기업들은 우수인력 확보계획과 보상체계를 개선하여 근로자들의 임금을 향상시키거나 다양한 형태의 보상을 더욱 강구해 나가야 할 것이다.

⑤ 노동조합

노동조합(union)은 근로조건의 유지 및 개선을 위하여 회사와 집단적 근로계약관계를 협상하는 주체가 되며, 기업의 인적자원정책 수립 및 운영에 영향을 미치게 된다. 또한 노동조합은 종업원의 이익을 대표하는 단체로서 노동법에 규정된 단체교섭을 통해 기업의 의사결정에 영향을 끼치며, 이 영향의 범위는 인적자원관리의 전반적인 업무에 해당된다.

또한 노사관계는 기업의 인력유지에도 중요한 역할을 하게 되며, 노동조합은 기업이 추구하는 종업원의 성과창출 능력 및 노동력을 제공하는 데 결정적인 역할을 할 수 있다. 즉 단체교섭에서 기업과 노조가 합의에 도달하지 못할 경우, 노조는 파업을 행사함으로써 회사에 압력을 가할 수 있다.

2) 내부 환경

우리는 흔히 기업 환경요인을 외부 환경으로만 생각하기 쉬우나, 내부 환경도 인적자원관리에 큰 영향을 끼친다. 내부 환경요인으로는 기업목표, 기업전략, 기업정책, 기업 분위기 등이 있으며, 이러한 요소들은 인적자원관리와 조직 내의 타 부서와의 관계에서 상호작용을 하게 된다.

(1) 기업목표

기업목표(company objective)는 기업이 추구하는 최종결과라고 할 수 있다. 기업의 특정한 목표는 기업이 존재해야 하는 이유를 설명하는 것으로, 인적자원관리 업무에 영향을 끼치는 매우 주요한 내부요인으로 볼 수 있다. 예를 들면, 어떤 회사가 기술개발을 중시하는 회사로서 동종업계 최고 수준의 기술력 확보를 목표로 하고 있으며, 기업의 성장요인을 기술 개발 및 신제품 개발이라고 가정해 보자. 이러한 기업목표를 가지고 있는 경우는 새로운 아이디어를 창출할 수 있는 창의적 환경이나 분위기를 필요로 할 것이며, 기술 개발에 성공하기 위한 고급 두뇌인력을 필요로 할 것이므로 우수인력의 채용과 선발이 요구된다. 또한 우수인력의 확보를 위해 교육훈련 및 능력 개발에 대한 지속적인 지원이 필수적이며, 성과가 높은 종업원에게는 특별한 대우와 함께 보상체계도 과감하게 개선해야 한다. 이와 같이 기업목표는 인적자원관리 업무에 매우 많은 영향을 미치게 되므로, 인적자원관리자는 구체적인 행동을 실시하기 전에 기업목표를 명확하게 이해해야 한다.

(2) 기업전략

기업전략(company strategy)은 기업의 환경적응과 목표달성을 위하여 구성원의 의사결정이 분산되지 않도록 통합하기 위한 지침, 즉 의사결정의 통합화를 위한 지침이라고 볼 수 있다(김종재, 박성수, 1995). 이러한 기업전략을 좀 더 구체적으로 살펴보면 기업의 존재가치와 기업의 사명을 명확히 하고, 사명수행을 위한 장기목표를 설정하고 목표달성을 위한 활동방향과 행동경로, 그리고 자원배분 방법을 구체화하는 것이다. 목표와 전략을 구분해 보면, 목표는 바라는 상태를 의미하며, 전략은 목표달성을 위한 자원의 배분방향을 의미한다.

또한 기업전략은 기업의 미래 방향이나 기업 본연의 자세에 일정한 지침을 부여하게 된다. 즉 그때그때의 임기응변적 결정보다는 기업의 미래 방향과 본연의 자세를 계속적으로 유지하면서, 현재의 결정에 어느 정도의 지침을 주려고 하는 것이 바로 기업전략의 중요한 역할이라고 할 수 있다.

(3) 기업정책

기업정책(company policy)이란 기업 스스로가 의사결정을 하는 데 있어 그 사고방향을 유도하는 전반적인 내용이라고 할 수 있다. 이 기업정책은 조직구성원이 그들의 업무를 수행해 나갈 때 도움을 주는 매개변수를 설정하는 것으로 볼 수 있으며, 관리자들의 직무수행 방법에도 중요한 영향을 끼치게 된다.

대부분의 기업에서 회사운영의 주요 분야에 대한 정책이 입안될 경우, 이들 정책 중 가장 많은 업무가 인적자원관리와 관련되어 있다. 인적자원관리자의 직무에 영향을 주는 몇 가지 정책분야에는 종업원에게 안정된 일자리 제공하기, 성과창출에 따른 보상 제공하기, 잠재력 개발을 위한 동기부여하기 등이 있다.

(4) 기업 분위기

기업 분위기(company climate)는 기업 내부에서 느낄 수 있는 정신적 · 심리적인 상태로 정의할 수 있으며, 수많은 기업 분위기 및 풍토가 존재할 수 있다. 예를 들면 권위적인 기업 분위기 속에서의 의사결정은 주로 조직의 상위층에서 이루어지는 경향이 많으며, 부하에 대한 신뢰와 확신이 결여되기 쉽다. 이러한 분위기에서는 기업 내에 비밀스러운 일이 많으며, 구성원은 창의력 개발에 소홀하게 되고, 어떤 문제해결 활동에 적극적으로 참여하지 않게 된다. 반면 의사결정이 조직 내 구성원에 의해 이루어지는 경향이 있는 개방적인 조직에서는 부하에 대한 신뢰성이 높으며, 공개적인 의사소통이 장려되어 구성원의 창의성이 발휘되며, 다른 팀 구성원들과의 문제해결에 있어서도 적극적인 자세를 취하게 된다(Korman, 1977).

기업의 조직 분위기에 영향을 끼치는 주요 요소로는 의사소통의 효율성, 동기유발 방법, 리더십 형태가 있다. 기업구성원에 의해 인지된 이러한 조직 분위기는 생산성을 높이기도 하고, 반대로 조직의 존재 자체를 어렵게 하는 잠재력을 가지고 있기도 하다(LaFollette, 1975).

정리해 볼 문제

1. 최근 경영환경 변화의 특징을 설명하시오.

2. 아날로그 시대와 디지털 시대를 비교하여 설명하시오.

3. 인적자원관리의 외부 환경 중 일반적 환경요인을 설명하시오.

4. 인적자원관리의 외부 환경 중 과업 환경요인을 설명하시오.

5. 인적자원관리의 내부 환경요인에 대해 설명하시오.

제 2 부

Process of Human Resource Management

인적자원관리의 과정

제 3 장

직무분석

오늘날 기업의 경쟁력을 판가름하는 요소 중 가장 중요한 자원은 기업이 보유하고 있는 인적자원이다. 특히 오늘날 기업이 처한 변화무쌍한 환경을 극복하기 위해서 기업은 인적자원의 중요성을 인식하고 이의 개발을 강조하고 있다. Simon(1976)은 기업의 경영활동은 의사결정의 연속이며, 경영활동의 효율성은 바로 의사결정의 질(quality)에 달려 있다고 주장하고 있다. 이러한 의사결정의 주체는 바로 인적자원이며, 이들의 능력이 바로 의사결정의 질을 결정한다. 이 장에서는 종업원 선발과정의 개발 단계, 직무분석에 대한 이해, 직무분석의 실례 등을 살펴보고자 한다.

1. 종업원 선발과정의 개발 단계

기업에서 필요로 하는 우수한 종업원을 선발하기 위해서는 적절한 선발계획이 필요하다. 일반적으로 지원서 양식을 아주 쉽게 만들 수 있고, 면접도 사전 작업을 많이 하지 않고 실시할 수 있으며, 각종 검사도 손쉽게 구매하여 지원자에게 실시할 수 있다. 그러나 사전에 철저한 노력이나 연구 없이 지원자에 대한 정보를 수집하여 특정 지원자를 채용하기로 결정한다면 심각한 문제가 발생할 소지가 있다. 즉 지원자에 대해 수집된 정보가 직무수행과 관련이 없거나 여러 지원자 중에서

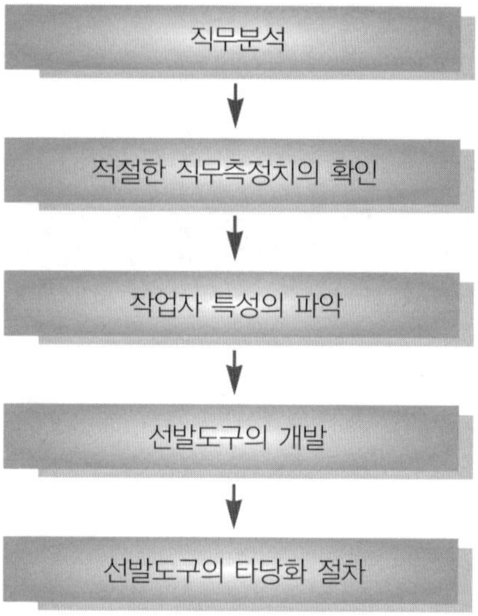

[그림 3-1] 종업원 선발과정 개발 단계

좋은 지원자를 확인하는 데 이러한 정보를 효과적으로 사용할 수 없을 것이다. 따라서 인사선발자는 지원자와 이 지원자가 하게 될 직무가 잘 조화를 이루기 위해서 필요한 것이 선발과정의 개발이다. 이 선발과정 개발에는 회사와 지원자 간 외에도 여러 가지 많은 단계가 포함되어 있는데, 이 과정 개발에 필요한 단계를 살펴보면 [그림 3-1]과 같다.

1) 직무분석

선발의 목적이 회사 내에서 필요로 하는 어떤 직무를 가장 잘 수행할 수 있는 사람을 확인하는 것이기 때문에 선발과정의 첫 단계는 직무에 대한 정보를 수집하는 것이다. 직무분석(job analysis)이란 어떤 조직에 있는 특정 직무에 대한 정보를 수집하는 것이다. 그 직무를 성공적으로 수행하기 위해 종업원이 갖추어야 할 바를 회사가 상세하게 알지 못한다면 잠재적 종업원에게서 찾고자 하는 능력과 자질을 알 수 없을 것이다. 따라서 그 직무에 필요한 구체적 기술과 능력을 결정하기 위해 직무분석이란 과정이 필요하다. 그리고 이 직무분석을 통해 잠재적 종업원을 분석하는 것이 가능하게 된다.

2) 적절한 직무수행 측정치의 확인

선발과정 개발의 주요 목적은 직무에서 성공할 지원자를 찾는 것이다. 즉 특정 직무수행에서 실제 작업자 간의 차이를 측정할 수 있어야 한다. 이 작업자 간의 차이를 측정하는 과정 자체는 단순하며, 종업원이 얼마나 많은 양의 일을 했으며 얼마나 그 일을 잘 수행했는지를 알아보면 된다. 그러나 조직 내의 수많은 요인이 이러한 직무수행에 대한 측정을 어렵게 한다. 특히 요즈음의 많은 직무는 눈으로 직접 확인할 수 없는 성과를 산출하는 경우가 많기 때문에 측정에 많은 어려움을 겪게 된다.

3) 작업자 특성의 파악

직무분석을 통해 얻은 정보와 직무수행에 필요한 자료를 수집한 후에 인사담당자는 작업자가 특정 직무를 성공적으로 수행하기 위해서 반드시 갖추어야 하는 지식 · 기술 · 능력 등 작업자의 특성을 파악해야 한다. 이러한 지식 · 기술 · 능력 등은 지원자를 평가하는 기본적 특성이다.

4) 선발도구의 개발

특정 직무수행에 필요한 작업자의 지식 · 기술 · 능력 등을 파악한 후, 지원자에 대한 정보를 수집하기 위하여 적절한 선발도구를 개발할 필요가 있다. 이러한 선발도구에는 지원서, 추천서, 면접, 각종 검사(성격검사, 적성검사 등), 모의(simulation)에 의한 평가 등이 있다. 사용될 선발도구를 선정하는 데는 두 가지 기본적인 원칙이 있는데, 첫째는 선발도구가 이전에 이미 파악된 지식 · 기술 · 능력 등을 확인하여야 한다는 것이다. 둘째는 측정도구가 지원자들을 변별할 수 있는 기능을 갖추어야 한다는 것이다. 지원자들이 직무수행에 필요한 지식 · 기술 · 능력 등을 각기 다르게 가지고 있기 때문에 선발도구는 이러한 차이를 잘 측정할 수 있어야 한다. 만일 어떤 측정도구에서 거의 모든 지원자가 동일한 점수를 받았다면 지원자들이 거의 동등한 능력을 갖추고 있는 것으로 보이기 때문에 선발을 하기 위한 결정은 매우 어렵게 된다.

5) 선발도구의 타당화 절차

마지막 단계는 중요하다고 생각된 작업자의 특성이 실제로 성공적인 직무수행과 관련이 있는가를 알아보기 위해 정보를 수집하고 평가하는 타당화(validation) 단계이다. 만약 그렇다고 판단되면 사용된 선발도구는 이를 사용한 조직에 유용하지만, 그렇지 않다면 파악된 작업자의 특성은 직무수행과 관련이 없으므로 가능한 한 빨리 다른 선발과정을 개발하는 것이 바람직하다. 일반적으로 선발과정을 타당화하는 방법에는 경험적 타당화, 내용 타당화 등 여러 가지가 있다. 직무분석에서 시작하여 타당화 절차에 이르는 선발과정의 개발 단계를 거치지 않고는 선발도구의 유용성에 대해 확신할 수 없다.

2. 직무분석

조직에서 새로운 종업원을 모집하고, 선발하고, 배치하고, 교육시키고, 수행평가를 통하여 적정임금을 지급하고, 유사한 직무를 함께 묶어 직무를 분류하기 위한 가장 기초적인 정보는 직무분석(job analysis)을 통해 얻어진다. 직무분석을 통하여 직무에서 어떤 활동이 이루어지며, 직무수행에서 사용되는 도구나 장비가 무엇이고, 어떠한 환경에서 작업이 수행되고, 직무수행에 요구되는 인간적 능력이 어떤 것인지를 알 수 있다. 직무분석은 바로 직무를 수행하는 사람에게 직무수행과 관련된 광범위한 정보를 제공하기 위해 실시된다. 직무에 대한 의미 있는 정보수집은 인적자원관리의 여러 기능을 수행하는 데 필수적이다. 예를 들면 공석이 된 직무에 대해 사람을 채용할 때 이 직무를 성공적으로 수행하는 데 필요한 지식 · 능력 · 기술, 그리고 장비가 무엇인지를 모른 채 어떻게 사람을 채용할 수 있겠는가?

1) 직무분석의 정의

그렇다면 직무분석이란 무엇인가? Ghorpade와 Atchison(1980)은 직무분석을 "조직의 계획수립과 설계, 인적자원관리, 기타 관리적 기능을 수행하기 위한 기초 정보를 얻기 위하여 조직 내에서 직무에 관한 정보를 수집, 분석, 종합하는 관리적 활동"이라고 정의하였다. 결국 직무분석이란 종업원이 수행하는 구체적 직무의 작업요소의 정확한 본질을 명확한 용어로 기술하는 것이다. 이 직무분석에는 사용되는 장비나 도구, 수행되는 작업, 안전사고와 같은 직무의 독특한 면, 요구되는 교육이나 훈련, 월급의 범위 등과 같은 종류의 정보가 포함된다. 직무분석의 의미를 보다 명확히 파악하기 위해, 이와 관련 있는 여러 개념을 살펴볼 필요가 있다. 다음의 개념은 좁은 범주로부터 넓은 범주로 상향적으로 정리되어 있다(〈표 3-1〉 참조).

(1) 요소

요소(element)란 업무활동의 가장 작은 구성단위로, 어떤 직무와 관련된 동작, 정신적 과정 등 더 이상 나누어질 수 없는 최소한의 작업단위를 말한다. 예를 들면 '컴퓨터의 키를 누른다' '복사를 한다' '고객의 주문을 받는다' 등이 요소에 해당된다. 요소는 과제를 구성하는 업무내용으로서 과제의 중요성, 복잡성, 난이도 등을 구분하는 기준이 된다. 또한 요소의 내용에 따라 수행하기 위해 요구되는 자질이나 지식 수준을 평가할 수 있다.

(2) 과제

과제(task)란 어떤 특정 목적을 달성하기 위해 수행하는 업무활동으로서, 하나 혹은 그 이상의 요소로 구성된다. 예를 들면 '자동차를 운전하는 것' '학생들을 가르치는 것' '환자를 치료하는 것' 등을 말한다. 과제는 하나의 업무 중에 포함된 작업 활동의 한 단위로, 업무를 수행해 나가는 과정에서 일정한 빈도를 가지고 발생한다.

(3) 직위

직위(position)란 한 사람의 작업자에게 할당된 과제의 집합을 말한다. 따라서 조직 내에서 각 개인이 수행하는 과제는 그 개인의 직위에 의해 결정되는데, 조직 내에는 종업원의 수만큼이나 많은 직위가 있다. 그리고 특정 직위에서 근무하는 종업원은 그 직위에 따라 어느 정도 고유한 과제를 수행한다.

(4) 직무

직무(job)란 개인이 수행하는 주요 과제가 동일할 때나 유사한 직위의 집합일 때를 말한다. 예를 들면 30개의 연구원이라는 직위는 그 조직 속에서 '연구원' 이라는 1개의 직무를 구성하고 있는 것이다. 따라서 어떤 직위에서 수행하는 과제가 매우 유사하다면 이러한 직위의 집합을 하나의 직무로 간주할 수 있다.

(5) 직업

직업(occupation)이란 유사한 직무의 집합으로, 직무의 특수성 및 전문성에 따라 일관된 작업을 목표로 유사한 직무가 결합된 단위라고 할 수 있다. 예를 들면, 학교에는 국어, 수학, 영어, 과학 등 가르치는 내용이 매우 다양한 많은 직무가 있는데, 이러한 직무는 모두 '교직' 이라는 직업에 해당된다.

(6) 직무군

직무군(job family)이란 유사한 직업의 집합을 말하며, 일반적으로 인사, 생산, 재무, 마케팅 등으로 구분한다.

〈표 3-1〉 직무분석과 관련된 용어의 비교

용어	정의	예시
요소(element)	업무활동의 가장 작은 구성단위로, 어떤 직무와 관련된 동작, 정신적 과정 등 더 이상 나누어질 수 없는 최소한의 작업단위	복사를 한다, 고객의 주문을 받는다 등
과제(task)	어떤 특정 목적을 달성하기 위해 수행하는 업무활동으로, 하나 혹은 그 이상의 요소로 구성	자동차 운전하기, 학생 가르치기, 환자 치료하기 등
직위(position)	한 사람의 작업자에게 할당된 과제의 집합	직위의 수는 종업원의 수에 의해 결정됨
직무(job)	개인이 수행하는 주요 과제가 동일하거나 유사한 직위의 집합	연구원 등
직업(occupation)	유사한 직무의 집합	교직, 관리직, 판매직 등
직무군(job family)	유사한 직업의 집합	인사, 생산, 재무, 마케팅 등

2) 직무분석의 용도

조직에서 인적자원관리를 위해 직무분석을 실시하고자 한다면 우선 조직에서 수행하고 있는 업무의 요소와 과제에 대한 정보를 수집해야 한다. 이렇게 수집된 객관적 자료를 토대로 하여 인적자원관리가 일관성 있고 공정하게 수행될 수 있을 것이다. 여기서는 직무분석의 다양한 용도에 대해 살펴보고자 한다([그림 3-2] 참조).

(1) 모집 및 선발

종업원의 선발에 있어 그 대상자가 가지고 있는 자격, 성질 및 기능이 그 사람이 수행하게 될 직무와 완전히 일치하는 것이 바람직하다. 그런데 이와 같이 하기 위해서는 첫째, 경영에 있어 충원을 필요로 하는 직무에 취업하는 데 필요한 자격, 성질 및 기능을 명확히 파악하고 둘째, 그러한 요건을 충족시킬 수 있는 노동력 공급원을 찾아 모집하며 셋째, 응모한 사람 중에서 앞의 첫 번째 요건을 충족시키는 사람을 선발해야 한다. 이때 무엇보다도 중요한 일이라 할 수 있는 직무수행에 필요한 자격 · 성질 · 기능조건을 밝혀 주는 임무를 직무분석이 담당하고 있다.

(2) 교육 및 훈련

직무분석에 의하여 직무요건(job requirement)이 결정되고 종업원의 숙련도 분석에 의해서 현재의 숙련 수준을 이해하고 나면 그것에 기초하여 교육훈련의 필요성을 감지할 수 있다. 이때 교육의 필요시점을 파악하기 위해서는 각 직무를 수행함에 있어 필요로 하는 지식 · 숙련 · 기능의 종류와 정도를 명확히 분석하여야 한다. 직무분석은 다음과 같은 사실을 제공함으로써 그 역할을 담당한다. ① 직무의 내용, ② 직무에 있어서 완수하여야 할 책임, ③ 취업 전에 기본적으로 갖고 있어야 하는 지식, ④ 취업 후 획득할 기술 및 지식, ⑤ 직무를 완수하는 데 필요한 정신적 기능 · 솜씨의 정도와 준수하여야 할 정확도, ⑥ 습숙에 수반되는 작업구조의 변화, ⑦ 사용하는 장치 · 기계 · 비품 · 자재 · 소모품의 종류와 그의 성질, 구조와 조작법, ⑧ 특수한 용어.

(3) 직무수행평가

합리적인 직무수행평가를 위해서도 직무분석이 갖는 의의가 매우 크다. 직무분석에 의해 나타난 직무요건과 그 같은 직무요건을 충족시킬 수 있는 성과를 실현하고, 또 다른 요건보다 어렵고도 책임 있는 직무를 보다 잘 실현했을 때 그에 상응하는 직무수행점수를 배정하는 것은 당연한 일이다.

(4) 직무평가

직무평가는 직무의 상대적 가치에 따라 등위를 정하는 것으로서 직무평가의 실제에 있어서는 작성된 직무기술서의 직무요건(직무수행요건)이 직무평가의 자료가 된다. 직무분석의 결과를 인사관리의 여러 분야에 보다 적절히 활용하기 위해서는 직무가 평가된 다음 그 결과에 따라 직무를 체계적으로 분류해야 한다.

(5) 배치 및 경력개발

선발된 사람들을 적합한 직무에 배치하고 경력개발에 관한 기초자료로 활용할 수 있다. 이때 직무의 특성과 종업원의 특성을 잘 결합시키면 업무의 효율성을 향상시킬 수 있을 뿐만 아니라 직무만족도도 증가시킬 수 있다.

(6) 정원관리

직무분석을 통해서 직무 자체에 대한 분석을 실시하고, 직무수행의 내용과 성과의 관계를 분석함으로써 그 직무가 조직목표의 달성에 필요한가의 여부를 검토하여 직무를 확정하고 직무별로 적격자의 조건과 소요 인력을 결정함으로써 정원관리의 합리성을 기할 수 있게 된다.

(7) 임금관리

어떤 한 직무가 갖는 상대적 가치를 평가하고 합리적인 직무수행평가를 바탕으로 임금을 지급할 수 있을 때 이는 보다 객관성 있는 임금관리가 될 수 있다. 즉 합리적 임금관리를 위한 전제조건인 직무평가를 효과적으로 실시하기 위한 직무내용과 직무수행평가를 합리적으로 실시하기 위한 평가기준 등이 직무분석을 통해서 얻어지거나 그 결과를 활용함으로써 만들어질 수 있는 것이다.

(8) 안전관리 및 작업조건의 개선

각각의 직무가 가지고 있는 위험성과 그 정도, 작업환경의 유해성과 그 정도, 노동의 종류와 그 강도, 직업병 유무 등을 파악해서 대처할 뿐 아니라 종업원에게 그에 상응하는 수준의 대우를 해 주기 위해 직무분석이 필요하다.

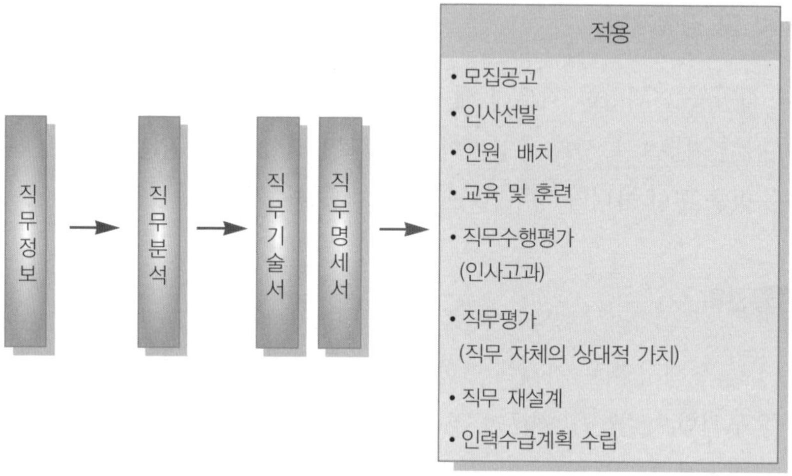

[그림 3-2] **직무분석의 다양한 적용**

3) 직무분석의 유형

직무를 분석할 때 초점을 어디에 두느냐에 따라 과제 중심적 직무분석과 작업자 중심적 직무분석으로 나눌 수 있다.

(1) 과제 중심적 직무분석

이 유형은 직무에서 수행하는 과제나 활동이 어떤 것인지를 파악하는 데 초점을 둔다. 이 과제 중심적 직무분석에 의해 수행되는 모든 과제를 세부적으로 나열해 보면 어떤 직무에서는 열거되는 과제 수가 수백 개까지 될 수도 있다. 예를 들면 과제는 조립한다, 수리한다, 자른다, 망치질한다, 형틀을 만든다, 압축시킨다, 구부린다 등의 형태로 표현된다. 이 유형은 과제를 중심으로 직무를 분석하므로 과제분석(task analysis)이라고도 한다. 그러나 과제 중심적 직무분석의 단점은 각 직무에서 이루어지는 과제나 활동이 서로 다르기 때문에 분석하고자 하는 직무 각각에 대해 표준화된 분석도구를 만들 수 없다는 것이다.

(2) 작업자 중심적 직무분석

이 유형은 직무를 수행하는 데 요구되는 인간의 재능에 초점을 두어 지식, 기술, 능력, 경험 등과 같은 작업자의 개인적 요건에 의해 직무를 분석한다. 예를 들면 작업자의 건강과 육체적 힘, 수공조작 솜씨, 눈과 손의 협응, 시각 · 청각의 예민성, 기계적 능력, 정서적 안정성 등이 해당된다. 작업자 중심적 직무분석의 대표적인 예가 McCormick, Jeanneret 그리고 Mecham(1972)가 개발한 직위분석질문지(PAQ: Position Analysis Questionnaire)이다. 이 PAQ는 직무의 수행에 요구되는 인간의 특성을 기술하는 데 사용되는 194개의 문항으로 구성되었으며, 이들 문항은 직무수행에 관한 6개의 하위차원에 대해 평정하도록 되어 있다. 이 6개의 차원을 살펴보면 다음과 같다(〈표 3-2〉 참조).

- 정보의 입력: 작업자가 직무를 수행하는 데 사용하는 정보의 원천에 관한 것으로, 정보의 입력과 관련한 행동을 포함하고 있다.
- 정신적 과정: 중재적 처리과정과 관련된 차원이다.
- 작업의 결과: 종업원이 입력된 정보에 따라 특정 행동을 하고 그 결과 서비스 또는 결과물을 생산해야 하는 차원이다.
- 타인과의 관계: 인간관계 활동으로서 협상, 설득, 지시 등의 내용으로 구성된 차원이다.
- 직무맥락: 작업환경 및 직무맥락과 관련한 것으로 소음, 좌절상황, 대인접촉에 의한 긴장 등으로 구성된 차원이다.
- 기타 직무특성: 작업계획, 임금, 시간적 압박, 책임 등 다양한 측면의 내용을 모아 놓은 차원이다.

작업자 중심적 직무분석은 인간의 다양한 특성이 각 직무에서 어느 정도나 요구되는지를 분석하기 때문에 직무에 관계없이 표준화된 분석도구를 만들기가 비교적 용이하고, 다양한 종류의 직무에서 요구되는 인간특성의 유사 정도를 양적으로 비

〈표 3-2〉 직위분석질문지(PAQ)의 여섯 가지 차원

차원	기술 내용	문항의 예
정보의 입력	작업자가 직무를 수행하는 데 이용하는 정보를 어디에서 어떻게 얻는가?	감각적인 자극의 해석, 다양한 정보원 해석, 환경조건에 대한 자각, 다양한 감각의 사용 등
정신적 과정	직무수행에 필요한 논리, 의사결정, 정보처리활동, 계획 등은 무엇인가?	의사결정, 정보처리 등
작업의 결과	직무활동에 필요한 육체적 활동은 무엇이며 어떤 기계, 도구, 수단 등이 필요한가?	기계/도구/장비의 사용, 기계/처리과정의 통제, 다양한 장비/장치의 사용, 일반적 신체 협응 등
타인과의 관계	직무를 수행하는 데 다른 사람과 어떤 상호작용이 존재하는가?	판단과 관련된 정보교환, 일반적인 개인적 접촉에 참여, 직무와 관련된 정보 상호교환 등
직무 맥락	어떤 물리적 · 사회적 상황에서 직무가 수행되는가?	스트레스가 많은 환경, 위험한 직무상황 등
기타 직무특성	직무수행과 관련한 다른 활동, 조건, 특성 등은 무엇인가?	비전형적/일상적 스케줄에 따른 근무, 유동/일정급으로 급여 지급, 구조화/비구조화된 작업수행 등

교하는 것이 가능하여 폭넓게 활용되는 장점을 가지고 있다. 그러나 특정 직무에 맞는 구체적인 직무활동을 기술하고 있는 것이 아니므로, 이 설문지로 측정된 점수를 가지고 개별 직무의 성과표준을 직접 산출하는 데에는 많은 무리가 따른다.

4) 직무분석의 단계

직무분석을 실시하는 경우에 일반적으로 다음과 같은 여섯 가지 단계를 거치게 된다. 1단계는 직무분석을 준비하는 단계이고, 2단계는 직무분석의 설계 단계이고, 3단계는 직무에 관한 자료를 수집하고 분석하는 단계이고, 4단계는 직무기술서와 직무명세서를 작성하는 결과정리 단계이고, 5단계는 직무분석한 결과를 조직 내 여러 관련 부서에 배포하는 단계이고, 마지막 6단계는 시간의 흐름에 따라 직무에서의 변화

가 있을 때 그러한 변화를 직무기술서나 직무명세서에 반영하여 직무에 관한 정보를 최신의 것으로 바꾸어 주는 통제 단계다. 각 단계에서 구체적으로 이루어지는 활동을 살펴보면 다음과 같다.

(1) 준비 단계

준비 단계에서는 직무분석의 이유와 대상을 결정해야 한다. 즉 어떤 직무를 분석할 것인지를 결정하며(분석대상 직무 선정), 직무분석을 왜 하는지를 결정하고(직무분석의 목적 확인), 조직 내 사람들에게 직무분석의 필요성을 인식시키며, 직무분석에서 수집할 정보의 종류와 범위를 명시하고, 직무분석을 실제로 담당할 사람들의 역할과 책임을 할당한다.

(2) 설계 단계

설계 단계에서는 어떤 직무분석 시스템을 활용하며, 누구에게 어떤 정보를 획득할 것인지를 결정해야 한다. 구체적으로 직무에 관한 자료를 얻을 출처와 인원수를 결정하며, 자료수집 방법(관찰법, 면접법, 설문지법 등)을 결정해야 한다. 설문지법을 사용하는 경우에는 설문지를 직접 만들 것인지 아니면 구입해서 쓸 것인지를 결정하며, 자료분석 방법도 결정한다.

(3) 자료수집 및 분석 단계

자료수집 및 분석 단계에서는 직무정보를 수집하고 분석하는 데 초점을 둔다. 즉 직무분석의 목적에 따라 어떤 정보를 수집할 것인지를 분명히 해야 하며, 직무분석 목적과 관련한 직무요인의 특성을 찾고, 직무정보의 출처로부터 실제로 자료를 수집하고, 수집된 정보가 타당한 것인지 현직자나 상사를 통해 재검토하며, 직무에 관하여 수집된 정보를 분석하고 종합한다.

(4) 결과정리 단계

결과정리 단계는 인적자원관리에 활용할 수 있는 유용한 정보를 산출물의 형태로 나타낸다. 즉 직무기술서와 직무명세서를 작성하며, 작업자의 직무수행평가에 사용할 평가요인과 수행기준을 결정하고, 직무평가에 사용할 보상요인을 결정하며, 유사한 직무를 묶어서 직무군을 분류한다.

(5) 배포 및 활용 단계

배포 및 활용 단계에서는 직무분석 결과를 조직 내에서 실제로 사용할 여러 관련 부서에 배포하고, 관련 부서는 이러한 결과를 모집, 채용, 배치, 교육, 고과, 인력수급계획 등에 활용한다.

(6) 통제 단계

통제 단계에서는 시간의 흐름에 따른 직무의 변화를 반영하여 직무정보를 최신화하며, 조직 내의 직무기술서 및 직무명세서의 사용자로부터 피드백을 받는다.

5) 직무분석을 위한 정보의 출처

(1) 주제 관련 전문가

직무분석을 할 때 직무에 관한 정보를 얻는 가장 중요한 출처는 주제 관련 전문가(SME: Subject Matter Expert)다. 주제 관련 전문가가 어떤 사람인지에 관한 자격요건이 정확하게 정해져 있는 것은 아니지만, 최소 요건으로서 직무에서 수행되는 모든 과제에 대하여 잘 알고 있을 정도로 충분히 오랜 시간 동안의 직접적이고 최근의 직무 관련 경험을 가지고 있어야 한다(Thompson & Thompson, 1982). 따라서 직무분석을 할 때 주제 관련 전문가로서 가장 많이 활용되는 사람들은 현재 직무를 수행하고 있는 현직자나 그 직무의 상사다.

첫째, 직무정보를 얻는 데 가장 자주 사용되는 출처는 현직자(job incumbent)로서 직무에 현재 종사하고 있는 사람이다. 주제 관련 전문가로서 현직자를 활용하는 것은 그들이 자신들의 직무에 관하여 상세하게 가장 잘 알고 있기 때문이다. 하지만 현직자 중에서도 어떤 사람은 자신의 일에 관하여 잘 알고 있고 자신이 하는 일을 말로 잘 표현할 수 있지만, 어떤 사람은 상대적으로 그러한 능력이 부족할 수 있다. 따라서 현직자 중에서도 누구를 선정하는지가 직무분석 결과의 질을 좌우할 수 있다.

둘째, 또 다른 주제 관련 전문가는 현직자의 상사다. 상사는 일반적으로 해당 직무를 거쳐 승진한 경우가 대부분이므로 현직자가 직무에서 무엇을 하는지를 정확하게 알려 줄 수 있는 믿을 만한 출처다. 상사가 현직자보다 직무를 어느 정도는 보다 객관적으로 기술할 수 있지만, 현직자와 상사 간에는 의견 차이가 있을 수 있다. 이들 간의 대부분의 의견 차이는 직무에서 무엇을 수행하는지에 관한 것이 아니라 직무수행에서 실제로 요구되는 중요한 능력에 관한 것이다. 즉 현직자가 언급하는 직무에서 요구되는 중요한 능력과 상사가 언급하는 중요한 능력이 다를 수 있다.

(2) 직무분석가

현직자나 상사 이외에 직무분석가(job analyst)도 직무분석에 사용되는 정보의 출처가 될 수 있다. 직무분석가는 많은 직무 간에 비교가 필요할 때 사용된다. 그들은 직무분석 방법에 익숙하기 때문에 여러 직무에 대하여 가장 일관된 평정을 내릴 수 있다. 직무분석가의 전문성은 다양한 직무 그 자체에 관한 내용을 알고 있는 것이 아니라 직무에서 수행되는 과제나 수행에 요구되는 능력에서 직무 간의 유사성과 차이점을 이해하는 능력에 있다.

(3) 고객

최근에는 이들 이외에 고객이 직무분석의 중요한 출처로 대두되고 있다(May, 1996; Sanchez & Levine, 1999). 최근에 고객의 중요성이 부각되고 영리조직이나 비영

리조직을 막론하고 고객만족이 강조됨에 따라 고객과의 접촉이 많은 직무들(예: 창구직원, 판매원, 상담원)에서는 고객이 직무에 관한 중요한 정보를 제공하는 출처로 간주된다. 직무에 대하여 현직자나 상사로부터 얻지 못하는 귀중한 정보를 고객으로부터 얻을 수 있으므로 직무분석에 필요한 정보의 출처로 고객을 포함하는 경우가 점차 늘어나고 있다.

일반적으로 현직자와 상사는 직무에 관하여 가장 많은 정보를 줄 수 있는 출처인 반면, 직무분석가들은 여러 직무 간의 관계에 관하여 가장 정확한 정보를 주는 출처다. 또한 앞에서도 언급했듯이 고객은 직무에 대하여 다른 어느 출처도 제공하지 않는 귀중한 정보를 주는 출처다. 따라서 직무를 이해하기 위한 가장 바람직한 전략은 오직 하나의 출처에 전적으로 의존하는 것이 아니라 가능한 한 자격을 갖춘 여러 다양한 출처로부터 정보를 수집하는 것이다.

6) 자료수집의 방법

직무분석에서 직무에 관한 자료를 얻기 위해서는 여러 가지 방법이 사용될 수 있다. 이 중 대표적인 직무분석 방법에는 관찰법, 면접법, 설문조사법, 작업일지법, 결정사건법 등이 있다. 이를 자세히 살펴보면 다음과 같다.

(1) 관찰법

관찰법(observation method)은 직무분석에서 직무에 대한 가장 기초적인 지식을 제공한다. 직무를 수행하는 사람들을 현장에서 직접 관찰함으로써 직무활동과 내용을 파악할 수 있으며, 이때 관찰자는 작업자의 수행을 방해하지 않고 그들이 평소대로 일하는 것을 관찰하는 것이 중요하다. 관찰법이 적용되는 직무에는 자동차 생산 조립라인 직무, 보험회사의 기록 직무 등이 있으며 직무단위의 시작과 종료 간의 시간이 짧은 직무들이다. 효과적인 관찰을 위해서는 다음과 같은 주의사항이 있다. 첫째, 관찰자가 적당한 거리를 유지해야 한다는 것이다. 즉 정확히 관찰하기 위해서 작업자와 지나치게 접근되어 있으면 그들의 정상적인 직무수행을 방해할 가능성이 있고 너무 멀리 떨어져 있으면 정확한 관찰이 힘들다는 것이다. 둘째, 관찰자의 존재를 가능한 한 노출시키지 않는 것이 좋다. 특히 산업현장에서 직무수행을 직접 관찰하는 경우 가급적이면 관찰자의 존재를 노출시키지 않는 것이 좋으며 관찰자의 존재를 의식하지 않도록 하기 위해서는 폐쇄회로나 녹화장비를 사용할 수 있다.

관찰법은 특정 직무가 어떤 환경 속에서 어떻게 행해지는지를 직접 체험해 볼 수 있는 효과적인 방법이지만 다음과 같은 문제점을 가지고 있다. 즉 작업자의 육체적인 활동은 관찰이 가능하지만 정신적인 활동은 관찰이 불가능하며, 직무의 시작에서 종료까지 많은 시간이 소요되는 직무에는 적용하기가 곤란하고, 직무수행자가 자신의 직무가 관찰되고 있다고 인지할 때 직무수행의 왜곡현상이 나타나 획득한 정보의 신뢰도에 문제가 있을 수 있다.

(2) 면접법

면접법(interview method)은 직무분석자가 해당 직무수행자를 면접하여 직무에 관한 정보를 획득하는 것으로, 자료를 수집하기 위한 매우 중요한 방법이다. 면접자는 작업자들이 직무에서 수행하는 활동이나 직무를 수행하는 데 요구되는 기술, 경험 등을 알기 위해 질문을 한다. 면접을 하기 위해서는 우선 면접할 장소를 선정해야 한다. 실제 직무가 수행되는 현장에서 면접을 하는 것이 가장 바람직하지만 직무수행에 방해가 되지 않도록 주의를 해야 한다. 또 면접을 위해 필기도구를 준비할 필요가 있으며, 보다 철저한 면접을 위해서는 녹음기를 준비할 수도 있다. 면접을 할 때는 면접자의 자질과 기술이 필요한데, 예를 들면 대화하기 편안한 분위기 조성, 고정관념이나 편견의 배제, 대답을 유도하는 기술, 다음 질문으로 부드럽게 넘어가는 기술 등이다. 면접을 시작하기 전에 작업자들에게 면접의 목적을 명확히 알려 주어야 한다. 그렇지 않으면 그들은 지나치게 방어적인 태도를 보이거나 자신들의 직무의 중요성을 과장해서 이야기하게 되어 결과적으로 왜곡된 정보

〈표 3-3〉 직무분석을 위한 면접 시 주의사항

- 면접 내내 정중하고 공손한 태도를 보여야 한다.
- 작업자를 얕보는 듯한 투로 이야기하지 말아야 한다.
- 면접자의 개인적인 견해나 선호가 개입되지 말아야 한다.
- 사적인 감정을 배제해야 한다. 조직이나 작업방법에 대해 비판하지 말아야 한다.
- 상사나 감독자의 허락을 먼저 받고 작업자와 면접한다.
- 작업자가 말하는 내용에 대해 의견 대립을 보이지 말아야 한다.
- 노사 간의 불만이나 갈등에 관한 주제에 어느 한쪽으로 편을 들지 말아야 한다.
- 직무에서의 임금분류체계에 관심을 보이지 말아야 한다.
- 면접을 통해 수집한 자료에 대해 작업반장이나 부서장이 검토하는 과정을 거친다.
- 완결된 분석에 대해 전문가가 검토하는 과정을 거친다.

를 얻게 된다.

McCormick(1979)은 직무분석을 위해 면접을 할 때 유용하게 쓰이는 지침을 면접의 준비 단계, 개시 단계, 진행 단계, 종결 단계로 나누어 자세히 제시하였고, 면접할 때의 여러 가지 주의사항에 대해서도 언급하였다(〈표 3-3〉).

면접법은 관찰법에 비해 시작에서 종료까지의 기간이 긴 직무의 경우 직무수행자가 이를 요약해서 설명해 줄 수 있고, 직무수행자의 정신적 활동까지도 파악할 수 있는 장점이 있어 다양한 직무에 관한 자료를 수집하는 데 광범위하게 적용될 수 있는 장점이 있다. 그러나 피면접자가 직무분석의 결과로 인해 자신이 피해를 입을지도 모른다고 판단하면 해당 직무에 대해 정확한 정보를 제공하지 않고, 자료의 수집에 많은 시간과 노력이 들고, 수량화된 정보를 얻기가 힘든 단점이 있다.

(3) 설문조사법

설문조사법(questionnaire method)은 직무수행자에게 설문지를 나누어 주어 답하게 함으로써 직무에 대한 정보를 획득하는 방법이다. 이때 설문지에는 직무분석의 대상이 되는 직무내용, 수행방법, 수행목적, 수행과정, 직무수행자가 갖추어야 하는 자격요건 등에 대한 질문이 포함된다. 즉 설문지를 이용하여 작업자들이 직무에서 수행하는 활동을 얼마나 자주하는지, 그러한 활동이 얼마나 중요한지를 묻고, 직무수행에 요구되는 지식 · 기술 · 능력 등이 얼마나 자주 사용되는지, 그러한 것들이 얼마나 중요한지 등에 관해 척도상에 평정하도록 한다.

설문지를 사용하여 직무에 관한 정보를 수집하려고 할 때 두 가지 방법을 고려해 볼 수 있다. 첫 번째는 분석하려고 하는 직무의 분석에만 사용할 수 있는 설문지를 직무에 대한 사전 정보에 기초하여 연구자 스스로 만들어 사용하는 것이다. 예를 들어 직무의 내용이나 성질이 다른 서로 다른 두 개의 직무를 분석하려고 한다면 각기 다른 문항으로 구성된 두 개의 설문지를 만든다. 두 번째는 어떤 직무의 분석에든 상관없이 쓸 수 있도록 이미 개발되어 있는 표준화된 설문지를 사용하거나 표준화된 설문지를 새로 만드는 것이다. 표준화된 설문지의 대표적인 예가 직위분석질문지(PAQ)다.

설문조사법은 많은 사람들로부터 짧은 시간 내에 정보를 얻을 수 있고 관찰법이나 면접법과는 달리 양적인 정보를 얻을 수 있는 장점이 있다. 하지만 직무분석에 사용될 설문지를 연구자 스스로 만드는 경우에는 먼저 관찰법이나 면접법을 통해 직무에 대한 어느 정도의 사전 정보를 갖추어야 할 필요가 있고, 직무수행자가 얼마나 성의를 가지고 정직하게 설문지에 응답을 해 주느냐 하는 신뢰도의 문제가 제기된다.

(4) 작업일지법

작업일지법(employee recording method)은 작업자들이 정해진 양식에 따라 직접 작성한 작업일지로부터 직무에 관한 정보를 수집하는 방법이다. 이 방법은 작업자에게 작업일지를 작성하도록 요구하거나 기존에 작성되어 있는 작업일지를 입수하여 직무의 내용이나 특성을 파악한다. 대개 장기간에 걸쳐 작성된 작업일지의 경우, 쓰인 내용 그 자체에 대한 신뢰도는 상당히 높을 수 있지만 직무분석에서 원하는 정보를 충분히 획득할 수 있느냐가 문제다. 이 방법은 작업자가 의도적으로 일지를 왜곡하여 작성할 수 있는 단점이 있으므로 작업일지에 의해 얻어진 정보가 어느 정도나 정확한지에 대해 의문을 제기할 수 있다. 그러나 이 방법은 관찰하기가 어려운 직무(예: 과학자, 엔지니어, 고급관리자 등)를 분석할 때 많이 활용된다.

(5) 결정사건법

결정사건법(critical incident method)은 직무수행자의 직무행동 가운데 성과와 관련하여 효과적인 행동과 비효과적인 행동을 구분하여 그 사례를 수집하고, 이러한 사례로부터 직무성과에 효과적인 행동패턴을 추출하여 분류하는 방법이다. 이 방법은 직무를 성공적으로 수행하는 데 결정적인 역할을 하는 행동을 기록하는 것이다. 연구자는 작업자에게 가장 효과적인 수행과 가장 비효과적인 수행을 유발했던 특정 사건을 떠올리도록 요청한다. 일반적으로 극단적인 행동이 일상적인 행동보다 더 쉽게 기억되고 기술되는 경향이 있다. 일단 결정적 사건이 도출되면 다음은 이러한 사건 내에서 반영되는 수행 차원을 결정하는 것이다.

이 방법은 직무행동과 직무수행 성과 간의 관계를 직접적으로 파악할 수 있어, 특정 직무의 핵심적인 요인을 결정하는 데 적합하다. 그러나 대표적으로 어떤 요인이 관련이 있는지 정확하게 확인할 수 없고, 어떤 직무에서 일어난 사건을 그 개인의 특질로 귀인시키는 경향이 있고, 수집된 직무행동을 분류하고 평가하는 데 많은 시간과 노력이 소요되며, 여기서 얻은 제한된 정보만 가지고 해당 직무에 대한 포괄적인 정보를 얻을 수 없다는 문제점이 있다.

(6) 자료수집 방법의 선택

지금까지 다양한 자료수집 방법에 대해 살펴보았다. 그러나 조직의 환경이나 구조, 직무특성 등에 따라 실효성을 거둘 수 있는 상황이 다르기 때문에 특정한 한 가지 방법을 활용하여 직무분석을 수행하는 것은 바람직하지 못하다. 그러므로 직무분석을 수행할 때는 주어진 상황에 따라 두 가지 이상의 방법을 병행하여 활용하는 것이 바람직하다. 이때 조직은 어떤 자료수집 방법을 사용할 것인가에 대해 의사결정을 내려야 한다. 이러한 의사결정의 지침이 〈표 3-4〉에 제시되어 있다(Levine et al., 1983).

〈표 3-4〉 직무분석 방법의 선택을 위한 지침

- 다양한 직무유형에 대한 적합성 또는 유용성
- 과정 및 결과물에 있어서 표준화 정도
- 정보원천 또는 사용자에게 있어 과정 및 결과의 수용성
- 즉시 사용 가능성
- 정보원천 또는 사용자에게 요구되는 훈련 정도
- 소요되는 비용
- 도출된 정보의 질
- 인적자원 활동에 있어 결과의 활용성

7) 직무기술서와 직무명세서

직무분석자는 직무에 대한 정보수집을 위한 적절한 방법의 선택과 직무분석기법을 통해 직무를 분석하고, 그 결과로 직무기술서와 직무명세서가 작성된다. 직무분석활동의 결과물이라고 할 수 있는 직무기술서와 직무명세서에 대해 살펴보면 다음과 같다(〈표 3-5〉 참조).

(1) 직무기술서

직무기술서(job description)란 직무분석을 통하여 직무에 관한 자료와 정보를 직무의 특성에 초점을 두고 정리한 문서를 말한다. 직무분석을 통해 작성한 직무기술서가 직무를 잘 기술하고 있는지를 판단하는 기준은 직무에 대한 묘사의 정확성과 포괄성이다. 직무기술서가 잘 작성되어 있으면 그 직무에 대해 전혀 모르는 사람일지라도 한 번 읽어 보기만 하면 머릿속에서 그 직무에서 이루어지는 활동이나 작업환경을 생생하게 그려 볼 수 있을 것이다. 따라서 잘 작성된 직무기술서는 모집을 할 때 지원자들에게 직무를 소개하는 정보의 출처로서 활용될 수도 있다. 직무기술서를 작성하는 공통된 양식은 없지만 일반적으로 직무기술서에 포함되는 정보는 ① 직무의 명칭, 급수, 조직 내 위치, 보고체계, 임금과 같은 직무정의에 관한 정보,

② 직무의 목적이나 사명, 직무에서 산출되는 재화나 서비스에 관하여 간결하게 진술해 놓은 직무요약, ③ 직무에서 사용하는 기계, 도구, 장비, 기타 보조장비, ④ 직무에서 사용하는 원재료, 반가공품, 물질, 기타 물품, ⑤ 재료로부터 최종 산물을 만들어 내는 방식, ⑥ 감독의 형태, 작업의 양과 질에 관한 규정 등의 지침이나 통제, ⑦ 직무의 목적을 달성하기 위해 작업자가 하는 과제나 활동, ⑧ 직무가 이루어지는 물리적 · 심리적 · 정서적 환경 등이다.

(2) 직무명세서

직무명세서(job specification)는 직무를 성공적으로 수행하는 데 필요한 인적 요건을 명시해 놓은 것이다. 직무기술서와 마찬가지로 직무명세서도 통일된 양식은 없지만 일반적으로 포함되는 정보는 작업자에게 요구되는 지식, 기술, 능력, 적성, 성격, 흥미, 가치, 태도, 경험, 자격요건 등이다.

지식(knowledge)은 능력과 기술이 발현되는 기초로서 직무수행을 적절하게 수행하기 위하여 개인이 소유하고 있는 사실적 혹은 절차적 정보를 말한다. 그러나 지식을 소유하고 있다고 해서 반드시 그것을 사용할 것이라고 장담할 수는 없다. 기술(skill)은 쉽고도 정확하게 직무에서 요구되는 동작을 할 수 있는 신체적 혹은 운동적 능력을 말한다. 능력(ability)은 직무수행에 요구되는 인지적 능력으로서 교육이나 경험을 통해 당장 어떤 일을 할 수 있는 준비상태를 말한다. 성격(personality)은 다른 사람이나 상황에 독특한 방식으로 반응하는 상대적으로 일관되고 안정적인 개인의 경향성을 말한다. 성격에는 동기적 요소가 포함되어 있기 때문에 지식 · 기술 · 능력을 가지고 있어도 개인의 성격에 따라 그것을 발휘하지 않을 수도 있다. 적성(aptitude)은 어떤 일을 하거나 배울 수 있는 잠재력이고, 흥미(interest)는 특정 활동에 대한 선호나 취미이고, 가치(value)는 인생의 목표나 생활방식에 대한 선호이며, 태도(attitude)는 물리적 대상, 사람, 기관, 정당 등과 같은 사회적 대상에 관한 감정이나 신념이다.

〈표 3-5〉 직무기술서와 직무명세서에 포함되는 사항

직무기술서	직무명세서
• 직무명칭 • 직무의 직종 • 직무내용의 요약 • 수행되는 과업 • 직무수행의 방법 및 절차 • 사용되는 장비 및 도구 • 작업조건	• 직무명칭 • 직무의 직종 • 요구되는 교육 수준 • 요구되는 기술 수준 • 요구되는 지식 • 요구되는 정신적 · 육체적 능력 • 요구되는 작업경험

8) 직무분석의 새로운 방향

전통적인 직무분석은 특정 직무에서 수행되는 과제와 활동에 대해 세부적인 정보를 제공해 준다. 그러나 최근에는 조직이 처한 환경이 급격히 변하고 새로운 기술이 개발됨에 따라 직무의 내용이 과거보다 매우 빠르게 변화하고 있다. 따라서 조직 내에서 일하는 개인의 직무에 대한 분석은 여전히 필요하지만 과거에 행하던 직무분석의 방법을 그대로 따를 것이 아니라 이러한 변화에 맞추어 직무분석의 방법이나 형태도 변화되어야 한다.

Sanchez와 Levine(1999)은 21세기에는 직무에 많은 변화가 있을 것이므로 과거에 행하였던 전통적인 직무분석의 방법은 이러한 변화에 발맞추어 변화되어야 한다고 주장하였다. 그들은 최근에 직무가 처한 상황의 변화를 과거와 비교하면서 이러한 변화가 직무분석에 미치는 영향을 〈표 3-6〉과 같이 제시하였다.

이러한 상황의 변화에 기초하여 앞으로의 직무분석의 변화를 살펴보면 다음과 같다(한국 산업 및 조직심리학회 편, 2000). 첫째, 직무분석을 위하여 정보를 얻는 출처에서 과거에는 현직자에게 가장 많이 의존했지만 앞으로는 다른 부서의 작업자와 같은 내부 고객이나 조직 밖의 외부 고객으로부터 직무에 관한 정보를 얻을 필요성이 증가할 것이다. 둘째, 기술의 발전에 따라 전자장비를 이용하여 자동적으로 직무수행을 기록하는 것이 가능해짐에 따라 직무정보를 수집할 때 사용하였던 직접관찰이

〈표 3-6〉 직무에서의 변화요인과 그것이 직무분석에 미치는 영향

전통적 요인	결과	최근에 부각되는 요인	결과
분업, 노사 간의 분명한 구분	직무영역에 대한 정의와 직무가치를 강조	여러 기능에 걸쳐 책임을 짐, 노사 간의 구분이 불분명	직무영역과 책임의 확산
고정된 직무	고정적이고 변하지 않는 직무요건	역동적인 작업할당	수시로 바뀌는 작업요건
동료작업자와 최소한의 상호작용	직무 내 활동 분석	동료작업자와 최대한의 상호작용	상호작용적 활동분석
상사와의 약속 이행	현직자와 상사 간의 상호작용이 중요	내·외부 고객과의 약속이행	현직자와 고객 간의 상호작용이 중요
일방적 작업할당	규정된 직무수행	쌍방적 작업할당	자율적 직무수행
장기 고용	고정된 작업활동과 고용조건	단기 고용	계속 변하는 작업활동과 고용조건
문화적 동질성	기술적인 과제 강조	문화적 다양성	정서적·대인관계적 과제 강조
예산의 느슨한 사용 묵인	시간이 많이 걸리는 분석절차	비용의 긴축	능률적 분석절차

나 면접, 설문지의 사용이 줄어들고 자동적으로 수행을 기록하는 장비의 사용이 증가할 것이다. 그리고 멀티미디어를 이용한 화상회의가 가능해짐에 따라 직무에 대한 자료수집을 위하여 멀리 떨어져 있는 종업원과 직접 만나 면접할 필요성이 줄어들고 전자우편을 통해 설문지를 배포하고 수거할 수 있어서 과거보다 자료수집에 시간과 노력이 덜 들게 된다. 셋째, 과거에는 직무에서 과제수행을 중심으로 자료를 수집하였지만 팀 수행이 늘어나고 다른 부서와의 교류가 증가하고 고객과의 접촉이 증가함에 따라 과제외 수행(Borman & Motowidlo, 1993)이나 조직시민행동(Organ, 1988)도 직무분석의 대상 행동으로 포함될 필요성이 증가하고, 인지적 능력 이외에 성격요인에 대한 분석 필요성이 증가할 것이다. 마지막으로, 직무의 내용이 빨리 변하므로 전통적으로 수집하였던 지식·기술·능력보다는 분석의 단위를 보다 넓혀

서 역량(competency)을 중심으로 분석할 필요가 있다. 역량은 유사한 지식 · 기술 · 능력을 묶어서 보다 큰 단위로서 인적 특성을 나타낸 것이다. 직무에 대하여 지나치게 세분화하여 얻은 정보는 직무가 조금만 변하여도 금방 쓸모없게 되지만 보다 큰 단위로 정리된 결과는 직무의 변화에도 불구하고 그대로 적용될 가능성이 높기 때문이다.

21세기에는 과거에 행하던 전통적인 직무분석이 그대로 적용될 수 있는 조직이나 직무의 수가 줄어들 것이다. 정보통신이나 컴퓨터와 관련한 직무에서는 새로운 기술과 지식이 매우 빠르게 도입되기 때문에 직무내용의 변화속도가 매우 빠르다. 따라서 이런 경우에는 전통적으로 행하던 직무분석의 유용성은 의문시될 수 있다. 하지만 우리 주변에는 직무의 변화속도가 그다지 빠르지 않고 앞으로 수년간은 직무의 내용이 현재와 유사할 가능성이 있는 직무도 여전히 존재한다. 예를 들어, 군대 내의 직무나 공공기관의 직무는 다른 직무보다 상대적으로 직무의 내용이 변화할 가능성이 적다. 이처럼 한 번 직무분석을 한 결과가 계속 적용될 수 있는 유효기간이 상대적으로 긴 직무가 21세기에도 여전히 존재할 것이므로 이러한 직무에서는 직무분석이 여전히 필요할 것이다. May(1996)는 ① 조직이 특수한 과제로 구성된 상대적으로 안정된 직무로 구성되어 있을 때, ② 조직이 직무에 대하여 법적 요건과 법적 방어의 목적으로 자료를 수집할 때, ③ 조직이 새로운 형태의 일을 파악하기 위하여 개정된 직무분석 접근방법을 사용할 때, 여전히 직무분석이 필요하다고 주장하였다.

결론적으로 새롭게 변화된 방식의 직무분석(즉, 작업분석)은 직무에 관하여 여전히 유용한 정보를 제공할 것이다. 조직이 처한 환경이 변하고 직무의 내용이 변한다 하더라도 조직 내 구성원이 어떤 일을 하고 있는지를 아는 것은 여전히 필요하므로 어떤 방식으로든 그들의 일을 분석할 필요가 있다. 따라서 21세기에는 직무분석 자체가 필요 없다고 결론내리는 것은 너무나 성급한 것이고, 시대와 조직의 변화에 맞추어 직무분석의 범위와 방법론이 지속적으로 변해야 한다고 결론내리는 것이 보다 타당할 것이다.

3. 직무분석의 실례

이재창(2003)은 시각디자이너가 구체적으로 어떤 활동을 하고 직무수행에 어떤 지식 · 기술 · 능력이 중요하고 필요한지를 알아보기 위해 시각디자이너를 대상으로 직무분석을 실시하였다. 그는 시각디자이너의 직무를 분석하기 위해 관찰, 면접, 설문지 등의 세 가지 방법을 사용하였다. 이 직무분석의 과정에서 첫째, 시각디자이너가 어떤 활동을 하고 직무수행 시 어떤 지식 · 기술 · 능력 등이 필요한지를 알아보기 위해 여러 관련 자료와 정보를 참조하고 시각디자이너 3명과 면접을 하였다. 둘째, 이렇게 얻어진 자료를 토대로 30개의 문항(〈표 3-7〉)을 만들고 이러한 지식 · 기술 · 능력이 ① 실제 직무수행에서 얼마나 자주 사용되는지(빈도), ② 얼마나 중요한지(중요도), ③ 직무를 수행하기 전에 예비적으로 얼마나 갖출 필요가 있는지(필요도), ④ 실제 직무수행에서의 개인 차와 얼마나 관련이 있는지(변별도) 등을 각각 5점 척도상에 평정토록 설문지를 만들어 33명의 시각디자이너에게 실시하였다. 이렇게 하여 수집된 자료를 토대로 통계분석을 실시한 결과 네 가지 질문 모두에서 '디자인 흐름에 대한 전반적인 지식' '의뢰한 디자인에 대한 참신한 창의적 표현 능력' '아이디어 스케치에 대한 적절한 의사소통 표현 능력' '클라이언트의 요구를 분석하여 적절한 소스(이미지, 그래픽)를 채택하는 능력' '디자인 내용에 대한 기획 능력' 등이 높게 평정되었다.

또한 관찰과 면접을 통해 수집한 시각디자이너의 직무활동에 관한 정보를 크게 세 가지 범주로 분류하여 시각디자이너에게 각 범주에서 상대적으로 어느 정도의 시간을 보내는지 묻는 문항을 설문지에 포함시켰다. 그 결과 직무활동 범주에 참여하는 시간의 상대적 백분율 분포가 〈표 3-8〉에 제시되었다. 〈표 3-8〉에서 알 수 있듯이 시각디자이너들이 가장 많은 시간을 할애하는 것은 '자료수집'(36.5 %)이었으며, 다음으로는 '컴퓨터 작업'(32.5 %), '드로잉(스케치) 작업'(31.0%) 등의 순이었다. 이는 상대적으로 자료수집 과정에서 시간이 가장 많이 소요되고, 그다음으로 컴퓨터상에서 그래픽 프로그램을 사용하여 세밀하게 표현하는 과정에 시간이 많이 소요되는 것을 의미한다.

〈표 3-7〉 시각디자이너의 직무분석을 위한 질문지 문항

01	광고에 대한 이론적인 지식
02	디자인 흐름에 대한 전반적인 지식
03	마케팅에 관한 이론적인 지식
04	소비자 심리에 대한 전문적인 지식
05	디자인을 효과적으로 그룹핑하고 도식화하기 위한 인지심리학적 지식
06	컴퓨터 하드웨어의 관리/유지에 관한 전반적인 지식
07	다양한 그래픽 프로그램에 관한 전문적인 지식
08	컴퓨터를 통한 필름 작업화 기술
09	디자인 시 가능한 영역별 기술을 파악하고 효과적으로 다룰 수 있는 기술
10	타이핑을 빠르게 습득할 수 있는 능력
11	그래픽 툴 및 단축키 사용 능력
12	새로운 프로그램을 빠르게 습득할 수 있는 능력
13	돌발적인 시스템 에러에 대한 조치 능력
14	클라이언트의 요구를 그래픽 프로그램으로 표현할 수 있는 능력
15	PC와 Mac의 프로그램 공유 능력
16	e-mail에 대한 즉각적인 답변 능력
17	의뢰한 디자인에 대한 참신한 창의적 표현 능력
18	구두 또는 문서에 대한 스케치 표현 능력
19	아이디어 스케치에 대한 적절한 의사소통 표현 능력
20	소비자의 성향과 경쟁사에 관한 자료수집 능력
21	수집된 자료의 분석 및 분리 능력
22	디자인한 결과물에 대한 전문적인 설득 능력
23	효과적이고 설득력 있는 문장과 단어를 선택할 수 있는 카피라이터 능력
24	소비자의 성향과 클라이언트의 요구를 정확히 파악하는 능력
25	클라이언트의 요구를 분석하여 적절한 소스(이미지, 그래픽)를 채택하는 능력
26	자신의 작품에 대한 객관적 평가 능력
27	디자인 내용에 대한 기획 능력
28	시안이 완성될 수 있도록 정리하는 능력
29	디자인된 작품에 대한 검토, 방안 제시 및 문제점 분석 능력
30	인쇄 감리 능력

〈표 3-8〉 직무의 주요 활동에 참여하는 시간에 대한 상대적 백분율

주요 활동	백분율(%)	표준편차
자료수집	36.5 %	12.28
컴퓨터 작업	32.5 %	11.20
드로잉(스케치) 작업	31.0 %	6.76

이러한 직무분석 결과를 토대로 작성한 시각디자이너의 직무기술서(〈표 3-9〉)와 직무명세서(〈표 3-10〉)는 다음과 같다.

〈표 3-9〉 직무기술서

① 직무정의
- 직무명칭: 디자이너
- 부 서: 홍보팀, 디자인팀, 제작팀
- 직 급: 평사원(경력 3년 이상)
- 보고체계: 팀장

② 직무요약

시각디자이너는 사회의 급속한 발달에 따른 새로운 개념의 디자인에 맞도록 인간의 의식적인 노력으로 독창적이고 창의성 있는 결과물을 갖도록 하는 일을 한다. 따라서 무엇보다 창의성이 요구되는 직무로서, 소비자 및 클라이언트의 요구를 파악하며 그에 대한 결과물로써 제품에 대해 좀 더 정확한 정보를 제공하고 소비자의 구매욕을 자극하기 위해 노력한다.

③ 과제 및 활동
- 자료 수집: 클라이언트의 요구를 파악한 후 디자인 흐름에 대한 전반적인 지식을 통해 소비자의 성향과 경쟁사에 관한 자료를 수집한다. 그 후 수집된 자료 및 정보를 분석하여 효과적으로 클라이언트와 소비자를 설득할 수 있도록 기획한다.
- 드로잉(스케치) 작업: 아이디어를 표현하고 스케치에 대한 가능한 영역별 기술을 파악하여 효과적으로 다룰 수 있는 기술을 선택한다.
- 컴퓨터 작업: 클라이언트의 요구를 다양한 그래픽 프로그램을 통해 표현하고 컴퓨터를 통해 마무리 작업의 완성도를 높인다.

④ 직무환경

시각디자이너의 업무로는 주로 실내에서 스케치 표현, 컴퓨터 작업, 인터넷을 통한 정보수집 등의 활동이 이루어진다. 이전에 수작업으로 행해지던 것이 컴퓨터의 출현으로 컴퓨터 작업으로 전환되었으며, 이로 인해 장시간 모니터 앞에서 작업해야 되므로 눈과 손목의 피로를 느끼게 된다. 그리고 좀 더 눈에 띄는 작품을 만들어 내야 하고 정확한 정보를 보여 줌으로써 소비자의 시선을 멈추어야 한다는 심리적 부담감을 느낀다. 또한 전문지식이 없는 상사나 클라이언트를 만날 때면 의사소통의 불편으로 업무 외의 스트레스를 받게 된다.

〈표 3-10〉 직무명세서

① 지식
시각디자이너는 디자인 흐름에 대한 전반적인 지식과 소비자 심리에 대한 전문적인 지식이 요구된다.

② 기술
디자인을 마무리하는 단계로서 컴퓨터를 통한 필름 작업화 기술과 디자인 시 가능한 영역별 기술을 파악하고 효과적으로 다룰 수 있는 기술이 필요하다.

③ 능력
의뢰한 디자인에 대한 참신한 창의적 표현 능력, 아이디어 스케치에 대한 적절한 의사소통 표현 능력, 소비자의 성향과 경쟁사에 관한 자료수집 능력, 클라이언트의 요구를 분석하여 적절한 소스(이미지, 그래픽)를 채택하는 능력, 디자인 내용에 대한 기획 능력이 필수이며 그 외 요구되는 능력으로는 클라이언트의 요구를 그래픽 프로그램으로 표현할 수 있는 능력, 구두 또는 문서에 대한 스케치 표현 능력, 디자인한 결과물에 대한 전문적인 설득 능력, 효과적이고 설득력 있는 문장과 단어를 선택할 수 있는 카피라이터 능력, 자신의 작품에 대한 객관적 평가 능력, 시안이 완성될 수 있도록 정리하는 능력, 디자인된 작품에 대한 검토/방안 제시 및 문제점 분석 능력 등이 요구된다.

④ 성격
창의성과 독창성이 요구되며, 섬세하면서 끈기 있고 적극적인 성격, 의사표현의 명확성과 원만한 대인관계가 요구된다.

⑤ 기타 특성
새로운 것에 대해 끊임없이 배우고 도전하려는 자세, 효율성 있는 시간관리, 성실성 등이 요구된다.

정리해 볼 문제

1. 직무분석의 다양한 용도를 설명하시오.

2. 직위분석질문지(PAQ)에 대해 설명하시오.

3. 직무분석 과정의 6단계에 대해 설명하시오.

4. 직무분석을 위한 정보의 출처에 대해 설명하시오.

5. 직무분석을 위한 자료수집 방법 중 면접법의 장단점을 설명하시오.

6. 직무분석을 위한 자료수집 방법 중 설문조사법의 장단점을 설명하시오.

7. 직무기술서와 직무명세서를 비교하여 설명하시오.

8. 미래의 직무분석의 새로운 방향에 대해 설명하시오.

제 4 장

모집

모집활동(recruiting)은 인력의 선발을 전제로 하여 양질의 지원자를 확보하는 활동을 말한다. 많은 기업에서는 인력확보를 위해 인력선발 활동에 초점을 맞추면서 모집활동의 의미를 과소평가하는 경향이 있으나 이는 잘못된 시각이다. 모집활동은 장래에 조직구성원이 될 잠재적 종업원에 대한 조직의 첫 번째 접촉이다. 많은 개인이 조직에 대한 정보를 얻고자 하며, 그들이 그 조직을 위해 일을 할 것인지의 여부를 결정하는 것은 모집을 통해 이루어진다. 계획적으로 잘 관리되고 있는 모집활동은 우수한 지원자를 유인하지만 그렇지 않은 경우에는 조직에 적합한 인재를 유인할 수 없게 된다. 즉 우수한 지원자들이 그 조직에 대한 정보를 가지지 못할 때에는 어떠한 관심이나 지원도 없게 되므로 조직구성원으로 선발될 수 있는 기회를 가질 수 없는 것이다. 따라서 모집이란 자격을 갖춘 사람들에게 고용 기회를 제공하고, 기업에 대해 긍정적인 인상을 심어 주며, 필요한 정보를 제공함으로써 자신이 지닌 자격요건과 비교할 수 있도록 해 준다. 이 장에서는 모집의 목표 및 절차, 모집에 영향을 주는 요인, 모집자의 특성, 모집자원, 모집방법, 모집방법의 선택, 모집에 대한 대안적 방법 등을 살펴보고자 한다.

1. 모집의 목표 및 절차

1) 모집의 목표

모집의 첫 번째 목표는 구직자들이 반응을 보일 만한 방식으로 그 직위에 관해 알리는 것이다. 이렇게 함으로써 모집자는 보다 많은 신청을 받아 직무요건에 가장 적합한 개인을 찾을 수 있는 기회가 더 커질 것이다. 두 번째는 자격을 갖추지 못한 지원자가 스스로 선별해서 직무에 지원하지 않을 수 있도록 그 직무에 관해 충분한 정보를 제공하는 것이다. 이때 자격을 갖추지 못한 지원자가 지원하지 못하게 하는 이유는 심사절차상 소요되는 시간과 비용의 낭비를 막기 위해서다.

모집은 조직과 지원자 모두에게 중요하며, 양방적 의사소통 과정이라고 볼 수 있다. 즉 조직은 지원자격에 대한 정확한 정보를 제공할 필요가 있으며, 지원자는 조직에 대한 정확한 정보를 요구한다. 다시 말하면 조직은 근무하기 좋은 직장이라는 신호를 보내며, 지원자로부터 종업원으로서의 잠재적 가치에 대한 정보를 얻기를 원한다. 반면 지원자는 자신이 유능한 지원자이므로 채용해야 한다는 신호를 보내며, 자신이 조직에의 참여 여부를 결정하기 위해 조직으로부터 정보를 얻기를 원한다.

2) 모집의 절차

모집은 기업이 필요로 하는 사람들에게 적극적으로 지원하도록 정보를 제공하고 동기화하는 활동으로, 현실과 이상을 적절히 균형시킬 수 있는 모집 프로그램의 설계가 필요하다. 모집 프로그램을 설계하기 위해서는 모집시기, 모집방법, 의사소통 경로 및 내용 등과 같은 요인을 고려하여야 한다. [그림 4-1]은 전형적인 모집과정에 관한 모형으로, 모집계획, 전략개발, 모집활동, 선별 등의 4단계로 구성되어 있다(황규대, 2008).

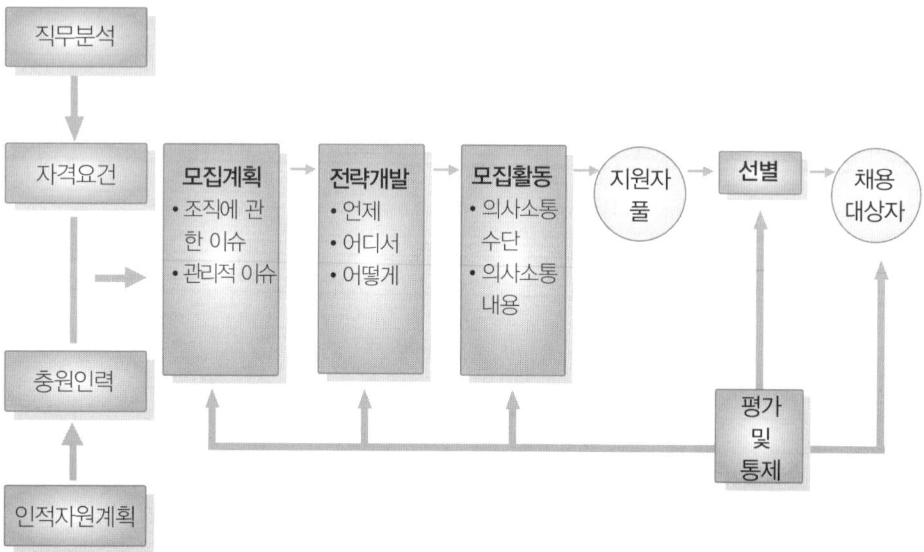

[그림 4-1] 전형적인 모집과정 모형

(1) 모집계획

모집계획은 채워져야 할 직무에 관한 정보를 지원자의 수나 유형으로 전환하는 과정이다. 즉 모집계획에는 지원자의 식별 및 유인을 조정하기 위한 조직적 측면과 접촉한 지원자의 수, 모집시기, 모집예산 등과 같이 효율적인 모집 캠페인을 수행하기 위한 관리적 측면이 포함된다.

(2) 전략개발

일단 모집계획이 수립되면 다음으로 모집전략을 개발하는 것이 필요하다. 모집전략을 개발하기 위해 조직은 언제, 어디서, 어떻게 모집활동을 수행할 것인지를 고려하여야 한다.

(3) 모집활동

일단 모집전략이 개발되면 그다음 단계로 조직이 실제로 지원자를 탐색하는 과정이 필요하다. 지원자를 탐색하기 위해서 조직은 어떤 내용을 어떤 매체를 통해서 전달할 것인지를 결정하여야 한다.

(4) 선별

선별의 목적은 직무에 부적절한 지원자를 초기 단계에서 제거하기 위함이다. 그러나 자격 있는 지원자가 탈락되지 않도록 세심한 주의를 기울여야 한다. 효과적인 선별은 추후 선발과정에서 시간과 비용을 절감시킨다.

2. 모집에 영향을 주는 요인

1) 조직의 이미지

어떤 지원자가 특정 조직에서 취업 기회를 추구하는 데에 흥미가 없을 수 있다. 따라서 조직의 이미지가 잠재적 제한점으로 고려되어야 할 것이다. 만일 조직의 이미지가 부정적으로 느껴진다면 많은 지원자를 유인하기가 어려울 것이다. 또한 모든 지원자가 대규모 조직에 대해 매력을 느끼는 것은 아니다.

2) 직무 자체의 특성

만일 충원되어야 할 직무가 매력적이지 않다면 자질 있는 지원자를 모집하는 것은 어려울 것이다. 예를 들면 단순 · 반복적이거나 지루하거나, 보수가 낮거나 승진의 기회가 적거나, 자기개발에 도움이 되지 않는 것처럼 보이는 직무의 경우 자질 있는 지원 인력을 확보하기 힘들 것이다.

3) 조직 내부의 정책

조직 내부에서 어떤 정책을 추구하느냐에 따라 모집결과가 달라질 수 있다. 만일 '가능한 한 내부로부터의 승진' 이라는 정책을 추구한다면 조직 내부의 인사에게 우선권을 줄 것이다. 그렇게 되면 일반적으로 하위직 신입사원을 제외한 모든 다른 직위가 그 조직의 위계 내에서 채워질 것이다.

4) 모집 비용

조직의 모집 노력에는 비용이 많이 든다. 장기간의 지속적인 탐색은 예산상의 제약 때문에 불가능해지는 경우가 많다. 또한 조직이 다양한 모집원을 고려할 때는 항상 효율성을 염두에 두어야 한다.

3. 모집자의 특성

효율적인 모집을 위해서 모집자에 대한 분석은 절대적으로 중요하다. 모집자는 지원자가 만나는 조직의 첫 번째 사람이다. 지원자는 모집자의 모습과 모집자의 반응에 따라 조직의 특성을 판단하게 된다. 그러면 이 모집자가 갖추어야 할 사항이 무엇인지 알아보자. 첫째, 모집자는 해당 직무의 직무기술을 잘 알고 있어야 한다. 그들은 수행할 직무를 이해하고 있어야 하며 가능하다면 직접 경험해 보아야 한다. 둘째, 모집자의 특성은 그 회사의 직무특성에 대한 지원자의 지각과 그 회사에 입사할지의 여부를 결정하는 데 중요한 영향을 끼친다. 또한 특정 회사의 모집과정의 질은 그 회사에 대한 지원자의 평가에 영향을 미친다. 예를 들면 고용과정이 끝난 후 고용된 41명에게 그 회사를 선택한 이유를 물었을 때 41명 모두가 직무의 특성에 대해 언급했지만 12명은 모집자 자체에 의해서 좋은 인상을 받았다고 언급했으며, 9명은 친구나 친지의 조언이 영향을 미쳤다고 응답했다. 그 반대의 경우도 마찬

가지다. 특정한 회사를 선택하지 않은 이유에 대해 물었을 때, 39명이 직무의 특성에 대해 언급했지만, 23명은 비효율적인 모집자 때문에 그 회사에 대한 관심을 잃었다고 응답했다.

그러면 효율적인 모집자가 갖추어야 할 조건은 무엇인가? 텍사스 대학교에서는 자신들을 면접한 모집자에 대한 대학 4학년 학생들의 반응을 조사하였다. 그 결과 학생들은 지식이 있고, 열정적이고, 회사에 헌신적이며, 호감이 가고, 설득력이 있고, 개별 학생에 대해 관심이 있고, 정직하며, 직무와 조직에 대해 솔직한 사람이었고, 자기 대학 출신이며, 학생 자신의 전공 분야에 경험이 있는 모집자를 선호하였다.

4. 모집자원

모집활동을 전개하기 위해서는 기업이 요구하는 노동력을 제공해 주는 공급원을 파악하고 난 후 이들을 모집하기 위한 구체적인 활동이 전개되어야 한다. 이때 노동력의 공급원은 다음과 같이 나누어 볼 수 있다.

1) 직업 미경험자

이 범주에 속하는 종업원의 가장 큰 공급원은 고등학교나 대학과 같은 일반 교육기관이다. 학교에서 새로 배출되는 졸업생을 곧바로 취업시키는 데 있어 여러 가지 곤란한 점이 있기는 하지만 이들은 아직 순수하므로 부과된 직무나 회사의 방침에 잘 순응할 것이고, 기업에서 교육훈련만 잘 시키면 유능한 종업원이 될 가능성이 충분히 있다.

2) 직업 경험자

미경험자로는 잘 수행할 수 없는 경우에 해당된다. 직업 경험자는 직장생활에 익숙해 있으므로 일에 대한 요령이 있고 대인관계도 원만하지만 의욕이나 열정이 부족하다.

3) 직업교육 수료자

이 범주에 속하는 종업원의 공급원은 공공 직업훈련소, 각종 기술학교 등이다. 이들은 훈련기간이 짧기 때문에 고도의 기술직은 아니지만 그에 상응하는 기능을 어느 정도 습득하고 있으므로 취업 즉시 그들의 기능을 이용할 수 있다.

4) 취업자격증 보유자

직무 중에 일정한 자격조건을 갖추지 못하면 고용할 수 없는 부분이 있다. 이러한 자격은 국가시험이나 면허시험 등 여러 가지 종류가 있으며, 보통 공공의 안전과 복지와 관계가 있는 의료나 전기, 통신, 운수 등과 관련된 직무에서 많이 요청된다.

5. 모집방법

지원자를 모집하는 방법에는 크게 내부 노동시장에서 모집하는 방법과 외부 노동시장에서 모집하는 방법이 있다([그림 4-2] 참조).

1) 내부 노동시장에서의 모집

내부 노동시장에서 지원자를 모집하는 내부 모집은 외부 모집보다 간편하고, 적합한 인물을 고를 수 있으며, 추가적인 홍보활동이 필요 없고, 종업원들의 동기부여에 좋은 영향을 끼칠 수 있는 장점이 있다. 내부 모집을 우선하는 경우는 사내이동 및 승진의 형식으로 먼저 인원이 충원되고, 그다음의 빈자리는 외부 모집을 통해 채워진다.

(1) 사내공모제

사내공모제(job posting and bidding system)는 공석이 생겼을 때 사내 게시판에 지원자를 찾는다는 모집공고를 내어 요구하는 자격을 갖추었다고 생각되는 종업원이면 누구라도 지원하게끔 유도하는 방법이다. 선진 외국의 기업에서는 이러한 모집제도가 매우 일반화되어 있다. 예를 들면 Gorlin(1982)이 2,000개 미국 기업을 대상으로 조사한 결과에 따르면 생산직의 경우 조사기업의 75%가, 사무직의 경우 조사기업의 60%가 사내공모제를 도입하고 있다.

사내공모제를 도입했을 때 예상되는 장단점을 살펴보면, 장점으로는 상위직급의 경우 종업원에게 승진의 기회를 제공해 주고 사기를 진작시켜 주며, 지원자에 대한 평가를 정확하게 할 수 있으며, 모집비용이 저렴하며, 이직률이 낮다는 점을 들 수 있다. 반면 외부 인력의 영입이 차단되어 조직이 정체될 가능성이 있으며, 조직 내 파벌이 조성될 가능성이 있으며, 지원자의 소속부서 상사와의 인간관계가 훼손될 문제가 있으며, 선발과정에서 여러 번 탈락되었을 때 심리적 위축감이 나타날 수 있다는 단점이 있다.

(2) 내부추천제

이 제도는 내부 구성원, 특히 부서장의 추천에 의해 적임자를 내부에서 확보하는 방법이다. 그러나 이 경우 부서장의 주관적인 평가로 특정 인물이 선정될 가능성이 있는 단점이 있다.

(3) 자료목록 활용제

이 제도는 종업원의 다양한 측면을 평가해 놓은 자료목록(inventory)을 참고하여 적임자를 찾는 방법이다. 이때 기능목록표는 기능직에 적합하고, 관리목록표는 관리직에 적합한 자료가 된다.

2) 외부 노동시장에서의 모집

(1) 광고

광고(advertising)는 조직에 결원이 있다는 것을 일반인에게 알리는 데 가장 대중적으로 사용되는 방법이다. 광고는 매체의 선택, 광고문안의 작성 및 디자인 등 여러 가지 면에서 전문성을 요구한다. 광고문안을 작성하기 전에 기업 이미지를 결정하여 직무와 기업에 대한 명확한 이미지를 지원자에게 제공하여야 하며, 또한 매체에 대한 기업의 경험을 적극 활용하여 적절한 매체를 선택하여야 한다. 모집광고에 활용될 수 있는 매체에는 신문, 라디오, TV, 인터넷, 전문잡지, 기타 광고매체 등이 있으며, 광고 메시지의 내용을 만드는 데 있어 회사의 이미지를 잘 담을 수 있고 수행될 업무의 특성이나 기업의 현황, 기타 경력 등을 알릴 수 있도록 유의할 필요가 있다.

(2) 직업소개소

직업소개소(employment agency)는 사용자를 위한 모집과 선발기능을 대행하는 동시에 직장을 구하려는 개인에게 취업의 기회를 찾도록 도움을 주는 조직이다. 이는 크게 비영리적으로 운영되는 공공소개기관과 수수료에 의해 운영되는 사설소개소로 구분한다. 기업이 일정한 근로조건만 제시해 주면 직업소개소는 여기에 합당한 후보자를 소개해 주어 양자가 취업에 대해 결정할 수 있다. 직업소개소를 이용하면 일시에 많은 수의 종업원을 경제적인 방법으로 구할 수 있으므로 선진 각국에서는 기업이나 종업원 양측 모두가 이를 이용하는 빈도가 높다.

(3) 인턴사원제

인턴사원제(internship)는 대학 졸업예정자를 졸업 전에 일정한 기간 동안 현업 부서에 배치하여 업무를 맡기고 그것이 계기가 되어 학생과 기업이 취업으로 연계될 수 있는 방법을 강구하는 제도다. 인턴제를 통해 기업은 실습기간 동안 각 개인의 능력과 적성을 파악할 수 있으며, 다른 방법으로 채용된 사람들보다 이직률이 낮다. 한편 학생들의 경우도 막연하게 생각하고 있던 해당 기업의 업무와 분위기를 미리 파악함으로써 자신의 적성에 맞는 직장을 선택할 수 있고, 입사 후 빨리 회사생활에 적응할 수 있다는 장점이 있다. 그러나 인턴 실습기간이 너무 짧아 제대로 실무를 익히기도 어렵고, 사람에 대한 올바른 평가도 어려워 단지 조기에 인적자원을 확보하는 것 이외는 별다른 효과가 없다는 지적도 있다.

(4) 교육기관

모든 수준의 교육기관(고등학교와 대학)은 기업에게 최근의 졸업생을 모집할 수 있는 기회를 제공한다. 어떤 직무에서 요구되는 교육수준이 고졸이건 특정한 직업훈련 수준이건 그 이상의 대학 학력을 요구하건 간에 교육기관은 조직에 종업원을 공급하는 훌륭한 원천이다. 고등학교 또는 직업기술학교는 하위직 수준의 지원자를 제공할 수 있고, 2년제와 4년제 대학 및 대학원은 경영·관리직 수준의 인사를 제공한다.

(5) 종업원 추천

종업원 추천(employee referral)이란 현직 종업원으로부터 자신의 친구나 적절한 인물을 추천받는 방법이다. 종업원들은 스스로 그 사람이 적절하게 수행할 수 있다고 믿지 않고서는 좀처럼 누군가를 추천하지 않기 때문이다. 부적절한 추천은 추천인의 신용을 떨어뜨리며 누군가의 평판이 문제가 될 때, 그 사람에 대한 추천이 판단의 근거로 작용할 수도 있을 것이다. 이 제도는 현직 종업원이 해당 기업의 분위기, 필요로 하는 기술과 능력 등을 잘 알고 있고 이것을 피추천자에게 충분히 설명하기 때문에 손쉽게 모집할 수 있는 방법이다. 또한 종업원 추천은 충원하기 어려운 직무에 능력 있는 종업원을 배치하는 훌륭한 수단이 된다.

(6) 자발적 지원

기업이 특별한 모집활동을 하지 않았음에도 불구하고 노동시장에서의 좋은 기업 이미지로 인해 전화, 우편, e-mail, 방문 등을 통해 자발적으로 입사를 희망하는 사람들이 있다. 이들은 자신의 이력서, 자기소개서, 기타 서류를 가지고 기업을 직접 방문하거나 우편 및 인터넷 등을 통해 취업상담을 한다. 자발적 지원자들은 나름대로 지원하는 기업에 대해 비교적 많은 정보를 갖고 있으며, 적극성을 가지고 있기 때문에 공석의 직무에 적합한 인물일 경우 모집비용을 줄일 수 있는 장점이 있다. 우리나라의 경우도 이 방법이 점차 증가하고 있는 추세이며, 기업과 지원자 모두에게 이득이 되는 효과적인 방법이다.

(7) 특별 행사

특별 행사(special event)란 각종 단체에서 개최하는 채용박람회, 학교나 기업에서의 취업설명회, 중소기업중앙회가 개최하는 중소기업 채용박람회 등 특별한 행사를 통해 모집하는 방법이다.

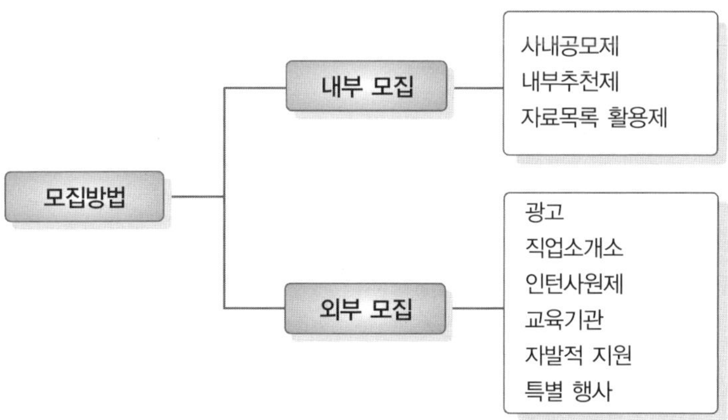

[그림 4-2] **다양한 모집방법**

6. 모집방법의 선택

어떤 모집방법을 선택하느냐에 따라 조직에 필요한 인력의 수와 질을 창출할 가능성이 달라진다. 따라서 다음과 같은 기준을 고려하여 모집방법을 선택하는 것이 바람직하다(황규대, 2008).

1) 지원자의 양

모집방법에 따라 창출되는 지원자의 수가 달라질 수 있다. 예를 들면 광고와 같은 모집방법은 다수의 지원자를 창출한다.

2) 지원자의 질

만약 양질의 지원자를 확보하는 것이 중요한 목표라면 특정 기능을 집중적으로 훈련시키는 교육기관에서 모집활동을 하는 것이 바람직하다.

3) 모집방법의 가용성

조직이 항상 모든 모집방법을 활용할 수 있는 것은 아니며, 조직의 상황에 적합한 방법을 채택하여야 할 것이다.

4) 과거의 경험

대부분의 조직은 다양한 모집방법에 대하여 경험이 있으며 많은 자료를 가지고 있다. 이러한 과거의 자료는 조직이 모집방법을 선정하는 데 유용하게 활용될 수 있다.

5) 소요되는 비용

모집방법에 따라 소요되는 비용에 커다란 차이가 있다. 따라서 조직은 모집방법에 따른 비용도 현실적으로 고려하여야 한다.

7. 모집에 대한 대안적 방법

지금까지 살펴본 여러 가지 모집방법은 완전고용 상태일 경우 종업원을 조직에 투입하기 위해 일반적으로 사용되는 것이다. 그러나 사회 · 경제적 환경의 어려움으로 인해 감량경영 및 긴축경영을 해야 하는 오늘날의 조직은 모집에 대한 대안적 방법을 모색하고 있다. 이에 여기서는 많은 조직에서 도입하고 있는 다양한 대안적 방법을 살펴보고자 한다. 그러나 이러한 방법은 종업원의 모집을 일시적으로 대신해 줄 수 있는 것이지, 기업의 확장과 업무량의 증대 등에 의한 인력충원의 필요성을 근본적으로 해결할 수 있는 대안은 아니다.

1) 초과근무

초과근무는 단기적인 작업량의 변동이나 단기적인 인력 수요에 대처하기 위한 가장 효과적인 방법으로, 기업이나 종업원 모두에게 이익을 주는 제도다. 즉 기업의 입장에서 볼 때 신규인력의 채용에 따른 여러 가지 비용을 절약할 수 있으며, 종업원의 입장에서는 소득증가의 기회가 되기도 한다. 그러나 이 제도는 초과근무시간 동안 생산성의 저하 현상이 발생할 수 있으며, 임금 수준에 대한 종업원의 기대수준을 높여 주는 결과를 초래하기도 한다.

2) 임시직 종업원

임시직 종업원은 인력관리 수요에서 단기적인 변동을 충족시키고자 할 경우 특히 가치가 있다. 이 제도는 처음에 사무실 관리 분야에서 개발되기는 했지만, 최근에는 다양한 분야로 그 적용범위가 확대되고 있다. 특히 이미 퇴직했거나 해고된 종업원들이 임시직 종업원의 또 다른 훌륭한 자원으로 활용되기도 한다. 그러나 기업의 입장에서 볼 때 임시직 종업원이 과연 조직에 어느 정도 애착을 가지고 일해 줄 것인지에 대해서는 의문이 들기도 한다.

3) 종업원 대여

종업원 대여는 임시직 종업원에 비해 장기간 고용되는 경우를 말한다. 조직이 어떤 특정한 기술을 가진 종업원을 필요로 할 때 대여회사와 계약을 하고, 대여계약하에서 개인은 대여회사를 위해 일한다. 이 제도는 기업의 입장에서 볼 때 완전고용의 종업원에게 제공하는 제반 비용을 줄일 수 있으며, 대여회사에 의해 잘 훈련된 종업원을 지원받는다는 장점이 있다.

4) 독립 계약자

독립 계약자는 1990년대부터 나타난 모집 대안의 한 형태이며, 기업은 회사의 건물 안팎의 장소에서 특별한 과제를 수행하기 위해 독립 계약자를 고용할 수 있다. 특히 컴퓨터와 정보통신기술이 발달한 현대사회에서 손쉽게 활용할 수 있는 방법이기도 하다. 이 방법은 기업의 입장에서 독립 계약자를 종업원으로 고려하지 않아도 되기 때문에 직원 고용과 관련된 제반 비용을 절약할 수 있으며, 독립 계약자의 입장에서도 일을 하기를 원하지만 전형적인 근로계약을 통해 일을 할 수 없을 때 효과적인 방안이 되기도 한다.

5) 아웃소싱

아웃소싱은 제품이나 서비스 수요의 증가가 예상될 경우, 기업에서 수행해야 할 업무의 상당부분을 다른 기업에 의뢰하는 방법이다. 아웃소싱은 기업의 입장에서 볼 때 생산 및 인력관리상으로 유리한 점이 많다고 볼 수 있다. 그러나 기업이 아웃소싱을 잘 관리하지 않으면 단기적으로는 비용을 줄일 수 있지만, 장기적으로는 기업의 경쟁력을 저하시킬 수 있다(특히 기업의 핵심분야의 경우).

정리해 볼 문제

1. 일반적인 모집과정의 4단계에 대해 설명하시오.

2. 모집에 영향을 주는 요인에 대해 설명하시오.

3. 노동력의 공급원인 모집자원에 대해 설명하시오.

4. 내부 노동시장에서의 모집방법인 사내공모제의 장단점을 설명하시오.

5. 외부 노동시장에서의 모집방법에 대해 설명하시오.

6. 모집방법의 선택 시 고려해야 할 기준에 대해 설명하시오.

7. 모집에 대한 대안적 방법을 설명하시오.

제 5 장
선발

모집의 결과로 지원자가 창출되면 지원자에 대한 채용 여부를 결정하여야 한다. 지원자의 채용 여부를 결정하는 과정이 선발이다. 선발(selection)이란 모집활동을 통해 획득한 지원자를 대상으로 미래에 수행할 직무에 가장 적합한 지원자를 식별하는 것이다. 더 정확하게 말한다면 특정 직무를 어떤 지원자가 가장 성공적으로 수행할 수 있는지를 살펴보는 것이다. 선발은 전략적으로나 경제적으로 조직에 매우 중요한 영향을 끼치므로 선발 의사결정은 신중하게 이루어져야 하며, 선발은 인력확보 활동의 핵심을 이룬다고 볼 수 있다.

종업원의 선발방법과 관련하여 중요한 개념은 예언변인(predictor)이다. 예언변인이란 직무수행 결과를 예측할 수 있는 변인을 말한다. 이 예언변인을 독립변인이라고도 한다. 전통적인 심리학에서 독립변인이란 종속변인에 영향을 끼치는 변인을 뜻하고, 산업 장면에서 종속변인은 준거(criterion)라고 부르는데 이것은 직무를 얼마나 잘 수행하느냐를 측정하는 변인(예: 생산량, 결근율, 이직률 등)이 된다. 따라서 종속변인과의 관계에 비추어 볼 때 독립변인이라 하면 지금까지 얘기한 준거를 얼마만큼 잘 예언할 수 있느냐, 즉 준거에 얼마만큼 영향을 끼칠 수 있느냐 하는 의미에서 예언변인을 독립변인으로 부를 수도 있다. 이 장에서는 예언변인의 신뢰도와 타당도, 다양한 선발방법, 선발 의사결정 등에 대해 살펴보고자 한다.

1. 예언변인의 신뢰도와 타당도

심리학에서 사용되는 검사나 개념이 실제 인간의 행동을 예언하거나 예측하고자 할 때 얼마나 그것을 신뢰할 수 있고 타당한가의 문제가 대두된다. 산업장면에서 예언변인을 사용할 때도 마찬가지로 각각의 예언변인이 직무수행 결과를 예측하는 데 있어 얼마나 믿을 수 있는가의 문제와 그 결과가 얼마나 타당한가의 문제가 대두된다.

1) 신뢰도

신뢰도(reliability)는 어떤 검사결과를 얼마만큼 믿을 수 있는가의 정도, 다시 말하면 검사결과가 얼마나 일관성이 있는가의 정도를 말한다. 어떤 검사결과가 일관성이 있고 안정적일 때 그 검사의 신뢰도는 높다고 얘기할 수 있다. 일반적으로 신뢰도 계수는 .90 이상이 되어야 좋은 검사라고 할 수 있다. 심리학에서 쓰이는 신뢰도에는 다음과 같은 세 가지가 있다

(1) 검사-재검사 신뢰도

검사-재검사 신뢰도(test-retest reliability)는 한 종류의 검사를 실시하고 일정 기간이 지난 후 동일한 검사를 동일한 대상에게 다시 실시해서 두 검사점수가 어느 정도 일치하는가를 측정하는 것이다. 그러나 이 방법의 제한점은 응시자들이 두 번의 검사를 치르기 위해 직무를 이탈해야 하는 비경제성이 있고, 동일한 검사에 두 번 반응하기 때문에 학습이나 기억의 효과에 의해 두 번째 점수가 더 높을 수 있다는 것이다.

(2) 동형검사 신뢰도

동형검사 신뢰도(alternate-test reliability)는 검사-재검사 방법처럼 동일한 검사를

두 번 실시하는 것이 아니라 각각 검사문항은 다르지만 같은 특성을 가지고 있다고 가정되는 두 가지의 검사를 실시하는 것이다. 즉 동일한 집단에 대해서 두 가지 각각 다른 검사를 서로 다른 시기에 실시해서 얻은 점수 간의 상관관계를 구하는 방법이다. 이 방법을 사용하기 위한 전제조건은 우선 검사내용이 같은 전집에서 표집되어야 하고, 같은 집단에서 실시한 검사점수의 평균과 표준편차, 그리고 각 검사문항 간의 공변량이 같아야 한다는 것이다. 이 방법의 단점은 두 가지의 서로 다르면서도 동일한 종류의 문항을 만들어야 하는 어려움이 있다는 것이다.

(3) 반분 신뢰도

반분 신뢰도(split-half reliability)는 하나의 검사를 실시한 후, 한 검사를 두 개의 부분으로 나누어 따로 채점해서 두 개의 검사점수 간의 상관계수를 산출하는 것이다. 이때 두 개의 부분으로 나누는 방법에는 검사의 전반부와 후반부로 나누는 전-후 반분법과 홀수문항과 짝수문항으로 나누는 기-우 반분법이 있다. 이 방법은 검사가 한 번만 실시되므로 다른 방법보다 시간과 비용이 절약되며, 두 번째 검사점수에 영향을 줄 수 있는 학습이나 기억의 효과를 제거할 수 있는 장점이 있다.

이와 같이 다양한 신뢰도 측정방법에 대해 살펴보았는데, 실제로 어떤 검사의 신뢰도를 평가하기 위해 두 가지 이상의 방법을 사용하기도 한다. 예를 들면 어떤 검사의 신뢰도는 검사-재검사 신뢰도뿐만 아니라 반분 신뢰도를 통해서도 평가될 수 있으며, 세 가지 방법 모두를 사용할 수도 있다. 그러나 검사방법에 따라 신뢰도에 차이가 날 수 있다는 점을 명심해야 한다. 예를 들면, 다양한 종류의 능력(언어 능력, 수리 능력, 공간 능력 등)을 측정할 수 있는 검사를 개발했다고 하자. 이 검사의 경우 반분 신뢰도와 같은 내적 일관성 신뢰도로 평가할 때 평가항목이 매우 다르기 때문에 신뢰도 계수가 낮을 것이다. 그러나 검사-재검사 신뢰도로 평가할 때 일관성 있게 다양한 능력을 측정한다면 이 신뢰도 계수는 높게 나타날 것이다. 따라서 신뢰도를 측정하는 다양한 방법은 각각 검사의 목적에 적합하게 사용되어야 한다.

2) 타당도

타당도(validity)는 검사가 무엇을 측정하고 있는가, 다시 말하면 측정하고자 하는 것을 제대로 측정하고 있는가의 정도를 알아보는 것이다. 신뢰도가 측정의 일관성 또는 안정성이라고 한다면, 타당도는 측정의 정확성 또는 정밀성이라고 할 수 있다. 심리학에서 일반적으로 사용되는 타당도로는 다음과 같이 두 가지 범주별로 각각 두 가지씩을 들 수 있다([그림 5-1] 참조).

(1) 경험적 타당도

경험적 타당도를 다른 말로 준거 관련 타당도(criterion-related validity)라고도 하는데, 그 이유는 검사를 실시하고 어느 시점에서 수행 결과(준거)를 측정하느냐의 문제가 중요하기 때문이다. 이 타당도에는 공인 타당도와 예언 타당도가 있다.

① 공인 타당도

공인 타당도(concurrent validity)는 두 개의 검사 또는 예언변인과 준거 간의 관계를 측정하는 것으로 이때 시간간격이 없이 동시에 측정하는 것이 특징이다. 다시 말하면 이미 직무에 종사하는 사람들에게 검사를 실시하고, 그다음에는 이 검사결과와 그들의 직무수행 능력과의 관계를 알아보는 방법이다. 예를 들면, 현 종업원 집단에 대한 생산성 자료를 수집한 다음 그 자료를 검사에 적용하여, 검사점수와 실제 생산성점수 간의 상관을 구할 수 있다. 만약 검사가 타당한 것이라면, 이 검사점수에 근거하여 종업원의 생산성에 대해 예측할 수 있다. 이 방법의 장점은 시간이 적게 들고 편리하며, 특히 예언변인과 준거에 대한 점수가 획득되자마자 타당도 검증의 결과를 알 수 있다는 것이다. 반면 단점은 이미 직무에 종사하는 종업원을 대상으로 하기 때문에 표본의 추출에 우수한 종업원이 이용된다는 것이다. 그렇지 않은 종업원은 이미 해고되었거나 전직되었거나 좌천되었을 것이다.

② 예언 타당도

예언 타당도(predictive validity)는 하나의 검사 또는 예언변인이 장차 예언력을 얼마나 가지고 있느냐의 정도를 측정하는 것으로, 시간간격이 있는 것이 특징이다. 다시 말하면 어떤 특정 시기에 모든 지원자에게 검사를 실시하고, 검사점수와는 관계없이 모두 고용하여 시간이 지난 후 각 종업원의 직무수행 능력을 측정하는 방법이다. 예를 들면 기업은 지원자들의 검사점수를 앞으로 6개월간의 교육 프로그램을 통과할지의 여부를 예측하기 위해 사용할 수 있다. 이 방법은 실제로 검사점수가 얼마나 정확히 직무에서의 성공을 예언했는지를 알아볼 수 있다. 그러나 이 방법은 준거에 대한 점수는 시간이 경과한 후에 얻어지므로 타당도 검증의 결과를 즉시 알 수 없다는 단점이 있다.

(2) 합리적 타당도

합리적 타당도는 어떤 외적인 준거와는 상호연관성이 없고, 검사 자체의 본질이나 내용에 관한 것이다. 합리적 타당도에는 내용 타당도와 구인 타당도가 있다.

① 내용 타당도

내용 타당도(content validity)는 하나의 검사가 전집을 얼마나 잘 대표하고 있느냐의 정도를 측정하는 것이다. 이것은 직무를 수행하는 데 필요한 기술이나 능력을 분석하고 그 검사가 그 직무를 수행하기 위하여 필요로 하는 기술이나 능력을 측정하고 있는지를 알아보는 방법이다. 이 타당도는 통계학적인 방법에 의해서 결정될 수 없기 때문에, 검사문항이 직무와 얼마나 관련이 있는지 결정하기 위해 전문가의 판정이 중요하다.

② 구인 타당도

구인 타당도(construct validity)는 논리적 타당도라고도 하는데 가장 이론적이면서 복잡한 형태의 타당도다. 이것은 기존의 검사와 상관을 내어 새로 만든 검사의 타당도를 측정하는 방법이다. 예를 들면 지능을 측정하기 위해 새로 만든 검사가 실제로 지능을 측정하는지를 알아보기 위해서 이미 완성된 기존 지능검사의 점수와 새 검사의 점수를 관련지어 보는 것이다. 만약 새로운 검사(지능검사)가 기존의 같은 개념을 측정하는 측정치들(언어 능력, 추론 능력, 수리 능력 등)과 높은 상관을 갖는다면, 새로운 검사는 보편적인 지능이 측정되었다고 확신할 수 있다(수렴 타당도). 그리고 새로운 검사(지능검사)는 기존의 다른 개념을 측정하는 측정치들(신체적 힘, 체력 등)과는 낮은 상관을 가져야만, 이 새로운 검사는 보편적인 지능이 측정되었다고 확신할 수 있다(변별 타당도).

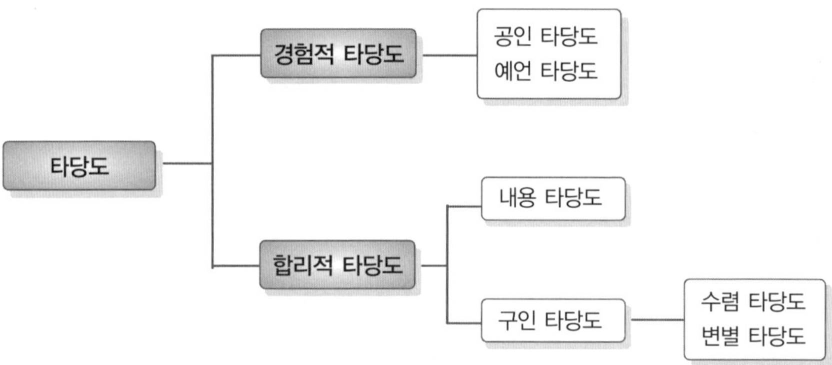

[그림 5-1] 타당도의 종류

2. 예언변인의 내용

예언변인, 즉 선발방법은 지원자의 동기와 역량을 평가하기 위한 것이다. 실제로 선발과정에 있어 다양한 선발방법이 활용되고 있다. 일반적인 선발과정은, 우선 모집에 의해 확보된 초기의 지원자 중에서 추후의 선발과정에서 고려될 수 있는 최소한의 자격요건을 갖춘 지원자를 선별하는 초기선별 단계(예: 지원서, 이력서, 추천서 등), 그런 다음 최소한의 자격요건을 갖춘 사람 중에서 조직에 적합한 사람을 선별하는 실질적 선발 단계(면접, 심리검사, 평가센터 등), 마지막으로 예비 합격자에게 적용되는 재량적 선발 단계(신체검사, 약물검사 등)로 진행된다. 이러한 선발과정에서 활용되는 다양한 선발방법을 살펴보면 다음과 같다.

1) 전기적 자료

전기적 자료(bio-data)란 지원자 개인에 관련된 것으로 지원자의 신상에 관한 모든 것을 말한다. 예를 들면 연령, 성별, 출생지, 거주지, 가족배경, 형제 수, 교육 정도, 결혼관계, 자녀 수, 신체적 특징, 군복무 관계, 취미, 독서습관, 태도, 신념, 가치관, 여가활동 등이 포함된다. 전기적 자료가 종업원의 선발방법으로 널리 활용되는 근거는 바로 전기적 자료가 직무수행 성과와 상관관계가 높기 때문이다(Tucker et al., 1967). 전기적 자료를 수집하는 방법에는 입사지원서, 이력서, 자기소개서 등이 있다.

(1) 입사지원서

회사 내의 어떤 직위이든 지원서를 작성하지 않고 고용된 사람은 거의 없을 것이다. 이와 같이 지원서는 모든 산업 장면에서 거의 필수적으로 사용되고 있다. 지원서는 지원자가 보통 거쳐야 하는 첫 번째 단계로, 유용한 정보를 제공할 뿐만 아니라 차후에 있을 면접 질문의 근거 자료가 된다.

입사지원서에 기재되는 정보에는 성명, 주소, 성별, 결혼 여부, 교육, 기존 직업 및 군경력, 부양가족과 같은 일반적인 신상자료에서부터 재정상태, 취미 등 보다 개인적인 항목까지 포함되어 있다.

입사지원서는 선발에 유용한 지침을 제공하는 질문으로 한정되어야 한다. 몇몇 회사는 자료의 유용성에 관계없이 지원자의 생활에 대해 가능한 한 모든 측면의 정보를 수집하고자 지나치게 긴 지원서를 사용한다. 이것은 지원자와 인사담당자 모두에게 있어 시간의 낭비일 뿐이다.

(2) 이력서

이력서에는 개인의 특성과 지적인 측면을 알기 위해 학력을 기재하고, 그 사람이 이전에 무엇을 경험했는지를 알아보기 위해 경력을 기재하도록 되어 있다. 조직의 입장에서 보면 이력서는 입사지원서와 유사하다.

효과적인 이력서 작성법

- 간단명료하되 포인트를 맞춰 구체적으로 기술하라.
- 과장 없이 솔직하게 작성하라.
- 자신에 관한 정보와 지원 분야를 연결시켜 기술하라.
- 읽게 하려면 보이게 하라.
- 자신을 표현할 수 있는 각각의 헤드라인을 만들어라.
- 정성 들여 깨끗이 작성하라.
- 연대순으로 기술하라.
- 성공적으로 수행했던 업무에 대해 구체적으로 기술하라.
- 지원한 분야와 관련 있는 자격증을 제시하라.
- 연락처 및 응시부문을 이력서 우측 상단에 명기하라.
- 대학 동아리 활동 및 사회봉사 활동을 강조하라.
- 중점사항을 기술하라
- 완성되었으면 다시 한 번 검토하라.

(3) 자기소개서

자기소개서는 최근에 널리 사용되는 방법 중의 하나로, 일반적으로 개인의 성장환경, 학력 및 경력 소개, 지원동기, 장래희망 등을 기재한다.

성공적인 자기소개서 작성법

- 기업의 속성에 맞춰 자신을 소개하라.
- 자기 이미지를 만들어라.
- 헤드라인을 달아라.
- 자신이 적임자임을 강조하라.
- 구체적인 경험을 바탕으로 작성하라.
- 참신한 문구로 시작하라.
- 입사 지원동기를 구체적으로 밝혀라.
- 자신의 장점을 최대한 부각시켜라.
- 경력을 강조하라.
- 자신의 포부와 비전을 제시하라.

2) 신원조회 및 추천서

이 방법은 지원자를 알고 있는 사람들(상사, 친구, 동료, 이전의 교사 등)로부터 지원자에 대한 정보를 얻어내는 것이다. 이것의 목적은 지원자에 대한 다른 사람들의 인상을 조사하고, 지원자가 제출한 직무경험의 특성을 확인하는 것이다. 그런데 이 방법의 문제점은 대부분의 사람들이 신원조회 및 추천서를 써 주는 데 있어 관대하게 응답하는 경향이 있다는 것이다.

일반적으로 신원조회 및 추천서에 의해 정보를 얻는 방법에는 이전 고용주나 상사에게 지원자의 여러 면에 대해 '편지' 형식으로 써 달라고 요청하는 방법, 미리 만들어진 '질문지'를 이용하여 이전 고용주나 상사에게 상세한 정보를 제공해 달라고 요청하는 방법, '전화'를 통해 지원자와 이야기를 나누는 방법, 지원자를 직접 방문하는 현장조사 방법 등이 있다.

추천서는 지원자의 과거 직무경험과 성과를 평가하기 위해 사용하는 방법이다. 그러나 추천서를 선발에 활용할 때, 추천서가 자격이 있는 지원자와 자격이 없는 지원자를 구별하는 데 거의 도움이 되지 않는다는 점과 대부분의 추천서가 표준화되어 있지 않아 지원자 간의 비교가 상당히 어렵다는 점은 단점으로 지적할 수 있다.

3) 면접

오늘날 면접을 받지 않고 고용되는 사람은 거의 없다. 어떤 다른 선발방법이 이용되든 간에 고용주들은 모두 본인 자신이 직접 직무 후보자를 만나 보고자 한다. 면접의 일차적 목적은 지원자의 적합성을 평가하기 위해 대면 기회를 갖는 것이다. 면접에서는 양방향의 정보교류가 이루어져서 각자가 상대방을 평가할 수 있게 된다. 즉 고용주는 후보자에 대한 추가정보를 얻을 뿐만 아니라 지원자들도 회사와 자신이 고려하고 있는 직무에 대해 더 잘 알 수 있다. 면접을 통해 지원자의 학업성적에 대한 정확한 해석, 지원자의 전반적인 능력, 대인관계 능력, 직업경력, 경력요구 등을 파악해야 한다.

면접의 목적은 첫째, 지원서에 나타난 항목이 불명확할 때 이를 명료화하고 지원서에 나와 있지 않은 정보를 수집할 수 있으며, 둘째, 지원자에게 기업에 관한 정보를 전달하고, 셋째, 지원자에게 기업을 홍보하여 우수한 지원자가 타 기업으로 가지 않도록 유도하는 데 있다.

(1) 면접의 유형

면접의 유형에는 구조적 면접과 비구조적 면접이 있다. 구조적 면접(structured interview)은 미리 정해져 있는 면접 질문의 목록을 가지고 특정 직무의 모든 지원자에게 사용하는 것이다. 따라서 면접의 전체 절차가 표준화되어 지원자의 평가결과가 면접자의 편견에 의해 크게 좌우되지 않는다. 비록 주관적이거나 개인적 요인이 면접자의 판단에 영향을 줄 수 있을지라도 그 문제가 그리 심각하지는 않다. 그리고 이 면접은 훈련을 받지 않았거나 경험이 없는 면접자도 어려움 없이 면접을 수행할 수 있는 이점이 있다.

〈표 5-1〉 면접의 다양한 형태

면접형태	면접방식	장점	단점
개별 면접 (individual interview)	보통 2~3명의 면접위원이 지원자 1명을 상대로 질의응답하는 방법(복수 면접위원 개별 면접)과 지원자 1명을 상대로 1명의 면접위원이 개별적으로 질의응답하는 방법(일대일 개별 면접)이 있음	• 지원자에 대한 자세한 정보수집이 가능	• 지원자에게 긴장과 압박감을 줌 • 시간이 오래 걸림
집단 면접 (group interview)	면접위원 한 명 혹은 여러 명이 여러 명의 지원자를 면접하는 방식	• 면접시간 단축 • 지원자의 심적 안정 • 지원자 간 비교평가 가능 • 지원자 간 경쟁 유발	• 심층 면접 불가 • 자리 순서에 따른 불이익 있음 • 상대적으로 불리하게 평가될 수 있음
집단토론식 면접 (group-discussion interview)	최근 일반화되는 경향을 보이고 있는 면접방식으로, 5~10명의 지원자에게 한 과제를 주어 자체 토론을 하도록 하고, 면접위원들이 발언 내용이나 태도를 관찰하여 평가하는 방식	• 지원자의 리더십, 표현력, 적극성, 협조성 등 다양한 요소의 평가가 가능함	• 지원자의 신상에 대한 질문 불가능 • 소극적인 지원자 평가 불가능
프리젠테이션 면접 (presentation interview)	요즘 많이 채택되고 있는 면접방식으로, 지원자가 여러 주제 중 하나를 선택해 자신의 의견을 개진하는 방식	• 지원자 개인의 특성이 최대한으로 발휘됨	• 지원자에게 긴장과 압박감을 줌 • 시간이 오래 걸림
무자료 면접 (blind interview)	면접위원이 지원자의 학력, 경력, 어학 능력 등의 신상자료를 전혀 모르는 상태에서 선입견 없이 임하는 면접방식	• 지원자에 대한 객관적인 평가가 가능함	• 지원자에 대한 기초 정보가 부족함
다차원 면접 (multiple interview)	선배 사원 3명으로 구성된 면접단이 지원자 10명을 1개 조로, 회사 밖의 다양한 장소(산, 호프집, 노래방 등)에서 만난 다음 자유롭게 집단토론을 하면서, 지원자를 평가하는 방식	• 지원자의 잘 드러나지 않는 부분까지 평가가 가능함	• 시간이 오래 걸림 • 비용이 많이 듦

비구조적 면접(unstructured interview)은 어떤 정해진 양식 없이 지원자에 대한 정보를 획득하는 방법으로, 질문의 내용뿐 아니라 질문의 형식 및 방법도 각 면접자의 개인적 판단에 달려 있다. 따라서 비구조적 면접의 기본적인 단점은 지원자에 대한 평가에서 일관성이 결여되어 있다는 것이다. 면접자들은 지원자의 배경, 경험, 태도 등의 각기 다른 측면에 흥미를 나타낼 수 있고, 결국 지원자들의 객관적인 능력보다는 면접자들의 특성이나 편견, 선입관 등이 더 많이 반영될 수 있다.

(2) 면접결과에 영향을 주는 요인들

많은 요인이 면접의 결과에 영향을 미치는데, Schmitt(1976)는 면접에 관한 많은 문헌을 살펴보고 면접자의 면접결과에 영향을 끼치는 여러 가지 요인을 발견하였다.

① 지원자에 대한 정보의 특성

지원자에 대한 부정적 정보가 긍정적 정보보다 더 중요하게 영향을 끼친다. 왜냐하면 면접자는 지원자를 합격시키지 않을 수 있는 요인이나 정보에 더 민감하고, 그 원인을 찾으려 하기 때문이다.

② 지원자에 대한 정보가 제시되는 시점

면접자가 중요한 면접 정보를 얻는 시기가 면접 결과에 영향을 끼친다. 면접자가 면접 초기에 제시된 정보에 의해 가장 많은 영향을 받는 것을 초두효과(primacy effect)라고 하며, 면접의 마지막에 제시된 정보에 의해 가장 많은 영향을 받는 것을 최신효과(recency effect)라고 한다. 일반적으로 부정적 정보에 대한 초두효과는 지원자에 대해 호의적이지 못한 평가를 야기시킨다. 즉 지원자에 대해 부정적인 상태로부터 면접을 시작하게 되면 그 사람을 뽑지 않을 가능성이 높을 것이다.

③ 지원자 간의 대비효과

한 지원자에 대한 평가는 바로 앞의 지원자에 의해 영향을 받을까? 평균적인 능력의 지원자는 그보다 떨어진 능력을 가진 지원자 뒤에 있으면 면접자로부터 더 좋게 평가되고, 뛰어난 능력을 가진 지원자 뒤에 있게 되면 더 나쁘게 평가된다.

④ 지원자의 성

면접자는 자신의 성과 같은 지원자를 더 좋아하는가? 그렇지는 않다. 면접자는 전통적인 여성 직업에 여성을 고용할 가능성이 많으며, 남성의 경우도 전통적인 남성 직업에 고용할 가능성이 높다. 즉 지원자의 성과 직업에 있어 전통적인 고정관념은 지원자와 면접자 간의 성의 일치 여부보다도 더 많은 영향을 끼친다.

(3) 면접의 문제점

면접방법은 여러 가지 장점도 있지만, 몇 가지 문제점도 가지고 있다. 이들 문제점을 살펴보면 다음과 같다.

① 면접자 간의 일치도 결여

특히 비구조적 면접기법을 사용했을 때 동일 지원자에 대한 면접자들 간에 평가결과가 일치하지 않을 수 있다. 만일 면접자들 간에 불일치한 결과를 얻었다면 그것은 선발과정에 아무런 도움을 주지 못할 것이다. 이러한 문제점에 대한 해결책으로 면접자를 표준양식에 맞춰 질문하고 객관적인 표준용어로 평가하도록 훈련시키면 면접자 간 일치성은 증가될 수 있다.

② 면접자의 선입관

면접자 개개인의 특성이 지원자에 대한 평가에 영향을 끼친다. 예를 들면 어떤 면접자는 어떤 특성을 가지고 있는 지원자를 싫어하고 자격과는 상관없이 그러한 사람을 부적합하다고 판단을 내리는가 하면, 어떤 지원자는 단지 자기가 좋아하는 특성을 지녔다는 이유로 그를 호의적으로 평가한다.

③ 지원자의 사회적 바람직성

지원자가 면접자의 질문에 솔직하게 대답하지 않고, 면접자가 어떤 대답을 기대한다고 미리 판단하여 그 방향으로 거짓 대답을 하는 경향이 있을 수 있다. 즉 자기의 특성을 거짓으로 진술하여 좋은 인상을 얻고, 좋은 평가를 얻으려 하는 것이다.

④ 면접상황이 주는 불안 · 긴장감

면접상황에 접하게 되면 지원자는 불안감을 느끼고 긴장하게 된다. 예를 들면 평소에는 조용하고 침착했던 사람이 자신을 잘 표현하지 못할 만큼 긴장할 수 있고, 그 결과 직무행동과는 전혀 관련 없는 방식으로 행동할 수도 있으며, 이 같은 예외적 행동이 면접자로 하여금 부정적인 평가를 하게 만들 수 있다.

(4) 면접방법의 개선

면접은 선발방법으로 가장 널리 사용되고 있는 기법이지만, 신뢰도와 타당도 측면에 있어 많은 문제점이 지적된다. 따라서 면접방법을 개선하기 위한 노력이 필요한데, 이에는 면접자 훈련, 면접의 구조화 등이 있다.

① 면접자 훈련

우선 면접은 기본적으로 면접자와 피면접자 간의 상호작용 과정이라고 볼 수 있다. 따라서 면접자는 상호작용을 원활히 하기 위한 기법(예: 개방적 의사소통 분위기, 경청자세 개발, 일관성 있는 질문 등)을 훈련받아야 한다. 그리고 면접자는 초두효과, 대비효과 등과 같은 평가오류에 대해 알아 둘 필요가 있다. 또한 면접의 오류보다는 면접의 정확성 증진에 초점을 두는 방법, 피면접자의 행위나 응답을 직관이 아닌 체계적인 척도에 의해 평가하는 방법 등을 훈련해야 한다.

② 면접의 구조화

면접자가 서로 다른 질문을 행하며 적절하지 못한 정보에 초점을 맞추고 있다면, 이에 대한 해결책은 면접을 구조화하는 것이다. 구조화된 면접은 직무분석을 통해 직무의 성공에 중요하다고 판단된 요인에 근거하여 질문항목을 선정한다. 따라서 면접자는 미리 설정된 양식에 따라 동일한 질문을 행하면 된다.

4) 심리검사

심리검사는 산업 장면에서 가장 흔히 사용되는 예언변인이다. 모든 개인은 그가 어떻게 행동하고, 어떻게 사고하느냐에 대한 각각의 독특한 특성이 있으며 이것을 개인차라고 한다. 따라서 심리학에서는 모든 인간은 개인차가 존재한다는 것을 전제하고 이러한 개개인이 가지는 차이를 측정하고, 양화할 수 있다는 것을 가정하고 있다. 이러한 측면에서 볼 때 각 개인이 가지고 있는 특성이나 특징을 어떻게 적절히 측정해서 그 특성에 맞게 개인을 직무에 배치함으로써 개인뿐만 아니라 조직에도 동시에 도움을 줄 수 있는 만족스러운 결과를 가져올 수 있느냐 하는 것이 산업심리학의 주된 목적 중의 하나다.

(1) 심리검사의 유형

① 개인검사와 집단검사

검사자와 피검사자 간에 일대일로 이루어지느냐 아니면 검사자 한 명에 피검사자 다수가 응답하느냐에 따라 개인검사와 집단검사로 분류할 수 있다. 집단검사(group test)는 동시에 많은 사람이 검사를 받을 수 있는 이점이 있고, 개인검사(individual test)는 한 개인의 측정되는 행동에 대해 보다 깊은 정보를 얻을 수 있다.

② 속도검사와 능력검사

이 두 검사의 차이점은 검사가 완료될 때까지 할당되는 시간에 관한 것이다. 속도검사(speed test)는 일정한 시간 제한이 있어서 종료 때에는 시험을 중지해야 하는 검사이고, 능력검사(power test)는 시간 제한은 없고 피검사자들이 검사를 끝내기 위해 필요하다고 느끼는 만큼의 충분한 시간을 배당받는 검사다. 일반적으로 능력검사는 속도검사보다 더 어려운 항목이 포함되며, 속도검사는 작업속도가 측정하고자 하는 행동의 중요한 부분일 때 사용된다.

③ 지필검사와 수행검사

지필검사(paper & pencil test)는 어떤 일정한 형식의 문항이라든지 질문지에 응답함으로써 검사가 완료되는 검사이고, 수행검사(performance test)는 어떤 동작이라든지 행동을 수행하는 정도를 측정하는 검사다. 예를 들면 지능, 흥미, 성격, 적성 등은 지필검사로 실시하며, 기계 능력이나 타이핑 능력 등은 동작검사로 실시하는 것이 더 효과적이다.

(2) 심리검사의 내용

① 지능검사

다른 말로는 정신능력검사라고도 하며, 오랫동안 인사선발에서 사용되어 온 검사다. 그 이유 중의 하나는 지능이 직무수행과 관련이 있다는 믿음 때문이다. 작업자가 지적이라면 생산성은 더 높을 것이고 이직률은 줄어들 것이다. 그러나 지적 능력이 수행과 상관이 있다는 것은 분명하지만 그 관계가 항상 안정적인 것은 아니다. 실제적으로 산업 장면에서 사용되고 있는 지능검사에는 다음과 같은 것이 있다.

- 오티스 자기실행형 지능검사(Otis Self-Administering Tests of Mental Ability): 가장 자주 쓰이는 선발검사 중의 하나로, 광범위하고 다양한 직무의 지원자들의 선별작업에 유용한 검사다. 그러나 이 검사는 낮은 수준의 지능을 요하는 직무에 적합하며, 지능의 높은 부분에 대해서는 변별력이 낮다.
- 원더릭 인사검사(Wonderlic Personnel Test): 오티스 검사를 간략화한 것으로 산업체에서 많이 사용되는 검사다. 검사가 간략함에도 불구하고 어떤 낮은 수준의 직무, 특히 다양한 사무직의 성공을 예측하는 데 유용하다.
- 웨스만 인사분류검사(Wesman Personnel Classification Test): 이 검사는 총점수뿐만 아니라 언어에 관한 점수와 수에 관한 점수가 각각 별도로 제공된다. 지능 수준이 높은 사람들에게 더 적합한 검사다.
- 웩슬러 성인지능검사(Wechsler Adult Intelligence Scale): 이 검사는 성인용으로 개별적으로 실시되며 분량이 많아 많은 시간이 소요된다. 언어성 검사와 동작성 검사의 두 부분으로 구성되었으며, 11개의 하위검사로 되어 있다. 이 중 언어성 검사는 지식, 이해, 수리, 유사성, 수 암기, 어휘 등 6개의 하위검사로 되어 있고, 동작성 검사는 수자-부호, 그림 완성, 나무토막 쌓기, 그림 배열, 물건 맞추기 등 5개의

하위검사로 되어 있다.

② 기계적성검사

이 검사는 검사문항에 포함된 기계적 원리와 공간관계를 얼마나 잘 이해하고 있는지를 측정하는 검사다.

- 미네소타 사무직 검사(Minnesota Clerical Test): 이 검사는 수의 비교와 이름의 비교라는 두 부분으로 이루어진 집단검사다. 이 검사는 제한된 시간 내에서 일을 할 때의 개인의 정확도를 알기 위한 속도검사다. 이 검사와 관련한 문항의 예를 들면 [그림 5-2]와 같다.

[1] 88190023413	________________	88190023413
[2] 감못개숫봅훅	________________	갓몸개숫봅훅
[3] ㄹㅈㅁㅂㅇㅎ	________________	ㄹㅈㅁㅇㅎ
[4] + = ÷ × +	________________	+ = ÷ ? + ×
[5] □△○▧☆	________________	□△○▧☆

[그림 5-2] 미네소타 사무직 검사의 예

- 개정된 미네소타 필기형 검사(Revised Minnesota Paper Form Board Test): 이 검사는 공간의 관계를 지각하는 능력을 측정하는 것으로, 도안과 설계 같은 일에 종사하는 데 필요한 능력을 측정한다. 응시자는 2개 혹은 그 이상의 부분으로 자른 그림들을 제시받고 그 떨어진 조각들을 함께 붙이면 합쳐진 그림이 어떻게 나타나는가를 그릴 수 있어야 한다. 이 검사와 관련한 문항의 예를 들면 [그림 5-3]과 같다.

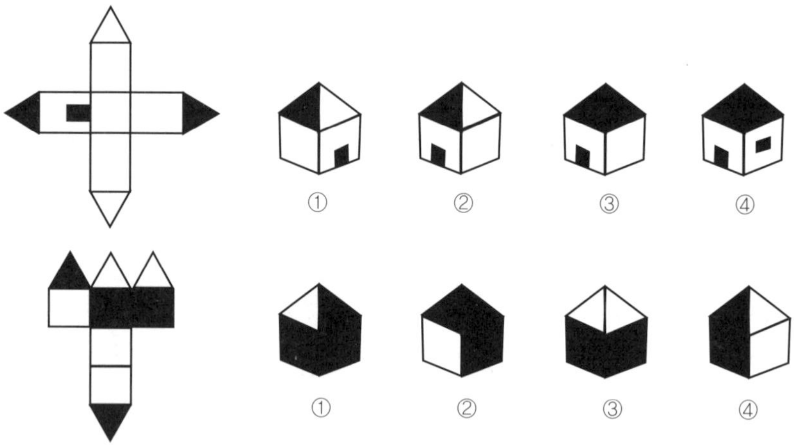

[그림 5-3] 개정된 미네소타 필기형 검사의 예

• 벤네트 기계이해검사(Bennett Test of Mechanical Comprehension): 이 검사는 기계추리를 측정하는 검사로, 기계적인 원리 문제가 있는 그림으로 구성되어 있다. 이 검사와 관련한 문항의 예를 들면 [그림 5-4]와 같다.

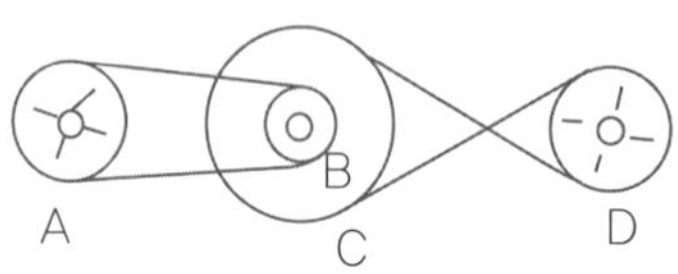

다음 A, B, C, D 4개의 바퀴 가운데 회전속도가 가장 빠른 것은?

① A ② B
③ C ④ D

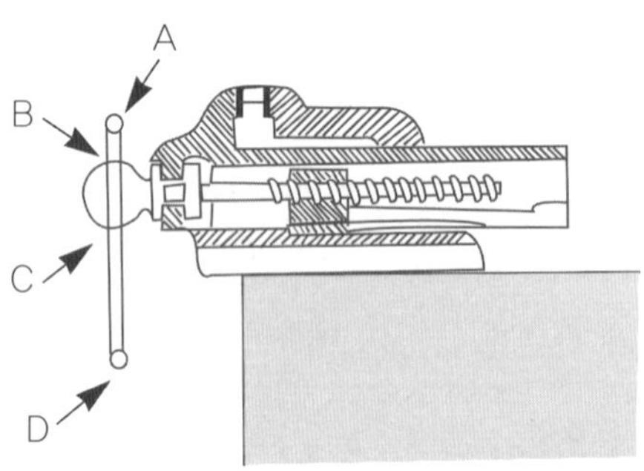

어느 지점을 잡아야 작업하기가 가장 쉬운가?

① A ② B
③ C ④ D

[그림 5-4] 벤네트 기계이해검사의 예

③ 운동능력검사

이 검사는 근육운동의 협응, 손가락의 기민함, 눈과 손의 협응 등과 같은 고도의 기술을 측정하는 검사다.

- **매쿼리 기계능력검사**(Macquarrie Test of Mechanical Ability): 이 검사는 필기형태로 운동능력을 측정하는 검사로, 다음과 같은 일곱 가지의 하위검사가 있다.

> – 추적(tracing): 연직선의 아주 작은 통로를 통해 선을 그리는 것
> – 두드리기(tapping): 가능한 한 빨리 종이 위에 점을 찍는 것
> – 점찍기(dotting): 가능한 한 빨리 원 안에 점을 찍는 것
> – 베끼기(coping): 간단한 모양을 그대로 베끼는 것
> – 위치(location): 일정한 점을 자극형태의 작은 크기와 같은 형태의 그림 속에 찍는 것
> – 블록(blocks): 그림에서 블록의 개수를 세는 것
> – 추적(pursuit): 미로 속의 선을 따라가는 것

- **퍼듀 펙보드검사**(Purdue Pegboard Test): 이 검사는 일관작업의 상황을 모의한 것으로 손가락이나 손, 팔의 움직임과 손가락의 예민성 등을 측정하는 검사다. 이 과제는 가능한 한 빠르게 일련의 구멍에 핀을 꽂는 것인데, 처음에는 한 손으로, 그다음에는 다른 손으로 수행한다.
- **오코너 손재주검사**(O'Connor Finger Dexterity Test): 이 검사는 손과 핀셋을 사용하여 얼마나 빨리 조그만 구멍에 핀을 집어 넣는가를 측정하는 것이다. 손가락의 기민성을 측정하는 대표적인 검사로, 정밀하고 정교한 솜씨가 필요한 여러 가지 직무를 성공적으로 예언하는 데 적합하다.

④ 흥미검사

흥미검사는 개인의 흥미, 즉 무엇에 관심이 있느냐를 측정하는 검사로, 기업체의 인사선발보다는 직업지도와 직업상담에 더 중요한 비중을 두고 있다. 많은 고등학교에서 학생들로 하여금 그들에게 가장 잘 맞는 직업을 선택할 수 있도록 도와주기

위해 관례적으로 흥미검사를 실시한다. 이 흥미검사는 일상적인 여러 행동과 사건에 관한 문항으로 구성되며 응답자는 그들이 좋아하는 대안을 선택한다. 일반적으로 널리 활용되고 있는 흥미검사는 다음과 같다.

- **스트롱-캠벨 흥미검사**(Strong-Campbell Interest Inventory): 이 검사는 집단검사로서 직업, 학교과목, 행동, 그리고 오락을 다루는 300가지 이상의 질문으로 구성되어 있다. 그중 어떤 문항은 선택한 순서에 따라 채점되며, 다른 것들은 '좋아함' '싫어함' '무관심'의 세 가지 대안 중 하나를 선택한다. 이 검사는 40년 이상 사용되어 온 스트롱 직업흥미검사(Strong Vocational Interest Blank)를 대치한 것이다. 이 검사는 남자용과 여자용의 두 가지가 있고, 6개 영역(현실성, 관찰 능력, 예술성, 사회성, 도전성, 보수성)으로 구성되어 있다.
- **홀랜드 자기탐색검사**(Holland Self-Directed Inventory): 이 검사는 6개 성격유형(현실형, 탐구형, 예술형, 사회형, 기업가형, 관습형)으로 구분되어 있으며, 각 유형은 특정 직업군과 관련되어 있다. 예를 들면 기업가형의 사람은 관리자, 기업 임원, 세일즈맨 등과 같은 적극적이고 도전적인 직무를 좋아한다. 6개 유형의 점수 프로파일은 사람들이 직업을 선택할 때 도움이 된다.

이와 같은 두 가지 흥미검사는 일차적으로 직업상담에 사용하게 되는데 이것은 개개인에게 적합한 종류의 일을 선택해 주는 데 그 초점이 있다. 선발도구로서 위의 검사를 사용하는 데 한 가지 애로점이 있는데 그것은 거짓 응답을 하는 문제다. 이와 같은 검사의 성공 여부는 대답의 정직성에 크게 의존하고 있다. 아마도 직업상담을 위해 흥미검사를 사용할 때, 그 결과가 자신에게 맞는 직업을 찾는 데 도움을 줄 것이라고 믿기 때문에 사람들은 정직하게 대답할 것이다. 그러나 선발상황에서는 사람들의 대답이 그가 특정한 직업에 고용될지의 여부를 결정하기 때문에 대답을 왜곡하려는 동기가 클 것이다.

⑤ 성격검사

성격검사는 개인이 가지고 있는 어떤 기질이나 성향을 측정하는 것으로 개인에게 습관적으로 나타날 수 있는 어떤 특징을 측정하는 것이다. 성격검사는 예언 타당도가 불확실함에도 불구하고 선발상황에서 광범위하게 사용된다. 성격검사는 크게 두 가지 범주로 분류할 수 있는데, 하나는 자기보고식 검사이고, 다른 하나는 투사적 검사다.

자기보고식 검사 자기보고식 질문지 형식을 취하며, 옳고 그른 답이 없이 다만 자신의 현재 태도, 감정, 의견 등을 가장 적절하게 나타낸다고 생각되는 문항에 표시하는 방법이다. 시간의 제한이 없는 검사이며, 주로 종이와 연필에 의해 실시되는 검사이기 때문에 지필검사이며, 개인적으로보다는 동시에 다수의 피검사자에게 실시하므로 집단검사의 성격이 강하다.

- 미네소타 다면적 성격검사(MMPI: Minnesota Multiphasic Personality Inventory): 이 검사는 자기보고식 검사 중에서 가장 잘 알려져 있는 검사로, 개인의 태도, 정서적 반응, 신체적 · 심리적 증상, 과거 경험 등을 알아보는 약 550개 문항으로 구성되어 있다. 문항 수가 너무 많기 때문에 각 문항에 주의 깊게 대답하기 위해서는 높은 수준의 동기가 요구된다. 이 검사는 크게 10개의 임상적 척도와 3개의 타당도 척도로 구성되어 있다. 임상적 척도는 심기증, 우울증, 히스테리, 정신병리적 결함, 남성성-여성성, 편집증, 정신쇠약증, 정신분열증, 경조증, 사회적 내-외향성 등을 측정하며, 타당도 척도는 피검사자의 허위, 부주의, 방어적 회피 등을 측정한다. 이 검사는 임상심리학자들이 환자의 성격장애나 정신적 문제를 진단하는 데 큰 도움을 준다.
- 캘리포니아 성격검사(CPI: California Psychological Inventory): 이 검사는 캘리포니아 주립대학교에서 만들어진 것으로, MMPI와 비슷한 문항을 사용하고 있으나 정상인의 성격특성을 더 많이 측정하도록 되어 있다. 즉 지배성, 사교성, 자기수용성, 책임감, 사회화 등을 측정하고 있다. 이 검사를 제작할 때 고교생과 대학생

을 대상으로 자신의 친구 중 각 문항에서 아주 현저하게 그 특징을 나타내는 사람을 지적하게 하여 몇 개의 척도를 얻었다. 예를 들면 지배성 척도는 준거집단을 현저하게 하여 지배적이며 공격적이고 자신만만하여 자립심이 강해 보이는 학생으로 구성했고, 비교집단은 수줍고 자신감이 부족하고 자신을 억제하는 학생으로 구성하였다. 그런 다음 이 두 집단 간에 통계적으로 차이가 뚜렷한 문항을 골라 지배성 척도를 구성하였다.

- 메이어스-브릭스 성격유형검사(MBTI: Myers-Briggs Type Indicator): 이 검사는 Jung의 심리유형론에 근거하여 인간의 성격을 16가지로 분류한 것으로, 최근 여러 분야에서 폭넓게 활용되고 있다. 이 검사는 외향(E)-내향(I), 감각(S)-직관(N), 사고(T)-감정(F), 판단(J)-인식(P) 등 4개의 차원에 근거해 사람들의 성격유형을 다양하게 분류한다. MBTI는 그 활용목적에 따라 교육장면, 상담장면, 산업장면, 팀빌딩, 의사소통 훈련, 갈등관리, 문제해결 훈련 등 다양한 장면에서 이용할 수 있다.
- 길포드-짐머만 기질검사(Guilford-Zimmerman Temperament Survey): 이 검사는 가장 널리 사용되는 필기용 성격검사 중의 하나다. 독립된 10가지 성격특성, 즉 일반행동, 억제력, 우월감, 사회성, 정서적 안정성, 객관성, 친절성, 신중성, 대인관계 그리고 남향성 등을 측정한다. 그리고 그 문항들은 질문보다는 진술의 형태이고, 피검사자는 '예' '아니요' '?' 중의 어느 하나에 응답하면 된다. 이 검사항목의 예를 들면 아래와 같다.

> - 당신은 때때로 기분이 우울합니까? ('예' '?' '아니요')
> - 대부분의 사람들은 치열한 경쟁을 숨기고 공손하게 행동합니까? ('예' '?' '아니요')
> - 당신은 아주 열성적으로 새로운 사업에 몰두합니까? ('예' '?' '아니요')

- 성격의 5요인 이론('Big 5' Theory of Personality): 최근 연구자들은 성격특성을 잘 분류할 수 있는 5개의 성격요인이 있다는 것에 동의하고 있는데, 이를 Big Five라고 한다. 성격구조에 관한 5요인 이론은 직무수행을 예측하는 데 유용하다는 주장이 제기되었으며, 실제로 5요인 이론에 대한 통합분석 결과 직무수행 준거

를 예측하는 타당도 계수가 약 .20 정도로 나타났다(Hurtz & Donovan, 2000). 이 성격의 5요인을 살펴보면 다음과 같다.

- 정서적 민감성(emotional sensitivity): 정서적으로 불안정하고, 불안하고, 긴장하는 성향
- 외향성(extraversion): 사교적이고, 자기주장이 강하고, 적극적이고, 정열적인 성향
- 개방성(openness): 상상력이 풍부하고, 호기심이 많고, 도전적인 성향
- 호감성(agreeableness): 협조적이고, 관대하고, 인내심이 많은 성향
- 성실성(conscientiousness): 책임감이 강하고, 신중하고, 계획적인 성향

투사적 검사 이것은 피검사자에게 애매모호한 자극을 제시하여 피검사자로 하여금 이 자극에 반응하도록 하는 것이다. 그래서 그 반응을 분석하고, 이를 통해 그의 숨은 동기, 욕구, 갈등, 정서적 상태 등을 측정해 내는 방법이다. 이 검사는 원래 임상심리학에서 정서적 장애를 가진 사람들에게 사용하기 위해 개발되었다. 그러나 이 검사는 제한적이긴 하지만 높은 수준의 간부직 지원자를 평가하기 위해 사용되기도 한다.

- **로르샤흐 검사**(Rorschach Test): 이 검사는 피검사자들에게 개별적으로 10개의 표준화된 잉크반점 그림(좌우대칭의 그림)을 제시해 주고 그 그림에서 본 것을 기술하도록 요구한다. 이 그림 중 어떤 것은 색채가 있고 어떤 것은 무채색이다. 10개의 카드를 보여 주고 나서, 검사자는 각 카드를 다시 보여 주고 지원자들에게 거기에서 본 것에 관해 자세한 질문을 한다. 즉 무엇처럼 보이는지, 어느 부분이 그렇게 보이도록 만들었는지, 또 검사자도 그렇게 볼 수 있도록 설명해 달라는 등의 질문을 하고 그 대답을 기록한다. 이 답변을 해석하는 과정은 매우 복잡하다. 채점은 주관적이고, 검사자의 훈련, 기술, 그리고 성격에 달려 있다. 이 검사와 관련된 그림의 예를 들면 [그림 5-5]와 같다.

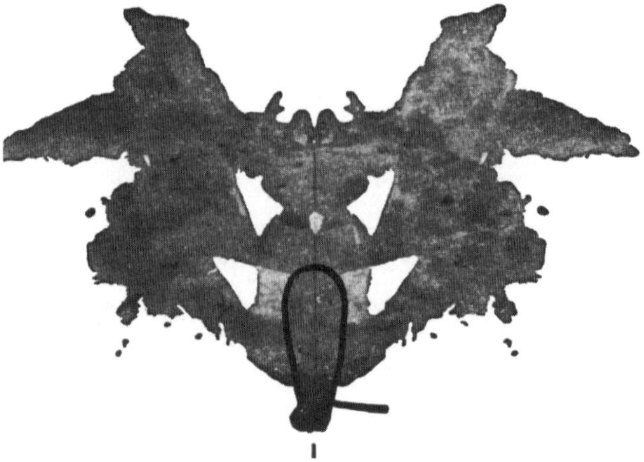

[그림 5-5] 로르샤흐 검사의 예

• 주제통각검사(TAT: Thematic Apperception Test): 이 검사는 20개의 애매한 그림으로 되어 있고 그림에는 2명 이상의 주인공이 여러 상황에서 제시된다. 피검사자는 각 그림을 보고 무슨 그림인지, 그 그림에서 주인공은 누구인지, 그 그림 다음에는 어떤 장면이 연출될 것 같은지 등의 차원에서 이야기를 꾸며야 한다. 그 이야기들은 검사자의 주관적이고 비표준화된 과정에 의해 분석된다. TAT는 주로 임상심리학과 연구에 사용되나, 때로는 산업계의 사원선발 상황에 이용되기도 한다. 이 검사와 관련된 그림의 예를 들면 [그림 5-6]과 같다.

[그림 5-6] 주제통각검사의 예

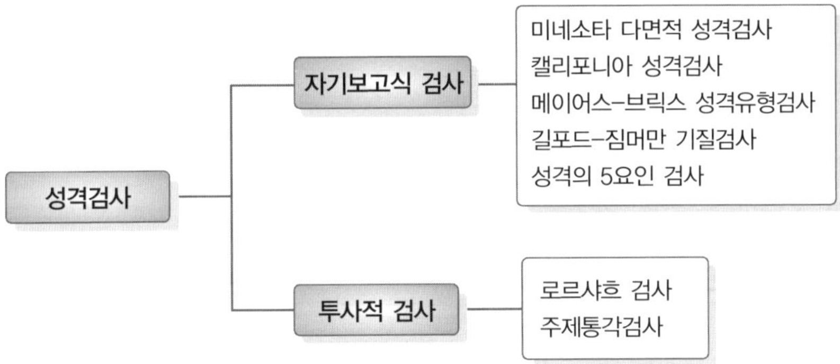

[그림 5-7] **성격검사의 종류**

⑥ 정직성 검사

정직성 검사는 종업원이 직장에서 부정직하거나 반생산적인 행동을 할 것인지를 예측하기 위한 검사다. 이 검사는 속임수, 절도, 비윤리적 행동, 결근, 이직 등을 예측하기 위해 사용된다. Wanek, Sackett 그리고 Ones(2003)는 정직성 검사에 두 가지 유형이 있다고 주장하였다. 외현적 정직성 검사(overt integrity test)는 개인의 현재 태도(예: 들키지 않는다면 거짓말을 해도 된다)와 이전의 행동(예: 회사에서 얼마나 자주 절도를 했습니까?)을 평가한다. 반면 성격형 정직성 검사(personality integrity test)는 반사회적 행동을 예측하는 성격특성을 평가한다. 따라서 외현적 정직성 검사는 정직성을 평가하려는 의도가 명백하며, 성격형 정직성 검사는 그런 목적이 명확히 드러나지 않는다.

5) 작업표본검사

작업표본검사(work sample test)는 문자 그대로 작업의 대표적인 표본을 지원자에게 제시하여 완수하도록 요구하는 검사다. 이 검사에 깔려 있는 기본 가정은, 직무성과의 가장 좋은 예측수단은 현실적인 작업환경에서 얻어진 성과표본이라는 것이다. 일반적으로 작업표본검사에서는 과제를 달성하는 데 필수적인 자료와 도구를 지원자에게 제공하고 과제를 가능한 한 빠르고 정확하게 완수하라고 지시한다. 그리고 점수는 완성된 과제의 정확도, 소요 시간 등에 기초하여 채점한다.

이 작업표본검사는 매우 높은 타당도 계수를 산출하며, 지원자가 매우 호의적인 반응을 한다는 장점이 있다. 그러나 작업표본검사는 사람들이 무엇을 할 수 있느냐를 평가하는 것이지 그들의 잠재력은 평가할 수 없으며, 개인검사이기 때문에 시간이 오래 걸리고 비용이 많이 들며, 직접적 작업을 수행하는 기능직에만 적합하다는 단점을 가지고 있다.

6) 모의상황 기법

이 기법은 지원자들을 모의 직무상황에 배치하고 그들에게 여러 가지 스트레스를 제공하였을 때 어떻게 행동하고 대처하는지를 관찰하고 평가하는 선발기법이다. 상황적 검사(situational testing)라고도 하며, 시간과 비용이 많이 들기 때문에 주로 관리자나 간부 선발에 이용된다. 이 기법은 한 번에 6~12명의 지원자를 참가시켜 이들에게 여러 가지 모의 직무상황을 수행하게 해서 평가를 한다. 모의상황 기법 중 대표적인 것은 서류함 기법, 리더 없는 집단토의 기법, 역할연기 기법 등이 있다.

(1) 서류함 기법

서류함(in-basket) 기법은 각 지원자에게 관리자나 간부의 책상에서 실제로 볼 수 있는 서류함을 주고, 제한된 시간 내에 내용을 파악하고 제시된 문제를 풀기 위해 어떤 조치를 취하도록 하는 것이다. 즉 지원자는 전화 걸기, e-mail 보내기, 미팅 주선 등의 행동을 통해 안건이나 문제를 처리하는 솜씨를 보여 주어야 한다. 그러면 몇몇 평가자는 그들이 문제를 얼마나 잘 처리하는지, 또는 문제를 해결하기 위해 얼마나 다양한 능력을 발휘하는지 등의 차원에서 지원자를 평가한다. 지원자들은 검사가 끝난 다음 평가자와 개인적 면접을 거쳐 자신의 판단과 결정에 대해 설명을 해 준다. 이 검사는 주로 사무직이나 전문직의 직무수행을 잘 예측해 준다. 그러나 이 검사는 시간이 많이 걸리고 비용도 많이 든다는 단점이 있다.

가상적인 서류함 기법의 예를 들어 보자. 감독자의 역할을 맡은 지원자는 20개의 항목(메모, 지시사항, 편지 등)을 2시간 내에 처리해야 한다. 그러면 평가자는 지원자들이 체계적으로 중요한 사항을 처리하는지, 부하들에게 권한을 위임하는지, 아니면 사소한 일에 집착하는지를 관찰하고 평가한다.

(2) 리더 없는 집단토의 기법

리더 없는 집단토의(leaderless group discussion) 기법은 지원자들로 구성된 집단을 형성해 주고 실제의 직무문제에 대해 토의를 하게 한다. 이때 이 문제를 이끌어 갈 리더는 정해 주지 않고 집단구성원이 자율적으로 리더를 정하도록 한다. 이 기법을 통해 평가자는 집단토론이 진행되는 동안 각 지원자의 행동을 관찰하여 그들이 다른 지원자와 어떻게 상호작용을 하고, 리더십과 설득력을 발휘하는지를 평가한다.

리더 없는 집단토의 기법의 예를 들어 보자. 지원자 5~6명으로 이루어진 집단은 정해진 시간 내에 회사의 이익을 증대시키라는 명령을 받은 관리자의 역할을 수행한다. 그들에게 회사의 특징과 시장상황에 관한 정보는 주었으나 집단의 리더와 목표달성에 대한 규칙은 정해 주지 않는다. 대개 지원자 중 1명이 리더 역할을 수행하며, 집단 내의 다른 성원은 리더가 할당해 준 과제를 수행하게 된다. 또 집단에게 부가적인 압력을 주기 위해 매 25분마다 원가나 판매가의 변화를 통보하고, 때때로 문제가 해결되고 결정되는 순간에 이러한 변화된 정보를 제공한다. 그러면 집단구성원은 이 새로운 정보를 다시 고려해야 하고 다시 토론해야 한다. 이러한 상황은 지원자들에게 극심한 스트레스를 제공한다. 이러한 맥락에서 평가자들은 지원자들을 다각적으로 평가하게 되고, 과제수행을 잘하는 사람과 잘 하지 못하는 사람을 구분하게 된다.

(3) 역할연기 기법

역할연기(role-play) 기법은 지원자에게 조직 내의 특정 역할을 맡은 사람처럼 행동하도록 요구한다. 이를 통해 지원자가 문제를 얼마나 잘 해결하고, 상황을 처리하는지를 평가한다. 예를 들면 지원자로 하여금 고객 상담원의 역할을 수행하도록 하여 고객을 어떻게 다루는지를 알아볼 수 있다.

7) 예언변인의 평가기준

인사선발 방법은 많은 기준에 의해 평가될 수 있다. 이 중 다음의 네 가지 기준은 지금까지 살펴본 여러 선발방법을 효과적으로 분류하는 데 유용하게 활용된다.

첫째는 타당도로, 기준수행을 정확하게 예측할 수 있는 예측변인의 능력이라고 할 수 있다. 둘째는 공정성으로, 다양한 집단(성, 나이, 인종 등)의 지원자에 대해 직무성공을 예측하는 데 있어 편견을 갖지 않은 예측변인의 능력이라고 할 수 있다. 셋째는 적용성으로, 선발방법이 여러 유형의 직업과 지원자들에게 폭넓게 적용될 수 있는지의 여부다. 넷째는 비용으로, 선발방법에 따라 지출되는 비용이 다르므로 실질적인 측면에서 비용을 고려해야 한다.

위의 네 가지 기준을 고려해 보았을 때 가장 효과적인 선발방법은 무엇일까? 각 선발방법마다 장단점이 있기 때문에 쉽게 결론을 내릴 수는 없지만, 신상명세서 정보가 가장 효과적이다. 이 방법은 높은 타당도, 높은 적용성, 낮은 비용 등의 장점이 있다. 네 가지 평가기준에 따른 각 선발방법의 특징을 종합적으로 살펴보면 〈표 5-2〉와 같다.

〈표 5-2〉 **네 가지 평가기준에 의한 다양한 인사선발 방법의 평가**

	평가기준			
선발방법	타당도	공정성	적용성	비용
신상명세서	높음	중간	높음	낮음
추천서	낮음	(알려져 있지 않음)	높음	낮음
지능검사	중간	중간	높음	낮음
기계적성검사	중간	높음	중간	낮음
운동능력검사	중간	높음	낮음	낮음
성격검사	중간	높음	중간	중간
신체능력검사	높음	중간	낮음	낮음
면접	중간	중간	높음	중간
평가센터	높음	높음	중간	높음
작업표본	높음	높음	낮음	높음
상황연습	중간	(알려져 있지 않음)	낮음	중간

8) 일의 변화에 따른 선발방법

최근 기업이 처한 외부 환경이 급속하게 변화하고 새로운 과학기술이 개발됨에 따라 일의 세계에서 많은 변화가 이루어지고 있다. 이와 같이 일을 수행하는 방식이 변화함에 따라 기업이 종업원에게 요구하는 지식 · 기술 · 능력 등도 과거와는 많이 달라지고 있다. 이에 따라 기업이 구성원들에게 요구하는 핵심역량이 달라지고 있고, 이 핵심역량을 평가하는 데 사용되는 도구와 방식에도 많은 변화가 이루어지고 있다.

Schmitt와 Chan(1998)은 최근의 일의 세계에서의 변화요인으로 테크놀로지의 발달, 팀제의 증가, 의사소통 기술의 발달, 세계화, 고객의 중요성 증가 등 다섯 가지를 제시하였다. 이 다섯 가지 변화에 따라 조직구성원에게 요구되는 핵심역량은 무엇이고, 이 핵심역량을 측정하기 위한 가장 적절한 방법이 무엇인지를 〈표 5-3〉에 제시하였다(유태용, 2004).

〈표 5-3〉 일의 변화에 따라 요구되는 역량과 측정방법

일의 세계의 변화	요구되는 역량	측정방법
테크놀로지의 발달	일반적 학습(인지) 능력 새로운 환경에 대한 적응력 학습동기 및 의욕 성취동기 경험에 대한 개방성 스트레스 인내력 컴퓨터 사용 능력	인지능력검사 성격검사 성격검사 성격검사 성격검사 모의상황검사 직무지식검사
팀제 사용의 증가	의사소통 능력 대인관계 기술 협조성 호감성 감정이입 능력	면접 모의상황검사 성격검사 성격검사 정서지능검사
의사소통기술의 발달	판단력 의사결정력 스트레스 인내력	모의상황검사 모의상황검사 모의상황검사

	자율성 성실성 정직성	성격검사 성격검사 정직성 검사
세계화	외국어 능력 다른 나라 및 문화에 대한 체험 다른 문화에 대한 지식 적응력 문화에 대한 개방성 자기효능감 감정이입 능력 스트레스 인내력 대인관계 기술	외국어 능력검사 생활사 검사 지식검사 성격검사 성격검사 성격검사 정서지능검사 모의상황검사 모의상황검사
고객의 중요성 증가	서비스 지향성 호감성 사교성 정서노동에 대한 인내력	성격검사 성격검사 성격검사 모의상황검사

3. 선발 의사결정

모든 지원자가 능력, 적성, 흥미, 성격 등에서 동일하다면, 모든 지원자의 직무수행이 동일한 수준일 것이라고 예측할 수 있다. 또한 5개의 직무가 비어 있는데 5명의 지원자밖에 없다면 선발은 아무 의미가 없을 것이다. 결국 선발은 채워져야 할 직무보다 자격을 갖춘 지원자들이 더 많이 있을 때 의미가 있으며, 선발은 이용 가능한 지원자 중에서 일부의 사람들을 고용하는 선택의 과정이다. 어떤 지원자들은 다른 지원자들보다 더 직무에 적합하다고 할 수 있으며, 선발의 목적은 이러한 지원자들을 확인하는 것이다.

선발 의사결정을 하는 사람은 지원자 중에서 선정된 사람이 앞으로 직무를 잘 수행할 것이라고 절대적으로 확신할 수는 없다. 단지 선발 결정자는 이용 가능한 정보에 근거하여 특정 지원자를 고용했을 때, 그가 직무를 잘 수행할 가능성을 예측할 뿐이다. 따라서 선발을 담당하는 의사결정자는 우선 직무와 관련한 검사나 다양한 측정도구를 사용하여 자료를 수집하고, 이 자료에 근거하여 고용된 지원자의 직무수행을 예측하는 오류를 최소화하도록 결정해야 한다.

1) 인사선발 모델

인사선발과 관련한 일반적 절차는 직무분석부터 시작되며, 직무분석의 결과는 기준설정과 선발도구 개발에 활용된다. 그다음에는 일정 표본으로부터 기준과 예언변인에 대한 점수를 획득하여 이 둘 간의 관련성을 검토하게 된다. 이 절차를 단계별로 자세히 살펴보면 다음과 같다([그림 5-8] 참조).

(1) 직무분석 단계

직무분석을 통해 비어 있는 자리의 직무성공에 필요한 지식, 기술, 능력 등을 파악한다. 이러한 분석결과는 직무수행의 준거를 결정하는 데 유용한 정보를 제공할 뿐만 아니라 직무수행을 예측하는 데 유용한 예언변인의 개념에 대한 통찰력도 제공한다.

(2) 준거 및 예언변인 선정 단계

직무분석에 근거하여 직무성공의 준거를 선정하고, 이 준거를 선정한 후에 예언변인을 선정한다.

(3) 준거 및 예언변인 측정 단계

준거와 예언변인이 선정된 후, 작업자의 예언변인에서의 수행과 준거에서의 수행이 측정된다. 이때 예언변인이 고용될 모든 응시자에게 실시된 다음에 어느 정도 시간이 경과한 후 이들에 대한 준거변인의 수행을 측정하는 방법이 있고, 현재 종업원의 직무수행을 기록한 후에 이들에게 예언변인검사를 실시하는 방법이 있다.

(4) 예언변인과 준거 간의 관계 단계

예언변인과 준거 간의 관계는 타당도의 핵심으로서, 예언변인이 직무수행을 얼마나 잘 예측하는지를 결정한다. 이때 타당도는 예언변인과 준거변인 간의 상관을 구하여 확인한다.

(5) 예언변인의 유용성 평가 단계

이때 예언변인이 준거변인과 통계적으로 상관이 높으면 이 예언변인은 매우 유용한 것으로 평가되어 수용된다. 반면 예언변인이 준거변인과 통계적으로 상관이 낮으면 이 예언변인은 유용성이 없는 것으로 평가되고 다른 예언변인이 선정된다.

(6) 선발체계의 효용성에 대한 지속적 평가 단계

시간이 경과하면서 지원자 집단도 바뀔 수 있고, 직무도 변화하게 되며, 예언변

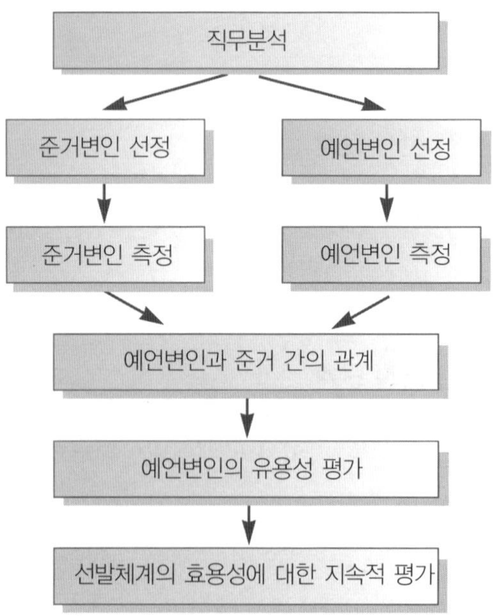

[그림 5-8] 인사선발 모델

인의 타당도도 떨어질 수 있다. 따라서 변화하는 고용환경 및 조건에 따라 예언변인과 준거 간의 관계성에 어떤 차이가 있는지를 지속적으로 분석해야 한다.

2) 통과 합격점수의 결정

지원자들의 선발 여부를 결정하기 위해서는 통과 합격점수를 결정해야 한다. 이 통과 합격점수(passing score)란 그 점수 이상을 획득한 지원자는 합격을 시키고, 그 미만의 점수를 보이는 지원자는 탈락을 시키는 구분점을 말한다.

이 통과 합격점수를 결정하기 위해 회귀분석이 활용되는데, 회귀분석(regression analysis)이란 예언변인 점수에 기초하여 준거수행을 예측하기 위해 사용하는 통계적 기법을 말한다. 이 회귀분석은 하나의 변인(예언변인)을 통해 다른 변인(준거)에서의 그 사람의 위치를 예측할 수 있도록 해 준다. 이 회귀분석에는 단순회귀분석과 중다회귀분석이 있다.

(1) 단순회귀분석

단순회귀분석(simple regression analysis)은 하나의 독립변인(X)으로부터 종속변인(Y)을 예측하는 방법이다. 만일 두 변인 간의 관계가 선형적이라고 가정한다면, 수학적으로 다음과 같은 회귀방정식을 만들 수 있다.

$Y = a + bX$

Y = 예측된 준거점수

a = 회귀선이 Y축과 교차하는 점을 나타내는 수학적 상수(교차점)

b = 회귀선의 기울기를 나타내는 수학적 상수(회귀계수)

X = 개인의 예언변인 점수

예를 들면 종업원에게 지능검사를 실시하여 그 사람이 고용된 후에 수행평가점수가 얼마나 되는가를 예언하려고 할 때, 지능검사점수는 예언변인(X)이 되고 수행

평가점수는 준거(Y)가 된다. 회귀방정식을 구하기 위해서는 개인의 예언변인과 준거자료가 있어야 한다. 100명의 종업원에 대한 지능검사점수와 상사의 직무수행 평정점수의 자료가 있을 때, 이 예언변인과 준거자료에 기초하여 다음과 같은 회귀방정식을 도출할 수 있다.

직무수행 평정점수 = 1 + 0.5(지능검사 점수)

위 방정식을 이용하여 지원자의 지능검사점수를 알고 있을 때, 직무수행 평정점수가 어느 정도 될지 예측할 수 있다. 예를 들어 지능검사점수가 8인 사람은 직무수행 평정점수가 5점(1 + (0.5 × 8))이 될 것이다. 이때 1(a)은 회귀선이 Y축에서 1의 값을 갖는 점과 교차한다는 의미이고, 0.5(b)는 X의 값이 2단위 증가할 때마다 Y의 값이 1단위 증가한다는 뜻이다. 이러한 회귀방정식을 이용하면 최소 몇 점 이상의 지능검사 점수를 나타내는 지원자를 선발할 것인가를 결정하는 일은 쉬울 것이다.

(2) 중다회귀분석

중다회귀분석(multiple regression analysis)은 2개 이상의 예언변인에 근거하여 다른 변인을 예언하는 방법이다. 이 중다회귀를 사용하는 이유는 중다상관과 마찬가지로 준거에 대한 예언력을 높여 주기 때문이다. 이 중다회귀방정식을 도식화하면 다음과 같다.

Y = a + b1X1 + b2X2 + · · · + bnXn

Y = 예측된 준거점수

a = 회귀선이 Y축과 교차하는 점을 나타내는 수학적 상수(교차점)

b1, b2, · · · bn = 회귀선의 기울기를 나타내는 수학적 상수(회귀계수)

X1, X2, · · · Xn = 개인의 예언변인 점수

위 방정식에서 b값은 예언변인과 준거 간의 상관에 부분적으로 기초하고 있으

며, 중다회귀에서는 b값(회귀계수)이 예언변인 간의 상관에 의해서도 영향을 받는다. 그러나 중다회귀에서 예언하는 절차는 하나의 예언변인을 가지고 하는 단순회귀에서 사용하는 절차와 유사하다.

가장 간단한 중다회귀방정식은 두 개의 예언변인을 사용하는 경우다. 예를 들어 입사 전에 2개의 검사(직무적성검사와 중국어시험)를 받고 선발된 한 집단의 종업원들에 대한 직무수행 평정점수를 알고 있다고 가정해 보자. 그리고 이 표본에 의해 도출된 중다회귀방정식이 다음과 같다고 하자.

직무수행 평정점수 = 2 + .4(직무적성검사점수) + .5(중국어시험 점수)

어떤 지원자가 직무적성검사에서 60점을 받고, 중국어시험에서 70점을 받았다면 우리는 그의 직무수행 평정점수를 예언할 수 있다. 즉 그 지원자의 예언된 준거점수는 61점(2 + (.4 × 60점) + (.5 × 70점))이 될 것이다. 기업에서는 일반적으로 최소한의 준거점수의 기준을 설정한다. 만약 어느 기업의 최소 직무수행 기준점수가 55점이라면 이 지원자의 예언된 수행점수(61점)가 선발 합격 기준점을 넘었으므로 이 사람은 채용될 것이다.

중다회귀는 2개의 예언변인에 국한되는 것이 아니며, 준거의 예측을 높일 수 있을 때까지 계속해서 들어갈 수 있다. 그러나 많은 예언변인을 추가한다고 해서 준거에 대한 예측력이 계속 향상되는 것은 아니다. 일반적으로 4~5개의 예언변인으로 구성된 회귀방정식은 그 이상의 예언변인으로 구성된 회귀방정식과 비슷한 정도로 훌륭한 예측력을 지닌다. 그 이유는 그 이상의 예언변인을 방정식에 추가하는 경우에 예언변인 간의 공유변량이 너무 커져서 추가되는 예언변인이 준거변인의 새로운 부분을 부가적으로 설명하지 못하기 때문이다. 이 중다회귀방정식은 인사선발에서 매우 자주 사용되는 예측전략이며, 광범위하게 사용되고 있다.

3) 선발 결정

인사선발자는 이용 가능한 모든 정보에 근거하여 어떤 지원자를 선발할 것인가를 결정하지만, 어떤 결정도 완벽하지는 않다. 이는 선발을 위해 사용하는 예언변인과 준거변인 간의 관계가 완벽한 타당도(r=1.00)를 갖지 않기 때문이다. 따라서 인사선발 결정에서의 목표는 가능한 범할 수 있는 오류를 최소화하자는 것이다.

[그림 5-9]의 (가)는 예언변인과 준거변인 간의 상관계수가 약 .80 정도이며, 준거점수가 준거 구분점(criterion cutoff)에 의해 나누어져 있는 경우다. 이 준거 구분점은 성공적인 종업원들(위쪽)과 성공적이지 못한 종업원들(아래쪽)을 구분하는 점수이다. 이때 성공적인 수행과 성공적이지 못한 수행에 대한 구분은 조직 내부(예: 경영층)에서 결정한다. (나)는 예언변인과 준거변인 간의 관계가 (가)와 동일하지만, 예언변인 점수가 예언변인 구분점(predictor cutoff)에 의해 나누어져 있는 경우다. 이 예언변인 구분점은 지원자 중 합격자들(오른쪽)과 불합격자들(왼쪽)을 구분하는 점수다. 이때 합격과 불합격에 대한 구분은 선발률, 선발실시 비용 등에 의해 결정된다. (다)는 준거 구분점과 예언변인 구분점에 의해 예언변인과 준거 간의 관계가 나누어져 있는 것을 보여 준다. 이 2개의 구분점으로 4개의 영역이 생기는데, 각 영역은 서로 다른 부류의 사람을 나타낸다.

- A 영역: 올바른 수용(true positive)이라고 부르는 부분으로, 예언변인과 준거점수 모두에서 구분점 이상의 점수를 받은 지원자들이 해당한다. 이들은 예언변인검사에서 합격점 이상을 받았기 때문에 직무에서 성공하리라고 기대되었고, 실제로도 성공적인 종업원으로 판명된 사람들이다. 이 영역에 속하는 사람을 채용하기로 결정한 것은 옳았기 때문에 올바른 선발 결정에 해당한다.
- B 영역: 올바른 기각(true negative)이라고 부르는 부분으로, 예언변인과 준거점수 모두에서 구분점 이하의 점수를 받은 지원자들이 해당한다. 이들은 예언변인검사에서 불합격하였기 때문에 직무에서 성공하지 못하리라고 기대되고, 만약 채용을 한다면 예상대로 불만족스러운 수행을 나타낼 사람들이다. 이 영역

에 속하는 사람들이 직무에서 성공하지 못할 것이라고 올바르게 예측했기 때문에 또한 올바른 선발 결정에 해당한다.

- C 영역: 잘못된 기각(false negative)이라고 부르는 부분으로, 이들은 예언변인검사에서는 불합격하였지만(따라서 직무에서 성공하지 못할 것이라고 기대되었지만) 만일 채용의 기회가 주어졌다면 성공하였을 사람들이다. 이 영역에 속하는 사람들에 대해서는 잘못된 선발 결정을 범한 것이다. 이들을 채용하였다면 훌륭한 종업원으로 판명되었겠지만 성공하지 못할 사람이라고 잘못 판단하였다.
- D 영역: 잘못된 수용(false positive)이라고 부르는 부분으로, 이들은 예언변인검사에서는 합격하였지만(따라서 직무에서 성공할 것이라고 기대되었지만) 채용된 후에 만족스럽지 못한 수행을 나타내는 사람들이다. 이 영역에 속하는 사람들에 대해서도 또한 실수를 범한 것이다. 이들은 효과적이지 못한 종업원들이기 때문에 채용하지 말았어야 했는데, 성공할 것이라고 잘못 생각해서 채용한 사람들이다.

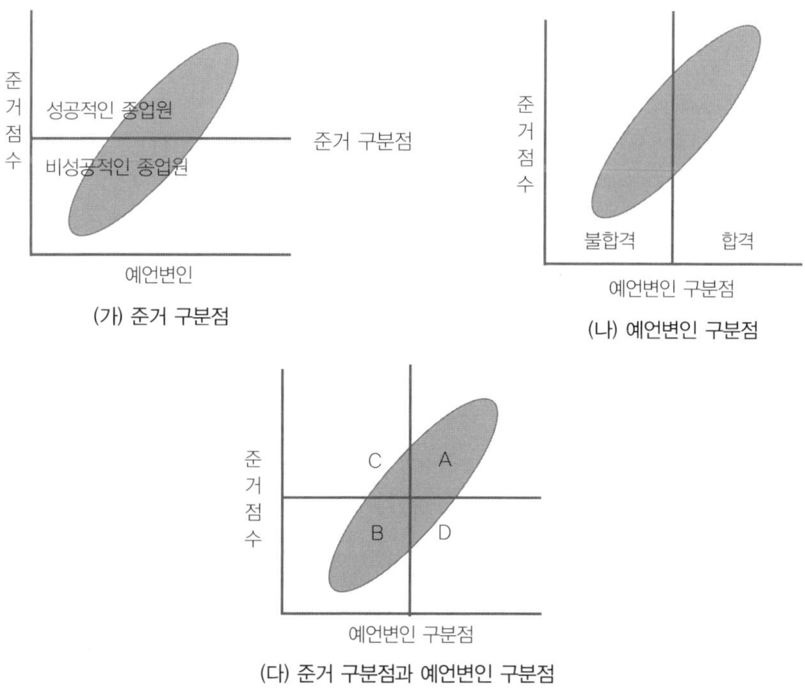

[그림 5-9] 예측변인과 준거점수 간의 관계

(다)를 보면 C 영역(잘못된 기각)과 D 영역(잘못된 수용)의 비율이 비슷함을 알 수 있다. 그러나 구분점을 낮추거나 높이면 잘못된 기각과 잘못된 수용이 차지하는 비율이 달라진다. 즉 예언변인 구분점을 낮추면 C 영역(채용은 되지 않았지만 능력 있는 사람)에 해당하는 지원자의 비율이 감소하지만, D 영역(채용은 되었지만 만족스럽지 못한 사람)의 비율이 증가할 것이다. 반면 예언변인의 구분점을 높이면 정반대의 현상이 나타난다.

선발 결정에서 중요한 것은 잘못된 결정보다는 올바른 결정을 내리는 것이다. 어떤 예언변인이 잘못된 결정과 올바른 결정의 비율이 같다면 그 예언변인은 전혀 의미가 없을 것이다. 오래전부터 고용주들은 잘못된 수용과 잘못된 기각에 대한 판단에 관심을 가져 왔다. 대부분의 고용주들은 형편없는 종업원을 채용하는 것(D 영역)이 훌륭한 지원자를 놓치는 것(C 영역)보다 더 심각한 문제라고 생각한다. 사람을 잘못 채용하면 교육비용이 많이 들고, 생산성이 떨어지고, 이직률이 증가하기 때문에 잘못된 합격자들은 바람직하지 못하다. 그러나 대부분의 고용주들이 잘못 합격시킨 사람들이 없기를 바라지만, 잘못 불합격시킨 사람들(D)도 문제다. 예언변인 검사에서 불합격한 사람이 검사가 공정하지 못하다고 고용주를 상대로 소송을 제기하면 회사는 많은 비용을 지불해야 할지도 모른다. 이러한 두 가지 종류의 선발 오류는 예언변인검사의 타당도를 높임으로써 감소시킬 수 있다. 즉 예언변인의 타당도가 높을수록 사람들이 잘못 분류될 가능성은 줄어들게 된다.

결론적으로 선발 의사결정의 질은 타당도 계수, 선발률, 기본율에 의하여 영향을 받는다(〈표 5-4〉). 첫째, 타당도 계수(validity coefficient)는 예언변인점수와 준거점수 간의 상관관계를 의미하며, 다른 조건이 동일하다면 예언변인의 타당도 계수가 높을수록 의사결정의 정확성은 커진다. 둘째, 선발률(selection ratio)은 총 지원자 중에서 예언변인점수에서 합격점 이상을 획득한 지원자의 비율을 말하며, 다른 조건이 동일하다면 선발률이 낮을수록 성공적 종업원을 채용할 가능성이 높아진다. 셋째, 기본율(base rate)은 현재의 선발과정을 통해 선발된 종업원 중에서 성공적인 종업원의 비율을 말하며, 기본율이 높을수록 선발도구에 의해 성공률을 개선하기가 어렵다. 따라서 새로운 예언변인의 효용성을 판단하기 위해서는 타당도 계수, 선발률, 기본율 등을 동시에 고려하는 것이 필요하다.

〈표 5-4〉 선발 의사결정의 결정요인

결정요인	내용
타당도 계수	예언변인점수와 준거점수 간의 상관관계
선발률	총 지원자 중 예언변인점수에서 합격점 이상을 획득한 지원자의 비율
기본율	현재의 선발과정을 통해 선발된 종업원 중에서 성공적인 종업원의 비율

4) 다양한 선발전략

(1) 중다회귀법

중다회귀법(multiple regression)은 2개 이상의 예언변인으로 하나의 준거점수를 예측하기 위한 방법이다. 이 방법은 예언변인과 준거 간에 직선적인 관계가 있다고 가정하며, 하나의 예언변인에서 좋은 특성을 가지고 있다면, 다른 예언변인에서의 부족한 특성을 보상할 수 있다고 가정한다. 이러한 가정에 근거한다면 한 예언변인에서 매우 높은 점수를 받게 되면, 다른 예언변인에서 낮은 점수를 받아도 합격할 수 있다. 그러나 실제로 어떤 직무를 수행하는 데 있어 한 특성이 부족한 데 반해 다른 예언변인이 우수하다고 하여, 이 직무를 성공적으로 수행할 수 있다고는 예측할 수 없을 것이다.

(2) 중다통과법

중다통과법(multiple cutoff)은 직무에 성공하기 위해서 모든 예언변인에 대해서 필요한 최소한의 점수를 요구하는 방법이다. 즉 지원자가 어떤 예언변인에서 요구되는 점수 미만을 기록할 때는 선발 결정에서 제외된다. 따라서 이 방법은 하나의 예언변인에서 높은 점수를 기록할지라도 다른 예언변인에서의 낮은 점수를 보상할 수 없다. 이 방법은 사용하기가 용이하다는 장점이 있지만, 최소 통과점수(cutting score)를 결정하기가 어렵다는 단점이 있다.

(3) 중다장애법

중다장애법(multiple hurdle)은 지원자들이 여러 시기에 걸쳐 실시되는 많은 장애 또는 예언변인에서 좋은 점수를 얻어야 최종 합격이 결정되는 방법이다. 따라서 성공적인 지원자는 각 장애를 모두 통과해야 한다. 이 방법의 장점은 자질이 부족한 사람은 빨리 도태되므로 자질이 없는 지원자들에게 전체적인 선발 프로그램을 모두 실시할 필요가 없다는 점이며, 여러 단계를 거쳐 평가가 이루어지기 때문에 최종적으로 선발된 사람에 대해서는 확신을 가질 수 있다는 점이다. 그러나 이 방법은 무엇보다도 시간과 비용이 많이 든다는 단점이 있다.

정리해 볼 문제

1. 예언변인의 신뢰도 검증방법에 대해 설명하시오.

2. 예언변인의 타당도 검증방법에 대해 설명하시오.

3. 면접결과에 영향을 주는 요인을 설명하시오.

4. 면접방법의 개선방안에 대해 설명하시오.

5. 성격의 5요인 이론을 설명하시오.

6. 작업표본검사의 장단점에 대해 설명하시오.

7. 선발 의사결정의 결정요인에 대해 설명하시오.

8. 다양한 선발전략에 대해 설명하시오.

제 6 장

직무수행평가

어떤 조직에 속해 있든 간에 종업원들은 빈번하게, 그리고 계속적으로 직무수행에 대한 평가를 받는다. 이러한 직무수행평가를 통해 회사 측에서는 누가 유능한 사원이며 누가 추가로 교육이 필요하며, 누가 회사의 이득과 발전에 기여하지 못하는지를 파악하게 된다.

직무수행평가(performance appraisal)는 직무와 관련한 개인이나 집단의 수행 정도를 평가하는 것이다. 이러한 평가는 우연한 관찰, 과거의 기억, 직관으로 이루어질 수도 있고, 공식적이고 합리적인 체계를 사용하여 이루어질 수도 있다. 직무수행평가에서 어떤 체계를 선택할 것인가와 같은 기술적인 문제와 대인 간의 갈등이나 저항과 같은 인간적인 문제가 어려운 문제이긴 하지만, 공식적이고 합리적인 평가가 더 정확하고 공정하고 유용하다(Kujawski & Young, 1979). 직무수행관리는 관리자들이 종업원의 활동과 수행 결과가 조직의 목표에 기여하도록 하는 과정이다. 이 직무수행관리는 경쟁우위를 달성하는 데 있어 핵심적인 역할을 수행하며, 직무수행평가는 직무수행관리의 핵심적 부분을 이룬다. 이 장에서는 직무수행평가의 목적, 직무수행측정의 유형, 직무수행 평가자, 직무수행평정의 기법, 직무수행평가 시의 판단오류 및 오류감소 방안, 직무수행평가의 피드백, 전략적 직무수행관리 등에 대해 살펴보고자 한다.

1. 직무수행평가의 목적

직무수행평가의 일반적인 목적은 개인이 직무를 얼마나 잘 수행하는지에 대한 정확한 측정치를 제공하는 것이다. 이러한 정보를 기초로 해서 종업원 개인에 영향을 끼칠 여러 가지 결정이 내려진다. Barrett(1966)는 직무수행평가의 목적을 연구목적(인사선발과 훈련절차의 타당성을 평가하는 준거로 사용), 인사관리 목적(봉급 인상, 승진, 전근, 해고 등의 인사조치), 업무수행 향상 목적(직무수행에서의 약점을 확인하기 위해 평가정보를 사용) 등의 세 범주로 나누어 설명하고 있다. 이러한 목적에 근거하여 직무수행평가의 목적을 자세히 살펴보면 다음과 같다.

1) 인사선발 기준의 타당화

종업원 선발방법의 타당성을 입증하기 위해서는 직무수행 성공 여부와 상관을 시켜 보아야 한다. 우리가 심리검사, 지원서, 면접 등 어떤 것을 취하든 이 선발방법에 기초하여 일단 고용한 종업원의 직무수행 성과에 대하여 계속해서 평가를 하지 않는다면, 그 선발방법이 타당성이 있느냐의 여부를 결정하지 못할 것이다. 우리가 직무를 성공적으로 수행하는 종업원과 성공적으로 수행하지 못하는 종업원의 직무수행을 선발 시의 점수와 비교할 수 있을 때 비로소 선발방법의 타당성을 평가할 수 있게 된다. 이와 같이 직무수행평가는 종업원 선발 프로그램의 성공 여부를 결정하는 데 필수적인 조건이다.

2) 종업원의 훈련 및 개발의 필요성

종업원의 직무수행을 신중히 평가함으로써 그의 구체적인 직무기술, 지식 또는 심리적인 태도상의 장단점 등을 발견할 수 있으며, 일단 그것이 밝혀지면 필요에 따라 추가로 훈련을 통하여 능력을 개선시킬 수 있을 것이다. 만일 회사에 대한 종업원의 보답이 만족스럽지 못한 경우 회사가 그 종업원의 약점을 개선하도록 투자하는 것은 가치 있는 일이다. 예를 들면 어떤 작업팀이나 부서가 직무수행의 어떤 측면에서 결함이 있는 것으로 나타날 수 있다. 이때 그러한 정보를 토대로 신입사원의 훈련과 기존 사원의 직무수행상 단점을 교정할 수 있도록 훈련 프로그램을 다시 고안할 수 있다. 직무수행평가는 종업원 훈련을 시행한 후 직무수행이 얼마나 개선되었는가를 파악함으로써 훈련 프로그램의 효과를 측정하는 수단으로도 이용할 수 있다.

또한 직무수행평가는 종업원들에게 그들이 어떤 식으로 일을 하고 있는가를 알려 주게 된다. 따라서 자신이 어떤 장단점을 가지고 있는지 스스로 파악하게 되고, 부족한 부분에 대해서는 개발하려는 동기가 유발된다.

3) 인사 결정의 기초자료

대부분의 사람들은 자신이 남보다 또는 아주 월등히 일을 잘하므로 이에 대한 보상을 마땅히 받아야 한다고 생각한다. 사실 대학시절에 시험을 잘 보거나 기말보고서가 다른 사람보다 우수하면 더 높은 점수를 받게 된다. 만약 점수에 따른 보상이 주어지지 않는다면(예를 들면 성적에 관계없이 모든 학생이 C학점을 받는다면) 열심히 공부하려는 동기나 자극이 별로 생기지 않을 것이다. 기업에서도 봉급 인상, 승진 혹은 더 바람직한 자리로의 인사이동 등의 형태로 보상이 주어진다. 적극적으로 일하고 사기를 진작시키기 위해서, 이러한 지위상의 변화는 선입관이나 편견에 의하지 않고 반드시 종업원의 직무수행에 대한 객관적 평가에 기초해야 한다. 직무수행평가는 이런 인사 및 경력 결정의 기초자료가 된다.

2. 직무수행평가의 영향과정

일반적으로 종업원은 자신의 직무수행이 생산성과 우수한 성과를 달성하는 데 기여한다면, 지지적인 피드백과 바람직한 보상이 주어질 것이라고 기대한다. 따라서 공식적이고 체계적인 수행평가는 종업원의 직무동기를 향상시켜 안정되고 향상된 직무수행을 일으키지만, 그렇지 않은 수행평가는 불안정하고 저조한 수행을 일으키는 원인이 된다. 이러한 수행평가의 영향과정을 도식적으로 표현하면 [그림 6-1]과 같다.

이와 같이 수행평가, 피드백, 보상은 하나의 연속적인 과정으로 종업원의 직무수행의 향상 혹은 저하로 나타나기 때문에 공식적이고 체계적인 직무수행평가가 무엇보다도 중요하다.

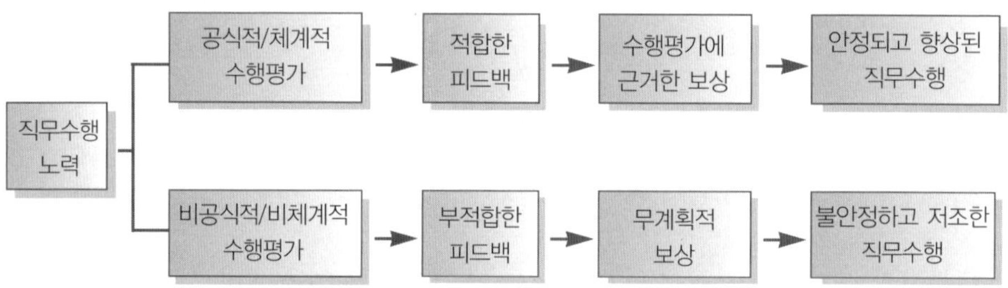

[그림 6-1] 직무수행평가의 영향과정

3. 직무수행평가의 구성요건

효과적인 직무수행평가 시스템을 구축하기 위해서는 타당성과 신뢰성이 확보되어야 하며, 구축된 시스템을 원활하게 운용하기 위해서는 수용성과 실용성을 갖추어야 한다. 이러한 구성요건을 어느 정도 갖추고 있느냐에 따라 직무수행평가의 질이 달라진다. 따라서 직무수행평가 제도는 다음의 구성요건을 최대한 갖추는 방향으로 설계되어야 한다(Libel, 1992).

1) 타당성

타당성(validity)은 평가내용이 직무수행평가 목적을 얼마나 잘 반영하고 있느냐,

즉 측정하고자 하는 대상을 제대로 측정하고 있는지를 나타내는 개념이다. 직무수행평가에서 구체적인 직무의 기준과 조직목표 간에, 그리고 직무분석을 통해 파악된 중요한 직무요소와 평가되는 차원 간에는 명확한 연관성이 있어야 한다. 직무수행 측정치의 타당성을 높이기 위해서는 결함이나 오염이 없어야 한다. 결함(deficiency)이란 실제 측정치가 이상적 준거의 중요한 차원을 반영하지 못하는 정도를 말하며, 오염(contamination)이란 실제 측정치가 이상적 준거의 중요한 차원과 관련이 없는 내용을 반영하는 정도를 말한다. 타당성은 실제 측정치와 이상적 준거 간의 겹치는 부분으로, 겹치는 부분이 클수록 타당성이 높다고 할 수 있다([그림 6-2]).

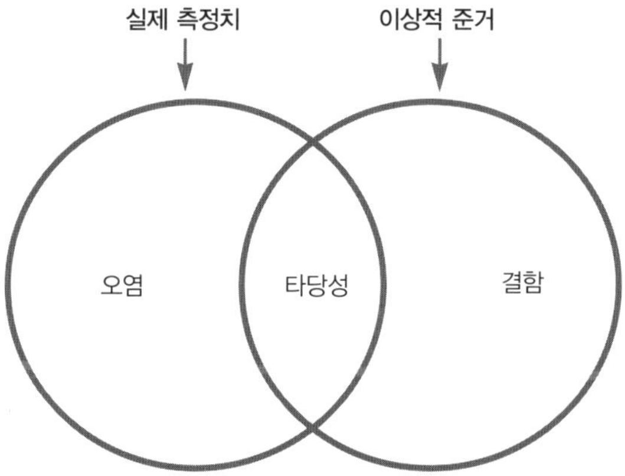

[그림 6-2] 준거 타당성, 결함, 오염의 관계

그리고 직무수행평가 시스템을 통해 성공적으로 업무를 수행한 사람과 수행하지 못한 사람을 구별할 수 있어야 한다. 그렇지 않으면 구성원들에게 피드백으로서의 효용성이 떨어지게 될 것이고, 결국 직무수행평가 결과의 효용성을 저하시키는 결과를 초래하게 된다.

2) 신뢰성

신뢰성(reliability)이란 평가하고자 하는 직무수행평가 내용이 얼마나 정확하게 측정되었는지를 말하는 것으로, 피평가자에 대한 평가자의 평가가 비슷해야 하고 동일한 평가자의 평가가 반복되었을 때에도 비슷한 평가를 내려야 한다는 것이다. 이러한 신뢰성을 확보하기 위해서 평가자는 피평가자의 직무수행을 관찰할 수 있는 충분한 기회를 가져야 할 것이다.

3) 수용성

수용성(acceptability)은 직무수행평가에 대해 피평가자가 필요하다고 믿고, 공정하게 이루어지고, 평가결과가 활용되는 목적에 동의하는 정도를 말한다. 직무수행평가 제도의 도입 및 운영 시 구성원의 수용성을 확보하지 못할 경우, 기업이 직무수행평가 제도를 통해 추구하려는 목적의 달성은 어려워질 수밖에 없다. 따라서 기업은 직무수행평가 제도를 도입할 때 구성원의 수용성을 높이기 위한 적극적인 노력을 해야 한다. 또한 피평가자로 하여금 직무수행평가가 공정하고 정확하게 이루어진다는 믿음을 갖도록 하고 수용성을 증대시키기 위해서는 평가가 자주 이루어지고, 평가자가 피평가자의 업무성과를 잘 알고 있고, 피평가자가 자신들의 의견을 표현할 수 있는 기회가 있다고 여기며, 직무수행평가를 통해 기준을 명확하게 이해할 수 있도록 해야 한다.

4) 실용성

실용성(practicability)이란 직무수행평가 제도가 경제적 측면에서 얼마나 가치가 있느냐를 보는 것이다. 만일 직무수행평가를 실시하는 데 너무 많은 시간이 소요되고, 개발시간 및 비용에 비해 편익이 너무 적으면 직무수행평가 제도의 실용성이 떨어질 것이다. 따라서 이를 감안하여 직무수행평가 제도의 개발에 대한 투자의 필요성과 그 효용성을 면밀히 검토한 후에 제도의 도입에 대한 의사결정이 이루어져야 할 것이다.

4. 직무수행측정의 유형

각 종업원의 직무수행은 여러 가지 준거에 의해 측정될 수 있는데, 일반적으로 수행측정은 객관적인 측정치와 주관적인 측정치로 구분해 볼 수 있다.

1) 객관적 측정치

직무수행의 객관적인 측정치에는 생산량, 판매액, 불량률 등과 같은 생산자료와 사고, 전직, 지각, 결근 등과 같은 인사자료가 포함된다. 객관적 자료는 한 종업원이 직무를 얼마나 잘 수행하는지의 지표로 활용된다. 예를 들면 기계공의 직무수행은 시간당 생산한 제품의 수나 불량률을 통해 평가하고, 판매사원의 직무수행은 일정 기간 동안의 판매량을 통해 평가한다. 이런 측면에서 볼 때 객관적 측정치에 의한 평가는 비교적 쉽지만 그렇게 단순한 것만은 아니다. 왜냐하면 객관적 지표로 나타난 결과만을 가지고 각 종업원을 제대로 평가할 수 없기 때문이다. 예를 들면 동일한 업무라도 본질이 다를 수 있고, 사무실의 환경이 영향을 줄 수 있고, 종업원의 근무연한이 다를 수 있다.

2) 주관적 측정치

직무수행에 대한 주관적 측정이란 종업원이 얼마나 수행했는지를 평가자(예: 상사, 동료, 부하, 고객 등)가 자유롭게 판단해서 평가하도록 맡기는 것이다. 특히 비생산 업무의 경우는 수량화할 수 있는 어떤 구체적인 제품을 만들지 않기 때문에 종업원의 능력이나 효율성을 질적인 측면에서 측정해야 한다. 따라서 평가자가 일정

기간 동안 종업원의 직무수행 행동을 관찰하고 그 질에 대한 견해를 제시함으로써 개인의 직무수행에 대한 장점이나 능력을 평가하고 판단할 수 있다. 그러나 주관적 측정은 사람의 판단에 의존하기 때문에 평정과정과 관련하여 어떤 편파가 일어나기 쉽다. 따라서 주관적 측정이 유용하기 위해서는 효율적인 직무수행에 필수적이고 중요하다고 보이는 행동을 주의 깊게 분석해야 한다.

5. 직무수행 평가자

직무수행평가에서 종업원을 평가하는 평가자는 다양하다. 그리고 수행평가의 목적에서도 알 수 있듯이 누가 평정을 하느냐가 매우 중요하다. 그러면 평가자는 어떤 조건을 갖추어야 하는가? 평가자는 평정기법에 대한 훈련을 받았어야 하고, 피평가자와 직접적인 접촉이 있거나 그에 대한 지식이 있어야 한다.

1) 상사 평가

대부분의 직무수행평가는 상사에 의한 평가다. 연구 결과에 따르면 일반 기업이나 정부기관의 평가 프로그램에서 직속상사가 95% 이상을 담당하는 것으로 나타났다(Lazer & Wilkstorm, 1977; Lacho, Stearns, & Villere, 1979). 그 이유는 직속상사가 각 개인의 수행을 가장 잘 알고 있으며, 각 개인을 관찰할 기회가 가장 많기 때문이다. 또한 상사는 조직의 전체 목적에 비추어 각 부하의 수행을 가장 잘 평가할 수 있다. 상사는 또한 보상과 처벌을 결정하는 데 책임이 있기 때문에 부하의 효율적인 수행을 인사 조치에 결합시킬 수 있어야 한다. 그러나 직속상사는 부하의 직무태도에 대해 진실된 정보를 획득하기 어려운 점이 있다. 왜냐하면 대부분의 부하는 상사 앞에서 회사에 대한 충성심과 열성 등을 실제보다 높게 보이기를 원하기 때문이다.

2) 동료 평가

동료에 의한 평가는 한 집단의 구성원이 동료의 직무수행을 평가하는 것이다. 즉 동일 수준의 종업원들끼리 직무수행의 일반 능력, 전문기술, 성격 등을 서로 평가하는 방법이다. 이 방법은 군대에서 장교를 평가할 때 가장 널리 사용될 뿐만 아니라 일반 기업에서도 종업원의 승진을 위해 잠재력을 평가하는 경우 많이 사용하고 있다.

그런데 특히 친한 사이이거나 라이벌인 동료를 평가할 때는 편견이 생길 수 있다. 이러한 경우 동료에 대해 실제보다 더 좋거나 더 나쁘게 왜곡해서 평가할 수 있다. 또한 회사 내 구성원은 서로를 평가하는 것을 좋아하지 않는다. 그리고 동료는 직접 업무지시를 하지 않기 때문에 피평가자인 동료의 현재 능력 및 성과에 대해 거의 판단하기가 어렵다. 따라서 동료 평가는 동료를 평가하는 데 아무런 이해관계가 없거나 동료 간에 신뢰관계가 형성되어 있을 때에만 효과적인 방법이다.

3) 부하 평가

부하에 의한 평가는 부하직원으로 하여금 상사의 여러 가지 차원의 능력이나 자질을 평가하도록 하는 것이다. Mount(1984)은 다국적 기업을 대상으로 하여 부하들로 하여금 8개의 수행 차원에서 그들의 중간관리자를 평가하게 하였다. 그 결과 부하들의 평가는 자기평가보다 상사들의 평가와 더 높은 상관이 있었고, 상사들의 평가와 같은 수준의 평균치가 나왔다. 따라서 부하 평가는 상사 평가의 타당한 예언변인이라고 할 수 있다. 그러나 부하 평가 제도를 사용하고자 하는 모든 조직은 평가가 의도하는 목적에 신중한 주의를 기울여야 한다. 즉 인사관리의 목적으로 사용되는 평가는 자기개발의 목적으로 사용되는 평가와는 매우 다를 수 있다(Zedeck & Cascio, 1982).

4) 자기평가

자기평가는 각 종업원이 자신의 수행을 스스로 평가하는 것이다. 상사, 동료, 부하에 의한 평가보다 관대화 경향이 있고, 편파가 더 심하고, 타인들의 판단과 덜 일치하는 경향이 있다(Harris & Schaubroeck, 1988). 그리고 자기평가는 상사 평가(r=.35)나 동료 평가(r=.36)와 상관이 높지 않은 것으로 나타났다. 그러나 자신의 수행을 평가하는 사람은 아마도 다른 사람보다 여러 차원의 직무수행에 대해 가장 잘 알고 있으며, 수행을 종합적으로 평가하기 때문에 후광효과의 영향은 덜 받을 것이다. 일반적으로 자기평가자는 자신의 개인적 기능이나 기술적 능력을 더 강조하는 반면 상사는 결과와 산출을 더 중요시하는 것으로 나타났다(Zammuto, London, & Rowland, 1982). 대부분의 기업에서 자기평가는 인사 결정보다는 상담과 자기개발의 목적으로 사용되는 경우가 많다.

5) 고객 평가

기업의 서비스 측면이 강조되고 중요시됨에 따라 기업은 고객의 견해에 더욱 귀를 기울이게 되었다. 특히 고객과 상호작용을 많이 하는 직무의 경우 고객에 의한 평가가 많이 이루어지고 있다. 예를 들면 금융기관의 창구직원, 가전제품의 A/S요원, 컨설팅 회사의 컨설턴트 등은 고객과 밀접한 상호작용을 하고, 따라서 고객에 의한 평가가 더욱 중요하다. 고객이 기업의 목표를 완전히 안다고 기대할 수는 없지만, 그들은 유용한 정보를 제공할 수 있다. 이러한 정보는 승진, 봉급 인상 등의 인사 결정에 영향을 끼칠 수도 있지만, 타당화 연구나 직무성과 측정의 준거가 되는 인사연구, 그리고 자기개발 활동의 기초자료로 활용될 수도 있다.

6) 다면평가

다면평가란 개인을 평가하는 데 있어 자기평가를 포함하여 많은 다른 평가자들로부터 평가를 받는 방식을 말하며, 이러한 방식을 360도 피드백, 또는 다중출처 피드백(multi-source feedback)이라고도 한다([그림 6-3]). 일반적으로 평가대상이 되는 종업원은 상사, 동료, 부하, 자신, 고객 등을 포함하여 중요한 사람들로부터 평가를 받는다. 이 다면평가 제도는 최근에 직무수행을 평가하기 위한 방법으로 사용되는 경우가 증가하고 있으며(Bracken et al., 1997), 우리나라도 일반 기업체뿐만 아니라 정부기관에서의 도입이 점차 확산되고 있다.

Van Velsor 등(1991)은 개인에 대해 다양한 평가자들이 각자 평가를 내리게 한 다음 이러한 평가들을 비교하여 다음과 같은 결과를 얻었다. ① 본인 자신은 오직 10%만이 다른 사람들이 그들을 보는 것처럼 스스로를 평가했다. ② 모든 평가에서 스스로를 과대평가하는 것이 일반적인 현상이었다. ③ 다른 사람들로부터 피드백을 받은 후 약 80%는 기대했던 방향으로 그들의 자기평가를 수정하였다.

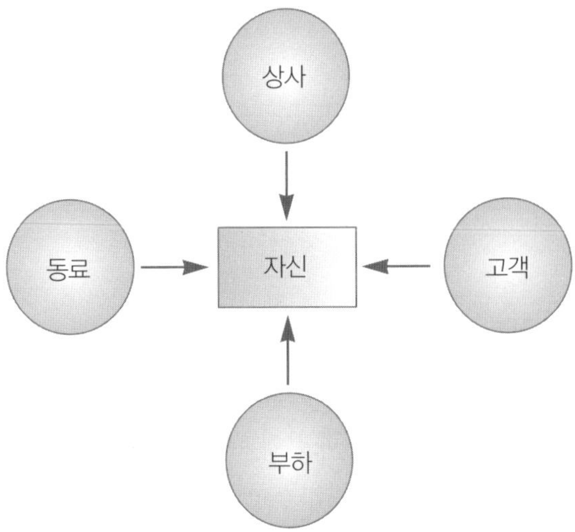

[그림 6-3] 360도 피드백 체계

다면평가의 주요한 장점은 여러 평가자들이 서로 다른 관점을 통해 피평가자의 수행에 대해 다양하고 광범위한 관점을 제공해 주며, 한 사람의 상사가 평가했을 때 발생할 수 있는 개인적 편파를 최소화할 수 있다는 점이다. 그러나 이 다면평가는 평가자들이 지니고 있는 고유한 평정 편파의 영향을 받아, 평가의 정확성이 떨어질 수도 있다. 따라서 다면평가의 결과를 인사 결정의 목적으로 사용할 때는 서로 다른 평가자로부터의 평정치를 평균함으로써 개인의 직무수행 수준을 더 잘 이해할 수 있을 것이다. 한인수(2004)는 다면평가 제도를 도입하고 있는 우리나라 조직의 구성원을 면접해서, 다면평가를 인사고과에 적용했을 때의 긍정적 효과와 부정적 효과를 〈표 6-1〉과 같이 제시하였다.

〈표 6-1〉 다면평가 방식에 의한 인사고과의 효과

긍정적 효과	부정적 효과
• 상사 일방과 권위주의적 조직문화의 풍토 전환 • 도덕적 문제가 있는 관리자 파악	• 상향적 평가에 대한 상사의 불쾌감 • 인사고과에 반영 시 철저한 보안유지로 개발 목적으로 활용 불가능 • 비밀유지에 대한 불안감으로 관대화 경향 • 평정척도를 엄격히 지키는 평가자로부터 평가를 받은 구성원은 상대적으로 불리 • 평가자들 간의 암묵적 담합 • 사적 감정에 치우친 비객관적 평가

6. 직무수행평가의 기법

최근 들어 직무수행의 내용이 복잡해짐에 따라 과거와 같은 객관적 자료(예: 생산량, 불량률 등)에 의거한 평가만으로 직무수행평가가 추구하는 목적을 달성할 수 없다. 따라서 직무수행을 보다 효율적으로 평가하기 위한 여러 가지 기법이 개발되어 왔다. 특히 직무수행을 주관적으로 측정하는 데 일반적으로 판단자료가 사용된다. 이러한 판단자료는 직무수행평가에서 많이 활용되며, 거의 모든 직무에 적용할 수 있다.

1) 평정법

평정법(rating scale)은 직무수행평가에서 가장 널리 사용되는 방법으로, 개인의 여러 특성이나 요인이 평정된다. 평가자는 개인이 각 요인을 얼마만큼 가지고 있는지를 판단하는데, 보통 5점 또는 7점 척도상에서 수행이 판단된다. 일반적으로 평정되는 차원으로는 직무의 이해도, 직무의 양, 직무의 질, 직무숙달 능력, 창의성, 협동성, 판단력, 동기 등이 있다. 평정법의 예를 들면 〈표 6-2〉와 같다.

〈표 6-2〉 평정법의 예

작업의 질	매우 열등	평균 이하	평균	평균 이상	매우 우수
작업의 양	요구 수준 이하	자주 요구 수준 이하	보통	요구 수준 초과	항상 요구 수준 초과
신 뢰 성	항상 감독 필요	때때로 감독 필요	보통	거의 감독 필요 없음	완전 신뢰

이 기법은 타당도 측면에서 상당히 효과적이라고 할 수 있다. 직무수행평가의 목적에 따른 평가요소를 개발하여 평가하게 하면 특정 평가요소에 대한 피평가자의 수준을 판단할 수 있고, 평가결과에 대한 의미 있는 수량화가 가능하여 임금책정 등에 유용한 정보를 제공할 수 있다. 그러나 이 기법은 신뢰도 측면에서 심각한 문제를 야기할 수 있다. 즉 평가자가 의도적으로 특정 피평가자를 높게 또는 낮게 평가할 수 있다.

2) 등위법

등위법(ranking scale)은 평가자가 개인의 업무효율성을 기준으로 종업원의 수행

수준에 따라 순위를 정하는 방법이다. 따라서 등위법에서 각 종업원은 그 팀 내의 다른 모든 종업원과 비교된다. 이 방법이 가지고 있는 몇 가지 제한점이 있는데, 종업원의 수가 너무 많을 때는 평가자가 그들의 능력을 비교 · 판단하기가 어렵고, 종업원에 대한 평가결과가 정확하지 않으며(정보가 부족), 종업원의 능력이 비슷할 때 적용이 곤란하며, 순위 사이의 차이의 크기가 동등하지 않아 최고가 얼마나 수행이 좋으며 최하가 얼마나 수행이 나쁜지를 알 수 없다는 것이다. 따라서 등위법은 종업원의 수가 적고 종업원에 대한 상대적 위치 외에 더 자세한 정보가 필요 없는 경우에 사용해야 한다.

3) 짝진비교법

짝진비교법(paired comparison)은 부서나 팀 내의 한 종업원을 다른 모든 종업원과 짝지어서 비교 · 평가하는 것이다. 평가자는 한 번에 두 사람을 비교하여 누가 더 평정 차원에서 나은지를 선택하는 것이고, 각 개인의 순위는 우수하다고 평정된 횟수를 세어서 결정한다. 비교되는 피평가자들 쌍의 수는 n(n−1)/2의 공식으로 계산한다. 만일 6명의 종업원이 비교되어야 한다면 6(5)/2, 즉 15번을 비교 · 평가해야 한다.

이 방법의 장점은 판단과정이 단순하다는 것이다. 평가자는 모든 종업원을 한꺼번에 비교하는 대신, 한 번에 짝진 한 쌍씩만 판단하면 된다. 그리고 같은 능력을 가진 종업원에게 같은 순위를 줄 수 있다는 것이다. 그러나 평정해야 할 종업원의 수가 많을 때는 비교할 쌍이 엄청나게 많다는 단점이 있다. 그러므로 이 방법은 소집단에 사용될 수 있고, 전체적인 효율성 면에서의 단순한 순위를 정할 때만 사용되는 것이 유용하다.

4) 강제분배법

강제분배법(forced distribution)은 많은 수의 사람을 평가할 때 가장 유용한 방법으로, 미리 정해진 백분율 분포에 종업원에 대한 평가를 배분하는 것이다. 이 방법은 종업원의 수행이 정상분포되어 있다고 가정하고, 정해진 백분율에 따라 한정된 수의 개인을 배치하는 것이다[(예: A(20%), B(30%), C(30%), D(20%)]. 이 방법의 장점은 종업원을 모든 범주에 배분해야 하므로 관대화와 중앙집중경향 편파를 줄일 수 있다는 것이다. 그러나 피평가자 집단이 전체적으로 우수하거나 열등한 집단일 경우에는 커다란 오류를 범하게 된다. 예를 들면 어떤 부서의 종업원이 모두 평균 이상으로 수행을 잘한 경우 이들 모두는 마땅히 높은 평정을 받아야 한다. 그러나 이 방법을 적용할 경우 종업원이 평균 이상으로 잘 수행했어도 일정 비율은 '평균 이하'나 '열등' 이라는 평정을 받아야 된다.

5) 강제선택법

지금까지 제시한 평정기법의 중요한 단점은 평가자 자신이 좋은 평정을 주고 있는지 나쁜 평정을 주고 있는지에 대해 확실히 알고 있다는 점이다. 따라서 개인적인 편견이나 선호경향이 평정에 영향을 끼칠지도 모른다. 이러한 문제점을 해결할 수 있는 방법이 강제선택법(forced choice checklist)인데, 이것은 평가자로 하여금 자기가 주는 평정이 좋은 것인지 나쁜 것인지를 알지 못하게 한다. 강제선택법은 관대화 오류를 줄이고 개인 간에 객관적인 비교기준을 확립하기 위해서 개발된 평정방법이다(Sisson, 1948).

이 방법은 평가자에게 일련의 문장을 한 쌍 제시하고 그중에서 평가할 종업원을 가장 잘 묘사한(또는 가장 잘못 묘사한) 문장 하나를 반드시 선택하도록 한다. 그런데 이때 각 묶음 속의 문장은 모두 똑같이 호의적인 또는 비호의적인 문장으로 구성되어 있다. 예를 들면 평가자는 종업원을 매우 호의적으로 묘사한 다음 각 쌍의 문장 중에서 하나를 선택해야 한다(믿을 만하다 대 협조적이다, 적극적이다 대 근면하다). 강제선택법의 예를 들면 〈표 6-3〉과 같다.

이 방법의 장점은 직무수행평가에 개입할 수 있는 개인적 편견의 영향을 배재할 수 있다는 것이다. 그러나 다른 평가방법에 비해 개발비용이 많이 들고, 종업원의 장단점에 대해 회사가 얻는 정보가 비록 유용하기는 하나 그 정보의 양이 매우 한정되어 있다는 것이 단점이다.

〈표 6-3〉 강제선택법의 예

긍정적 표현
• 그는 부하에게 합리적이고 명확한 지시를 한다.( )
• 그는 부여된 어떤 직무도 달성할 수 있다.( )
부정적 표현
• 그는 특정 부하를 편애한다.( )
• 그는 말을 거칠고 함부로 한다.( )

6) 결정사건법

결정사건법(critical incident)은 Flanagan(1954)이 개발한 것으로, 평가자가 종업원의 행동을 관찰하여 직무의 성공을 좌우하는 결정적인 행동을 기록하는 것이다. 이러한 관찰을 통해 결정사건 행동이라고 불리는 일련의 행동을 결정한다. 어떤 행동은 우수한 업무와 관련되어 있고 어떤 행동은 저조한 업무와 관련되어 있다. 이들 행동은 각 종업원의 능률을 판단하는 기준으로, 즉 실제 직무수행에 근거해서 개발한 판단기준으로 사용할 수 있다. 또한 결정사건법은 실제 직무행동에 초점을 두기 때문에 종업원 개개인을 상담하는 경우에 매우 유용하다. 왜냐하면 비효율적이거나 바람직하지 못한 행동을 구체적으로 지적해서 개선할 수 있기 때문이다.

결정사건법은 실제 직무행동에 초점을 두기 때문에 직무수행평가 면담에 매우 효과적이다. 의미 있는 피드백을 통해 종업원은 자신을 향상시키기 위해 직무행동에서 어떤 변화가 필요한지를 알 수 있게 된다. 또한 많은 수의 결정사건이 수집될 때, 직무와 일반적인 조직문제에 대해 풍부한 정보를 제공할 수 있으며, 특히 훈련 프로그램의 목적을 수립하는 데 적합할 수 있다(Flanagan & Burns, 1955). 그러나 이 방법이 성공적이기 위해서는 결정사건 행동을 작성하는 평가자의 관찰기술 능력이 중요하며, 결정사건 목록을 정확하게 수집하기 위해 많은 시간과 노력이 필요하다.

7) 행동관찰척도

행동관찰척도(BOS: Behavioral Observation Scale)는 최근에 개발된 직무수행평가 기법으로 중요사건법에 근거하고 있다. 이 기법은 특수한 행동적 사건들의 발생빈도를 평정하는 것으로, 평가자는 종업원의 행동을 관찰하여 얼마나 자주 일어나는지를 기록함으로써 여러 중요사건에 관해 종업원을 평가한다. 행동관찰척도의 예를 들면 〈표 6-4〉와 같다. 이 방법은 척도 전문가에 의해 개발되며, 내용 타당도가 높다는 장점이 있다. 그러나 평가자가 직무에 관해 관찰한 행동을 기억하는 능력에 의해 영향을 받으며(Murphy, Martin, & Garcia, 1982), 종업원이 일관된 행동을 보이지 않는 경우에는 평가하기가 어렵다는 단점이 있다.

〈표 6-4〉 행동관찰척도의 예(서비스직 평가요소)

① 고객이 접근해 오자마자 동료직원과의 이야기를 멈춘다.

전혀 그렇지 않다 I------------I------------I------------I------------I 항상 그렇다

② 음식 주문 후 곧바로 고객에게 음료수를 제공한다.

전혀 그렇지 않다 I------------I------------I------------I------------I 항상 그렇다

③ 손으로 머리를 만진다.

전혀 그렇지 않다 I------------I------------I------------I------------I 항상 그렇다

④ 고객이 들을 수 있는 거리에서 동료직원에 관하여 불평한다.

전혀 그렇지 않다 I------------I------------I------------I------------I 항상 그렇다

⑤ "후식을 드시겠습니까?" 와 같은 제안을 한다.

전혀 그렇지 않다 I------------I------------I------------I------------I 항상 그렇다

8) 다양한 기법의 비교

특정 조직에서 어떤 직무수행평정 기법이 가장 적절할까? 지금까지 살펴본 여러 기법은 각기 장단점을 가지고 있기 때문에, 이 질문에 대한 최적의 정확한 답을 찾기는 어려울 것이다. 인사평가 시스템을 둘러싼 환경과 평가목적에 따라 평정기법은 다를 것이다. 따라서 실제 조직에 있어서는 평가를 둘러싼 환경과 평가의 활용목적을 두루 고려하여 적절한 기법을 선택하는 것이 바람직하다.

7. 직무수행평가 시의 판단오류

직무수행을 평가할 때 평가자는 자신도 모르게 판단의 오류를 범한다. 전통적인 관점에서 볼 때 이러한 판단오류는 평가자의 어떤 체계적인 측정오류에서 비롯된다. 평가자가 범하기 쉬운 오류에는 어떤 것들이 있고 그것을 해결하기 위한 방법에는 무엇이 있는지 살펴보자.

1) 후광효과

후광효과(halo effect)는 아마도 직무수행평가에서 가장 보편화된 편파일 것이다. 후광효과는 평가자들이 피평가자의 총체적인 인상을 토대로 평가하는 것이다. 즉 종업원의 단지 하나의 자질 또는 성격을 토대로 해서 그의 모든 행동 측면을 판단하려는 경향을 말한다. 만일 평가자가 어떤 종업원이 평정척도의 어느 한 측면에서 매우 뛰어나다는 것을 발견하면 그의 다른 모든 측면도 높게 평가할 것이다. 전형적으로 평가자는 한 측면의 종업원의 수행에 대해 강한 감정을 갖고 있고, 이를 토대로 그 외의 많은 요인에 대해서는 일률적으로 좋거나 나쁘다고 판단한다. 따라서 평가자는 상이한 직무수행 차원에서 수행수준 간의 구별을 하지 못하게 된다.

이러한 후광효과를 줄이기 위한 방법으로 첫째, 서로 다른 평가자가 평가하면 편견과 선입견이 상쇄될 수 있을 것이라는 가정하에 둘 이상의 평가자로 하여금 종업원을 평정하게 하는 방법, 둘째, 평가자가 각 종업원의 모든 특성을 한꺼번에 평정하지 않고 한 번에 한 가지 특성을 평가하는 방법이 있다.

2) 고정관념 효과

고정관념 효과(stereotyping effect)란 타인에 대한 평가가 그가 속한 사회적 집단(지역, 종교, 연령, 성 등)에 대한 지각을 기초로 해서 이루어지는 것을 말한다. 예를 들면 평가자가 평소 특정 종교에 대해 좋지 않은 감정을 가지고 있을 때, 이러한 감정이 피평가자 평가에 부정적으로 나타나게 된다. 이러한 오류는 한 집단의 여러 구성원과 접촉을 많이 하면 할수록 줄어들게 된다.

3) 대비효과

대비효과(contrast effect)란 평가자가 특정 피평가자를 평가할 때 다른 피평가자와 비교하여 발생하는 오류를 말한다. 만약 어떤 사람의 직무수행평가 결과가 다른 사람의 직무수행평가에 영향을 미친다면 대비효과가 발생하게 된다. 예를 들어 평균적인 종업원의 성과가 뛰어난 종업원의 성과 뒤에서 평가를 받는다면, 평가자는 그 종업원의 성과를 평균 이하로 평가하게 된다. 또한 이 오류는 평가자가 피평가자의 과거 성과와 현재 성과를 비교함으로써 과거의 평가결과가 현재의 평가에 영향을 미칠 때도 발생한다. 즉 과거에 낮은 성과를 나타냈던 부하가 이번에 성과가 개선되었을 경우, 실제로는 평균 정도의 성과를 달성했다 하더라도 평가자는 평균 이상의 평정을 하게 된다.

4) 순서효과

순서효과(order effect)란 피평가자의 수행에 관한 정보가 나타나는 순서가 평가에 영향을 끼치는 오류를 말한다. 이 순서에 의한 오류에는 두 가지가 있는데, 하나는 피평가자에 대한 최초의 정보가 그 후에 나타난 정보에 비해 최종 평가에 더 영향을 주는 초두효과(primacy effect)를 말하며, 다른 하나는 반대로 마지막 정보가 앞서 나타난 정보에 비해 최종 평가에 더 영향을 주는 최신효과(recency effect)를 말한다. Farr(1973)의 연구에 따르면, 초두효과는 피평가자에 대한 정보를 관찰한 후 전반적인 평가를 할 때 나타나며, 최신효과는 어떤 일의 발생 후 정보에 대해 각 항목을 평가할 때 나타난다.

5) 부정성 효과

부정성 효과(negativity effect)는 긍정적 또는 중립적 정보보다는 부정적 정보에 가중치를 두어 평가하려는 경향성을 말한다. 이러한 효과를 줄이기 위한 한 가지 방법은 평가자에게 피평가자의 뛰어난 수행을 찾아내도록 평가 훈련을 시키는 것이다.

6) 결과분포상의 오류

결과분포상의 오류에는 중앙집중 경향, 관대화 경향, 엄격화 경향 등 세 가지가 있다.

중앙집중 경향(central tendency)이란 평가자가 극단적으로 높거나 낮은 평정을 하지 않고, 평균치에 가깝게 평정하려는 경향을 말한다(Landy & Trumbo, 1980). 특히 평가자들은 친숙하지 않은 수행을 평가하라고 할 때, 보통이라는 평정을 할 수 있다. 즉 그들은 평정척도의 상하 극단을 사용하기를 꺼리고 모든 평정치를 척도의 대략 중간에 모으려는 경향이 있다. 이의 원인으로는 첫째, 평가자가 평가방법을 이해하지 못하였거나 평가 능력이 부족한 것, 둘째 평가방법에 대해 회의적이거나 피평가자를 잘 알지 못하는 것, 셋째, 낮게 평가할 경우 발생할 수 있는 피평가자와의 감정적 대립을 우려하는 것 등을 들 수 있다. 이러한 판단오류로 인해 종업원 간의 차이를 정확히 반영하지 못하게 되며, 이러한 평가결과는 회사나 종업원에게 유용한 정보를 제공하지 못한다. 즉 인사 결정을 하거나 종업원에게 피드백을 주는데 실제적으로 아무런 도움이 되지 못한다. 집중경향 오류를 줄이는 방법의 하나는 평가자를 훈련시키는 것이다. 즉 일반적으로 종업원 간에 능력이나 기술의 차이가 있는 것은 당연하다는 사실을 깨닫게 하고, 평가할 행동에 대한 기준과 수행 성과를 결정할 수 있는 능력을 계발시킨다.

관대화 경향(leniency tendency)은 피평가자의 능력이나 성과를 실제보다 더 높게 평가하는 것이다. 이러한 관대화 경향이 발생하는 원인은 다음과 같다. 첫째, 피평가자를 나쁘게 평가하여 대립할 필요가 없고, 둘째, 자기 부하를 타 부서의 종업원에 비하여 승진에 유리하게 하기 위해서이고, 셋째, 나쁜 평가가 곧 평가자 자신의 책임으로 간주될 수 있기 때문이다. 이러한 오류를 줄이기 위한 방법의 하나는 평가자에게 정상분포곡선에 따라 평정하도록 요구하는 것이다. 그러나 이 방법을 사용하면 몇몇 종업원이 능력이 있음에도 불구하고 부당하게 낮은 평가를 받게 되는 문제가 생긴다.

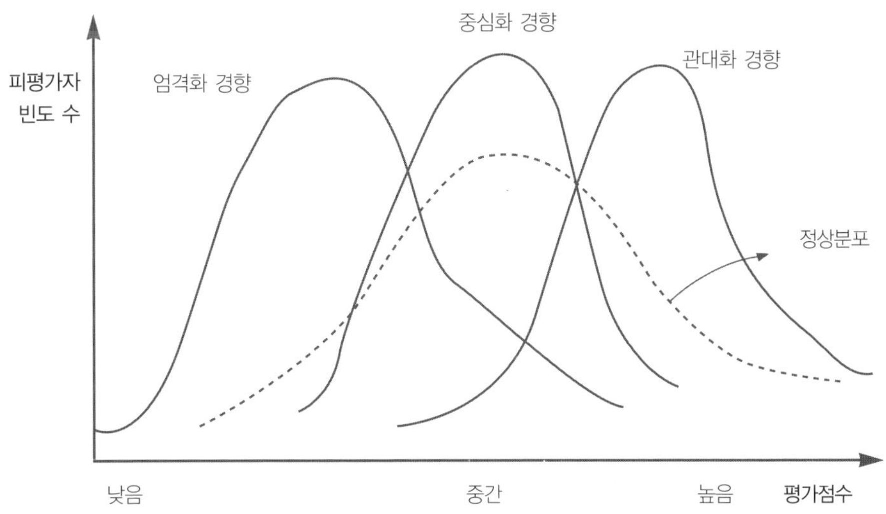

[그림 6-4] 결과분포상 오류의 세 가지 경향

엄격화 경향(harsh tendency)은 관대화 경향과는 정반대되는 경우로, 평가자가 피평가자의 능력 및 성과를 실제보다 의도적으로 낮게 평가하는 경우를 말한다. 이러한 경향은 첫째 평가자의 가치관에 의해 수행 성과에 대한 기대 수준을 매우 높게 설정했을 때 나타나며, 둘째 피평가자와의 갈등관계에서 일종의 처벌적 성격을 띠었을 때 나타난다.

직무수행평가에서 나타날 수 있는 이 세 가지 결과분포상의 오류를 그림으로 제시하면 [그림 6-4]와 같다.

8. 직무수행평가 오류의 감소

지금까지 직무수행평가 시 평가자가 범하기 쉬운 오류에는 어떤 것들이 있는지 살펴보았다. 그러면 이러한 평가오류를 감소시키기 위한 방안에는 어떤 것이 있는가? 이에는 다음 두 가지 방안이 있는데, 하나는 수행평정 양식을 개선하는 평가도구의 개발이고, 다른 하나는 평정오류를 범하지 않도록 평가자를 훈련시키는 것이다.

1) 평가도구 개발

평가자의 평가오류를 줄이기 위한 한 가지 방안은 이러한 오류를 감소시키는 데 도움이 되는 평가도구를 개발하는 것이다. 보다 신뢰할 수 있고 타당한 평가도구를 개발한다면 평가자의 평가오류를 줄일 수 있을 것이다. 행동관찰척도(BOS)는 이러한 노력의 한 예다. 이 척도는 평가자가 특질보다 구체적인 행동에 초점을 맞춘다면 더 정확한 평정을 할 것이라는 생각에 기반을 둔다. 그 결과 행동은 특질보다 더 명확하기 때문에 평정할 때 평가자 개인의 판단이 덜 들어간다.

2) 평가자 훈련

평가오류를 줄이기 위한 또 다른 방법은 평가의 정확성을 높일 수 있도록 평가자를 훈련시키는 것이다. 즉 평가자로 하여금 사람들이 일반적으로 행하는 평가오류를 인식시켜 오류를 최소화할 수 있는 방안을 개발하도록 하는 것이다. 만약 평가자가 평가에 대해 책임의식을 느끼고, 평가양식이 직무와 관련이 있으며, 평가자가 피평가자의 행동을 기록한다면, 평가의 정확성은 증가할 것이다.

9. 직무수행평가의 피드백

직무수행평가가 종업원의 수행을 향상시키기 위한 목적으로 사용될 때 현재의 수행평가 결과를 종업원과 얘기하는 일이 중요하다. 이때 중요한 것은 종업원의 직무수행평가 결과를 어떻게 전달해 주느냐 하는 것이다. 피드백에 관한 많은 연구를 검토해 보면 직무수행에 대한 객관적인 피드백을 받은 종업원은 수행이 개선된다는 것이 입증되었다. 직무수행평가에 대한 피드백은 정보적이고 동기 고양적인 기능을 모두 가지고 있다. 우선 정보적(informative) 측면에서 피드백은 종업원에게 무엇

효과적인 피드백의 원칙

- 피드백이 많다고 항상 직무수행이 더 향상되는 것은 아니다.
- 직무수행성과가 낮을 때 그 원인을 능력 부족의 탓으로 돌리는 것보다 노력부족의 탓으로 돌리는 것이 더 효과적이다.
- 긍정적 피드백을 먼저 제시하고 그다음에 부정적 피드백을 제시하는 것이 효과적이다.
- 피드백은 개인의 수행 성과뿐만 아니라 집단의 수행 성과에도 영향을 준다.
- 직무수행 성과에 대한 피드백의 효과가 항상 긍정적이지는 않다. 피드백이 유용한 경우는 왜 직무수행이 효율적인지 또는 비효율적인지를 설명할 수 있을 때, 그리고 직무수행을 향상시키기 위해 특별히 필요한 것이 갖추어져 있을 때 등이다.

을 해야 하고 무엇을 하지 않아야 하는지에 관한 정보를 제공하고 과제에 대한 준거틀을 확립하는 데 도움을 준다. 그리고 동기적(motivational) 측면에서 피드백은 올바른 행동을 강화하고 잘못된 행동을 처벌하며 심리적 욕구(예: 인정이나 자아존중감에 대한 욕구)를 만족시키고 노력이 헛되지 않을 것이라는 기대를 증가시킨다. 또한 목표에 도달할 수 있도록 격려하는 역할을 함으로써 업무의 효율성을 증대시킨다.

Greenberg(1986)는 직무수행평가를 개관하면서 종업원이 자신에 대한 평가를 받아들이고, 평가가 공정하다고 지각하도록 하기 위해서는 다음과 같은 조건이 필요하다고 주장하였다.

- 평가결과를 활용하기 전에 종업원이 평가에 관해 말할 수 있는 기회를 준다.
- 평가 면접을 하는 동안 양방적인 의사소통을 한다.
- 평가결과에 대해 반박할 수 있는 기회를 준다.
- 피평가자의 직무에 대해 평가자가 잘 알고 있다.
- 직무수행 기준을 일관성 있게 적용한다.
- 실제로 성취한 수행에 기초하여 평정한다.
- 급여나 승진에 대한 제안을 객관적인 평정에 기초하여 한다.

10. 전략적 직무수행관리

전략적 직무수행(성과)관리(strategic performance management)는 개인의 성과와 조직의 성과를 높이기 위해 주어진 기간 동안 조직구성원이 수행해야 할 목표를 정의하고(성과계획), 목표를 달성하기 위한 과정을 관찰하고 도와주며(성과관리), 최종적인 성과와 결과를 평가(성과평가)하는 일련의 과정이다. 이 전략적 직무수행(성과)관리의 출발점은 기업이 추구하는 비전, 미션, 목표이며, 이로부터 각 부서단위별 목표와 개인별 목표가 설정된다. 이러한 일련의 과정을 도식화하면 [그림 6-5]와 같다(유규창, 2005).

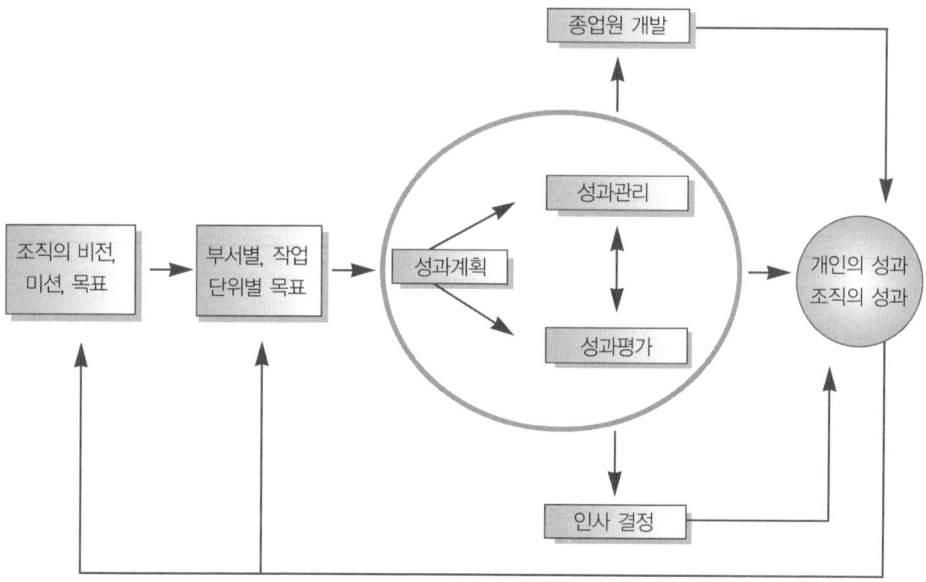

[그림 6-5] **전략적 직무수행(성과)관리의 일반적 모형**

성과계획(performance plan) 단계는 성과의 기준을 정하는 단계로, 기업이 추구하는 목적을 달성하기 위해 조직구성원이 무엇을 해야 하는가를 설정하는 단계다. 이때 조직구성원의 성과기준은 조직의 비전, 미션, 전략에서 도출된 각 부서단위별 목표에 의해 정해진다. 그다음 성과관리(performance management) 단계는 조직구성원이 높은 성과를 유지하고 계속 개선시킬 수 있도록 성과계획의 진행상황을 다각적으로 점검하고 관리하는 과정이다. 이때 관리자는 조직구성원의 직무수행상의 어떤 문제가 있을 때 이 문제의 원인을 분석하여 개선하며, 문제의 해결은 구성원 스스로 할 수 있도록 한다. 마지막으로 성과평가(performance evaluation) 단계는 기대하는 성과계획과 실제 수행한 성과결과를 비교하는 과정이다. 즉 주어진 평가기준에 대해 조직구성원의 성과를 점수로 수치화하는 작업이다. 평가방법은 평정법, 서열법, 강제분배법 등 다양하게 있으며, 각각의 평가방법은 나름대로의 장단점이 있다.

조직의 최종적인 목표는 직무수행(성과)관리를 통해 개인의 성과와 조직의 성과를 동시에 높이는 것이다. 성공적인 직무수행(성과)관리를 위해 초우량 기업들이 추구하고 있는 공통 요소를 살펴보면 다음과 같다(유규창, 2005).

- 목표달성에 필요한 핵심 업무 역량의 인식
- 핵심역량에 관한 조직구성원과의 커뮤니케이션
- 우수기업의 벤치마킹을 통한 지속적인 진단/학습/응용
- 점진적인 개선보다는 광대한 목표의 설정
- 팀워크의 강조와 팀 성과에 대한 보상
- 성과관리를 관리자의 가장 중요한 업무 가운데 하나로 운영
- 성과관리를 단순한 평가의 수단이 아닌 조직의 목표를 달성하고 지속적으로 성과를 개선하기 위한 필수도구로 활용
- 권한 위양과 상호 신뢰를 바탕으로 한 자율경영체제의 수립

정리해 볼 문제

1. 직무수행평가의 목적에 대해 설명하시오.

2. 직무수행평가의 구성요건에 대해 설명하시오.

3. 다면평가의 장단점을 설명하시오.

4. 강제분배법과 강제선택법을 비교하여 설명하시오.

5. 행동관찰척도의 장단점을 설명하시오.

6. 직무수행평가 시의 판단오류에 대해 설명하시오.

7. 직무수행평가 오류의 감소방안에 대해 설명하시오.

제7장

산업교육 및 훈련

요즈음과 같이 급속하게 변화하는 환경 속에서 기업이 성장하고 구성원이 발전하기 위해서는 끊임없는 교육과 훈련이 필요하다. 다시 말하면 기업이나 조직이 자신들의 우위성을 확보하고, 내부의 다양한 구성원이 서로 조화롭고 발전적인 관계를 유지하고, 예측 불가능한 상황에서 기업과 구성원이 생존하기 위해서는 결국 변화하는 환경에 능동적이고 효율적으로 대처하는 수밖에 없다.

기업은 변화 속에 존재하는 조직체다. 교육 및 훈련 활동과 관련한 변화로는 기술의 변화, 노동시장의 구조적 변화, 종업원 욕구의 변화 등을 들 수 있다. 우선 기술의 변화는 직무구조를 변화시키고, 작업자의 직무수행 자격요건의 변화를 요구한다. 따라서 성공적인 직무수행을 위해서는 교육 및 훈련은 당연히 요구되는 활동이라 하겠다. 노동시장의 구조적 변화 또한 기업의 교육 및 훈련 활동을 요구하고 있다. 즉 자신의 기업에 적합한 인력을 외부에서 구하지 못할 경우 이런 필요 인력을 기업 내부에서 교육 및 훈련을 통해 양성하지 않을 수 없게 된다. 그리고 종업원은 한 번 배운 기술이나 기능을 가능한 한 장기적으로 직무에 적용하기를 원하고, 자신의 성장욕구를 끊임없이 개발하기를 원한다. 이러한 종업원의 욕구를 충족시켜 주기 위해서도 교육 및 훈련의 필요성은 당연히 제기된다.

1990년대 들어오면서, 특히 교육과 훈련의 중요성이 부각되었는데 그 이유는 첫째, 직업을 가지려는 의욕은 강하지만 기술도 없고 교육을 받지 못한 젊은 층의 수가 증가하고 둘째, 기술의 체계가 갈수록 정교해짐에 따라 훈련 및 재훈련에 대한 필요성이 증가하고 셋째, 많은 조직이 치열한 경쟁을 해야 하는 상황에서 교육 및 훈련에 대한 요구가 증가하고 있기 때문이다. 실제 많은 기업에서 산업교육 및 훈련을 위해 많은 비용을 지출한다. 예를 들면 휴렛팩커드 같은 대기업은 연간 수입의 약 5% 이상을 교육 및 훈련에 지출하고 있고, 우리나라의 경우도 요즈음 들어 경영자들이 그 중요성과 필요성을 인식하여 교육훈련비로 상당 부분을 할당하고 있다. 이 장에서는 산업교육 및 훈련의 정의, 산업교육 및 훈련의 과정, 교육 및 훈련에 대한 요구분석, 성인교육의 특징 및 원리, 산업교육 및 훈련의 방법, 웹 기반의 기업교육, 산업교육 및 훈련의 평가 등에 대해 살펴보고자 한다.

1. 산업교육 및 훈련의 정의

산업교육 및 훈련이란 인력개발을 위한 중요한 수단이다. 이때 엄격한 의미에서 '교육'과 '훈련'의 정의가 다른데, '교육(education)'은 이해력과 지적 활동을 활성화시킴으로써 지식 및 기능을 습득하는 과정이고, '훈련(training)'은 주로 반복적인 연습을 통해 지식 및 기능을 습득하는 과정으로 이해할 수 있다. 그러나 많은 경우에 있어 지식 및 기능의 습득과정이 교육인지 훈련인지 정확하게 구분되지 않고 있다. 따라서 이 장에서도 교육과 훈련을 구분하지 않고 함께 쓰기로 한다.

산업교육 및 훈련은 조직구성원의 직무지식이나 기술을 증진시키고 그들의 직무태도나 행동을 개선함으로써 개인의 자기개발과 조직의 목표달성에 모두 기여할 수 있는 일련의 공식적 절차다. 보다 구체적으로 살펴보면 교육 및 훈련이란 첫째, 조직에서 어떤 의도나 목표를 갖고 필요에 의해서 공식적으로 행해지는 체계적인 활동이고, 둘째, 피교육자 또는 피훈련자의 학습과정을 수반하고 있으며, 셋째, 교육 및 훈련의 결과로 피교육자의 직무행동에서 어떤 구체적인 변화가 일어나야 한다.

이러한 정의에 근거해서 볼 때 산업교육 및 훈련의 중요한 목표는 조직의 효율성 증진이라는 조직의 목표와 조직구성원의 직무 능력 향상이라는 개인의 목표 모두를 포함한다. 우선 조직의 효율성 증진이라는 측면에서 교육 및 훈련을 통해 직무태도가 개선될 수 있고, 리더십이나 의사소통 기술이 향상될 수 있고, 작업시간이 단축되어 노동비용이 감소될 수 있고, 종업원의 이직률이나 안전사고율이 줄어들어 인적자원의 관리비용이 감소될 수 있다. 그리고 조직구성원 개개인의 측면에서도 교육 및 훈련을 통해 직무수행이 증진되어 봉급이나 승진 등의 인사 결정에 매우 유리하며, 자신의 장단점을 정확히 파악하고 이해함으로써 자기개발에 도움이 될 수도 있다. 교육 및 훈련의 목적을 살펴보면 〈표 7-1〉과 같다.

〈표 7-1〉 **교육 및 훈련의 목적**

기업의 측면	종업원의 측면
• 능력과 자질을 갖춘 인재 확보 • 종업원의 잠재적 능력 개발 • 기능 향상을 통한 생산성 제고 • 자질 향상을 통한 인력배치의 유연성 제고 • 후계자 양성 • 외부 노동시장에 대한 의존도 축소 • 협동 및 커뮤니케이션 향상 • 조직목표와 개인목표의 일치 • 기업 이미지 개선 • 근로의욕 제고 • 학습문화 정착	• 자기개발의 기회 증가 • 경력개발의 기회 증가 • 노동시장에서의 경쟁력 강화 • 기술변화에 대한 적응 능력 증대 • 높은 수준의 직무수행을 통한 성장욕구 충족 • 창의력 개발 • 능력 향상을 통한 보상의 증대 • 인간관계와 커뮤니케이션 활성화 • 조직문화의 인식 및 공유 • 직무만족 및 조직몰입도 증가 • 자아실현의 달성

2. 산업교육 및 훈련의 과정

1) 교수체제설계 모형

산업교육 및 훈련의 과정은 하나의 시스템(system)이라고 볼 수 있다. 즉 설정된 목적을 달성하기 위해 상호 연관된 요소들(인풋, 프로세스, 아웃풋, 피드백)이 총체적으로 협동하는 것이다. 이를 교육 및 훈련의 경우에 적용해 보면, 인풋(input)은 교육자의 시간, 노력, 다양한 교육방법, 교재 등이며, 프로세스(process)는 가르치고 배우는 교수-학습 활동이며, 아웃풋(output)은 학습효과이며, 피드백(feedback)은 학습효과가 미리 설정된 교육목적에 미달했다면 어느 곳이 미흡했는지를 파악하는 것이다. 따라서 교수체제설계(ISD: Instructional System Design)란 교수를 계획하고, 개발하고, 실행하고, 평가할 때 따라야 하는 일련의 총체적 절차를 말한다(Reigeluth, 1993). 그러므로 교수체제설계란 우리가 왜, 무슨 내용을, 어떻게, 무엇을 가지고 교육시킬 것인가에 대한 최적의 의사결정을 하게 해 주는 도구를 제공하는 것이다. 교수체제설계에 따라 교육 프로그램을 개발하게 되면 그 결과는 효과적이고 효율적일 확률이 높아지게 된다. 산업교육 및 훈련 프로그램 개발을 위한 교수체제설계는 6단계로 구분할 수 있는데, 이를 간단히 정리하면 〈표 7-2〉와 같다.

〈표 7-2〉 **교수체제설계의 6단계**

ISD 단계	목적	아웃풋
요구분석	'왜' 교육을 해야 하는지를 결정함	교육목적
직무과제분석	학습자가 '무엇을' 학습해야 할지를 결정함	학습내용, 학습목표
설계	도출된 교육내용을 '어떻게' 가르쳐야 할지를 설계함	교수설계안(교안)
개발	설계된 교안에 따라 학습자들이 상호작용할 학습매체를 개발함	교재, 보조자료, 평가자료 등
실행	교안과 개발된 매체를 가지고 교수-학습 활동을 실시함	
평가	설정된 학습목표를 '얼마나' 달성했는지를 측정함	교육효과, 피드백

2) Parker의 7단계 모형

Parker(1976)는 산업교육 및 훈련은 다음과 같은 7단계를 거쳐 진행된다고 주장하였다([그림 7-1] 참조).

(1) 교육 및 훈련에 대한 요구분석

교육 및 훈련은 어떤 필요에 의해서 행해지는 것이므로 현시점에서 어떤 교육 및 훈련이 요구되는지에 관한 요구분석에서부터 출발한다. 즉 현재 무엇이 문제인지, 무엇이 부족한지, 무엇을 기대하는지를 밝히는 것이다. 요구분석은 크게 개인분석, 과제분석, 조직분석의 세 단계를 거치며 이에 관해서는 다음 부분에서 자세히 다룬다.

(2) 구체적인 교육 및 훈련 목표의 수립

교육 및 훈련에 대한 요구가 무엇인지를 분석하고 나면 그에 따라서 구체적인 목표를 정해야 한다. 이때 교육 및 훈련의 목표는 그 훈련을 통해서 변화시키고자 하는 행동이 무엇인지를 명확하게 기술한 것이어야 한다. 만일 교육 및 훈련 목표가 분명한 행동이 아니고 애매하고 일반적으로 기술된 경우에는 훈련자나 피훈련자 모두 그 훈련을 통해서 무엇을 달성하려는 것인지 분명히 이해할 수 없게 되고, 그 훈련이 효과가 있었는지를 평가하는 기준도 애매하게 되므로 처음부터 훈련 자체가 어떤 한계를 갖고 출발하게 된다.

(3) 교육 및 훈련방법에 대한 이해

교육 및 훈련 목표가 명확히 정해지고 나면 그 목표를 달성하기 위해서 어떤 훈련방법을 사용할 수 있는지를 고찰하게 된다. 이를 통해 각 방법의 장단점을 분석하고 목표달성에 가장 적합한 방법을 모색하게 된다.

(4) 교육 및 훈련 프로그램의 개발

이 단계에서는 위에서 결정한 교육 및 훈련방법에 따라 구체적인 훈련 프로그램을 개발하고, 이것을 언제, 어디서, 누구를 대상으로, 어떻게 실시할 것인지에 관한 제반 사항을 계획한다.

(5) 교육 및 훈련 평가계획의 수립

교육 및 훈련 프로그램이 개발된 후, 이를 곧바로 실시하기 전에 반드시 그 프로그램의 효과가 어떻게 나타났는지를 평가하기 위한 평가계획을 먼저 수립해야 한다. 왜냐하면 평가에 대한 구체적인 계획이 없이 무턱대고 먼저 훈련을 실시하고 나서 나중에 평가를 어떻게 할 것인지를 고려하다 보면 이미 올바른 평가를 위한 자료수집의 시점을 놓쳐 버리는 경우가 종종 있기 때문이다.

(6) 교육 및 훈련 프로그램의 실시

평가계획까지 모두 마련된 후에는 앞에서 수립한 교육 및 훈련계획과 평가계획에 따라서 훈련을 실시하게 된다.

(7) 교육 및 훈련에 대한 평가

마지막으로 실시된 교육 및 훈련에 대해 여러 가지 관점에서 평가를 해야 하며, 이 평가결과는 다시 두 번째의 구체적인 교육 및 훈련 목표의 수립 단계에 반영되어 그 프로그램의 질을 향상시키고, 다음 교육 및 훈련의 효과성을 증진시키는 데 활용하게 된다.

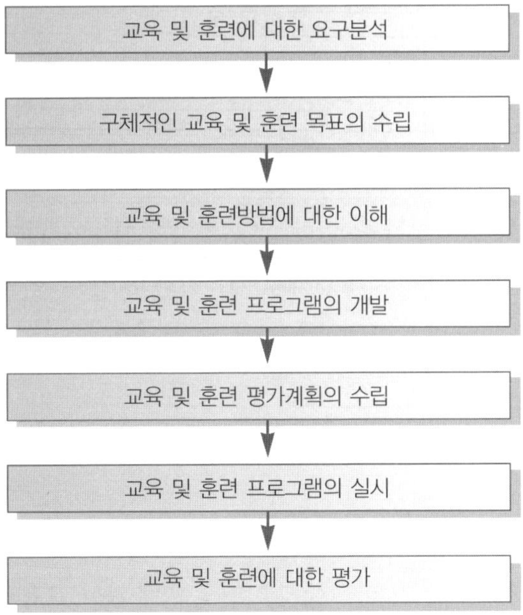

[그림 7-1] Parker의 산업교육 및 훈련의 과정

3. 교육 및 훈련에 대한 요구분석

기업에서 산업교육 및 훈련을 실시하고자 할 때는 교육훈련이 왜 필요한지에 대한 분석작업이 반드시 선행되어야 한다. 예를 들면 '현재 우리 기업이 갖고 있는 문제점은 무엇인가?' '우리 기업이 추구하고 있는 목표가 과연 가치가 있는가?' '설정한 목표가 과연 달성되었는가?' 등에서 어떤 문제가 발생하면 즉각 체계적인 기법을 동원하여 교육 및 훈련의 필요성을 보다 과학적으로 파악해야 한다. 흔히 어떤 기업에서는 다른 많은 기업이 현재 어떤 프로그램을 실시하고 있다는 이유만으로 그와 같거나 유사한 프로그램을 무조건적으로 따라하는 경향이 있다. 그러나 각 기업마다 기업의 목표가 다르고, 구성원의 수준도 다르고, 해당 기업이 처해 있는 환경도 다르기 때문에 유행처럼 따라하는 교육 및 훈련 프로그램이 반드시 효과적일 것이라고 기대할 수는 없다. 따라서 산업교육 및 훈련에서는 무엇보다도 먼저

그것이 왜 필요한지, 그것이 우리 기업에서 현재 요구되는 것인지, 어떤 종류의 과제활동에서 요구되는 것인지, 누구에게 요구되는 것이지 등을 분석하는 요구분석(need analysis)이 이루어져야 한다. 이러한 요구분석이 잘 이루어져야만 그러한 요구를 충족시키기 위해서 어떤 종류의 프로그램을 개발해야 하는지, 어떤 훈련 기법을 사용할 것인지 등을 결정할 수 있다. McGehee와 Thayer(1961)는 요구분석을 개인분석, 과제분석, 조직분석 등 세 단계로 체계화했으며, 그 후 이 요구분석 과정은 산업장면에서 널리 활용되고 있다.

1) 개인분석

개인분석(individual analysis)이란 조직구성원을 대상으로 그들 중 누구에게 교육 및 훈련이 필요하고, 구체적으로 그에게 어떤 능력에 관한 교육과 훈련이 필요한지를 분석하는 것이다. 이것은 조직 전체 수준에서 거론되었던 생산성 등 경제적 지표와 관련된 성과측정, 개인별 매출액뿐만 아니라 과제 수준에서 밝혀진 교육 및 훈련의 필요성이 개인별로 측정되는 것을 의미한다. 이 개인분석을 위해서는 먼저 종업원 개개인의 현재 직무수행 정도가 어떠한지를 알아야 한다. 만일 어떤 종업원의 직무수행 정도가 매우 만족할 만한 수준이라면 특별한 교육 및 훈련이 필요 없겠지만, 수행 정도가 기준 이하로 저조하다면 훈련이 필요한 것으로 판단할 수 있다. 개개인에 대한 직무수행평가가 충실하게 이루어져 있다면 이 정보를 활용해서 개인분석을 할 수 있지만, 그렇지 못한 경우에는 여러 가지 직무수행평가 기법을 적용해서 개개인의 수행 정도를 먼저 분석해야 한다.

개개의 수행 수준이 먼저 평가되고 난 후에는 그것이 과연 일정한 기준 이하인지를 살펴보아야 하고, 만일 기준 이하라고 판단되면 수행 수준을 향상시키기 위해서 어떤 종류의 지식이나 능력을 개발해야 하는지 분석해야 할 것이다. 또한 개인분석은 교육 및 훈련 프로그램을 도입하는 데 있어 종업원 개인별로 보유하고 있는 능력, 기술, 욕구의 다양성을 고려하는, 즉 개인차의 문제를 극복하는 데 중요한 정보를 제공해 준다.

2) 과제분석

과제분석(task analysis)이란 어떤 과제활동을 분석하는 것으로, 이를 통해 구체적으로 어떤 과제에 대해서 훈련이 필요한지를 파악할 수 있다. 예를 들어 판매직 사원들이 이미 컴퓨터를 잘 다루고 있는 상황에서는 컴퓨터 사용법에 대한 교육을 실시할 필요가 없을 것이다. 그러나 반대로 이들에게 커뮤니케이션 기술이 부족한데도 이에 대한 교육 및 훈련 요구를 제대로 파악하지 못한다면 그들의 판매실적은 상대적으로 낮게 나타날 수도 있다.

Wexley와 Latham(1991)은 다음의 다섯 가지 과정을 거쳐 과제분석이 이루어진다고 주장하였다([그림 7-2]).

첫째, 교육 및 훈련의 대상이 되는 직무에 대한 직무기술서(job description)를 작성한다. 직무기술서란 해당 직무에서 행해지는 중요한 일이나 활동, 책무 등에 관해 대화체 형식으로 기술한 것으로 대개는 그 직무가 처해 있는 작업조건이나 환경적 요소까지 포함하게 된다. 교육이나 훈련 프로그램 개발자는 직무기술서를 통해 우선 그 직무의 내용을 이해할 필요가 있다.

둘째, 직무기술서를 통해 직무의 윤곽을 파악한 후에는 구체적인 과제행동(task behavior)을 확인하는 절차가 필요하다. 해당 직무에서 작업자가 수행하는 여러 가지 활동 중에서 작업자가 자주 행하고, 중요하며, 직무수행을 향상시키는 데 반드시 필요한 행동을 직접적으로 관찰 가능한 행동적 수준에서 나열해 놓은 과제항목표를 작성하는 것이 이 단계의 목표다.

셋째, 위에서 확인된 과제 행동을 성공적으로 수행하기 위해서 작업자에게 요구되는 '지식, 기술, 능력(KSA: Knowledge, Skill, Ability)' 에는 어떤 것들이 있는지 조사되어야 한다. 만일 조직 내에서 체계적인 직무분석이 잘되어 있는지 조사되어 있다면 이상의 세 단계 과정은 생략할 수 있다. 왜냐하면 직무기술서, 과제항목표, KSA 목록 등은 직무분석의 결과로 얻어지는 자료이기 때문이다. 그러나 직무분석이 전혀 되어 있지 않아서 위와 같은 정보를 얻을 수 없는 상황이라면 교육 및 훈련 부서에서 이를 분석해야 한다.

넷째, 직무의 중요한 활동내용과 그 활동을 성공적으로 수행하기 위해서 요구되는 지식, 기술 및 능력이 확인된다면, 이를 토대로 훈련과정의 기초를 수립하게 된다. 이때 과정목표는 훈련이 모두 끝났을 때, 피훈련자들이 습득하고 있어야 할 구체적이고 바람직한 행동으로 명확하게 서술되어야 한다(예: 소비자의 불만사항을 효과적으로 처리한다, 업무마감 후 안전점검을 철저히 한다). 과정목표의 수립은 직무분석 결과 확인된 KSA에 초점을 맞추기는 하지만, 모든 KSA가 훈련의 대상이 되는 것은 물론 아니다. 왜냐하면 대다수의 종업원에게 이미 구비되어 있는 지식이나 능력은 훈련대상이 아니며, 또한 어떤 것은 특별한 교육 및 훈련 프로그램의 개발 없이 간단한 직무교육만으로도 성과를 달성할 수 있기 때문이다.

마지막 단계는 실제 교육 및 훈련 프로그램을 설계하는 작업이다. 앞에서 수립된 과정목표를 달성하기 위해서는 일정한 훈련 프로그램이 필요한데, 이때 우선 결정해야 될 사항은 그것을 훈련 부서에서 자체적으로 새로 개발할 것인지 아니면 다른 기관으로부터 기존의 프로그램을 사들이거나 또는 임대해서 사용할 것인지를 결정하는 일이다. 물론 이때 과정목표를 달성할 수 있는 프로그램의 개발 가능성, 비용, 기존 프로그램의 질 등과 같은 여러 가지 변수를 고려해서 결정해야 한다.

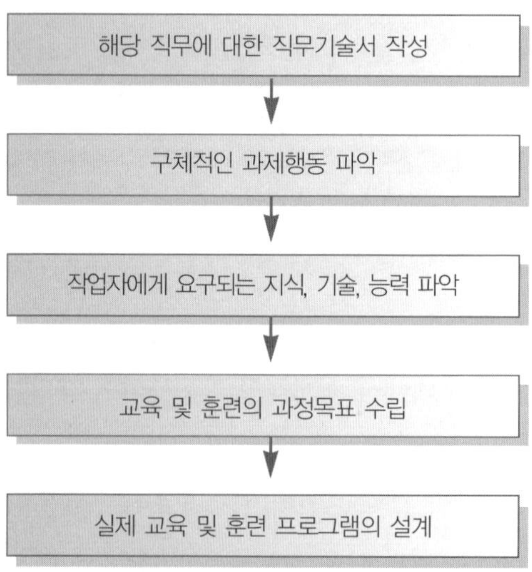

[그림 7-2] **과제분석의 과정**

3) 조직분석

조직분석(organizational analysis)이란 교육과 훈련 그리고 개발이 과연 필요한지, 그리고 이것이 과연 문제해결의 방편이 될 수 있는지 등을 조직이 처해 있는 환경을 포함해서 조직 전체를 대상으로 분석하는 것이다. 여기에는 조직목표에 대한 분석, 조직이 현재 보유하고 있는 자원에 대한 조사, 훈련에 관한 조직풍토나 조직문화에 대한 조사, 훈련의 경제성 조사 및 환경적 제약조건이나 외부 환경변화에 대한 조사 등이 모두 포함된다.

조직분석을 실제로 어떤 방식으로 할 것인가에 대해서는 여러 가지 방식이 있을 수 있다. 예를 들어 조직이 현재 보유하고 있는 인적자원 현황을 조사해 놓은 차트나 최근에 각급 기업에서 개발하고 있는 전산화된 인적자원 데이터베이스 등을 이용하면 현재 그 조직의 구성원 수, 연령, 각자의 기술이나 능력 수준, 단위 부서의 이직률 등과 같은 자료를 알아낼 수 있으며, 이를 통하여 미래에 요구되는 인력의 분야와 수, 향후 인력수급계획, 승진 예상인원에 대한 계획 등을 수립할 수 있다.

한편 노동비용이나 사고율, 이직률, 결근율, 불량률, 직무만족, 동기 수준, 상하 간의 의사소통 정도 등과 같은 여러 가지 조직효과성 변수에 대해서 조사기법 등을 활용한 조직진단(organizational diagnosis)을 실시해서 어떤 문제점이 있는지 살펴볼 수 있다. 이 경우 주의해야 할 점은 조직진단 결과로 나타난 문제가 반드시 교육 및 훈련에 의해서만 개선될 수 있는 것은 아니므로, 그중에서 교육 및 훈련을 통해 문제 해결이 이루어질 가능성이 있는 것을 가려내야 한다는 것이다.

4. 성인교육의 특징 및 원리

일반적으로 기업체의 산업교육 및 훈련의 대상이 성인이기 때문에 성인이 가지고 있는 특성을 분석해야만 교육 및 훈련의 효과를 최대로 증진시킬 수 있다. 따라서 여기에서는 성인교육의 특징 및 원리에 대해 살펴보고자 한다.

1) 성인교육의 특징

성인교육의 특징을 알아보기 위해 우선 학교교육은 어떤 특징이 있는지 살펴보고, 성인교육과 학교교육을 비교해 보자(〈표 7-3〉). 현대사회의 모든 형식적 교육기관은 원래 어린이와 청소년의 교육을 위해 세워졌고, 그 교육기관에서 이루어지는 교육은 페다고지 모형(Pedagogical Model)에 근거한다. 이 모델은 무엇이, 언제, 어떻게 학습되어야 하는지에 관한 모든 책임과 결정을 교사에게 맡긴다. 따라서 학생들은 단지 지시에 복종하는 수혜자의 역할만 부여받고, 교사가 가르치는 내용을 전해 받을 뿐이다. 이는 학생들을 단지 의존적이고 수동적인 존재로 보는 것으로서, 학습의 준비가 타인에 의해 결정되고, 학습의 방향이 주제 중심적이며, 외적인 압력이나 보상에 의해 학습이 이루어진다.

그러나 Linderman(1929)은 『성인교육의 의미(The meaning of adult education)』라는 책에서 기존의 페다고지 모형이 성인교육에는 적합하지 않을 수도 있다는 점을 지적하였다. 그는 성인은 어린이와 다르며, 그들은 '무엇을, 언제, 어떻게 배울 것인가' 하는 학습활동의 의사결정에 적극적으로 참여할 때 가장 잘 학습할 수 있다고 주장하였다. 이러한 맥락에서 1960년대 초 유럽의 성인교육자들은 성인학습자에 대한 지식의 실체에 대해 페다고지 모델에 대응하는 명칭의 필요성을 느꼈고, 이에 따라 안드라고지(Andragogy)라는 용어를 만들었다. 일반적으로 성인들은 무엇을 위한 학습인지, 왜 하는 학습인지, 그리고 어떤 방법의 학습인지에 대해 책임감을 느낄 때 가장 학습이 잘된다.

〈표 7-3〉 학교교육와 성인교육의 비교

학교교육	성인교육
• 페다고지 • 학교 장면 • 무엇을 전달할 것인가에 초점 • 주제 중심적(subject-centered) 학습 • 일방적(one-way) 전달	• 안드라고지 • 기업체 장면 • 어떻게 전달할 것인가에 초점 • 과제 중심적(task-centered) 학습 • 양방적(two-way) 전달

이 안드라고지 모델에 기초하여 학습자로서의 성인의 특징을 살펴보면 다음과 같다.

① 성인은 무엇인가를 왜 배워야 하는지에 대해 알고자 하는 욕구를 가지고 있다

Tough(1979)는 성인은 시간과 비용을 학습에 투자하기 이전에, 그들이 학습에서 얻게 될 이익은 무엇이고 학습에 참여하지 않았을 때 입게 될 손실은 무엇인지 탐색하는 데 상당한 시간과 에너지를 소비한다는 사실을 발견하였다. 이러한 사실은 성인교육에 있어 교육 및 훈련자의 일차적 과업 중의 하나가 학습자로 하여금 알고자 하는 욕구를 개발시키는 것이라는 주요한 시사점을 제공하는 것이다.

② 성인은 자기주도적으로 학습하고자 한다

성인은 그들의 생활의 여러 측면에서 자기주도적일 수 있음에도 불구하고, 그들이 교육이나 훈련 프로그램에 들어가기만 하면 상당히 의존적이 된다. 이런 문제는 특히 성인학습자를 어린이처럼 취급할 때 발생한다. 따라서 교육 및 훈련자는 성인으로 하여금 그들이 자신을 의존적인 존재로서 바라보는 것에서 벗어나 자기주도적인 학습자로 바라보도록 돕는 전략을 개발해야 한다.

③ 성인은 다양한 경험을 가지고 있다

성인은 그들 자신이나 다른 사람에게 다양한 학습의 풍부한 자원이 되는 경험을 가지고 학습에 참여한다. 따라서 성인교육에 있어 경험에 근거한 학습을 활용할 수 있는 방법을 사용해야 한다. 예를 들면 학습자의 축적된 지식이나 기능을 잘 활용할 수 있는 토론법이나 현장실습과 같은 방법이 효과적이다.

④ 성인은 과제 중심적(문제 중심적)으로 학습하고자 한다

어린이와 청소년은 학교에서의 경험을 통해 주제 중심적 학습경험에 익숙해 있다. 따라서 그들은 학습을 단순히 시험을 통과하기 위해 주제를 익히는 과정으로 이해한다(예: 암기해야 할 문법규칙). 그러나 성인교육에 있어 학습내용은 생활과업 등으로 구성된다(예: 업무상 편지를 더 잘 쓰는 방법).

⑤ 성인은 학습을 하려는 강한 내 · 외적 동기를 가지고 있다

성인학습자는 처음에는 봉급 인상이나 승진, 더 좋은 작업환경 등과 같은 외적인 요인에 의해 학습하지만, 더욱 지속적이고 효과적인 학습이 이루어지기 위해서는 자아존중, 자아실현, 성취감 등과 같은 내적인 요인이 중요하다(Wlodkowski, 1985).

〈표 7-4〉 페다고지 모형과 안드라고지 모형의 비교

	페다고지 모형	안드라고지 모형
기본 가정	• 학습자는 의존적임 • 학습자가 학습현장으로 가지고 오는 경험은 거의 가치가 없음 • 학습자는 학습에 대한 준비도가 부족함 • 학습은 미래 생활에 대비하기 위한 것임	• 자아개념이 의존적 특성에서 자기주도적 특성으로 변화해 감 • 학습자원의 중요한 역할을 하는 경험을 점차 누적시켜 나감 • 학습에 대한 준비도를 점차 사회적 역할과 관계되는 발달과업에 바탕을 둠 • 학습이란 실제 생활에 즉각적으로 적응하기 위한 것이며, 학습성향은 교과중심이 아니라 문제해결 중심임
교육방법상 차이점	• 권위적이고 형식적이며 경쟁적인 수업 분위기를 지지함 • 교육계획, 요구진단, 교육목표의 설정 및 평가는 교사의 주도하에 이루어짐 • 수업은 교과목 및 내용의 논리에 따라 진행됨 • 교사는 학생들에게 전통적 방법으로 지식을 전달함(예: 강의, 읽기 과제 등)	• 비형식적이고 협동적인 학습 분위기를 조성함 • 교육계획, 요구진단, 교육목표의 설정 및 평가는 교육자와 학습자의 상호 협동을 통해 이루어짐 • 학습과정의 계획은 학습준비도에 따라서 문제 중심적으로 이루어짐 • 교육자는 학습 촉진자의 역할이 강조됨(예: 집단토의, 역할연기, 현장연구, 사례연구 등)

2) 성인교육의 원리

위에 제시한 성인의 특성을 토대로 성인교육의 기본 원리와 촉진 원리를 살펴보면 다음과 같다.

(1) 성인교육의 기본 원리

① 자발적 학습의 원리

어떤 힘이나 타인의 강요가 아닌 학습자의 자발적인 의지에 따라 참여할 수 있어야 한다.

② 자기주도적 학습의 원리

개인이 스스로 학습의 주체가 되어 자기학습의 속도나 그 결과에서 평가에 이르기까지 스스로 결정하는 교육이어야 한다.

③ 상호학습의 원리

상호작용을 통해서 학습의 효과를 높이도록 여러 가지 집단과정을 활용할 필요성이 있다. 예를 들면 브레인스토밍(brainstorming)이나 집단토의법 등이 대표적이다.

④ 현실성의 원리

이는 곧 생활적용의 원리다. 즉 교육의 목적이나 결과가 생활 속에 즉각적으로 활용될 수 있도록 짜이고 실시되어야 한다.

⑤ 다양성의 원리

성인 학습자는 다양한 적성, 능력, 기능, 흥미, 욕구 등을 가지고 있고, 그들의 직무내용, 성, 연령, 학력 수준 등도 다양하다. 따라서 이러한 여러 가지 요인을 고려하여 학습능률을 높이기 위해 다양한 방법을 사용해야 한다.

⑥ 능률성의 원리

투입되는 노력, 시간, 경비에 대한 최대의 효과를 얻도록 해야 한다.

⑦ 참여교육의 원리

교육의 계획에서부터 목적 및 내용의 선정, 교수방법의 채택 및 실시, 평가에 이르기까지 전문가와 학습자가 같이 참여할 수 있는 기회가 필요하다. 이를 통해 학습자의 요구를 분석할 수 있고, 이에 맞게 교육 프로그램을 개발할 수 있다.

⑧ 유희 · 오락성의 원리

교육의 분위기가 너무 딱딱하면 교육에 대한 주의집중도가 떨어지고, 결국 교육의 효과가 줄어들 수밖에 없다. 따라서 학습자들의 심리적 긴장을 풀어 주고, 학습에 관심을 갖고 몰입할 수 있는 다양한 원리를 사용해야 한다(심리극, 영화 등).

강사 역할의 변화

산업교육 및 훈련에서 강사의 역할에는 많은 변화가 있다. 기존에는 강사가 이미 준비된 교육내용을 일방적으로 전달하는 말 그대로 강사(instructor)의 역할을 수행하였는데, 최근에는 학습을 촉진시키기 위해 경험적인 방법을 활용하여 교육생들이 좀 더 쉽게 학습할 수 있도록 도와주고 활성화시키고 이끄는 촉진자(facilitator)의 역할을 수행한다. 이러한 맥락에서 볼 때 강사와 촉진자가 활용하는 강의기법에도 차이가 있어서 전통적인 강사는 주로 제시적 기술(presentative skill)을 사용하며, 촉진자는 촉진적 기술(facilitative skill)을 사용한다. 각 기술의 차이점을 살펴보면 다음과 같다.

제시적 기술	촉진적 기술
• 낮은 참여	• 높은 참여
• 주입식	• 토론식
• 전달자 역할	• 조력자 역할
• 일방적	• 양방적
• 정적	• 동적
• 발표	• 토론, 실습
• 칠판 이용	• 각종 기자재 이용
• 강사 1인	• 전체 교육생
• 학교교육	• 성인교육

(2) 성인교육의 촉진 원리

성인학습을 촉진시키는 데 있어 효율적인 실제 원리를 살펴보면 다음과 같다.

① **자발적 참여**(voluntary participation)

성인은 일반적으로 새로운 지식이나 기술을 발전시키려는 욕구가 있다. 이러한 욕구에 의하여 자발적인 참여를 유도하면 교육자는 많은 시간과 노력을 절감시킬 수 있으며, 교수방법에 대한 저항감도 낮아진다. 뿐만 아니라 보다 적절한 자료를 선택할 수 있고 교수기법 개발도 용이하다.

② **상호존중**(mutual respect)

학습촉진의 기본적 요소는 교육참여자들이 독립된 존재로 각자의 가치를 인정받는 일이다. 성인학습에서는 타인에게 도전하는 것을 자유롭게 느낄 수 있고, 타인이 자기에게 도전하는 것을 편안하게 느낄 수 있을 때 집단문화가 발전한다.

③ **협동적 정신**(collaborative spirit)

협동적인 활동은 자발적 참여와 학습자에 대한 존경을 바탕으로 이루어진다. 학교교육과 성인교육의 차이를 나타내게 하는 가장 특징적인 것이 바로 협동적 활동이다. 즉 성인교육에서는 학습자의 요구를 평가하고 목표를 산출하고, 학습방법이나 평가절차 등을 수립하는 데 협동적이다.

④ **행동과 숙고**(action & reflection)

연습이나 실습은 효율적인 학습촉진에 있어 가장 중요한 요소다. 따라서 이러한 행동과 숙고는 성인학습에 있어 중심체라고 할 수 있다. 이는 새로운 아이디어, 기술 등의 탐색을 의미하는 것이기 때문이다.

⑤ **비판적 사고**(critical thinking)

성인학습의 목적은 어떤 의미에서는 비판적인 사고를 길러 주는 것이다. 따라서 성인학습에서는 성인으로 하여금 기술이나 지식 그리고 새로운 아이디어 등을 얻을 수 있도록 도와주어야 한다.

⑥ 자기주도적 활동(self-direct activity)

학교교육과 달리 성인학습에서는 학습자가 주도적으로 학습내용을 검토하고, 그 결과를 평가하여야 한다.

5. 산업교육 및 훈련의 방법

교육 및 훈련에 대한 요구분석을 통해 목표가 뚜렷하게 정해지고 교육훈련의 내용까지 정해지고 나면, 그다음에는 구체적으로 어떤 방법을 사용할 것인지가 중요하다. Campbell(1971)은 산업훈련 분야에서 매년 새로운 기법들이 쏟아져 나오고 있으며, 이 새로운 기법은 또 다른 기법에 의해 밀려나는 순환과정이 계속된다고 주장하였다. 이 부분에서는 교육 및 훈련의 방법을 분류해 보고, 대표적으로 어떤 방법이 있는지 살펴보고자 한다.

1) 직장 내 훈련

직장 내 훈련(OJT: on the job training)은 현재 부여받은 직무를 그대로 수행하면서 직장 상사나 선배동료로부터 여러 가지 교과내용을 학습하는 방법이다. 이 방법의 장점은 훈련이 추상적이지 않고 실무와 연결되어 매우 구체적이고, 교육훈련 대상자와 상사/동료 간의 이해와 협동정신을 고취시키고, 대상자의 개인별 능력에 따라 훈련의 진도를 조정하기가 용이하다는 것이다. 반면 단점은 한 번에 다수의 종업원을 교육훈련시킬 수 없고, 교육훈련 실시자의 능력이 부족한 경우 학습효과가 제한적이며, 기술의 변화가 빠른 기업에서는 새로운 기술을 실시자 자신도 모르기 때문에 교육훈련의 범위에 한계가 있다는 것이다(〈표 7-5〉). 이 직장 내 훈련의 대표적인 방법으로는 코칭과 직무순환 등이 있다.

(1) 코칭

코칭(coaching)은 경험과 지식에서 앞서는 사람이 그렇지 못한 사람에게 보다 나은 특정 부분의 문제를 깨닫고 개선할 수 있도록 도움을 주는 일대일의 의사소통을 통한 교육방법이다. 이 방법은 상하 간의 커뮤니케이션 능력을 향상시킬 수 있으며, 코치와 학습자의 동시 성장이 가능하며, 업무수행 성과와 직접적으로 관련되어 있다는 장점을 가지고 있다. 반면 교육의 성패가 코치의 능력에 의해 지나치게 좌우되며, 일대일 방식이므로 코치의 시간이 많이 소요되며, 코치와 학습자 간의 계약관계는 학습에 지장을 줄 수 있는 단점이 있다.

(2) 직무순환

직무순환(job rotation)은 학습자가 기업의 직무내용 전체를 이해하도록 하기 위해 일련의 직무를 실제로 수행해 보도록 하는 교육방법이다. 이 방법의 장점은 직무를 전반적으로 이해하게 되어 부서 간의 협조적 태도가 길러지고, 실제적인 상황에서 훈련이 이루어지므로 전이효과가 높고, 전반적인 업무의 이해로 리더의 자질 향상에 기여한다는 점이다. 반면 계속적인 직무순환으로 각 분야별 전문가 양성에 어려움이 있고, 새로운 학습자의 등장으로 업무수행의 질이 떨어질 우려가 있다는 단점이 있다.

〈표 7-5〉 직장 내 훈련의 장단점 비교

장점	단점
• 업무를 수행하면서 실시하므로 내용이 현실적임 • 업무와 교육훈련이 직결됨 • 특정 장소로 이동할 필요가 없음 • 상사와 동료 간의 이해와 협동정신 강화 • 비용이 적게 듦	• 상사와 환경이 훈련에 부적합할 가능성 있음 • 업무수행에 지장을 줌 • 많은 구성원을 한꺼번에 훈련할 수 없음 • 통일된 내용과 같은 수준의 훈련이 어려움 • 상사의 능력과 전문지식이 달라 전문지식과 기능의 전수가 어려움

2) 직장 외 훈련

직장 외 훈련(Off-JT: off the job training)은 교육훈련을 전문가가 행하는 것으로 교육훈련 대상자가 현재 수행하는 직무에서 벗어나 오로지 교육훈련만을 받는 방법이다. 이 방법의 장점은 교육훈련 대상자가 오로지 교육훈련에만 몰두할 수 있고 전문가가 교육훈련의 실시자가 되기 때문에 학습효과가 높고, 동시에 다수의 인원을 교육훈련시킬 수 있다는 것이다. 한편 단점은 교육훈련의 내용이 실무와 거리가 있을 수 있고, 교육훈련 참가자의 개인별 능력에 따른 진도의 조정이 어렵고, 교육훈련의 비용이 많이 든다는 것이다(〈표 7-6〉). 이러한 직장 외 훈련의 대표적인 방법으로는 강의법, 토의법, 프로그램 학습법, 사례연구법, 역할연기법 등이 있다.

(1) 강의법

강의법(lecture method)은 강사가 자신의 지식, 정보, 기술이나 기능, 철학과 신념을 전달하고, 이를 피교육생이 이해하고 납득하여 공감함으로써 강사의 견해를 받아들이도록 하는 교육행위다. 이 방법은 전통적인 교육방법 중 가장 널리 쓰이는 보편적인 방법으로, 강의방식은 한 번에 많은 수의 인원까지도 수강할 수 있으므로 비용 면에서는 가장 경제적인 방법이다. 그러나 피교육생 집단이 비교적 동질적인 경우에는 구체적인 수준의 강의까지 이루어질 수 있지만 대상자 집단이 다양한 계층으로 구성되어 있을 때는 일반적 수준의 강의만 가능하다. 또한 강사로부터 청중으로의 일방향 의사소통만 이루어지므로 실제로 지식의 전달 정도가 높지 않은 단점이 있으며, 연습이나 피드백 제공 기회가 거의 없기 때문에 전이효과를 기대하기도 어렵다.

강의법이 활용되는 경우

- 강사가 강의법을 잘 알고 짧은 시간 내에 많은 양의 정보를 제공하고자 할 때
- 피교육생이 강의내용을 이해할 수 있는 충분한 경험과 학습동기를 가지고 있을 때
- 피교육생의 인원수가 다른 기법을 사용하기에는 너무 많을 때
- 강의실 환경이 강의에 적합할 때

(2) 토의법

토의법(discussion method)은 강사와 피교육생 간에 토론과정을 거치므로 교육 및 훈련내용에 대한 명확한 이해가 요구될 때 유용하다. 특히 토의방식은 양방향 의사소통이 촉진되기 때문에 피교육생이 적극적으로 훈련과정에 참여할 수 있는 기회가 제공되고, 따라서 그들의 동기 수준을 높일 수 있으며, 피드백을 제공할 수 있는 기회도 있다. 그러나 이 방식은 피교육생의 숫자가 적을 때에만 사용할 수 있으며, 이 방식의 성공은 전체 토론과정을 이끄는 강사나 훈련자의 기술이나 특성에 의해 많이 좌우된다.

토의법이 활용되는 경우

- 강사가 토의법을 사용하여 피교육생을 교육시킬 수 있는 능력이 있을 때
- 교육 및 훈련의 목적이 피교육생의 사고력, 의사소통 기술, 사회성 등을 향상시키는 것일 때
- 주제를 토의할 만한 충분한 시간이 있을 때
- 인원이 토의를 할 수 있는 적정 수준일 때
- 피교육생의 태도를 변화시키고자 할 때
- 피교육생이 토의 주제에 대해 어느 정도 알고 있을 때

또한 토의법은 피교육생의 태도, 열정, 언어소통 능력 등에 의해서도 그 효과가 달라질 수 있다. 전반적으로 토의방식은 지식의 증진이나 태도의 개선 등이 목표인 훈련 프로그램에 적절한 방법이다.

(3) 프로그램 학습법

프로그램 학습법(programmed learning method)은 강사나 훈련자 없이 피교육생 스스로 속도조절을 하면서 자율적으로 학습하는 것이다. 즉 일련의 학습자료를 단계적으로 제시하여 주는 것을 말하며, 이러한 과정이 기계적으로 이루어지도록 만든 장치가 '자동학습기계(automated teaching machine)' 다.

프로그램 학습법은 일련의 설명문과 질문으로 구성되어 있으며 학습자는 설명문을 읽고 각 질문에 대하여 답을 하도록 되어 있다. 그다음 장으로 넘어가면 자기가 내렸던 답의 정답 여부를 확인하게 되며 계속해서 다른 설명문과 질문을 다루게 된다. 이 프로그램 학습을 위해서는 먼저 학습내용이 체계적으로 조직화된 학습교재를 개발해야 한다.

프로그램 학습법의 장점은 훈련에 소요되는 시간이 대폭 줄어든다는 점이고, 또한 각 참가자가 능동적으로 학습에 참여하여 자신의 능력에 맞게 스스로 학습속도를 조절해 나갈 수 있을 뿐만 아니라, 각 프레임에서 제시된 내용을 올바로 습득했는지의 여부가 즉각적으로 피드백되기 때문에 학습효과를 높일 수 있다. 그러나 프로그램 학습을 위한 교재 개발에 많은 시간과 비용이 투입되어야 하고, 학습내용의 범위에 한계가 있고, 교육대상자 자신이 혼자 교육훈련을 진행해야 하기 때문에 소

프로그램 학습법이 활용되는 경우

- 한곳에 피교육생을 모두 집합시키지 못하고 개별학습을 시킬 때
- 피교육생의 학습능력이 천차만별일 때
- 태도와 행동의 변화보다는 지식이나 정보 제공이 목적일 때
- 교육내용이 다양하지 않고 한정적일 때

외감으로 인해 거부감이 종종 나타나는 등의 단점이 있다.

(4) 사례연구법

사례연구법(case study method)은 분석력, 판단력, 협상력, 의사결정 능력 등의 문제해결 능력이나 직무수행 능력을 체험적으로 함양시키는 것이다. 이 방법은 보통 조직 내에서 문제해결이 요구되는 특정 사례에 대한 상황진술문을 제공하고 피교육생에게 해결책을 모색하도록 한 후, 그것을 평가하고 피드백을 제공하는 형태로 진행된다. 이때 제시되는 상황진술문은 기술적이거나 의사결정에 관한 것일 수도 있고, 또는 대인관계나 집단 간 문제에 관한 것일 수도 있다. 피교육생은 문제 상황에 대한 자기 나름대로의 해결책을 제시하게 되는데, 이때 해결책에 관한 제안서는 개인별로 작성할 수도 있고 집단토의를 하여 집단별로 작성할 수도 있다.

이 사례연구법의 장점은 흥미와 학습동기를 유발할 수 있고, 기업의 현실적인 문제에 대한 학습이 가능하다는 데 있다. 반면 단점은 적절한 사례를 확보하는 데 어려움이 많고, 학습의 진도를 측정하기 어렵고, 이론에 대한 체계적인 습득이 어렵다는 점이다.

사례연구법의 효과

- 의사소통 기술 향상
- 능동적인 참여와 사고력 증진
- 고정관념의 탈피 기회 제공
- 인간행동에 대한 이해
- 독립적인 판단력 향상
- 동일한 사실이나 문제에 대한 각자의 다른 관점 파악

(5) 역할연기법

역할연기법(role playing method)은 단순히 사례나 문제상황을 제시하여 해결책을 모색케 하는 데 그치지 않고, 피교육생에게 직접 문제상황의 당사자 역할을 해 보게끔 함으로써 사람들 간의 상호작용을 이해하고, 역할연기 후에는 그 경험이 어떠했는지, 연기 도중에 특정한 행동을 왜 했는지, 문제에 효과적으로 대처하기 위해서는 어떤 행동이 필요하다고 보는지 등을 토의케 하는 방법이다. 또한 관찰자는 관찰을 통해 문제에 대한 올바른 이해와 태도의 변화를 꾀할 수 있다. 역할연기는 원래 사이코 드라마처럼 치료목적으로 개발되었으나, 산업장면에서 대인관계 기술의 증진, 판매기술의 향상, 인터뷰 능력의 배양, 리더십 기술의 향상 등 여러 가지 목적으로 활용되고 있다.

Shaw(1967)는 역할연기법이 다음과 같은 점에서 학습 이론에 따른 효과가 있다고 주장하였다. 첫째, 피교육생의 적극적인 참여를 통해 문제상황에 대한 실험적이고 시행착오적인 학습이 가능하며, 둘째, 피교육생은 다른 역할연기자가 문제를 처리하고 해결하는 성공적인 행동을 관찰하여 모방하거나 모델링하는 효과가 있으며, 셋째, 자신의 역할행동이 문제해결에 얼마나 효과적인가에 관해 교육 및 훈련자나 다른 역할연기자로부터 피드백을 받을 수 있으며, 끝으로 문제상황에 대한 반복적인 역할연기 행동은 실습효과가 있어서 피교육생은 자연스럽게 문제해결에 대한 개념적 원리를 학습할 수 있다.

역할연기 학습의 원칙

- 관찰에 의한 학습
- 모방에 의한 학습
- 실행에 의한 학습
- 피드백에 의한 학습
- 분석과 개념화를 통한 학습

이 역할연기법은 참가자에게 흥미와 체험감을 주며, 연기에 나타난 문제점을 파악함으로써 교육참가자 개인이 갖고 있는 약점을 인식할 수 있고, 참가자에게 아는 것과 행동하는 것 사이의 차이를 인식시킬 수 있는 장점이 있는 반면 기업에서 요구하는 수많은 역할 중 몇 개 정도만 연기해 볼 수밖에 없는 단점이 있다.

(6) 행동모방법

행동모방법(behavior modeling method)은 역할연기법과 행동모델링법을 혼합한 것이다. 지식이나 정보의 제공보다는 태도와 행동을 변화시키고자 할 때 사용하는 학습법으로, 반드시 모방할 대상이 있어야 한다. 즉 어떤 모델 인물이 주어진 역할을 성공적으로 수행하는 장면을 보여 준 후, 피교육생에게 그 모델처럼 역할연기를 해 보도록 하고 훈련자와 다른 참가자들은 그에 대해 사회적 강화를 제공하는 방식으로 진행된다. 이 행동모방법은 Bandura의 사회학습 이론을 적용한 것으로, 주의집중 과정 → 파지 과정 → 운동재생 과정 → 동기화 과정 등을 거치게 된다. 기업에서는 일반적으로 특정 상황에 대한 이상적인 행동을 비디오 테이프에 담아 이를 피교육생에게 보여 주고 행동의 이유, 과정 등을 이해시키고 이를 그대로 반복하여 연습하게 함으로써 행동의 변화를 유도한다. 이 행동모방법은 피교육생에게 어떤 구체적인 상황에 대한 이상적인 행동을 제시해 주기 때문에 이에 대한 학습이 신속하게 이루어지며, 실제 직무수행 상황에서 시행착오를 줄여 주는 장점이 있는 반면 기법을 개발하는 데 비용이 많이 든다는 단점이 있다.

행동모방법이 활용되는 경우

- 어떤 상황에서 가장 바람직하고 효율적인 행동모델이 있을 때
- 표준화된 직무수행 과정에서 반드시 필요한 행동이 있을 때
- 교육자가 피교육생의 행동을 관찰, 통제, 피드백할 수 있을 때
- 피교육생이 행동모델을 받아들이려고 할 때

(7) 비즈니스 게임법

역할연기법은 피교육생에게 타인의 입장을 연기하도록 하는 데 반해, 비지니스 게임법(business game method)에서는 관리자의 입장에 있는 피교육생에게 관리자의 역할이라는 자신의 원래 입장에서 게임을 하게 한다. 이 방법은 근래에 들어와 많은 기업체에서 널리 사용되고 있는데, 게임의 대부분은 회사의 중장기 사업계획, 의사결정, 마케팅 전략, 대인관계나 의사소통관리 문제 등과 같이 경영관리에 대한 일반적 원리를 다루고 있다. Coppard(1976)는 비즈니스 게임이 널리 보편화되는 이유를 다음과 같이 설명하고 있다. 첫째, 컴퓨터 시뮬레이션 분야의 기술적 발전이 급속히 이루어져서 조직 내의 실제 상황을 폭넓게 다루는 프로그램의 개발이 가능하고, 둘째, 조직을 각각의 세부단위로 이해하는 것보다 가능한 한 많은 변수를 종합적으로 고려한 시스템 이론적 관점이 조직을 이해하는 데 유용하고, 셋째, 의사결정 분야에 대한 과학적 접근이 많이 이루어져 많은 지식이 축적되고 있기 때문이다.

이 기법의 진행원리를 살펴보면 다음과 같다. 우선 피교육생은 3~5명 정도의 팀으로 구성하여 참가하게 하는데 교육실시자는 이들 팀에게 동종의 경쟁상황에 있는 서로 다른 모의기업의 책임자로서 상대방 기업에 이길 수 있는 경영 의사결정을 하도록 한다. 참가팀 각자에게 해당 기업의 경영에 대한 다양한 정보, 즉 최근 매출액, 인력 및 조직구조, 재무구조, 판매망, 제품의 원가 등을 제공하고 경영 의사결정을 하게 한다. 이렇게 하여 1차 의사결정이 이루어지면, 그 결과를 교육실시자가 컴퓨터를 동원하여 분석한 후 참가팀에게 피드백해 준다. 이 경우 참가팀들은 자기 팀의 경영실적을 알게 되고, 무엇이 잘못되었는지 등을 자체 분석하게 된다. 이러한 과정(경영 의사결정 → 결과분석 → 결과의 피드백)을 여러 번 거치면서 참가팀 구성원은 경쟁상황에서 의사결정의 질을 높일 수 있는 능력이 향상되는 것이다.

비즈니스 게임법은 교육참가팀이 실시한 경영 의사결정의 결과가 즉각 피드백되어 다른 참가팀에 비해 의사결정이 얼마나 정확했는지를 알 수 있다는 장점이 있지만, 참가팀이 게임에 이기는 것에만 관심을 기울인 나머지 실제 기업의 경쟁상황에 현실성 있게 적용하지 못하는 단점이 있다.

〈표 7-6〉 직장 외 훈련의 장단점 비교

장점	단점
• 동시적이고 통일된 교육실시 가능 • 전문가의 지도 아래 훈련에 전념할 수 있음 • 참가자 간의 선의의 경쟁을 통한 교육효과	• 업무수행 과정에 즉시 활용하기 어려움 • 현업을 중단해야 함 • 경제적 비용 부담이 큼

3) 자기개발 훈련

자기개발 훈련(self development training)이란 자기의 책임하에 자신의 이해와 평가에 의해 성장과 향상의욕을 고취시키고, 주도적으로 노력하는 것을 말한다. 따라서 자기개발이란 문제해결을 행하면서 자기 스스로 성장하는 과정이라고 할 수 있다. 즉 교육훈련을 대상자 자신이 하는 방법으로 교과내용 및 기법을 스스로 정할 수 있다. 이 자기개발의 과정은 문제의식, 해결하고자 하는 의욕 증가, 부족한 능력의 개발, 문제해결 등의 4단계를 거쳐 이루어진다.

이 방법은 교육훈련의 전 과정을 대상자 자신이 관리하기 때문에 매우 자율적이며, 교육훈련의 진도를 마음대로 조정할 수 있는 장점이 있는 반면, 교육훈련에 대해 우수한 실시자의 지원을 받을 수 없기 때문에 학습효과가 제한적이며, 학습의욕이 떨어질 경우 이를 개선하기 어렵다는 단점도 갖고 있다.

4) 산업교육 및 훈련 방법의 선택

지금까지 살펴본 다양한 방법은 적절히 활용되었을 경우에만 학습에 도움이 된다. 적절한 방법을 선정하기 위해서는 먼저 피학습자가 무엇을 학습해야 하는지를 명확히 한 다음 학습내용에 가장 잘 부합하는 방법을 선택하여야 한다. 보다 구체적으로 교육 및 훈련 방법 선정 시 고려해야 할 사항을 살펴보면 다음과 같다(Wayne, 1998).

- 피학습자가 성과를 개선하기 위한 동기를 제공한다.
- 피학습자의 학습 능력에 맞추어야 한다.
- 실습의 기회를 제공한다.
- 피학습자의 적극적인 참여를 유도한다.
- 학습 동안에 성과에 대한 피드백을 제공한다.
- 단순한 과업에서 복잡한 과업의 순서로 구조화되어야 한다.
- 피학습자가 훈련상황에서 학습한 내용을 다른 상황에 적용할 수 있어야 한다.
- 다른 조건이 동일하다면 훈련기간이 적게 들고 경제적이어야 한다.

6. 웹 기반의 기업교육

인터넷의 등장으로 기업교육이 사이버 공간으로 확대됨에 따라 언제, 어디서나 원하는 교육을 받을 수 있는 상황이 전개되고 있다. 이와 같이 웹 기반 교육은 시공간의 제약을 극복할 수 있고, 보다 많은 사람에게 다양한 학습 경험을 제공할 수 있기 때문에 최근 기업교육 현장에서 새로운 교육전략으로 활용되고 있다.

최근의 경영환경은 전통적인 산업시대와는 근본적으로 다른 환경으로 변화하고 있으며, 이러한 정보기술의 발달은 전통적인 교육 패러다임에 대한 변화를 요구하고 있다. 즉 전통적인 교육인 타율적인 의미의 훈련(training)에서 빠르게 변화하는 환경에 스스로 적응하고 문제를 해결해 나가는 학습(learning)으로 패러다임이 전환되고 있다. 과거 산업사회에서는 원리 원칙적이고 순응적인 인재를 요구했고 경영환경의 변화가 최근에 비해 상대적으로 느렸기 때문에 시키는 대로 받는 타율적인 훈련이 중요했다. 그러나 최근의 지식정보화 사회 혹은 디지털 사회에서는 빠르게 변화에 대응할 수 있는 민첩성과 적응력이 중요한 핵심역량이 되고 있으며, 따라서 학습자 스스로 문제를 해결해 나가는 자기주도적 학습이 중요해지고 있다. 오프라인 교육과 온라인 교육의 장단점을 비교해 보면 〈표 7-7〉과 같다.

〈표 7-7〉 오프라인 교육과 온라인 교육의 비교

	오프라인 교육	온라인 교육
장점	• 강사와의 대화가 용이 • 동료집단이 쉽게 형성되어 상호작용 증가 • 실험, 실기, 견학 등에 직접 참여	• 시공간의 제약 없이 강사와 대화 • 반복학습이 가능 • 개인 역량별 자율 및 개별학습
단점	• 정해진 시간과 정해진 장소에서만 학습 • 한정된 인원만 강사와 대화 • 업무 중 교육시간을 할애해야 함 • 개개인의 특성을 고려하기 어려움 • 장시간 교육으로 효율성이 떨어짐	• 의사소통의 즉각성 결여 • 실험, 실기, 견학 등에 참여하기 어려움 • 정보기술에 의존 • 컴퓨터 사용 능력의 우선적 고려 • 콘텐츠 제작의 부담

1) 웹 기반 기업교육의 확산

웹 기반의 기업교육은 그동안 이루어져 온 집합식 교육 시 현업에서의 이탈로 인해 발생하는 많은 문제를 해결할 수 있고, 비용 면에서도 효율적이며, 학습자 주도적인 교육을 진행할 수 있다는 점에서 활발하게 진행되고 있다. 미국의 기업들은 1999년에 웹 기반의 교육에 15억 달러를 투입했으며, 2002년에는 90억 달러가 훨씬 넘어 2년 사이에 6배가 증가하였다. 우리나라도 2000년에 500여 개의 사이버 교육 사이트에 5,000개 강좌 서비스가 제공되고 있으며, 한국교육개발원(2000)에 의하면 2000년 현재 사이버 교육 시장 규모는 500억 원 규모이며, 2005년까지는 15조 원 이상으로 예상하였다. 현재 국내의 기업도 매우 체계적인 양질의 사이버 교육 프로그램을 제공하고 있으며, 이러한 추세는 더욱 가속화될 전망이다.

현재 기업에서 실시하고 있는 웹 기반 교육은 그 활용 목적에 따라 세 가지 유형으로 구분할 수 있다. 첫 번째 유형은 인터넷을 통해 언제 어디서나 자신의 업무에 필요한 학습을 할 수 있는 가상의 학습공간 제공을 목적으로 하는 순수한 의미의 웹 기반 교육이고, 두 번째 유형은 이러한 웹 기반 교육의 주요 기능 이외에도 사내 직원의 업무수행 향상을 위한 업무수행 지원 시스템의 측면을 함께 갖춘 형태이며, 세 번째는 조직구성원 자신이 경력개발계획을 체계적으로 수립할 수 있도록 돕는 사이버 경력개발 시스템의 측면을 포함하는 형태다.

2) 웹 기반 기업교육 프로그램의 개발 단계

웹 기반 기업교육 프로그램의 개발에는 기획, 설계, 제작의 단계가 포함된다. 그리고 이 세 단계는 상호간에 일관성이 있어야 하고, 각 단계 안에서 체계적인 개발 방법으로 진행되어야 한다.

(1) 기획 단계

기획 단계(planning stage)는 웹 기반 교육으로 하고자 하는 것이 무엇인지를 정확히 결정하고 구체적인 실행을 계획하는 단계다. 따라서 웹 기반 기업교육을 개발하기 전에 달성하고자 하는 목표가 무엇인지, 그리고 이를 어떻게 달성할 것인지에 대해 확실한 개념을 파악하는 단계라고 할 수 있다.

(2) 설계 단계

설계 단계(designing stage)에서는 기획 단계에서 나온 결과물을 바탕으로 학습해야 할 내용과 교수방법을 구체화한다. 웹 기반 교육은 일반적인 집합교육과는 달리 학습자의 자발적인 학습 능력에 따라 교육의 효과가 좌우될 수 있기 때문에, 기존의 교수설계 모형과 웹 기반 교수설계 모형 간에는 차이가 있다. 이 설계 단계는 내용 설계, 구조 설계, 프레젠테이션 설계, 인터페이스 설계, 지원체제 설계, 매체 설계, 평가 설계 등의 활동으로 나누어 개발이 진행된다.

(3) 제작 단계

제작 단계(development stage)에서는 설계 단계에서 나온 스토리보드에 따라 텍스트 자료를 개발하여 사용자의 피드백을 받고, 사진, 그래픽, 오디오, 비디오, 애니메이션 등 멀티미디어 자료를 통합하여 웹 페이지를 구축한다.

급변하는 정보화사회 속에서 웹 기반 교육이 구성원의 잠재력을 극대화하고 기업의 경쟁력을 높일 수 있는 교육방법으로 자리 잡기 위해서는 상호 유기적으로 관련되어 있는 기획, 설계, 제작 단계와 각 단계별 세부활동을 체계적으로 실행해 나가야 한다. 그리고 학습자와 학습내용, 기업의 여건을 충분히 고려한 프로그램 개발이 이루어져야 한다.

3) 웹 기반 교육의 예: 온라인 학습

온라인 학습 또는 e-learning은 컴퓨터로 인터넷이나 회사의 인트라넷을 통해 학습을 하도록 하는 방법이다. 온라인 학습은 통신망을 통하여 학습내용을 전달하거나 공유하며, 전통적인 방법을 넘어서 성과를 증진시키기 위한 다양한 정보나 도구를 제공함으로써 문제해결 학습에 초점을 둔다. 온라인 학습은 학습내용을 제공할 뿐만 아니라 학습자들이 무엇을, 어떤 속도로, 언제 배울지를 통제할 수 있다. 또한 다른 학습자나 전문가와 상호작용을 할 수 있으며, 다른 교육 프로그램과도 연계할 수 있다.

이러한 온라인 학습의 장점은 전통적인 방법보다 더 많은 학습자를 교육시킬 수 있으며, 각종 멀티미디어 자료(비디오, 음향, 그래픽, 애니메이션 등)를 통해 학습자의 다양한 감각기능을 활성화시키며, 다른 학습자나 전문가와의 상호작용을 통해 학습에의 참여를 촉진하며, 시간과 거리의 제약을 받지 않아 매우 융통성이 있다.

4) 웹 기반 교육의 효과

많은 연구에 의하면 웹 기반 교육을 비롯한 원격교육은 전통적인 강의실 교육만큼 효과적이며, 두 가지 교육을 받은 학습자의 학습 성취도에서 유의미한 차이가 없는 것으로 나타났다(Capper & Fletcher, 1996; Moore & Thompson, 1997). 그리고 웹 기반 교육의 효과를 분석한 연구에 의하면(Thompson, 1996; Daugherty & Funke, 1998), 웹 기반의 교육이 복잡한 문제를 풀거나 정보화 기술을 습득하는 데 있어 강의실 교육보다 더 효과적이라고 보고하였다. 한편 Hiltz(1994)는 온라인 교육의 효과를 다양한 측면에서 분석하여 다음과 같은 사실을 발견하였다. ① 학습내용의 습득은 강의실 수업과 같거나 더 우수하였다. ② 학습자의 학습 참여도는 증가하였다. ③ 학습내용에 대한 흥미도가 증가하였다. ④ 학습자가 복잡한 문제를 다루고 정보를 종합하는 능력이 향상되었다. 이러한 연구 결과는 웹 기반 교육이 잘 설계되어 실행된다면 강의실 교육과 유사하거나 더 효과적인 결과를 나타낼 수 있음을 시사하는 것이다.

7. 교육 및 훈련 프로그램의 평가

교육 및 훈련 프로그램의 평가란 교육 및 훈련과 관련한 모든 활동(훈련과정, 교육내용, 전이효과 등)의 효과를 알아보기 위해 여러 가지 기술적, 판단적 자료를 체계적으로 수집하고 조사하는 과정을 말한다(Goldstein, 1980). 따라서 평가를 위해서는 기술적 정보와 판단적 정보를 수집하여야 하며, 평가는 정보의 적절성을 확보하기 위해 사전 계획에 의해 체계적으로 수집되어야 하며, 경영자와 종업원 그리고 교육설계자가 바람직한 결정을 내리는 데 도움이 되어야 한다.

1) 평가의 기준

다른 평가작업과 마찬가지로 교육 및 훈련 프로그램에 대해서도 평가를 하려면 평가의 기준을 설정해야 한다. Kirkpatrick(1959)은 훈련평가에 활용할 수 있는 네 가지 기준을 제시하였다(〈표 7-8〉 참조).

(1) 훈련 참가자의 반응

참가자가 이 프로그램을 좋아하고 도움이 된다고 느끼고 있는가? 이 기준은 참가자의 교육 및 훈련 프로그램에 대한 반응(reaction)을 말한다. 다시 말하면 참가자가 프로그램에 대해 어떤 인상을 받았는지, 어느 정도로 호감을 보였는지, 프로그램의 내용이 유익했다고 보는지, 훈련자나 촉진자에 대해 만족했는지 등을 알아보는 것이다. 이를 통해 참가자의 교육 및 훈련에 임하는 동기의 정도를 알 수 있으며, 바로 이러한 동기가 학습효과에 영향을 준다고 간주되기 때문에 참가자의 반응평가가 중요하다.

(2) 학습내용 습득

참가자는 이 프로그램에서 의도했던 것을 배웠는가? 이 기준은 참가자가 훈련 기간 동안 받은 교육내용이나 지식을 얼마나 습득하고 있는지의 정도를 말한다. 이 학습(learning)의 영역에는 인지적 영역(지식, 이해력, 분석력, 평가력 등), 감정적 영역(태도, 가치관, 주의력 등), 정신운동적 영역(추진력, 조정능력, 융통성 등) 등이 있는데 학습효과에 대한 평가는 가능한 한 해당 학습영역별로 실시해야 한다(Schanz, 1979). 그리고 학습효과에 대한 평가도구는 해당 학습영역별로 상이한 도구를 사용할 수 있다.

(3) 행동 변화

참가자는 교육 및 훈련과정에서 학습한 것을 실제 직무에 활용하고 있는가? 이 기준은 교육과정을 통해 습득한 지식, 태도, 기능 등의 현업 적용도를 평가하는 단계로, 아무리 학습효과가 있다 하더라도 실제 직무수행 상황에서 이를 행동(behavior)으로 옮기지 않는다면 의미 있는 효과가 있었다고 평가하기 어렵다. 따라서 교육 및 훈련을 받은 후 실제 직무행동에서 어떤 변화가 있었는지를 측정하는 것이 바람직하다. 이 기준도 대부분 자기보고식 설문 형태로 측정할 수 있다.

(4) 객관적 결과

교육 및 훈련이 조직의 효과성을 증진시켰는가? 이 기준은 교육이 궁극적으로 조직에 어떤 공헌을 했는가를 평가하는 단계로, 어떤 구체적이고 가시적인 결과

(result)를 말한다. 예를 들면 생산량이 얼마나 증가했는지, 불량률이 얼마나 감소했는지, 이직률과 사고율이 얼마나 감소했는지 등 객관적인 경영성과에 얼마나 기여했는지를 측정한다. 특히 결과기준은 대부분의 경영자가 관심을 갖는 중요한 기준이다.

이상의 네 가지 기준 중에서 어떤 기준을 선택하느냐의 문제에 있어 어느 한 가지만을 선택하는 것은 바람직하지 못하다. 가능하면 여러 가지 기준을 모두 측정해야 교육 및 훈련의 효과를 종합적으로 평가할 수 있다.

〈표 7-8〉 **교육 및 훈련 프로그램 평가의 4단계**

평가기준	평가목적	측정치
반응	• 참가자는 진행자, 프로그램, 시설 등을 좋아하는가? • 프로그램은 유용한가? • 어떤 점을 개선해야 하는가?	설문지
학습	• 참가자는 어느 정도 지식이나 기술을 습득했는가?	필기시험 단계별 모의실험
행동	• 참가자의 행동이 바뀌었는가? • 참가자는 직무수행 중에 배운 지식과 기술을 활용하는가?	직무수행평가
결과	• 조직의 성과가 향상되었는가?	생산성, 사고율, 품질

2) 교육 및 훈련 프로그램의 타당도

교육 및 훈련 프로그램에 대한 평가는 곧 프로그램이 타당도가 있는가의 문제와 관련이 있다고 볼 수 있다. 즉 하나의 훈련 프로그램이 목표한 바를 얼마나 잘 성취했는가를 측정하는 것인데, Goldstein(1986)은 교육 및 훈련 프로그램의 타당도를 다음과 같이 네 가지로 구분하였다.

(1) 훈련 타당도

훈련 타당도(training validity)는 훈련에 참가한 사람들이 훈련기간 내에 처음에 설정했던 목표나 기준을 달성했는지 여부의 정도를 말한다. 이때 훈련목표가 명확하게 수립되어 있지 않을 때, 훈련장비나 시설이 충분히 뒷받침되지 못할 때, 훈련에 참가하는 사람과 그렇지 않은 사람에 대한 선발이 편파적으로 이루어졌을 때, 훈련 실시 이전의 사전자료의 수집이 충분하지 못할 때 훈련 타당도가 낮아지게 된다.

(2) 전이 타당도

전이 타당도(transfer validity)는 훈련에 참가한 사람들이 직무에 복귀한 후에 실제 직무수행에서 훈련효과를 보이는 정도를 말한다. 이 전이 타당도에 영향을 주는 요인에는 직무분석의 여부, 훈련전이를 위한 기제가 마련되어 있는지의 여부, 조직목표 또는 수행목표의 명확성 여부, 조직 내 갈등 정도 등이 있다.

훈련의 전이 타당도를 높이기 위한 방법

- 훈련상황과 직무상황 간의 유사성을 최대화하라.
- 훈련내용과 직무내용 간에 튼튼한 고리를 만들어라.
- 피훈련자가 배운 원리를 완전히 이해할 수 있도록 해 주어라.
- 피훈련자가 훈련에서 배운 기술, 과제 등을 가능한 풍부하게 경험할 수 있도록 해 주어라.
- 훈련에서 배운 것은 실제로 사용해야 하고 직무상에서 보상을 받을 수 있다는 점을 명확하게 하라.
- 실제 작업에 있어 지지적 분위기를 제공하라.

(3) 조직 내 타당도

조직 내 타당도(intraorganizational validity)는 교육 및 훈련 프로그램이 동일 조직 내의 다른 집단에 실시된 경우에도 효과를 보이는지의 정도를 말하는데, 예를 들면 관리부서원에게 유용했던 교육 및 훈련이 판매부서원들에게도 유용한가의 문제다. 조직 내 타당도는 결국 하나의 교육 및 훈련 프로그램이 조직 내에서 일반화가 가능한가의 문제로서, 만일 어떤 훈련이 특정부서만을 대상으로 하는 경우에는 당연히 조직 내 타당도는 낮을 수밖에 없다. 이 밖에도 훈련평가가 적절하지 못했을 때, 시간에 따라 조직이 변화할 때, 시간에 따라 교육 및 훈련에서 원래 의도하지 않았던 효과가 나타날 때 조직 내 타당도는 낮아지게 된다.

(4) 조직 간 타당도

조직 간 타당도(interorganizational validity)는 하나의 교육 및 훈련 프로그램이 그것을 사용한 조직 이외의 다른 조직에서도 효과가 나타나는지의 정도를 말한다. 일반적으로 산업훈련 분야에서는 어느 한 조직에서 새로 도입한 프로그램이 있으면 그것이 다른 조직에까지 금방 퍼져서 유행하는 경향이 있는데 이것은 커다란 잘못이다. 우선 해당 교육 및 훈련 프로그램의 조직 간 타당도가 얼마나 높게 나타나는지 최소한 검토를 한 후에 도입해서 사용하는 것이 바람직하다. 이 조직 간 타당도는 조직 간 유사성이 낮을수록, 수행과제나 직무의 유사성이 낮을수록, 그리고 조직문화나 풍토의 차이가 클수록 낮게 나타날 것이다.

정리해 볼 문제

1. 교수체제설계(ISD) 모형에 대해 설명하시오.

2. 학습자로서의 성인의 특징에 대해 설명하시오.

3. 직장 내 훈련(OJT)의 방법에 대해 설명하시오.

4. 직장 외 훈련의 장단점에 대해 설명하시오.

5. 온라인 교육의 장단점에 대해 설명하시오.

6. 산업교육 및 훈련의 네 가지 평가기준에 대해 설명하시오.

7. 훈련의 전이 타당도를 높이기 위한 방법을 설명하시오.

제 8 장

경력개발

오늘날 많은 조직은 경쟁우위를 확보하기 위하여 유능한 인재를 필요로 한다. 나아가 도전성이나 책임감을 제공하는 직무기회를 제공함으로써 종업원의 잠재 능력을 최대한으로 개발하려는 노력을 통해 경력개발에 대한 관심이 더욱 증가하고 있다. 그러나 경력개발이 조직과 구성원에게 중요한 의미를 갖고 있음에도 불구하고 대부분의 구성원은 조직 내에서 자신의 경력목표를 달성하는 데 많은 어려움을 겪고 있다. 이것은 구성원 자신의 무관심뿐만 아니라 조직 차원의 배려가 부족하다는 사실에 기인하기도 한다. 따라서 기업은 구성원의 다양한 욕구와 경력목표를 인식하고, 구성원들의 경력욕구와 조직의 목표를 일치시키는 데 관심을 가져야 한다. 이 장에서는 경력개발의 의미와 중요성, 다양한 경력개발 이론, 경력개발 단계, 경력개발 프로그램, 경력개발의 원칙과 성공조건 등에 대해 자세히 살펴보고자 한다.

1. 경력개발의 의미와 중요성

1) 경력개발의 의미

경력개발의 의미를 살펴보기에 앞서 경력의 개념부터 명확히 할 필요가 있다.

Hall(1976)은 경력(career)이란 어떠한 일을 하든지 한 개인이 일을 하면서 접하게 되는 일생 동안의 활동 및 이에 관계되는 행동이라고 정의하였다. 이런 측면에서 볼 때 경력이란 한 개인이 일생을 두고 일과 관련하여 얻게 되는 경험 및 활동에서 지각된 일련의 태도와 행위를 말하며, 따라서 경력은 개인이 평생 동안 가지게 되는 경험의 과정을 뜻하는 것으로 이력서에 제시할 모든 직무의 집합이라고 할 수 있다.

경력개발(career development)도 이러한 맥락에서 한 개인이 시간의 변화에 따라 점진적으로 갖게 되는 연속적 단계 또는 지위라고 정의할 수 있다(Brown & Brooks, 1991). 보다 구체적으로 설명하면, 경력개발이란 개인적인 경력목표를 설정하고 이를 달성하기 위한 경력계획을 수립하여 조직의 욕구와 개인의 욕구가 일치될 수 있도록 경력을 개발하는 활동이라고 할 수 있다(Hall, 1976).

경력개발에서 개인과 조직의 행동이 의미하는 바를 살펴보면, 개인적으로는 자신을 더 이해하게 되고 나아가 자신이 바라는 경력목표를 설정하게 되는데 이를 경력계획(career planning)이라고 하고, 조직으로서는 개인이 자신의 목표를 달성할 수 있도록 다양한 방법을 마련하게 되는데 이를 경력관리(career management)라고 한다. 경력개발은 이 두 가지가 서로 조화되어 나타나는 과정을 의미하며, 개인이나 조직 어느 하나만의 노력에 의해서 이루어지는 것이 아니라 양측 모두의 상호 협력에 의해서만 성공적으로 진행될 수 있다. 경력개발은 조직 내 인적자원의 효율적 관리를 통해 조직의 목표를 달성할 수 있도록 하며, 또한 구성원도 자신이 바라는 경력목표를 정하고 이 목표를 달성하기 위해 노력할 수 있는 방법을 제시해 준다. 따라서 조직의 경영자는 경력개발의 중요성을 깨닫고 구성원과 조직의 욕구를 동시에 충족시켜 줄 수 있는 프로그램을 개발하고 실시하는 데 관심을 기울여야 할 것이다.

2) 경력개발의 중요성

대부분의 사람들은 인생에서 성공적인 경력을 쌓고자 한다. 그러나 누가 얼마나 성공했는가를 판단하는 것은 다소 주관적이며, 그것을 객관적으로 나타낸다고 하더라도 그 방법은 평가하는 사람에 따라 다양할 것이다. 경력개발의 중요성을 개인의 관점과 조직의 관점에서 살펴보면 다음과 같다.

우선 개인의 관점에서 볼 때, 첫째, 경력계획은 기본적으로 개인이 원하는 직무를 조직과 협의하여 장기적으로 조정해 가는 일련의 상호작용 과정으로, 구성원 자신에게 맞는 일을 찾아 자신의 잠재 능력을 최대한 발휘할 수 있도록 한다. 둘째, 경력계획은 직무에 정통한 전문인으로 자신을 개발할 수 있도록 도와줌으로써 구성원의 전문능력을 향상시킨다. 셋째, 개인의 개성과 자아실현 욕구가 중요시되면서 개인의 경력계획은 조직에서 매우 중요한 과제로 더욱 부각되고 있다.

조직의 관점에서 경력개발의 중요성을 볼 때, 첫째, 능력 있는 구성원을 성장시킬 수 있는 프로그램을 통해 조직의 성과 향상에 기여한다. 둘째, 구성원의 경력개발을 효과적으로 실행함으로써 구성원의 만족도를 향상시키고 인적자원 비용을 줄일 수 있다. 셋째, 다양한 경력개발 프로그램을 통해 구성원의 직무 전문화를 증대시킬 수 있다.

이상의 내용을 종합해 볼 때, 경력개발의 목적은 개인적 차원에서 자기개발을 통한 경력욕구가 충족되어 심리적 만족을 얻는 데 있으며, 조직적 차원에서는 필요한 자질을 갖춘 구성원의 경력개발을 통해 조직의 유효성을 증대시키는 데 있다.

조직을 둘러싸고 있는 외부 환경(시장, 기술, 고객 등)이 급격하게 변화하고, 이에 따른 직업구조, 노동시장 구조, 가치관 등의 변화는 조직과 개인에게 많은 영향을 미치고 있다. 이러한 조직 내 · 외적 환경요인으로 인해 경력개발의 필요성이 더욱 강조되고 있다. 김흥국(2000)의 모델을 근거로 하여 경력개발의 필요성을 살펴보면 [그림 8-1]과 같다.

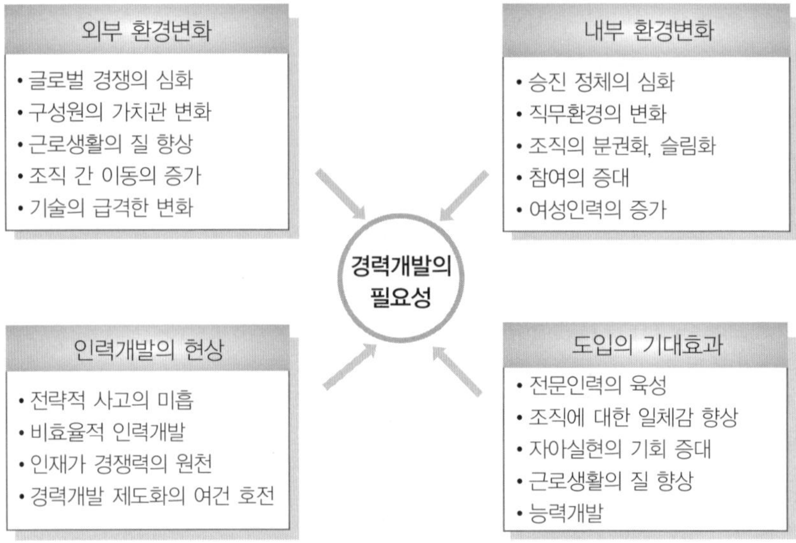

[그림 8-1] 조직 내 · 외적 환경변화에 따른 경력개발의 필요성

2. 경력개발 이론

1) 특성-요인 이론

특성-요인 이론(trait-factor theory)은 개인의 차이를 나타내는 특성이 무엇이며, 그것을 어떻게 측정하느냐에 초점을 맞추어 타당한 측정도구의 개발을 통해 파악하고자 한다. 또한 개인의 특성을 직무요건이나 환경에 적절히 맞출 때 직무성과나 만족이 높아지는 이상적 경력결과를 기대할 수 있다고 가정한다.

특성-요인 이론은 특성과 관계한 설명 이론이 없이 실증연구를 통해 귀납적으로 접근하였다. 그러나 수많은 실증연구에도 불구하고 개인 특성의 전체적 구조를 구명하는 데는 실패하였다(Osipow & Fitzgerald, 1996). 따라서 자아개념이나 대인관계 및 리더십 스킬, 그리고 성별, 인종 및 사회경제적 지위 등의 인구통계적 배경 변수에 대한 연구를 보완하여 개인 특성 이해의 범위를 확장할 필요가 있다(Betz, Fitzgerald, & Hill, 1989). 그러나 현실적인 적용 면에서 볼 때 지능 및 적성검사를 통한 경력상담의 실용적 가치는 아직도 인정받고 있다.

2) Holland의 직업선택 이론

Holland(1973)는 개인의 직업선택은 직업에 대한 흥미(interest)로 표현되는 성격과 밀접한 관계를 가진다고 주장하였다. 그에 의하면, 직업에 대한 흥미로 표현되는 개인의 성격은 여섯 가지, 즉 ① 현실적(realistic), ② 탐구적(investigative), ③ 예술적(artistic), ④ 사회적(social), ⑤ 기업가적(enterprising), ⑥ 관습적(conventional) 유형으로 구분된다([그림 8-2]). 이들은 개인 유형별로 서로 구별되는 전형적 특성과 적성, 능력 등을 지니고 있다. 예를 들면 현실적 유형은 기계에 관심이 많고 기술이 뛰어난 능력의 보유자로서 현실적인 성격을 보인다.

Holland는 직업도 개인과 같은 여섯 가지 유형으로 분류된다고 하였다. 그는 어떤 직업을 택하는 사람들의 개인적 배경은 비슷하며, 그러한 사람들로 이루어진 직업 환경도 여섯 가지로 분류할 수 있다고 한다. 그에 따르면, 사람들은 자신의 적성과

[그림 8-2] Holland의 직업성향 모형

능력이 맞고 자신의 가치에 부합하는 직업을 선택한다. 또한 개인의 성격과 직업 환경 사이의 적합도(person-job congruence)가 높을수록 개인의 직업에 대한 만족감과 직무성과가 높아진다고 한다. 이러한 그의 가설은 이후의 수많은 연구에 의해 폭넓은 지지를 받고 있다(Holland, 1991; Osipow & Fitzgerald, 1996; Spokane, 1991). 한편 그가 개발한 VPI, SDS 등의 직업 흥미도 검사도구와 Dictionary of Occupational Titles에 의한 직업의 분류체계는 개인의 경력상담 및 경력계획과 관련하여 광범위하게 적용되고 있다.

3) Super 이론

Super(1957)는 개인의 경력개발은 자아개념을 발달시키고 이를 현실과 맞추어 나가는 생애 단계(life stage)에 걸친 연속된 과정이라고 주장한다. 그리하여 개인의 경력발달이 성장, 탐색, 확립, 유지, 쇠퇴 등의 다섯 가지 생애 단계에 걸쳐 이루어진다고 보았다.

첫 단계는 아이들이 대상인 성장(growth) 단계로서 이 시기에 아이들은 가정, 이웃 및 학교와의 상호작용을 통해 각자의 능력, 흥미 및 가치 등이 형성된다. 탐색(exploratory) 단계는 청소년기에서 20대 중반까지를 의미하는데, 이 시기에 개인은 다양한 역할, 활동 및 상황을 겪게 되며, 자신의 흥미, 태도 및 가치관을 공고히 하게 된다. 20대 중반 이후는 확립(establishment) 단계로 대부분의 사람은 자신과 적합한 특정 조직에 취업하게 된다. 다음은 유지(maintenance) 단계로서 연령으로는 45세경에 해당되며, 이 시기에 대부분의 사람은 자신의 직업에 정착하게 된다. 이 시기는 젊은 사람과 경쟁해 자신의 직업을 유지하고, 계속 자신을 개발해 나가며, 새로운 시도를 통해 서서히 선두로 나가는 시기다. 마지막으로 쇠퇴(decline) 단계는 은퇴시기를 의미한다.

Super의 이론은 직업과 관계한 개인의 발달과정을 매우 체계적으로 제시하고 있는 것으로 평가할 수 있다. 한편 그의 이론에 대한 많은 실증적 연구는 그의 이론을 대부분 지지하고 있다(Betz, 1994; Osipow & Fitzgerald, 1996). Super의 이론은 경력상담 분야에서 광범위하게 활용되고 있으며, 특히 경력 성숙도 및 자아개념의 측정도구는 개인의 경력인식을 제고시키는 데 효과적이다.

4) Levinson 이론

Levinson(1986)은 성인남자 40명에 대한 연구와 이를 성인 여성에 적용시킨 후속 연구를 토대로 성인발달에 관한 일반이론의 정립을 시도하였다. 그는 남녀, 문화, 시대의 차이를 불문하고 성인발달은 계절이 주기적으로 변화하는 것처럼 구조적 변화를 수반한다고 하였다. 즉 그는 인간의 생애는 서로 구분되는 발달 시기(period) 내지 계절(season)이 교차되는 '생애주기'가 있다고 보았다. 그는 인생의 주기를 ① 미성년기, ② 성인 초기, ③ 성인 중기, ④ 성인 후기의 네 단계로 크게 구분하였다.

Levinson 이론은 특히 성인기(성인 초기와 성인 중기) 발달에 중점을 두어 이론을 체계화했다는 점에서 의미가 있다. 기존의 이론이 생애발달 전반에 대한 단계이론을 제시한 데 비해 Levinson은 성인기를 특화시켜 이론을 제시하고 있다.

5) Hall의 경력 단계 모형

Hall과 Nougaim(1968)은 미국 전화회사 AT&T의 관리자들을 대상으로 연구하여 기존의 경력 단계가 실제로 존재한다는 사실을 입증하였다. 그리고 주목할 것은 개인의 경력 단계를 업무성과와 관련지어 설명하고 있다는 점이다. 그들은 경력 단계를 다음과 같이 크게 네 단계로 구분해서 설명하고 있다.

① 탐색 단계(exploration stage)

이 단계는 25세(한국의 경우 군제대 시기를 감안한다면 30세) 이하의 시기로서 자아개념을 정립하고 미래에 자신이 무엇을 해야 할 것인지의 경력지향(career orientation)을 결정한다. 이 단계의 마지막 부분은 시도기(trial period)로서 조직에 새로 들어온 지 1~2년 정도의 시기다. 이 시기에는 자신에게 적합한 분야를 탐색하고 이에 다른 시초직무(beginning job)를 찾아내고 시초직무를 발전시켜 평생의 업으로 삼을 것을 계획한다. 따라서 이 시기에 처한 사람들은 그만큼 고민도 많고 방황도 많으며, 이직률도 높다. 이 시기에 처한 각 개인은 여러 가지 직무를 경험할 수 있도록 하여 자신과 직무의 적합관계를 알아보는 자기탐색이 이루어지도록 해야 한다.

② 확립 단계(establishment stage)

25세(또는 30세)에서 45세에 이르는 확립 단계는 특정의 직무영역에 정착하는 시기로, 조직구성원이 이 단계에서 선택한 직업에 정착하려고 노력하는 때다. 이 단계에서 자신의 능력을 파악하고 잠재 능력을 평가하여 조직 내 구성원과 정보를 교환하고 자기성장의 경로를 설정하게 된다. 이 시기에는 다른 동료 또는 라이벌 간에 상당한 정도의 경쟁심이 작용하며, 경쟁상황하에서의 갈등 및 실패에 대한 감정적 처리가 대단히 중요하다.

③ 유지 단계(maintenance stage)

45세에서 65세에 이르는 유지 단계는 다음 세대에 무엇인가 의미 있는 것을 만들어 내려고 노력하는 시기라고 해서 '생산의 시기'라고도 한다. 이 단계에서는 예일대학교 정신의학과의 심리학 교수인 Levinson이 지적한 중년의 위기 또는 중간 경력 위기가 다가오며, 개인이 이를 얼마나 잘 극복하느냐에 따라 다시 성장할 수도 있고 쇠퇴해 버릴 수도 있다. 이 단계에서는 좀 더 조직과 자신을 동일시하게 되고 전체 조직의 목표와 관련하여 자신의 직무를 바라볼 수 있게 된다. 또한 자신의 가족, 지역사회 등과의 관계를 재정립하고 미래의 인생계획을 다시 한 번 수립하려고 하기도 한다.

④ 쇠퇴 단계(decline stage)

65세 이후의 쇠퇴 단계는 조직에서의 은퇴를 준비하는 시기로, 자신의 조직생활을 통합해 보려는 시기다. 4단계에서는 은퇴 후의 계획을 세우게 되며, 조직 내에서의 자신의 역할은 더 소극적으로 된다.

6) 조직사회화 단계 모형

외부인이었던 사람이 조직에 들어와 그 조직의 구성원으로 탈바꿈해 가는 과정을 조직사회화(organizational socialization)라고 한다. Feldman(1976)은 조직사회화의 3단계 모형을 제시하였다. 그에 따르면 ① 제1단계인 진입(getting in) 단계는 예비적 사회화라고 불리며, 조직에 대한 기대감을 표출하여 새로운 직무를 염두에 두고 자신의 태도와 행동을 변화시키려고 노력하는 시기다. 그다음 ② 개시(breaking in) 단계는 조직에 들어와 새로운 일을 배우고, 조직의 규칙과 관행을 학습하며, 새로운 대인관계를 구축하는 기간을 말한다. 그 후 ③ 정착(settling in) 단계에 들어가 조직에 대한 적응이 이루어지는데, 이때 신참자는 직장동료와 편안한 관계를 구축하고 업무에도 숙달된다.

Feldman의 모형은 조직사회화 기간 동안의 업무적응 단계를 개인과 조직 차원의 활동으로 구분하여 체계적으로 기술하고 있다. 실증연구에 의하면 조직사회화 프로그램의 실시가 참여자의 조직몰입이나 조직적응의 향상을 가져오는 것으로 나타났다. 이 모형이 제공하는 시사점은 조직은 신참자 대상 교육 프로그램을 단계별로 차별화시켜 설계하고 운영하여야 한다는 것이고, 개인은 조직이 제공한 정보에 따라 준비된 상태에서 적극적으로 사회화에 참여해야 한다는 것이다.

7) 개인-조직욕구 연계 모형

개인과 조직의 욕구를 만족시키기 위해서는 인적자원의 효율적 관리를 통해 양자가 적절히 연계되어야 한다. Schein(1978)은 인적자원 계획과 개발을 개인욕구와 조직욕구의 연계과정으로 보았다. 또한 그는 개인욕구가 입사에서부터 퇴직까지 경력 단계에 따라 변화하므로 인적자원의 계획과 개발의 초점이 이에 맞추어져야 한다고 보았다. 그는 조직에서 개인이 거치는 경력 단계를 ① 진입 전 및 진입 단계, ② 기본훈련 및 시작 단계, ③ 제1차 직무할당 단계, ④ 제2차 직무할당 단계, ⑤ 영구재직권의 부여 및 퇴직 단계, ⑥ 퇴직 이후의 단계 등 여섯 단계로 구분하였다.

Schein의 모형은 규범적이긴 하나, 장기적 관점에서 개인과 조직의 욕구를 함께 충족시킬 수 있는 방법을 제시하고 있다는 점에서 이론적 기여를 하고 있다. 그의 모형의 현실적 시사점은 경력 단계별로 변화하는 개인의 욕구를 수용할 수 있도록 조직의 인적자원관리에 유연성이 있어야 한다는 것이다. 예를 들면 인적자원관리에 있어 경력 단계별 직무설계, 태스크 포스 등의 일시적 업무할당의 활용, 인사고과 피드백의 시기와 방법, 업무시간 및 공간의 선택 가능성, 다양한 보상 시스템의 선택, 상향과 하향 이동이 가능한 승진 시스템, 개인의 상황을 고려한 근무지 이동 등의 다양한 방안이 요구된다.

3. 경력개발 단계

지금까지 다양한 경력개발 이론을 살펴보았다. 각 이론은 약간의 차이가 있기는 하지만 많은 부분에서 공통점을 가지고 있다. 우선 사람들은 일정한 단계에 따라 점진적으로 나아가며, 각 단계마다 대략적인 연령범위가 설정되고, 일련의 과제와 도전이 따르게 된다. 그리고 각 이론은 일, 가정, 자기개발 등이 모두 관련된 개인의 전반적인 삶의 시각에서 바라보고 있으며, 경력 단계의 내용도 상당히 중복되고 있다. 여기서는 위의 이론과 다양한 경력개발 문헌을 토대로 경력개발을 다섯 단계로 구분하여 설명하고자 한다.

1) 직업선택 단계

이 단계는 대략 25세까지이며, 자신과 일의 세계에 대한 이미지 형성은 아동기, 청소년기, 성인 초기를 거쳐 발전한다. 그러나 직업선택은 다른 단계에서도 일어날 수 있기 때문에 직업선택과 관련한 문제는 일생을 통해 나타날 수 있다.

이 단계는 자신에게 적합한 직업상을 형성하고, 여러 가지 직업의 특성을 탐색하여, 자신에게 적합한 직업을 선택하고, 이를 실행하는 데 필요한 교육과 훈련을 받는 시기다. 이를 성취하기 위해서는 자신의 재능, 가치, 성격, 라이프스타일뿐만 아니라 자신이 생각하는 직업 분야에서 요구되는 사항에 대한 충분한 통찰력이 필요하다.

그렇다면 적합한 직업을 선택하는 데 도움을 주는 요인에는 어떤 것이 있을까([그림 8-3])? 첫째는 자기인식 발달이다. 자신의 재능, 흥미, 가치, 라이프스타일 등을 충분히 이해하지 못한다면 적합한 직업을 선택하기 어려울 것이다. 둘째는 정확한 직업정보 개발이다. 이를 위해 우선 잠재적으로 적합하고 만족스러운 여러 직업을 파악하고, 그다음에는 각 직업에 대해 더 자세한 정보를 얻는 과정이 필요하다. 셋째는 효율적인 목표설정이다. 자신과 직업에 대해 충분한 탐색을 거쳤다고 판단되면, 여러 직업 가운데 특정 직업을 결정해야 한다. 넷째는 경력전략 개발이다. 경력목표를 선택했다면 그다음은 목표달성을 촉진시키는 전략적 행동, 활동 및 경험을 조사해야 한다.

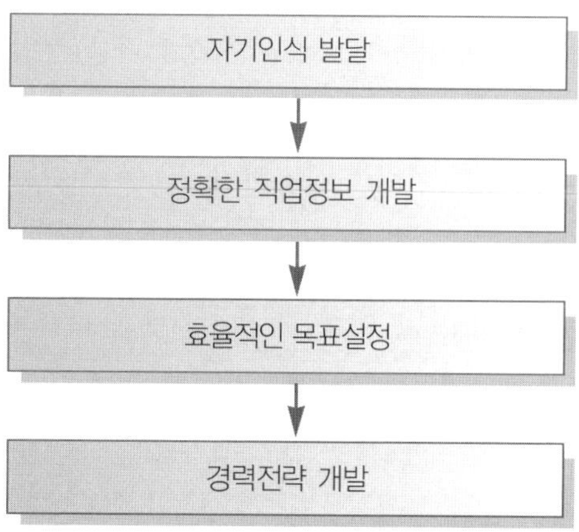

[그림 8-3] **적합한 직업선택의 과정**

2) 조직입사 단계

이 단계는 대개 30세까지의 시기이며, 일반적으로 학교를 졸업하고 바로 직장으로 들어가는 시기이지만 새로운 조직에 들어가는 시기는 사람마다 다를 수 있기 때문에 연령의 범위는 변화될 수 있다.

이 단계의 주요 과제는 자신이 선택한 경력 분야의 조직에 입사하는 것이다. 이 단계에서 개인은 어떤 조직이 자신의 경력욕구와 가치를 충족시킬 가능성이 가장 높은지를 결정하기 위해 조직을 평가한다. 반면 조직은 개인의 재능을 평가하여 입사 후 성공 가능성이 가장 높다고 판단되는 사람을 선발한다.

일반적으로 조직입사 과정은 다음의 네 단계로 구분할 수 있다([그림 8-4]). 1단계인 모집(recruitment)은 개인과 조직 간의 상호매력을 찾는 과정으로, 이 단계에서 개인은 직무와 회사에 대한 정보를 찾고 조직은 구직자를 찾아 끌어들이는 데 관심을 갖는다. 2단계인 선발(selection)은 상호선택 과정으로, 이 단계에서 개인은 면접과 평가를 거쳐 최종 선택을 하게 되며 조직은 개인을 평가하여 적합한 개인을 선발하게 된다. 3단계인 오리엔테이션(orientation)은 최초의 적응시기로, 개인은 입사 스트레스에 대처해 나가야 하며 조직은 신입사원의 정서 및 정보욕구에 관심을 가져야 한다. 마지막 4단계인 사회화(socialization)는 상호적응 과정으로, 개인은 업무와 관련 있는 과정을 경험하며 조직은 신입사원의 행동에 영향을 주고 조직에 잘 적응할 수 있도록 여러 가지 제도와 기법을 사용한다.

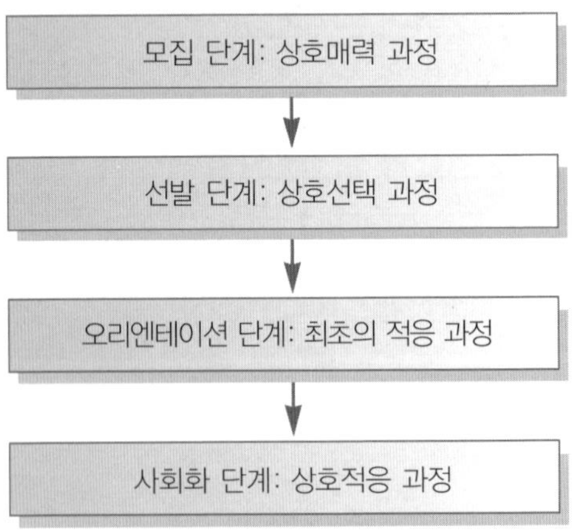

[그림 8-4] **조직입사 과정**

특히 3단계인 오리엔테이션은 4단계인 사회화의 전 단계이기 때문에 오리엔테이션의 목적은 신입사원들이 사회화를 잘할 수 있도록 돕기 위한 것이다. 다시 말하면 신입사원으로 하여금 사회적 · 정서적 어색함을 줄이고, 스트레스를 감소시키고, 새로운 환경의 적응에 필요한 대인관계 기술을 학습하도록 돕는 것이다.

효율적인 오리엔테이션 프로그램 개발의 원칙

- 프로그램의 목표와 평가준거를 분명히 한다.
- 전체 오리엔테이션, 부서 오리엔테이션, 직위 오리엔테이션 등을 하나의 포괄적인 프로그램으로 통합한다.
- 모든 오리엔테이션 강사는 자신의 역할이 무엇인지 분명히 파악해야 한다.
- 앞으로 필요한 대처 스킬에 대해 논의하는 것이 바람직하다.
- 지나치게 많은 정보를 주는 것은 피하는 것이 좋다.
- 오리엔테이션을 한 번에 끝내지 말고, 시간 간격을 두고 여러 과정으로 나누어 실시하는 것이 효과적이다.
- 신입사원이 이런저런 상황에 대해 파악할 시간을 준 후 정보를 제공하는 것이 좋다.
- 가능한 한 모든 신입사원이 오리엔테이션을 거치도록 한다.
- 신입사원이 일하게 될 부서의 관리자는 물론 고위직 관리자도 오리엔테이션에 참석시킬 필요가 있다.
- 오리엔테이션 프로그램을 평가해야 한다.

(출처: Kennedy & Berger, 1994)

3) 경력 초기 단계

이 단계는 대략 40세까지의 시기이며, Levinson의 성인 초기 단계와 거의 일치한다. 이 단계는 성인세계에서 자신의 보금자리를 찾고 선택한 길을 따라 앞으로 나아가는 시기다.

이 시기의 중요한 과제는 자신의 경력과 조직을 확고히 하는 것이다. 이 단계는 정착시기와 성취시기로 구분할 수 있는데, 정착시기(establishment period)에는 직무와 조직에 대해 배워 나가고 조직에 크게 기여하는 사람으로 인정을 받는 것이 주요 과제이며, 성취시기(achievement period)에는 조직에 적응하는 문제보다 조직 내에서 자신의 성취 수준을 높이는 데 더 많은 관심을 갖게 된다. 정착시기와 성취시기의 특징을 비교해 보면 〈표 8-1〉과 같다.

〈표 8-1〉 정착시기와 성취시기의 특징

정착시기	성취시기
적응	승진
의존	독립
학습	기여
역량 검증	역량 증대
불안정	자신감
안정 추구	권위 추구

4) 경력 중기 단계

이 단계는 대략 40세에서 55세까지의 시기이며, Levinson의 성인 중기 단계와 거의 일치한다. 이 시기에는 자신의 꿈, 야망 등과 관련하여 자신이 성취한 것을 재평가하고 인생에서 일의 중요성을 재점검하게 된다. 그리고 이 시기의 사람들 대부분은 전환기에 경험하게 되는 스트레스에 대처하는 방법을 배워야 한다. 또한 이 시기에 생산성을 그대로 유지하기 위해서는 자신의 기술을 새롭게 하고 통합하며, 젊은 사람을 위한 멘토로서의 역할을 수행할 필요가 있다.

이 시기에 종업원 자신의 경력을 관리하도록 조직이 도울 수 있는 방안을 살펴보면 다음과 같다(탁진국, 2002).

첫째, 경력 중기 경험에 대한 이해 증진이다. 조직은 어떤 행동을 취하기에 앞서 이 시기의 종업원이 직면하고 있는 문제를 이해해야 한다. 이를 통해 조직은 경력 중기에 적응의 어려움을 겪고 있는 종업원에 대해 지나치게 반응하는 것을 피할 수 있다.

둘째, 융통성 있는 이동 기회의 제공이다. 이 시기에는 승진 기회가 제한적일 수 있기 때문에 직무순환과 수평이동을 통해 정체된 종업원으로 하여금 높은 동기를 유지하도록 만들 수 있다. 특히 수평적 이동은 종업원을 자극시킬 뿐만 아니라 조직의 문제를 해결하기 위한 다른 대안이 되기도 한다.

셋째, 현재 직무의 효율적 활용이다. 도전감, 책임감, 다양성 등의 활동을 통해 현 직무를 향상시키는 것이 가능하다. 즉 태스크포스팀, 프로젝트팀 등에 참여함으로써 무기력한 상태의 태도와 행동을 막을 수 있다.

넷째, 지속적인 교육과 훈련이다. 정체되어 있는 종업원을 위한 지속적인 교육과 훈련은 매우 중요하다. 특히 경력변화를 바라는 종업원에게 도움이 될 것이다. 즉 지속적인 교육은 향후 어느 시점에서 다른 조직의 경력 분야를 생각하고 있는 종업원을 지원하는 기능을 할 수 있다.

다섯째, 보상체계의 확대다. 높은 수행에 대한 인센티브로 승진과 임금 이외에 다른 보상도 고려해야 한다. 즉 도전적인 직무, 자극적인 과제, 칭찬, 인정 등은 중년기의 정체를 겪고 있는 종업원의 효율성을 유지하기 위해 활용할 수 있는 방안이다.

5) 경력 후기 단계

이 단계는 대략 55세에서 은퇴까지의 시기이며, Levinson의 성인 후기 단계와 거의 일치한다. 이 시기의 개인에게 중요한 과제는 다음 두 가지다. 첫째, 개인은 조직의 생산적인 기여자로 남아 있어야 하고 동시에 자신의 가치를 유지해야 한다. 둘째, 은퇴시기를 예측하고 이에 대한 효과적인 계획을 세워야 한다. 그래야만 은퇴 후의 생활이 의미 있고 만족스러울 것이다.

한편 장년층의 종업원을 효율적으로 관리하기 위해서는 조직의 최고 경영진과 관리직이 경력 후기 문제에 대한 인식을 가져야 한다. 이를 위해서는 연령 증가에 대한 잘못된 통념과 현실 간의 차이를 분명히 이해하고, 다양한 연령층 종업원 간의 가치 차이를 인식할 필요가 있다.

4. 조직의 경력개발 프로그램

경력개발이란 조직체에서 요구하는 인적자원과 조직구성원이 희망하는 경력목적을 통합시켜 구성원의 경력경로를 체계적으로 계획, 조정하는 인사관리 활동을 말한다. 이렇게 함으로써 경력개발은 조직체의 인력수요를 적시에 충족시키고, 소속 구성원에게 앞으로의 경력경로를 미리 알려 주며 인력계획과 인력개발 프로그램을 활용하여 조직의 인적자원 개발과 조직구성원의 경력희망 욕구를 동시에 만족시켜 줄 수 있다. 아울러 종업원 자질 향상, 후계자 확보, 이직 방지 등 인재 확보 및 배분을 할 수 있고, 종업원의 성취동기를 유발할 수 있으며, 종업원과 관리자의 원활한 의사소통을 기할 수도 있다.

여기서는 Russell(1991)이 분류한 범주를 토대로 다양한 종업원 경력개발 프로그램을 살펴보고자 한다. 다음의 다양한 프로그램은 미국을 비롯한 선진국에서 많이 실시하고 있는 프로그램으로 국내 기업에서는 아직 시도되지 못하고 있는 내용도 있다. 현재 국내 기업에서 실시하고 있는 프로그램을 중심으로 정리하면 다음과 같다(탁진국, 1997).

1) 자기평가도구

자기평가도구는 대부분의 조직이 경력개발 프로그램을 실시하고자 할 때 최초로 시행하는 기법이다(Gutteridge & Otte, 1983). 대부분의 자기평가도구는 자신의 역할, 흥미, 기술, 작업태도, 경력목표 및 기회 등을 물어보는 질문지로 구성되어 있으며, 최근 들어 컴퓨터를 이용해 자기평가를 할 수 있는 기법이 등장하고 있다(Minor, 1986). 자기평가도구 가운데 가장 많이 이용되고 있는 방법은 경력 워크숍과 경력 연습책자다.

(1) 경력 워크숍

경력 워크숍(career workshop)은 종업원을 집단으로 모아 놓고 하루에서 길게는 5일간에 걸쳐서 자신의 경력계획을 어떻게 준비하고 실행할 수 있는지에 관해 배워 나가는 과정을 의미한다. 일반적인 과정을 간략하게 살펴보면 첫 번째는 자신을 평가하는 과정으로서 '나는 누구인가?' 에 대한 답을 하도록 하는 실습을 통하여 자신의 능력, 경험, 태도 등을 기술하도록 한다. 두 번째는 1단계에서 얻은 자신에 대한 정보가 현실적으로 얼마나 정확한 것인지를 깨닫게 하는 과정으로 다른 사람이 자신에 대해 무엇이라고 말할 것인지를 생각해 보게 한다. 이 과정에서는 자신의 수행과 잠재력에 대한 상사 또는 동료로부터의 피드백이 필요하다. 종업원은 이 단계에서 '나는 내 자신의 능력이 뛰어나다고 생각하는데 내 동료와 상사도 그렇게 생각할까?' 와 같은 질문에 답할 필요가 있다. 세 번째는 자신의 목표와 대안을 정하는 단계다. 이 단계에서 종업원이 필요로 하는 정보는 조직의 승진제도, 조직의 미래, 장단기 전략 등이다. 조직은 종업원이 이와 같은 다양한 정보를 얻어 현실적이고 획득 가능한 목표를 정할 수 있도록 도움을 주어야 한다. 마지막 단계는 3단계에서 세운 목표를 달성할 수 있는 구체적인 계획을 세우도록 돕는 과정이다.

국내기업 가운데 삼양사는 신입사원을 대상으로 부서 배치 후 6개월 이내에 자신이 도달하고 싶은 미래의 모습을 경력목표로 설정하고 목표에 도달하기 위한 계획을 작성, 제출하도록 하여 자율적으로 경력목표를 달성할 수 있도록 지원하고 있다.

(2) 경력 연습책자

경력 연습책자(career workbook)는 일반적으로 개인이 자신의 장단점을 알아내고 경력목표를 명확히 하며, 목표를 달성하기 위한 구체적인 행동계획을 세우는 과제로 구성되어 있다. 이 책자는 개인 스스로 처음부터 끝까지 해 나가도록 만들어져 있다.

2) 정보 제공

과거에 비해 종업원은 자신의 경력을 관리하는 데 적극적인 역할을 할 수 있도록 조직이 좀 더 많은 정보를 제공해야 한다고 요구하게 되었고, 이에 따라 조직은 각종 경력정보를 쉽고 자세하게 알려 줄 수 있는 방법을 제안하게 되었다. 이 범주에 속하는 기법을 살펴보면 다음과 같다.

(1) 사내공모제

사내공모제(job posting)는 조직에서 자리가 공석이 생길 경우 그 자리를 충원하기 위하여 조직 내의 게시판, 뉴스레터 및 기타 발간물을 통하여 조직 내 모든 종업원에게 알려 주고, 그 자리를 원하는 사람으로부터 지원서를 받은 뒤 적합한 사람을 결정하는 제도를 말한다. 안내문에는 그 자리에 요구되는 자격요건은 물론 어떠한 방법으로 결정된다는 절차도 명시하는 것이 바람직하다.

전통적으로 국내 기업은 자리가 공석이 되거나 새로운 자리가 생길 경우 인사부서에서 나름대로 적합한 사람을 선발하는 제도에 익숙해져 왔다. 그러나 최근 새로운 자리가 날 경우 사내에서 공개모집하여 지원자 가운데서 적격자를 선발하는 사내공모제를 사용하는 회사가 늘고 있다. 그러나 실시하는 범위는 매우 제한되어 있는데, 현재는 주로 기업에서 새로운 팀을 구성할 때 많이 사용하고 있다. 예를 들면 제일제당의 경우 21세기 비전을 제시할 유망사업의 발굴을 위해 자율연구팀을 공모하여 선발하였으며, 이들은 1년간 현업에서 벗어나 자율적 연구에만 몰두하게 된다. LG전자의 경우도 신제품 개발을 위해 시장조사와 정보수집 업무를 전담할 탐색연구팀을 구성하기 위하여 사내공모를 통해 팀원을 선발하였으며 이들의 추천으로 팀장을 선출하였다.

(2) 기술 목록

기술 목록(skills inventory)은 종업원의 기술, 능력, 경험 및 교육에 관한 자세한 정보를 기술한 자료다. 이 자료는 조직이 종업원의 기술을 활용하고 필요한 기술이 부족할 경우 이들을 위한 훈련 프로그램을 제공하는 데 사용된다. 최근 들어 컴퓨터를 이용해 이러한 자료를 쉽게 찾을 수 있다.

(3) 경력자원 기관

경력자원 기관(career resource center)은 종업원의 경력개발을 위한 다양한 자료를 비치하고 있는 소규모의 도서관 형태를 말한다. 주로 비치하고 있는 자료는 직무기술서, 조직구조 차트, 각종 교육 및 훈련 프로그램에 대한 안내서, 경력계획 및 퇴직계획 등에 대한 안내책자 등이다. Moir(1981)에 따르면 종업원이 경력자원 기관에서 많이 찾는 정보는 교육 및 훈련정보(25%), 경력계획(20%), 그리고 자기성장(20%)에 관한 것이다.

3) 종업원 평가

과거에는 평가 프로그램이 조직에서 인사선발에만 주로 사용되었으나 최근 들어 종업원의 경력개발에 유용한 정보를 제시할 수 있다는 인식이 늘고 있다(Gutteridge, 1986). 이러한 프로그램은 주로 종업원의 성장과 개발 잠재력을 평가하는 데 초점을 두고 있다.

(1) 평가센터

평가센터(assessment center)는 1950년대 말 미국의 AT & T사에서 처음 운영한 이래 관리자 선발을 위해 종업원의 관리 능력을 평가하기 위한 방법으로 널리 사용되어 왔다. 이 기관에 참여한 종업원은 일반적으로 2~3일간에 걸쳐 지필검사, 면접, 리더 없는 집단토의 및 비즈니스 게임 등 다양한 형태의 실습을 한 뒤, 여러 명의 전문가로 구성된 평가자로부터 리더십 능력, 의사소통 능력, 성격 및 기술 등에 관한 평가를 받게 된다.

최근 들어 이 평가결과를 직접 개인에게 알려 줌으로써 개인의 경력개발을 위한 기초자료로 활용하고 있다. 즉 이 평가결과를 통해 개인은 자신의 능력 및 성격 등에 관한 장단점을 깨닫게 되고 이를 통해 자신의 경력목표를 달성하기 위해 보완해야 할 점이 무엇인지를 파악하게 된다. 국내에서도 종업원의 평가를 위해 평가센터를 운영하고 있는 기업이 점차 증가하고 있는 추세다.

(2) 조기 발탁제

조기 발탁제(promotability forecast)는 잠재력이 높은 종업원을 초기에 발견하고 그들에게 특별한 경력경험을 제공하여 상위직으로의 승진 가능성을 높게 하기 위한 것이다. 이 제도는 능력이 뛰어나다고 판단되는 종업원을 미리 발견하여 이들에게 집중 투자함으로써 경력개발 비용을 줄일 수 있다는 장점이 있다. 그러나 초기의 잠재력에 대한 판단이 정확하지 않을 수 있으며, 따라서 다른 능력 있는 종업원의 경력개발 기회를 제한하게 되는 문제점이 발생할 수 있다.

국내 기업에서는 최근 들어 주로 능력 있는 중견 간부를 조기에 발굴해 임원으로 육성한다는 취지하에 관련 제도가 시행되고 있다. 선경은 그룹 차원에서 임원후보를 조기에 발굴해 집중적인 엘리트 교육을 실시하고 있고, 동양그룹의 경우 1997년부터 '차세대 임원제'를 실시하여 과장급 간부 가운데 임원 자질을 갖춘 요원을 선발하여 특수 프로그램에 따라 체계적 교육을 실시하고 있다. 금호그룹은 '패스트트래커(fast tracker)' 제도를 도입하여 입사 5년째의 대리급을 대상으로 조기에 임원승진이 가능한 인원을 선발하여 관리한다.

또한 최고경영자 후보를 조기에 발굴하여 교육시키는 제도를 도입하여 시행하고 있는 기업도 늘고 있다. 선경은 '임원육성제도(executive management system)'를 도입하여 최고경영자 후보를 임원 가운데에서 조기에 발굴해 보다 체계적으로 개발, 육성하는 경력개발 제도를 실시하고 있다. 금호그룹의 경우는 입사 2년 이상의 대리와 과장 중에서 인사고과와 외국어 실력이 뛰어난 20명을 최고경영자 후보로 선발하여 이들에 대해 특별한 경력관리를 실시한다. 이들은 남들보다 고속승진을 하게 되고 관리, 영업 및 기술 부서를 반드시 순환하며 MBA(경영학 석사과정)도 의무적으로 거치게 된다.

4) 종업원 개발

(1) 훈련 프로그램

훈련 프로그램(training program)이란 컴퓨터와 관련한 기술교육에서부터 대인관계 훈련까지 조직 내에서 실시하는 다양한 내용의 교육 프로그램을 말한다. 최근 국내 기업에서 실시하고 있는 교육 가운데 가장 두드러진 부문은 국제화 시대를 맞아 활성화되고 있는 해외 위탁교육 및 해외연수다. 삼성은 1994년 국제경영연구원을 설립하여 종업원의 해외문화에 대한 적응력을 높이기 위한 교육을 강조하고 있다. 신입사원을 대상으로 한 해외연수, 우수직원에 대한 해외연수를 비롯하여 기업이 직접 외국대학의 MBA 과정과 연계를 갖고 위탁생을 파견하는 해외 위탁교육 제도 또한 증가하고 있다.

교육목표에 있어서도 변화가 일어나고 있는데, 종전에는 종업원의 업무 능력 배양을 강조했으나 최근에는 개인의 성취도와 자아실현에 초점을 두는 '열린 교육' 을 강조하고 있다. 예를 들어 현대는 신임 차 · 과장 및 대리과정 교육 시 각자가 받을 교육내용을 스스로 결정하는 열린 교육을 실시하고 있다. 이들은 관리 능력, 인성교육, 환경변화 인식이라는 큰 틀 안에 있는 다양한 교육 프로그램 가운데 개인과 조직의 요구에 합치되는 프로그램을 자율적으로 선택하여 참여한다.

(2) 후견인 프로그램

후견인 프로그램(mentoring program)이란 종업원(특히 신입사원)이 조직에 쉽게 적응하도록 상사가 후견인이 되어 도와주는 과정을 말한다. 경우에 따라서는 상급자와 하급자 간의 관계뿐 아니라 동료 간의 관계에서도 가능하다. 이 후견인 제도는 크게 두 가지 기능을 하게 된다(Kram, 1986). 첫째는 경력기능으로서 종업원이 상사와의 관계를 통해 해당 조직에서 경력을 쌓아 나가는 데 도움을 받는 것이다. 둘째는 심리사회적 기능으로서 상사가 종업원을 따뜻하게 대해 주고 어려운 일이 있을 때 상담을 해 주는 등의 역할을 통해 종업원이 심리적 안정감을 얻을 수 있도록 돕는 것이다.

Chao, Walz 그리고 Gardner(1992)는 후견인이 없는 종업원보다는 후견인이 있는 종업원이 조직에 쉽게 적응하고, 직무에 더 만족하며, 더 많은 월급을 받는다는 결과를 보고하였다. 이들의 연구에서 흥미 있는 결과는 비공식적으로 후견인이 있는 종업원 집단이 조직에서 공식적으로 후견인을 지정한 종업원 집단보다 후견인으로부터 경력과 관련한 지원을 더 많이 받는다고 보고한 것이다. 이는 조직에서 공식적으로 무조건 종업원과 후견인을 연결시키는 방법보다는 종업원 스스로 자신과 맞는 후견인을 찾도록 돕는 방법이 더 효과적임을 시사한다. Turban과 Dougherty(1994)는 종업원이 후견인과 관계를 맺으려는 시도를 먼저 함으로써 후견인으로부터 더 많은 지원을 받을 수 있음을 보여 주었다. 또한 종업원의 특성 가운데 내적 통제가 강하고, 자기탐색(self-monitoring) 정도가 높으며, 정서적 안정성이 높은 종업원이 후견인과 먼저 관계를 맺으려는 시도를 하는 경향이 높게 나타났다.

최근 국내 기업에서도 신입사원을 대상으로 후견인 제도를 도입하는 기업이 늘고 있다. 인켈은 '빅브라더(big brother)' 라는 후견인 제도를 운영하고 있는데, 경력 3년차 이상의 대리가 신입사원에게 6개월간 후견인 역할을 하도록 연결시켜 주고 매달 10만 원씩의 보조금을 주고 있다. 삼성건설의 경우에는 신입사원에게 입사 5년차의 선배를, 경력사원에게는 차상위 또는 동일 직급자를 연결시켜 주고 새로운 기업문화, 업무절차, 인간관계 형성 등에 도움을 줄 수 있는 제도를 운영하고 있다.

(3) 직무순환

직무순환(job rotation)은 종업원에게 다양한 직무를 경험하게 함으로써 여러 분야의 능력을 개발시키는 데 목적이 있다. 특히 한 분야에서의 전문가보다는 다기능 전문가를 키워야 한다는 최근의 흐름에 발맞추어 순환보직을 제도화하는 기업이 늘고 있다. Campion, Cheraskin 그리고 Stevens(1994)는 255명의 종업원을 대상으로 한 연구에서 직무순환을 조직 내에서의 수평적 이동으로 정의하고 결과변인과의 관련성을 알아보았다. 연구결과 직무순환은 월급, 승진, 긍정적 감정, 능력성취와 정적인 관련이 있었다. 이들은 이 결과를 토대로 직무순환이 종업원의 경력개발을 증진시키는 방법으로 사용될 수 있다는 결론을 내렸다.

국내에서도 오래전부터 많은 기업에서 이 제도를 활용하고 있는데, 예를 들면 벽산그룹의 경우 장기적인 능력개발 계획에 의거하여 보직기간을 1년 이상에서 3년 이내로 제한하고 있으며, 동아건설은 중간관리자의 경우 3년, 초급사원은 2년 이상 같은 업무를 하지 못하도록 규정하고 있다. 대우는 생산, 관리 및 기획업무를 순환해 근무할 수 있는 시스템을 채택하고 있다.

5) 개인상담

개인상담의 목적은 종업원이 상담자와 일대일로 만나 상담하면서 자신의 경력목표를 설정하고 목표를 달성하는 방법과 가능성을 명확히 하기 위한 것이다. 상담자는 전문 상담자일 수도 있고 상사나 인사부서의 임원일 수도 있다. 상담내용은 주로 종업원의 흥미, 목표, 현 직무활동, 수행, 그리고 경력목표 등에 초점을 둔다. 경력상담은 조직에서 가장 많이 사용되는 경력개발 기법 가운데 하나이지만 일대일로 행해져야 한다는 점에서 다른 경력개발 프로그램에 비해 비용 대 효과 면에서 크게 효율적이지 않다는 단점이 지적되고 있다(Hall & Goodale, 1986).

최근 들어 상담자는 경력상담뿐 아니라 다양한 개인적인 문제까지도 상담할 수 있는 능력을 갖추어야 한다는 필요성이 증대되고 있다(Spokane, 1991). 개인의 경력문제는 정신건강과 관련 있기 때문에 경력뿐 아니라 개인상담 능력까지 갖춘 상담 전문가가 필요하게 된 것이다. Betz와 Corning(1993)은 상담의 기본 철학은 개인이 중요하고 의미 있는 역할을 충분히 할 수 있도록 도와주는 데 있기 때문에 개인상담과 경력상담을 다른 유형의 상담으로 간주해서는 안 된다고 주장한다. Krumboltz(1993)는 경력을 결정하지 못하거나 미루는 문제가 발생할 경우 개인은 정서적으로 심한 갈등을 겪기 때문에 상담자는 경력상담과 개인상담을 동시에 할 수 있는 능력을 갖추어야 함을 강조하고 있다.

5. 개인의 경력개발 프로그램

일반적으로 조직구성원 자신의 경력개발을 위해 고려해야 할 사항과 경력개발 단계를 살펴보면 다음과 같다.

1) 경력개발을 위한 고려사항

(1) 직업 적성

적성이란 특정한 일을 하기 위해서 기술을 익히거나 구체적인 지식을 배울 수 있는 잠재 능력을 말한다. 예를 들어 엔지니어가 수리적 능력이나 공간지각 능력이 부족하다면 자기의 일과 경력을 개발하기에는 어려움이 많을 수밖에 없다. 적성은 교육과 훈련에 의해서 육성될 수도 있지만 타고나는 특정 분야에 대한 능력의 요소가 많기 때문에 가능하면 조기에 적성을 발견하고 계발하여 자신의 경력을 개발하는 노력이 필요하다.

(2) 직업 흥미

직업 흥미란 문자 그대로 특정 직업에 대해서 개인이 얼마나 관심을 가지고 좋아하는가의 문제다. 진로와 경력을 개발하는 데 있어 어느 측면에서는 적성보다 흥미가 더욱 중요한 요소가 될 수 있다. 자신이 좋아하는 일을 하다 보면 자연스럽게 잘할 수 있게 되기 때문이다. 성공한 많은 사람들이 자신이 전공과 무관하게 동아리 활동이나 취미와 관계된 경력을 개발하는 경우가 많은 것도 직업 흥미의 중요성을 보여 주는 것이다.

(3) 자격

경력개발을 위한 중요한 요소는 자격이다. 자격은 많은 사람들에게 공식적으로 자신의 업무를 수행할 수 있는 능력을 검증받았다는 증거가 된다. 이러한 자격으로는 법령에 의해서 관리하고 있는 자격(의사, 교사 등) 및 한국산업인력공단 등의 기관에서 관리하는 자격(기사, 기능사 등)이 대표적이다. 최근에는 사기업이나 기관에서 공인하는 자격 가운데에서도 자신의 경력관리를 위한 자격이 있다. 예를 들어 마이크로소프트, 시스코 등의 IT 전문기관에서 발급하는 자격증이나 국제공인자격 등을 취득하는 것이 자신의 경력관리에 큰 의미를 갖는 경우가 많다.

(4) 교육 및 훈련

교육과 훈련 경력은 자신의 역량을 보여 줄 수 있는 또 다른 근거가 된다. 학력사항뿐만 아니라 어떤 교육과정을 이수하였으며 훈련을 받았는지는 자신의 경력을 개발함에 있어 필수적인 사항이 된다. 요즘에는 정규 학교과정 이외에도 별도의 교육훈련기관 및 프로그램이 다양하게 개발되어 있으며, 특히 온라인을 이용한 교육 프로그램을 적극적으로 활용하는 것이 필요하다.

2) 경력개발의 5단계

(1) 자기분석

자신의 경력개발을 위해서 가장 먼저 선행해야 할 점은 자신의 출발점을 확인하는 일이다. 출발점을 확인한다는 것은 곧 자기 자신에 대한 정리다. 앞에서 언급한 바와 같이 자신의 적성이나 흥미가 무엇인지, 그리고 자신이 지금까지 걸어온 경력의 길은 무엇이었는지에 대해서 확인하는 것이 필요하다. 자신에 대해서 가장 잘 아는 사람은 물론 자기 자신이다. 하지만 이러한 자신을 확인하는 데 도움을 주는 심리검사와 교육 프로그램을 찾아보면 의외로 많다. 이러한 심리검사를 받기 위해서는 고용노동부나 학교 부설 상담소 등을 통하는 방법과 사설 전문기관 등을 이용하는 방법이 있다.

(2) 정보 수집

자신에 대해서 확인하였다면 그다음 단계는 선택할 수 있는 경력정보를 수집하는 것이다. 경력정보는 다양한 인터넷 홈페이지 등을 이용하는 것이 좋다. 정보수집을 위해서 가장 먼저 해야 할 일은 큰 그림으로 세상을 바라보는 것과 정보 마인드를 갖는 것이다. 사람들은 자신의 일 속에서 세상을 바라보는 일정한 눈을 갖게 되는데 이러한 선입견이 강할 경우에는 새로운 것에 대한 도전과 탐색이 어려운 경우가 많다. 새로운 눈으로 세상을 바라보게 되면 다양한 직업과 진로, 그리고 이러한 자신의 경력개발에 도움을 줄 수 있는 다양한 교육훈련과 자격 등의 정보를 얻게 된다. 정보수집에 있어서는 특히 선배라든지 분야별 전문가의 도움을 얻는 것도 좋다.

(3) 목표설정

자신과 세상에 대한 눈을 갖게 된 다음에는 분명하게 자신이 가야 할 길을 잡을 수 있다. 다음 단계는 자신이 가야 할 목표를 설정하는 일이다. 목표를 설정하는 일은 대단히 중요하다. 미국 대학의 졸업생을 대상으로 실시한 연구에서는 목표를 가지고 있는 3%의 사람이 나머지 97%의 사람에 비해서 성공가능성이 두 배 이상 높았다는 사실을 보고하고 있다. 목표를 구체적으로 설정하는가와 그렇지 않은가의 차이가 바로 성공하는 경력개발의 가장 중요한 관건이 된다.

(4) 경력개발 코스 설정

다음 단계에서는 경력개발을 위한 구체적인 방법론을 설정하는 일이다. 구체적인 방법론은 자신이 추가적인 교육과정을 이수하거나 자격취득을 시도하는 것이다. 직장생활을 하면서 자신의 스케줄을 편성하고 추가적인 교육기회를 만들어 가는 것은 대단히 어려운 일이지만, 어려운 만큼 보람과 보상도 크다.

(5) 구체적 직무 도전

이제 모든 준비가 끝났으면 자신이 원하는 방향으로 달려간다. 새로운 직업의 기회에 도전하여 보거나 지금 하고 있는 업무를 뛰어넘는 새로운 업무를 끌고 나간다. 새로운 기회는 끊임없이 도전하는 사람의 것이기 때문이다.

6. 경력개발의 원칙과 성공조건

조직에서 구성원의 경력개발을 효과적으로 이끌기 위한 원칙과 성공조건을 살펴보면 다음과 같다(구본장 외, 2009).

1) 경력개발의 원칙

경력개발관리는 조직 내에서 구성원 개인의 경력을 적극적으로 개발하여 인적자원을 유용하게 활용하려는 장기적이고 종합적인 인적자원관리 제도의 한 부분이다. 이 경력개발에서 중요한 원칙을 제시하면 다음과 같다.

(1) 적재적소 배치의 원칙

경력개발은 인재를 적재적소에 배치하는 것을 원칙으로 한다. 즉 구성원의 적성, 지식, 능력, 경험 등과 조직의 목표달성에 필요한 직무가 잘 조화되도록 해야 한다. 이를 위해서는 자격요건과 구성원의 적성 및 선호도에 대한 정보를 충분히 파악해야 한다.

(2) 승진경로의 원칙

경력개발은 명확한 승진경로의 확립을 그 원칙으로 한다. 즉 기업의 모든 직위는 계층적인 승진경로로 형성되고 평가되어야 한다는 것이다. 과학적인 조직 설계를 통해 그에 따른 승진관리가 이루어져야 한다.

(3) 후진 양성과 인재육성의 원칙

경력개발은 기업의 내부에서 후진 양성을 위해 자체적으로 유능한 인재를 확보하는 것을 원칙으로 한다. 이렇게 내부에서 자체적으로 양성함으로써, 구성원에게 성장욕구에 대한 동기부여를 하고 구성원의 조직에 대한 몰입을 증가시킬 수 있다.

2) 경력개발의 성공조건

성공적인 경력개발은 개인과 조직의 공동 노력으로부터 가능하다. 즉 경력개발의 성공은 종업원 본인과 상사의 자질과 열정은 물론이고 조직 차원의 제도적 뒷받침이 이루어질 때 비로소 가능하다. 그리고 기업이 어떤 경력개발 제도를 도입할 것인가는 그 기업이 처한 다양한 요건을 고려하여 신중히 검토해야 한다. 특히 기업이 성공적인 경력개발을 정착시키기 위해서는 다음의 조건이 충족되어야 한다.

(1) 최고경영층의 관심과 지원

최고경영자가 경력개발의 목적과 의의를 명확히 인식하고 이 활동에 대해 적극적인 관심과 배려를 보이는 것이 중요하다. 최고경영자가 관심과 배려를 보이지 않는다면 중간관리자도 자기 부하직원의 경력개발 문제에 관해 관심을 기울이지 않을 것이다.

(2) 제반 인사 시스템과의 연계성 확보

경력개발은 높은 수준의 인적자원관리 기능으로서, 인력계획, 직무분석, 인적자원 평가, 교육훈련, 직무수행평가, 보수 및 보상, 인적자원 정보 시스템 등 여러 기능과 밀접한 상호연관을 맺는 종합적 시스템으로 발전해야 한다.

(3) 경력개발 제도의 점진적 도입

경력개발 제도를 도입하여 단번에 효과를 보려고 하면 오히려 부작용이 생길 우려가 있다. 따라서 2~3년 정도의 기간을 잡고 경력개발 제도를 도입해서 나타날 수 있는 여러 문제점을 신중하게 고려하여 점진적으로 정착시켜야 할 것이다.

(4) 경력개발 업무를 위한 전담부서 설치

경력개발 업무는 조직의 위계상 명확한 책임과 권한을 갖는 부서에 소속되어 업무의 독립성을 지켜야 한다. 이를 위해 인사 관련 부서 내에 설치하든지 아니면 독립부서로 설치하는 것이 효과적일 것이다. 그리고 경력개발 계획이 효과적으로 운영되기 위해서는 인적자원관리 스태프와 전문적인 경력 상담가의 지원이 필요하다.

정리해 볼 문제

1. 경력개발의 중요성을 조직구성원의 관점과 조직의 관점에서 설명하시오.

2. Super의 경력개발 이론에 대해 설명하시오.

3. 경력 중기 단계의 특징에 대해 설명하시오.

4. 경력개발 프로그램 중 자기평가도구에 대해 설명하시오.

5. 경력개발의 과정을 5단계로 설명하시오.

6. 조직의 경력개발이 성공하기 위한 조건에 대해 설명하시오.

제 9 장

보수 및 보상

사람은 여러 가지 이유로 일을 한다. 맛있는 음식을 먹기 위하여, 안전하게 살기 위하여, 종교적 윤리를 따르기 위하여, 자신의 개인적 성장과 발전을 위하여 등. 이와 같이 표면상으로 사람이 일을 하는 이유가 각자 다르지만 결국은 어떤 형태로든 보상을 얻기 위해서 일을 하는 것이라고 말할 수 있을 것이다.

그리고 조직에서 종업원이 조직에 제공한 노동의 대가로 받는 보상이 보수다. 보수는 종업원 개인과 조직 모두에게 매우 중요한 의미를 갖는다. 우선 종업원 개인에게 보수는 성취에 대한 인정의 수단이며, 지위의 상징이며, 개인의 능력과 업적을 대변해 주는 주요 지표가 된다. 한편 조직에 있어서는 종업원의 직무성취에 대한 능력과 업적을 인정하는 가치의 상징이며, 직무담당자가 기여한 공헌가치의 척도이며, 종업원 개인의 성장과 발전을 알리는 지표가 된다. 이 장에서는 보수 및 보상의 개념, 보상의 유형, 보수 및 보상의 원칙, 보수 결정에 영향을 주는 요인, 임금제도 개선을 위한 기본 원칙, 다양한 임금체계, 연봉제, 인센티브 제도, 종업원 복지제도 등에 대해 알아보고자 한다.

1. 보수 및 보상의 개념

조직과 종업원은 서로 교환관계에 있어, 조직은 종업원으로부터 능력을 사들여 조직의 기능을 수행하고, 종업원은 조직으로부터 대가를 받아 개인적 욕구를 충족시킨다. 이때 조직이 종업원에게 제공하는 유형적, 무형적 가치 일체를 보상(reward, compensation)이라고 한다. 이 보상 중에서 명확한 근로를 대상으로 지급되는 것이 금전적 보상이며, 이 금전적 보상을 임금(wage) 또는 보수(pay)라고 한다. 따라서 보수는 종업원이 노동의 대가로 얻는 소득인 것이다.

보수는 육체노동과 정신노동으로 구분되며, 과거에는 육체노동에 대한 보수를 임금(wage), 정신노동에 대한 보수를 봉급(salary)이라고 부르기도 하였다. 그러나 현재는 이러한 구분은 거의 없어졌고, 양자를 구분하지 않고 보수 또는 임금이라고 부른다. 그리고 법률적 개념으로써 평균임금과 통상임금을 구별할 필요가 있다. 평균임금(average wage)은 어느 한 시점에서 한 근로자가 과거에 근로를 대상으로 하여 평균적으로 얼마나 받았는지를 계산한 임금이다. 반면 통상임금(normal wage)은 시간 외 근무수당이나 야간 근무수당과 같은 비통상적 특수근무 수당을 계산하는 데 기준이 되는 임금이다.

평균임금과 통상임금은 기업의 실무에서 사용하고 있는 기본급 또는 기준급과 혼동하는 경우가 많다. 기본임금(base wage)은 주로 임금의 중심을 이루는 부분으로, 다른 임금 항목 산정의 기준이 되는 것을 말한다. 반면 기준임금(reference wage)은 상여금 산정의 기준이 되는 임금을 말하며, 일반적으로 기본급에 고정적인 수당을 더해서 산정한다. 보수 및 보상과 관련된 용어들을 정리해 보면 〈표 9-1〉과 같다.

〈표 9-1〉 보수 및 보상 관련 용어들

용어	의미
보상(compensation)	조직이 종업원에게 제공하는 유형적, 무형적 가치 일체
보수(pay)	명확한 근로를 대상으로 지급되는 금전적 보상
임금(wage)	주로 육체노동에 대한 보수
봉급(salary)	주로 정신노동에 대한 보수
평균임금(average wage)	어느 한 시점에서 한 근로자가 과거에 근로를 대상으로 하여 평균적으로 얼마나 받았는지를 계산한 임금
통상임금(normal wage)	시간 외 근무수당이나 야간 근무수당과 같은 비통상적 특수근무수당을 계산하는 데 기준이 되는 임금
기본임금(base wage)	주로 임금의 중심을 이루는 부분으로 제 수당 산정의 기초가 됨
기준임금(reference wage)	상여금 산정의 기준이 되는 임금(기본임금 + 고정수당)

2. 보수의 중요성

1) 조직의 측면

보수는 종업원을 조직의 구성원으로 확보하고, 또 계속 조직에 머물면서 노동력을 제공하도록 하는 데 매우 중요한 역할을 한다. 또한 보수는 조직을 선택하는 과정에 커다란 영향을 끼치며, 보다 적극적인 성취행동을 유발하기도 한다. 조직적 측면에서의 보수의 의미를 보다 구체적으로 살펴보면 다음과 같다.

첫째, 보수는 조직의 기본적인 목표인 생산성에 영향을 끼친다. 많은 연구에서 생산성에 영향을 끼치는 요인 중에 보수가 가장 중요한 요인으로 밝혀졌다. 이러한 사실은 조직에서 생산성을 향상시키기 위해서는 합리적인 보수체계의 설계가 우선적으로 고려되어야 함을 시사한다.

둘째, 보수는 조직의 이윤 획득은 물론 시장에서의 해당 상품의 경쟁력을 결정하는 매우 중요한 요소가 된다. 조직은 경쟁력을 높이기 위해 원가절감 전략을 종종 도입하는데, 이때 보수는 원가절감의 첫 번째 대상으로 부각된다.

셋째, 보수는 조직이 노동시장에서 인력을 확보하는 데 중요한 역할을 한다. 유능한 인재를 유치하거나 유지하기 위해서는 경쟁기업보다 더 많은 보수를 제공해야 하는 경우가 자주 발생한다.

넷째, 보수는 종업원의 만족과 동기부여에 크게 영향을 끼친다. 보수는 동기부여 이론에서 볼 때, 외재적 요인으로서 종업원의 불만족을 없애 준다.

2) 종업원의 측면

보수는 종업원 개인의 측면에서도 사회적 효율성을 극대화시킨다는 면에서 다음과 같은 의미를 가진다.

첫째, 보수는 종업원의 생리적 욕구 및 안전욕구를 충족시키는 데 중요한 역할을 한다. 보수는 소득의 주 원천으로서, 종업원의 의식주 생활을 해결할 수 있다.

둘째, 보수는 종업원의 사회적 욕구를 향상시키는 데 중요한 역할을 한다. 보수는 사회생활을 영위해 나가는 데 있어 필수 불가결한 도구 내지 수단이 된다.

셋째, 보수는 종업원의 존경의 욕구를 충족시켜 줄 수 있다. 보수가 개인의 능력과 업적을 반영할 때, 보수는 조직의 개인에 대한 인정의 표시이며 사회적 지위의 상징이 된다.

넷째, 보수는 종업원의 자아실현의 욕구를 충족시켜 주는 가장 효과적인 수단이 될 수 있다. 자아실현이란 자신의 의지에 따라 조직 내외에 걸쳐 의미 있는 삶을 실현하는 것이라고 볼 수 있는데, 보수는 이 자아실현을 달성하기 위한 수단을 동원할 수 있도록 해 준다.

3. 보상의 유형

보상을 분류하는 방식에는 여러 가지가 있으나, 일반적으로 내재적 보상과 외재적 보상, 금전적 보상과 비금전적 보상, 수행에 근거한 보상과 멤버십에 근거한 보상 등이 있다. 이 세 가지 범주는 상호 배타적이 아니라 종업원 몰입의 유지 또는 증대라는 공통적인 관심사를 가지고 있다([그림 9-1] 참조).

1) 내재적 보상과 외재적 보상

내재적 보상은 자기 내부로부터 오는 보상으로, 직무 그 자체로부터 얻을 수 있는 만족이다. 예를 들면 자신의 일에 대해 긍지를 가진다거나 성취감을 느낀다거나 의사결정에 참여한다거나 팀의 일부로서 소속감을 느낀다거나 하는 것 등이 여기에 속한다.

반면 외재적 보상은 직무 외적인 보상으로 돈, 승진, 복지혜택 등이 이에 속한다. 외재적 보상의 공통적인 특징은 직무에 대해서 외재적이며 외부의 원천에 의해 보상이 주어진다는 것이다.

2) 금전적 보상과 비금전적 보상

외재적 보상은 다시 금전적 보상과 비금전적 보상으로 구분할 수 있다. 금전적 보상은 종업원의 재정적 복지상태를 향상시키는 형태로, 임금, 상여금, 이윤 배당 등과 같은 방법을 통한 직접적 방법과 연금제도, 유급휴가, 구매할인 등과 같은 복지제도를 통한 간접적 방법이 있다.

반면 비금전적 보상은 종업원의 사기를 향상시킬 수 있는 다양한 혜택을 포함하지만(개인비서, 직함, 명함 등), 그것이 그들의 재정적 지위를 직접적으로 향상시키지는 않는다. 특히 비금전적 보상의 경우, 개인에 따라 보상의 유인가가 달라질 수 있다. 즉 어떤 종업원이 원하는 것을 다른 종업원은 원하지 않을 수 있다. 따라서 비금전적 보상을 제공하기 위해서는 종업원에 따라 주의 깊게 적용해야 한다.

3) 수행에 근거한 보상과 멤버십에 근거한 보상

금전적 보상은 다시 수행에 근거한 보상과 멤버십에 근거한 보상으로 구분할 수 있다. 수행에 근거한 보상은 종업원 개개인의 수행성과에 근거하여 보상을 제공하는 방법으로, 성과급, 인센티브, 커미션 등이 있다.

반면 멤버십에 근거한 보상은 종업원이 속한 집단의 수행성과에 근거하여 보상을 제공하는 방법으로, 생계비 증가, 이윤 공유 등이 이에 해당한다.

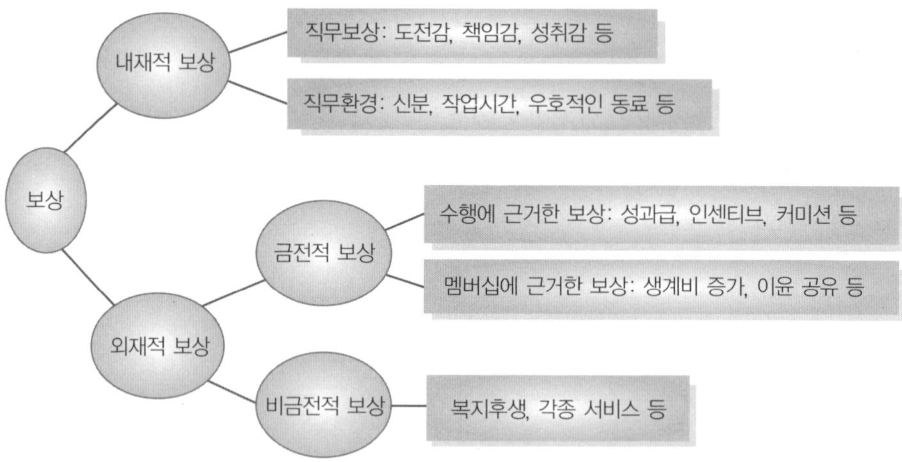

[그림 9-1] **보상의 유형**

4. 보수 및 보상의 원칙

조직구성원에 대한 정당한 보상은 구성원의 동기를 유발하고 잠재 능력을 개발하여 조직의 목적달성에 기여하도록 한다. 이를 위해서는 조직의 보상체계가 효과적으로 작용해야 하는데, Patten(1977)은 보수 및 보상체계의 원칙으로 다음과 같이 여덟 가지를 제시하고 있다.

1) 적절성

보상은 사회경제 환경, 노사관계, 인적자원 관련 법규 등의 관점에서 적절하게 결정되어야 하고, 조직은 전반적으로 납득할 수 있는 적절한 임금 수준을 유지해야 한다. 그러나 '적절한' 수준이라는 개념은 시대에 따라 달라지며, 조직 내부와 외부의 요인에 의해 영향을 받는다.

2) 공정성

공정성은 보수에 대한 만족의 중요한 결정요인이다. 따라서 보상은 조직구성원 각자의 노력, 능력, 기술 등 여러 기준에 대해 공정해야 하고, 구성원의 안정욕구 충족에 기여해야 한다. 그러나 비교하는 사람의 관점과 비교의 대상이 되는 사람의 관점에 따라 공정성에 대한 지각은 상대적인 것이 된다(Scholl, Cooper, & McKenna, 1987). 즉 공정성에 대한 지각은 공정성을 지각하는 사람의 입장에 따라서 달라진다. 공정성 이론에 따르면 사람들은 공정한 조건을 얻으려고 시도하며, 자신이 받고 있는 임금이 비교대상에 비해 높거나 낮은 경우 모두(불공정한 조건) 심리적 긴장, 불편한 감정, 죄의식 등을 유발한다고 주장한다.

3) 안전성

안전성은 실업, 질병, 퇴직, 안전사고, 산업재해 등과 같은 생명의 위험 또는 사고로부터의 보호라고 볼 수 있다. 직무와 관련한 안전성에는 적절한 사업 또는 투자로부터 발생하는 경제적 직무 안전성과 해고에 대한 저항으로부터 발생하는 개인적 직무 안전성이 있다. 경제적 직무 안전성은 동기나 생산성에 대한 선행조건이 될 수 있는 반면 개인적 직무 안전성은 이러한 목표를 저해하는 요인이 될 수도 있다(Kopelman, 1986).

4) 수용성

보상체계가 기술적으로 완벽할지라도 최종적으로 보상에 의해 영향을 받게 될 종업원이 그 보상체계를 인정하지 않는다면 그 보상체계는 성공할 수 없을 것이다. 전체적인 보상체계가 종업원에 의해 인정받지 못한다면 그 조직은 유능한 종업원을 받아들이고 보유할 수 없을 것이다. 그러나 체계적으로 개발되고 종업원에게 명확하게 설명된 보상체계는 종업원에게 인정받고 수용될 수 있을 것이다.

5) 비용 통제

임금비용의 통제는 조직관리에서 매우 중요한 부분이다. 불필요한 소비의 감소, 지나치게 관대한 연금 등은 비용 통제의 선행조건이 되는 요인이다.

6) 균형

균형은 금전적 보상과 비금전적 보상, 직접적 보상과 간접적 보상이 적절하게 조합되는 것을 말한다. 또한 서로 다른 직무를 수행하는 종업원에게는 각기 다른 보상체계가 적용되기 마련인데, 이와 같이 직무에 따라 보상체계가 달라진다 하더라도 전반적인 보상체계는 궁극적으로 적절하고 공정한 것으로 지각되어야 한다.

7) 유인가

효과적인 보상체계는 종업원으로 하여금 생산적이고 조직에 기여하는 구성원이 되도록 하기 위해 유인가를 제공해야 한다. 이 유인가를 제공함으로써 보상체계의 세 가지 목적인 종업원의 유입, 보유, 동기화를 달성할 수 있다.

8) 임금과 노동협상

종업원은 그들의 노동을 임금과 교환한다. 이 임금과 노동의 협상은 개인적으로 이루어질 수도 있고 집단적으로 이루어질 수도 있지만, 어느 경우에나 종업원은 임금에 대한 공정성이나 불공정성을 지각할 것이다. 따라서 만일 종업원이 협상결과를 자신에게 불리한 것으로 느낀다면 자신의 기여를 중지하거나 감소시키기로 결정할 것이다.

5. 보수 결정에 영향을 주는 요인

조직의 보수 결정에 영향을 미치는 많은 내·외적인 요인이 존재한다. 특히 정부의 규제, 노동조합, 노동시장의 상황 등은 조직의 보상체계를 설정하는 데 영향을 끼치고, 기업의 지불 능력, 조직의 생산성, 조직의 보수목적과 생계비 등은 금전적 보수의 결정에 영향을 미친다(김정인 외, 1999).

1) 정부의 법률 규제

우리나라는 1953년 5월 10일 근로기준법을 제정하였다. 근로기준법 제23조에 따르면 노동부 장관은 필요에 의해서 일정한 사업 또는 직업에 종사하는 근로자를 위하여 최저임금을 정할 수 있도록 되어 있다. 또한 최저임금이 정해진 경우에 사용자는 그 금액에 미달하는 임금으로 근로자를 사용할 수 없다고 규정하고 있다. 그리고 항시 10인 이상의 근로자를 고용하는 사용자는 최저임금에 대한 제반 사항을 노동부 장관에게 신고하도록 요구하고 있다.

미국의 경우는 적어도 세 가지의 연방 법률이 직접적으로 보상을 다루고 있다. 공정표준노동법은 모든 회사에서 시간당 최저임금, 주당 표준 노동시간, 시간외 수당 등을 구체적으로 기술하고 있으며, 동등임금법은 공정표준노동법을 개정한 것으로 동등한 상황에서 동등한 기술과 노력 그리고 책임이 요구되는 노동은 동등한 임금을 지급할 것을 명시하고 있고, 시민권리장정과 동등임금법은 조직이 인종, 피부색, 연령, 성별 등에 의해 보수에서 차별할 수 없다고 규정하고 있다.

2) 노동조합의 영향

일반적으로 임금상승률, 유급휴가, 생계비, 다양한 복지혜택 등이 노사 간 집단협상의 주요 주제가 되어 왔다. 그리고 모든 조건이 동일한 조직을 비교했을 때, 노동조합이 있는 조직과 없는 조직 간에 임금 격차가 존재한다면 이러한 격차는 노동조합에 귀인한다고 볼 수 있다(Milkovich & Newman, 1987). 노동조합은 임금 수준에 영향을 미치며, 이 영향은 경기쇠퇴기나 불경기 동안 최대가 되며 경기가 활성화된 호황기 동안 최소가 된다. 이 이유는 경기쇠퇴기 동안에 나타나는 임금삭감에 대해 노조가 민감하게 저항하는 반면 호황기 동안에 나타나는 임금증가에 대해서는 노조가 느리게 반응하기 때문이다.

3) 노동시장의 영향

보수를 결정하는 중요한 요인 중의 하나는 필요한 기술과 능력을 가진 종업원에 대한 노동시장의 영향이다. 예를 들면, 임금 수준이 낮은 지역에서 임금 수준이 상대적으로 높은 분야에 속하는 조직의 고용주는 노동력 공급에 있어 별다른 곤란을 겪지 않을 것이다. 그러나 임금 수준이 낮은 조직의 고용주는 그들의 지역 노동시장에서 심각한 노동력 공급 문제에 처할 수도 있다. 특히 실업 수준이 낮은 분야에서 종업원에 대한 수요가 일정하게 머물거나 증가한다면, 노동의 공급이 제한되어 있기 때문에 임금은 상승하는 경향이 있다.

노동시장 정보의 범위는 시장에 따라 크게 달라진다. 따라서 내부로부터의 승진과 훈련에 의해 스스로를 격리시키는 조직의 능력은 노동시장에 따라 다양하게 달라진다. 그러나 대부분의 노동시장에서 조직은 고용 기준과 보수를 어느 정도 변화시킬 수 있다.

4) 기업의 지불 능력

기업의 지불 능력이란 기업이 임금으로 얼마나 지불할 수 있는가의 가능성이고, 기업이 얼마를 지불하는 것이 정상이고 기업경영상 허용할 수 있는가의 문제다. 노동조합은 기업이 지불 능력이 있다는 가정하에 보수의 인상을 요구한다. 만약 그 회사의 경제적 상황이 약화되어 노동시장에서 경쟁력 있는 임금을 지급할 여유가 없다면, 그 회사의 종업원은 더 좋은 보수를 받기가 어려울 것이다. 그러나 회사가 경제적으로 성공을 거두고 있는 경우에는 우수한 능력을 가진 종업원을 유지 또는 확보하기 위해 더 높은 임금을 지불할 수 있다.

5) 사회 일반의 보수 수준

보수 수준은 사회적 균형이 유지되도록 책정되어야 한다. 보수 수준이 타 기업보다 낮을 때, 종업원의 사기가 저하되며, 나아가 조직의 생산성을 저하시킬 우려가 있으며, 궁극적으로는 종업원의 이직이 불가피할 것이다. 따라서 아무리 종업원의 능력이나 업적 등에 의해 합리적으로 보수가 산정되었다 하더라도 그것이 사회적 균형을 유지하지 못할 때 종업원의 불만이 생기기 마련이다. 같은 업종에 종사하는 기업 간뿐만 아니라 다른 업종에 종사하는 기업 사이에 있어서도, 동일 노동에 대해서는 동일한 보수를 지급해야 한다.

6) 노동생산성

노동생산성은 보수 수준을 결정하기 위한 기본 요건이다. 생산성이란 투입과정과 산출과정의 상대적 관계를 나타내는 것이며, 일정 단위의 노동량당 생산량을 말한다. 따라서 보수 수준을 높이기 위해서는 노동생산성을 높여야 한다. 노동생산성의 향상 없이 보수 수준을 높이는 것은 불가능한 일이기 때문이다. 역으로 말하면 높은 보수 수준을 유지하기 위해서는 종업원의 노동생산성을 향상시켜야 한다는 것이다.

7) 생계비

보수 결정의 또 다른 판단기준은 생계비에 따라 임금을 조정하는 것이다. 임금은 종업원과 그 가족의 생계를 위한 기초 수단이며, 노동의 재생산을 위한 수단이기도 하다. 표준 생계비에 의해 종업원의 생활을 보장해 줄 수 없을 때, 종업원의 생산성은 기대할 수 없을 것이다. 여기서 표준 생계비란 종업원의 생계만을 보장할 수 있는 최저임금으로서의 생존임금뿐만 아니라 그들의 문화적인 생활을 보장할 수 있는 생활임금을 뜻한다.

8) 보수체계의 목적과 정책

조직의 보수체계는 전반적인 종업원의 수행을 향상시키는 것, 종업원의 태도와 행동에 영향을 주는 것, 노동 비용을 조절하는 것, 법률과 규제에 따르는 것 등과 같은 특정한 목적을 달성하도록 설계되어야 한다. 이러한 특정한 목적은 보수체계를 형성할 뿐만 아니라 보수체계를 평가하는 기준으로 작용한다.

6. 임금제도 개선을 위한 기본 원칙

임금관리는 종업원이 즐거운 마음으로 적극적으로 일을 하게 함으로써, 그 결과 생산성이 향상되고 기업의 발전과 동시에 임금의 안정적 향상으로 이어져야 한다. 이러한 임금관리의 중심인 임금 결정 및 지급방법에 따른 기본 원칙을 살펴보면 다음과 같다(안희탁, 양병무, 1993).

1) 종업원의 생활보장

종업원에게 임금은 유일한 생활원천이라고 할 수 있다. 종업원은 임금만으로 생활을 영위하기 때문에, 높은 생산성을 위해서는 종업원의 생활을 보장하고 안심하고 일할 수 있는 임금체계 개선이 이루어져야 한다.

2) 임금에 대한 공정성

지급된 임금이 종업원 상호 간에 공정한 것이 아니면, 종업원 간에 불평과 불만이 생겨 노동생산성에 악영향을 끼친다. 따라서 지급되는 임금은 공정하고 객관적으로 책정되어야 한다. 또한 기업 내 종업원 간의 공정성뿐만 아니라 동종의 다른 기업과의 임금 수준과 비교해서도 공정한 것이 바람직하다.

3) 노동생산성의 향상

임금제도는 임금의 지급을 통해 노동생산성의 향상을 지속시키는 것이 무엇보다 중요하다. 그러나 너무 강한 자극을 주어 종업원의 심신에 악영향을 끼치는 방법은 피해야 하며, 노동의 양과 질에 적합한 임금제도를 도입하는 배려가 중요하다.

4) 종업원의 이해와 협력

어떤 인적자원관리에서든 종업원의 이해와 협력을 얻지 못하고서는 임금제도의 개선은 어렵다. 따라서 새로운 임금제도에 대해 사전에 상호 간의 의사소통을 충분히 갖는 것이 매우 중요하다.

7. 임금체계

임금체계란 기업이 허용 가능한 범위에서 결정된 임금 총액을 종업원에게 어떻게 분배하느냐를 말한다. 임금체계의 기준은 직무가치, 직무성과, 종업원 가치 등에 의해 결정된다(〈표 9-2〉). 직무가치란 기업의 성과에 기여하는 측면에서 어떤 직무가 기여도가 높은가를 말하며, 이를 판단하여 높은 직무를 수행하는 종업원에게 이에 상응하는 급여를 지급한다. 직무성과란 종업원이 수행한 직무수행 결과를 말하며, 성과가 높으면 당연히 더 많은 보상이 주어진다. 종업원 가치란 평가 차원에 따라 다른데, 연공급 차원에서는 근속연수와 학력 등에 의해 종업원을 평가하는 것이며, 직능급 차원에서는 종업원의 잠재적 능력을 기준으로 평가하는 것을 말한다.

〈표 9-2〉 임금 결정 기준에 따른 임금체계

임금 결정 기준	임금체계
직무가치	• 직무급(job-based pay)
직무성과	• 개인별 인센티브(individual incentive) • 조직단위별 인센티브(organizational incentive)
종업원 가치	• 연공급(seniority-based pay) • 직능급(competency-based pay)

1) 직무급 체계

직무급 체계(job-based pay system)는 직무평가에 의해 평정된 각 직무의 상대적 가치에 의해 임금을 결정하는 방식이다. 다시 말하면 우선 직무분석에 의해 직무내용을 명확히 하고, 그다음에는 직무평가에 의해 각 직무의 상대적 가치를 중요도와 난이도에 따라 평가하여, 그 결과를 임금과 연계하는 체계다. 따라서 이 체계는 근속연수나 연령 등과 관계 없이 각 직무의 상대적 가치에 따라 개별임금을 결정하게 된다.

직무급 체계를 채택하게 되면, 직무 간에 공정한 임금 격차를 설정함으로써 직장 규율을 확립할 수 있으며, 직무 간 상호관계가 명확해짐으로써 직무체계가 잘 확립되며, 직무내용의 명확화에 의해 업무의 능률이 증진되며, 과학적 직무분석을 통한 투명한 평가로 근로의욕을 제고시킬 수 있다.

2) 연공급 체계

연공급 체계(seniority-based pay system)는 근속연수, 연령, 학력 등의 요인에 기초하여 임금을 결정하는 방식이다. 연공급 체계는 우리나라와 일본과 같은 동양적 가치나 전통에서 생겨나 연공서열형 인적자원관리의 핵심부분을 이룬다. 그러나 최근에 들어와 우리나라의 많은 기업은 단순히 연공서열형의 전통적인 기준에만 집착하지 않고, 직무나 성과요소를 통해 임금정책의 합리화를 기하려고 노력하고 있으며, 특히 IMF 이후 단순한 연공급 체계는 급격히 사라지고 있다.

연공급 체계는 종업원의 연령에 따른 생활보장의 성격이 강하고 장기고용을 전제로 하고 있기 때문에, 종업원이 받는 임금이라고 하는 경제적 유인과 종업원이 조직에 공헌하는 가치와의 사이에 장기적 균형을 유지할 수 있다. 또한 연공급에서는 근속연수에 따른 승급에 의해 임금이 증가하게 되어 고용의 안정과 노동의 정착이 진전되고, 기업에 대한 종업원의 소속감 및 몰입이 증가하며, 종업원에 대한 교육훈련의 효과가 높다는 장점이 있다. 이 체계는 직무 난이도의 격차가 적으며, 기업 내의 배치전환이 용이하고, 기업풍토와 업무내용이 유사한 기업에 적절하다.

3) 직능급 체계

직능급 체계(competency-based pay system)는 연공급의 단점을 극복하려는 사고를 바탕으로 일본에서 생겨난 독특한 보상체계로, 연공급과 직무급의 혼합형태라고 할 수 있다. 즉 연공급이 '사람' 에 대한 임금이고, 직무급이 '일' 에 대한 임금이라면, 직능급은 종업원의 '직무수행 능력' 에 역점을 두어 그 가치에 적용한 임금체계라고 할 수 있다. 직무급이 직무평가의 결과에 따라 임금을 결정하는 것이라면, 직능급은 종업원의 능력을 직능고과에 의해 평가하고 그 결과에 따라 임금을 결정하는 것이다.

이러한 직능급이 도입되면, 직무를 전제로 한 사람에 대한 임금이므로 연공이 어느 정도 반영될 수 있으며, 직무수행 능력에 대한 임금이므로 능력 향상에 따라 임금이 증가되며, 어떤 직무에 종사하든지 최저생활 보장이 가능하다는 장점이 있다. 그러나 직능의 평가가 어렵기 때문에 잘못하면 직능급은 연공급과 다를 바 없게 될 위험도 있다.

직능급 체계는 직무수행 능력을 중심으로 하는 임금이므로 직능분류에 의한 직능자격 제도가 확립되어 있어야 실시가 가능하고, 직능이 신장될 수 있는 직종이라야 도입이 가능하다. 그러므로 직능의 분류가 곤란하고, 직능 신장을 기대할 수 없는 직무에서는 이 체계의 도입이 곤란하다.

8. 연봉제

연봉제는 개개인의 능력 및 공헌도에 따라 평가하고 계약에 의하여 연간 임금액이 결정되는 능력 중시형의 임금지급 형태다. 연봉제는 임금을 구성하고 있는 모든 항목을 통합하기 때문에, 임금 수준에 일반화되어 있는 기본급, 제 수당, 상여금 등의 구분이 없는 것이 특징이다(구본장 외, 2009).

1) 연봉제의 장단점과 도입의 전제조건

(1) 연봉제의 장점과 단점

연봉제를 도입할 경우 각각 장단점이 있다. 우선 연봉제의 장점을 살펴보면 다음과 같다. 첫째, 연봉제는 능력과 실적이 임금과 직결되어 있기 때문에 능력주의, 실적주의로 종업원에게 동기를 부여할 수 있다는 점이다. 즉 연봉제는 자신의 능력과 업적이 곧 임금으로 표현된다는 생각 때문에 능력 발휘를 위한 동기를 유발시켜 조직의 활성화로 연결된다. 둘째, 우수인재의 확보가 가능하다는 점이다. 오늘날 세계는 점점 글로벌화되고 있어 기술진보의 속도가 빨라지고 국제경쟁은 더욱 치열해지고 있다. 따라서 국제적 감각을 지닌 우수한 인재를 종래의 연공급 체계로 확보하기는 점점 어려워지고 있으므로 연봉제를 통해 확보할 수 있다는 것이다. 셋째, 경영감각을 배양할 수 있다는 점이다. 연봉제를 도입함으로써 경영자에 준하는 책임감을 부여하여 자신이 달성한 업무와 연봉과의 비교를 통하여 경영감각을 익힐 수 있다는 것이다. 넷째, 연봉제는 임금 수준이 단순화되어 임금관리가 용이해지고, 최고 의사결정권자와의 의사소통의 기회를 향상시킬 수 있다는 점이다.

반면 연봉제의 단점으로는 첫째, 연봉액의 신뢰성 문제와 감액이 되는 경우 종업원의 사기가 저하될 가능성이 있다는 점이다. 둘째, 종업원 상호 간의 불필요한 경쟁심을 유발하여 위화감을 조성한다는 점이다.

(2) 연봉제 도입의 전제조건

연봉제를 도입하기 위해서는 다음과 같은 전제조건이 어느 정도 갖추어져야 그 실효성을 거둘 수 있다. 첫째, 개개인의 능력과 실적에 대한 객관적이고 공정한 평가가 뒷받침되어야 한다. 둘째, 종업원 간에도 평가결과를 인정하는 평가문화가 정착되어야 한다. 셋째, 적용대상은 기업과 직종의 특성에 따라 선별적으로 신중하게 결정되어야 한다. 넷째, 직무에 바탕을 둔 계약에 의한 채용으로의 고용관행 개선이 필요하다.

2) 연봉제의 운용과 근로기준법

연봉제의 도입이 정당한 절차를 거쳐 이루어졌다고 하더라도 근로기준법상의 제 규정과 적절한 조화를 이룰 때만 유효하게 시행될 수 있을 것이다. 그리고 근로기준법 규정은 최저기준을 규정하고 있고, 이를 위반한 경우에는 무효가 되는 강력한 효력이 부여되어 있기 때문에 이를 위반하는 연봉제의 시행은 허용될 수 없다.

(1) 임금의 지급형태

연봉제를 시행한다 하여도 임금의 지급은 반드시 근로기준법의 임금지급에 관한 규정에 맞게 이루어져야 한다. 연간 산정한 연봉액을 최소한 12로 나눈 금액으로 월 1회 이상 일정한 기일에 종업원에게 지불해야 한다. 그러므로 연봉을 지급하되 1/6 또는 1/10로 나누어 1월을 초과하여 지급하는 경우는 허용되지 않는다.

(2) 각종 수당의 운영

연봉제 운영 시 가장 민감한 부분 중의 하나가 수당 문제를 어떻게 처리하느냐 하는 것이다. 즉 성과보다는 근로시간에 따라 지급되어야 하는 연장근로, 야간근로, 휴일근로 등의 경우를 어떻게 처리할 것인가의 문제이며, 다른 하나는 각종 수당을 연봉에 포함시키는 경우에 근로의 대가성이 없는 수당마저 근로의 대가인 연봉에 함께 계산되기 때문에 평균임금이 연봉제 실시 전보다 상향될 여지가 많다는 점이다. 이러한 문제점을 해결하는 방법이 포괄임금 역산제와 평균임금 산정제다.

(3) 퇴직금

연봉제를 도입할 때 노사 간에 중요한 문제가 되는 것이 퇴직금에 관한 사항이다. 즉 퇴직금의 산정은 퇴직금을 산정해야 할 시점 이전 3개월 동안 받은 총임금을 기초로 평균임금을 산정하기 때문에 3개월 이전에 받는 임금의 액수에 따라 퇴직금액도 달라진다. 따라서 높은 연봉을 받을 때 퇴직하는 경우와 낮은 연봉을 받을 때 퇴직하는 경우에는 퇴직금액에 차이가 발생하게 된다. 이러한 문제를 해결하기 위한 방안으로는 퇴직금 산정의 기초에 대해 노사 간에 별도로 합의하는 방법과 퇴직금을 중간 정산하여 연봉에 이를 포함하여 지급하는 방법이 있다.

(4) 근로시간

연봉제를 실시하는 경우에 근로시간은 장차 시행될 시간의 양을 예정할 뿐이지 구체적인 근로시간의 양을 사전에 확정할 수 있는 것은 아니다. 따라서 일반적으로 예정된 양을 초과하는 근로시간이 발생할 경우 근로기준법 제49조와 제55조의 규정에 따라 연장근로, 휴일근로, 야간근로에 따른 할증금액이 추가로 지급되어야 한다. 이와 같이 근로시간이 불확정적인 경우를 그대로 두면서 연봉제를 도입할 경우, 사용자의 입장에서는 추가로 지급될 시간 외 수당에 대한 부담이 발생하게 될 것이다. 이런 경우에 사용자는 종업원과의 동의 또는 종업원 대표와의 서면합의로 포괄임금· 역산제를 도입하거나 근로시간의 탄력적인 운영을 통해 이러한 문제를 상당히 해결할 수 있을 것이다.

(5) 근로계약 기간

연봉제는 당사자 간의 합의를 기초로 연 단위로 연봉액을 산정하여 지급하게 된다. 이는 연봉제를 취업규칙으로 도입하든, 단체협약으로 도입하든 간에 별도의 개별 합의를 매년 체결한다는 것을 의미한다.

(6) 연 · 월차 유급휴가

연봉제를 실시할 경우 연 · 월차 유급휴가의 지급과 관련하여 문제가 발생할 수 있다. 현행 근로기준법 제57조와 제59조에서는 1개월 근로를 개근한 종업원에 대해서 하루의 월차 유급휴가를 주어야 하며, 1년의 근로일을 개근 또는 9할 이상 개근하는 경우에는 각각 이에 상응하는 연차 유급휴가를 주도록 규정하고 있다. 이 중에서 연차 유급휴가는 한 해의 근로 제공 의무가 완료된 시점에서 확정되므로 다음 해의 연봉을 산정할 때 별다른 영향을 끼치지 않는다. 오히려 월차 유급휴가의 경우는 장차 진행되는 근로 제공 의무의 이행에 따라 휴가일 발생이 결정되므로 연차 유급휴가에 비해 더욱 불확실하다. 따라서 연봉제를 실시하고자 할 때는 이에 관한 사항을 미리 고려하여 해결책을 강구해야 한다.

9. 인센티브 제도

오늘날 경쟁적인 환경 속에서 생산성을 높이고 비용을 낮추기 위해 많은 조직이 성과(performance)기준의 임금을 도입하고 있다. 이 성과기준의 임금형태 중 대표적인 방식이 인센티브 제도이며, 최근 들어 이 제도의 증가가 두드러진 추세에 있다. 인센티브 제도의 장점을 정리하면 〈표 9-3〉과 같다(Bohlander & Snell, 2004).

〈표 9-3〉 인센티브 제도의 장점

- 인센티브는 구체적인 성과목표에 초점을 두고 있기 때문에 조직목표를 달성하려는 동기를 자극한다.
- 인센티브는 고정비용이 아니고 결과와 관련되어 있는 변동비용이다.
- 인센티브는 성과와 직접 연계되어 있다.
- 인센티브가 팀 성과에 근거할 경우 인센티브는 팀워크를 강화한다.

1) 인센티브 제도의 원리

인센티브는 성과에 근거한 보상이라는 철학에 근거하고 있다. 인센티브 제도를 설계하기 위해서는 인센티브를 받기 위해서 종업원이나 집단 또는 조직이 달성해야 할 기본 성과기준을 설정해야 한다. 그리고 인센티브 제도는 모든 종업원이 조직의 성과와 성공에 기여해야 한다는 원칙을 강화할 수 있도록 설계되어야 한다. 또한 인센티브는 종업원이 자신의 임무를 완수하기 위해서 끊임없이 노력을 경주하도록 설계되어야 한다.

2) 인센티브 제도의 성공조건

인센티브 제도가 성공하기 위해서는 종업원이 인센티브 제도를 우호적이고 긍정적으로 인식해야 한다. 이런 긍정적 태도는 인센티브 제도를 도입할 때 조직이 종업원에게 이의 장점을 얼마나 확신시키느냐에 따라 영향을 받는다. 그리고 종업원은 인센티브와 직무성과 간의 명확한 관계를 인식할 수 있어야 한다. 결국 인센티브 제도가 성공적으로 실행되기 위해서는 인센티브는 바람직한 행동(직무 성과)과 연계되어야 하며, 인센티브는 공정해야 하며, 인센티브 결정방식은 이해 가능해야 한다.

3) 인센티브 제도의 관리

인센티브 제도는 신중하게 설계되고 실행되어야 하며, 그렇지 못할 경우 종업원의 불만과 불신을 초래할 것이다. 인센티브 제도를 관리할 때 주의해야 할 점은 다음과 같다(황규대, 2008).

첫째, 개인, 팀 또는 조직의 성과에 따라 인센티브를 차등적으로 지급할 경우에만 인센티브 제도가 효과적이다. 인센티브 제도의 기본 목적은 모든 상황에서 보상을 지급하는 것이 아니라 성과에 따라 보상을 달리하는 것이다.

둘째, 인센티브에 대한 예산은 예외적으로 우수한 성과자를 충분히 보상할 수 있는 규모이어야 한다. 그렇지 않다면 아주 우수한 개인이나 집단의 성과를 충분히 보상할 수 없을 것이다.

셋째, 인센티브 제도를 실행하고 관리하는 데 드는 간접비용은 사전에 설정되어야 한다. 이 비용에는 성과기준 설정 및 측정 비용, 종업원의 응답 비용 등이 포함되어야 한다.

10. 종업원 복지 제도

조직구성원이 조직에 몰입하고 직무에서 만족과 보람을 느끼며 자신의 발전과 조직의 발전을 추구하기 위해서는 지속적인 동기부여가 필요하다. 그런데 통상적으로 지급되는 임금으로는 종업원에 대한 동기부여가 충분하지 않아 기업에서는 임금 이외에 추가적인 동기부여 수단을 찾게 된다. 이것이 오늘날 실시되고 있는 기업복지 제도다. 경영환경의 주체인 정부, 기업, 노동조합, 종업원의 욕구와 태도가 변화되고 있는 시점에서, 기업의 실정에 적합한 기업복지 프로그램의 개발과 실시는 인적자원을 고무시켜 기업의 생산성 증대로 나아갈 것이다.

1) 기업복지의 개념과 의의

(1) 기업복지의 개념

기업복지는 복지후생, 후생복지, 종업원 복지, 비임금 급여 등 다양한 용어로 사용되는 개념이다. 이는 일반적으로 조직이 구성원에게 부가적으로 제공하는 부가급여라고 하는데, 조직구성원의 경제적 안정과 생활의 질을 개선하기 위해 기본급, 제 수당, 상여금 이외에 제공되는 간접적인 급부를 말한다.

기업복지는 노동력 확보, 유지, 향상을 위한 보조적 수단이다. 과거의 기업복지는 사용자의 자유의사에 의한 임의적인 제도나 시설로 기업 자체의 부담과 책임하에 추가적으로 베푸는 혜택이라고 간주되어 왔으나, 최근에는 산업 민주주의의 확대, 기업의 사회적 책임, 노동조합의 정착, 단체교섭의 증대, 근로조건의 법제화 등으로 의무적인 성격으로 변해 가고 있다. 이런 측면에서 기업복지는 시대의 변화에 따라 인적자원관리에 중요한 역할을 하며, 고용주는 이를 유인수단으로 사용하여 종업원으로 하여금 조직목표에 기여하도록 촉진한다.

(2) 기업복지의 의의

경제발전과 생활수준의 향상에 따라 임금을 중심으로 한 기본적인 노동조건뿐만 아니라 종업원과 가족생활의 질 향상, 문화생활의 향유, 건강 증진 등 복지 문제의 중요성이 대두되었다. 특히 미국 기업의 경우 전체 보상액 중에서 기업복지비가 차지하는 비율이 절반에 육박하고 있으며, 1990년대 이후로 기업복지 제도가 획기적으로 변화하고 있다(David & Stephen, 1996). 기업이 복지후생 프로그램을 운영함으로써 얻게 되는 편익은 매우 다양하다. 우수한 인적자원을 확보하고, 구성원의 사기와 충성심을 증진시키고, 이직과 결근을 감소시키며, 조직의 이미지를 개선할 수 있으며, 노동조합의 영향력을 감소시킬 수 있다.

2) 임금과 기업복지의 차이

임금과 기업복지는 외재적 보상의 하위체계이면서도 서로 그 특성이 다르므로, 기업복지의 성격을 보다 명확히 파악하기 위해서는 두 개념을 비교해 보는 것이 도움이 될 것이다.

첫째, 임금은 중요한 직무요소나 직무수행을 기준으로 한 것이므로 직접적인 보수라고 할 수 있으나, 기업복지는 직무수행과는 직접적인 관련이 없고 하나의 규약으로 확대된 것이므로 간접적 보수라고 할 수 있다.

둘째, 임금은 노동의 질, 양, 성과 등에 따라 차이가 있지만, 기업복지는 신분기준에 따라 운영된다. 따라서 연령, 지위, 근속연수, 성별 등에 따라 차이가 있을 수 있지만, 직무성과에 의한 차이는 없다.

셋째, 임금은 현금으로 지급되지만, 기업복지는 현금 이외에도 현물, 서비스 등으로도 지급된다. 이는 후생복지가 변동적 성격을 가지므로 경영자로서는 경기변동이나 기업의 실적에 따라 기업복지를 탄력적으로 조정할 필요성이 있기 때문이다.

넷째, 임금은 종업원 개개인에게 현금으로 지급되는 반면, 기업복지비는 기본적으로 집단적 보상의 성격(1/N)을 가진다.

다섯째, 임금은 그 상승에 따라 직접 생활 수준의 향상을 초래하지만, 기업복지비는 생활 수준의 직접적인 향상보다는 그 안정화에 기여한다고 볼 수 있다.

3) 기업복지의 유형

(1) 법정 내 · 외 기업복지

법정 내 기업복지는 국가가 기업 내의 종업원을 보호하고 국가적 사회복지의 한 보조수단으로 법률을 제정하여 기업으로 하여금 강제적으로 도입하도록 한 제도다. 우리나라의 경우 1961년에 근로기준법이 제정되면서 퇴직금 제도가 신설되었고, 1963년에 사회보장에 관한 법률 및 산업재해보상법의 제정으로 기업 내 종업원의 복지 문제에 대해 국가가 적극적으로 개입하기 시작했으며, 1970년대 이후 기업의 규모가 신장됨에 따라 자발적인 기업복지 제도의 도입이 더욱 확대되기에 이르렀다. 우리나라의 법정 내 기업복지에는 각종 보험제도(건강보험, 연금보험, 산업재해보상보험, 고용보험), 퇴직금 제도, 유급휴가 제도 등이 있다.

법정 외 기업복지는 국가적 차원이 아니라 기업적 차원에서 자발적으로 실시하는 임의적인 복지제도로, 강제성을 띠고 있는 단체협약상의 기업복지와 강제성이 없는 자발적 기업복지로 구분할 수 있다. 법정 외 기업복지에는 생활시설, 경제시설, 보건위생시설, 문화 및 체육시설 등이 포함된다.

(2) 표준적 · 선택적 기업복지

기업복지 프로그램의 선택과 관련하여 표준적 기업복지 프로그램과 선택적 기업복지 프로그램이 있다. 표준적 기업복지 프로그램은 기업복지 프로그램에 대해 종업원에게 선택의 기회를 주지 않고, 기업이 일방적으로 설계하고 이를 적용시키는 것을 말한다. 이 경우 종업원은 기업이 제공하는 기업복지가 자신들의 욕구와 일치하든 그렇지 않든 간에 수용해야만 한다.

반면 선택적 기업복지 프로그램은 기업이 다양한 기업복지 프로그램을 제시하고, 이 중 종업원이 원하는 것을 그들 스스로 선택할 수 있도록 하는 것을 말하며, 다른 말로 카페테리아식 기업복지라고도 한다. 이 제도는 종업원 개인의 욕구와 선호를 보다 잘 충족시킬 수 있고, 보상의 가치에 대한 인식과 만족감을 증대시킬 수 있는 장점이 있지만, 관리의 복잡성 및 비용의 증가라는 단점도 있다.

4) 기업복지 프로그램의 효과적인 설계와 관리

기업복지 제도를 통해 종업원 만족과 생산성 향상을 도출하기 위해서는 효과적인 프로그램의 도입과 관리가 중요하다. 이 제도가 불합리한 운영으로 오히려 종업원의 불만을 가져오면, 기업 측에서는 많은 투자를 하고도 얻는 것이 없게 된다. 따라서 최고경영자는 복지후생에 대한 의사결정을 내릴 때 다음과 같은 사항을 고려하여야 한다(Deutch, 1990).

- 법정 기업복지 프로그램은 반드시 제공되어야 한다.
- 기업복지 프로그램은 인적자원 결과를 강화하는 방식으로 설계되고 운용되어야 한다.
- 대부분의 종업원은 복지후생에 대한 권리가 있다고 생각한다.
- 기업의 자발적인 복지후생이 증대되는 경향이 있다.
- 복지후생과 관련한 비용이 급격히 증가하고 있다.

(1) 기업복지관리의 원칙

기업이 제공하는 보상 중에서 복지후생이 차지하는 비중이 늘어남에 따라 기업복지관리는 인적자원관리에 있어 상당히 중요한 부분을 차지하고 있다. 기업복지를 효과적으로 관리하는 것은 조직의 생산성을 제고할 뿐만 아니라 동시에 조직구성원의 생활 향상을 기하는 지름길이다. 이러한 기업복지 프로그램은 여러 가지가 있지만, 모든 프로그램이 반드시 실시되어야 하는 것은 아니다. 각 기업의 실정에 맞는 적합한 프로그램을 설계하는 것이 좋으며, 다음과 같은 사항을 고려하여 설계되어야 한다(박내희, 1998b).

첫째, 조직구성원의 욕구를 만족시키도록 설계되어야 한다. 조직구성원의 욕구와 무관한 제도의 도입은 비용의 낭비를 초래하므로, 구성원의 요구사항을 잘 반영해야 한다.

둘째, 프로그램은 조직구성원의 참여에 의해 설계되어야 한다. 이를 위해서 노사 양측의 대표로 구성된 위원회를 통하여 구성원의 욕구에 대한 조사를 실시하거나 제도에 관한 제안을 받도록 하는 것이 바람직하다.

셋째, 종업원에게 광범위하게 혜택을 줄 수 있는 폭넓은 기업복지 프로그램을 우선적으로 선택한다. 이렇게 폭넓은 구성원을 대상으로 하면 효과가 클 뿐만 아니라 비용의 절감효과도 가져온다.

넷째, 현재와 미래의 기업복지 비용을 지불할 수 있는 능력이 평가되어야 한다. 기업의 지불 능력을 벗어난 과도한 비용 부담은 피해야 한다.

(2) 기업복지 프로그램의 결정과정

기업복지 프로그램을 설계하는 과정에서 염두에 두어야 할 점은 이 프로그램의 설계가 경영진과 조직구성원 간의 공동 결정에 의해 이루어져야만 한다는 사실이다. 만일 경영진이 구성원의 욕구에 대해 자신의 추측에만 의존하여 프로그램을 설계한다면 그러한 프로그램은 실효를 거두기 어렵다. 또한 조직구성원의 입장에서도 기업이 자신들에게 꼭 맞는 기업복지 프로그램을 제공해 주리라고 기대해서도 안 될 것이다.

경영진의 입장에서 조직구성원의 욕구를 정확히 파악할 수 있는 절차를 마련해야 할 것이며, 조직구성원의 입장에서는 기업이 복지를 위해 투자하는 자원이 상당하다는 사실을 깊이 인식해야 한다. 그러므로 기업복지 프로그램을 설계할 때는 경영진과 구성원 간에 적절한 협의과정을 마련함으로써 양자가 어느 정도 만족할 수 있는 범위 내에서 복지 패키지가 결정되도록 해야 한다. 또한 기업복지 프로그램을 설계할 때에는 경영진과 구성원 외에도, 복지 프로그램에 소용되는 비용에 대한 정보를 제공하거나 조직구성원의 집약된 요구를 대변하는 위원회 또는 노동조합 등을 참여시켜 그들의 의견을 반영해야 한다.

(3) 기업복지관리의 유의점

기업복지관리는 기업의 규모, 업종, 조직구조 및 문화 등과 정치, 경제, 사회, 기술적 환경 등에 따라 운영실태가 달라지므로, 합리적인 관리를 위해서는 다음의 사항에 유의해야 한다.

첫째, 기업의 복지제도가 종업원에게 동기를 부여하고 노동력을 확보 · 유지하는데 도움이 될 것이다. 그러나 이에 대한 종업원의 이해와 긍정적 평가가 부족하다면, 의도하는 효과는 기대할 수 없다. 따라서 종업원의 이해를 돕기 위해서는 종업원이 신뢰할 수 있는 실질적인 혜택이 주어져야 하며, 종업원과 쌍방적인 의사소통이 이루어져야 한다.

둘째, 복지제도는 구성원에게 소득을 형성시켜 주는 보상적 임금효과와 함께 경영의 성과를 유도하는 창조적 효과를 창출하도록 해야 한다. 기업복지 정책은 경영성과 향상을 통한 부가가치 증대와 동일하게 시행되어야 하며, 종업원의 만족과 동기를 유발시킬 수 있도록 해야 한다.

셋째, 기업복지에 대한 투자효율을 높이고 종업원으로부터 이해와 신뢰를 얻기 위해서는 복지에 대한 비용 지출과 성과 측정을 단순한 추측이 아니라 계량적인 방법으로 관리할 필요가 있다.

넷째, 기업복지에 종업원이 참여하여 의사결정이 이루어지거나 종업원이 관련조직에 참여하여 운영된다면 파급효과가 그만큼 클 것으로 기대된다. 또한 복지 혜택에 대한 피드백에 종업원이 참여한다면 합리적인 제안과 개선이 도출될 것이다.

정리해 볼 문제

1. 보수의 중요성을 조직의 측면과 종업원의 측면에서 설명하시오.

2. 보수 및 보상의 원칙에 대해 설명하시오.

3. 보수 결정에 영향을 주는 요인에 대해 설명하시오.

4. 임금체계의 세 가지 종류에 대해 설명하시오.

5. 연봉제의 장단점에 대해 설명하시오.

6. 인센티브 제도의 장점을 설명하시오.

7. 기업복지의 유형에 대해 설명하시오.

제 3 부

Application of Human Resource Management

인적자원관리의 적용

제10장

직무 스트레스

세계적인 경쟁과 급속한 사회변화에 발맞추어 각 기업에서도 구성원에게 신속하게 적응하고 새로운 분야의 지식을 단기간에 습득하도록 요구하며 적자생존의 논리를 강요하고 있다. 발전과 퇴보라는 이 양자택일의 상황은 조직과 개인 모두에게 엄청난 스트레스를 주고 있다. 이제 인간은 직업을 떠나서 살 수 없고, 정도의 차이는 있지만 각종 직무 스트레스에 당면하여 살 수밖에 없는 시대에 살고 있다. 현대 산업사회의 근로자들은 일생을 통해서 약 10만 시간을 직장에서 일을 하면서 보낸다고 한다. 이는 성인연령을 기준으로 했을 때 전체 시간의 약 50%에 해당하는 시간이 된다. 미국의 경우, 지난 25년 동안에 직무 스트레스로 인한 의료비용이 800%나 증가하였으며, 스트레스로 인한 경제적 총 손실이 GNP의 10%를 초과하고 있다는 연구결과는 직무 스트레스가 얼마나 중요한지를 알려 준다. 영국의 경우에도 GNP의 거의 10%가 직무 스트레스로 인한 손실로 추산되고 있다. 한편 우리나라의 경우 직무 스트레스로 인한 손실비용이 계산된 통계치는 없지만 직무 스트레스로 인한 산업체 근로자의 결근, 전직, 의료비의 증대, 생산성 저하, 전직으로 인한 새로운 근로자의 교육비용 등을 고려할 때, 그 비용은 상당히 높을 것으로 추정된다. 이처럼 직무 스트레스는 날로 그 중요성이 더해 가는 산업보건 문제이고, 경제적 손실의 중요한 원인이 되며, 개인의 안녕과 생산성에 영향을 끼치는 중요한 요인이다. 이 장에서는 직무 스트레스의 의미, 직무 스트레스 이론, 직무 스트레스의 출처, 직무 스트레스의 결과, 직무 스트레스의 조절변인, 직무 스트레스의 관리전략, 직무 스트레스의 통합모형 등에 대해 살펴보고자 한다.

1. 직무 스트레스의 의미

직무 스트레스의 의미를 살펴보기 위해 먼저 스트레스의 정의를 살펴보기로 한다. 스트레스(stress)의 어원은 라틴어 'stringer(팽팽하게 죄다)'로, 사람에게 작용하는 외적인 힘이나 압력을 뜻한다. 그리고 스트레스의 원래 의미는 외적인 힘이나 압력의 작용으로 사람의 내적 체계가 변화하여 긴장(strain)이 유발된 상태를 말한다. 스트레스는 개인의 긴장을 유발시키며, 일상생활의 균형감을 잃게 하는 심리적 · 생리적 반응을 가져오게 하는 힘이라고 정의할 수 있다(Cartwright & Cooper, 1997). 초기 스트레스 연구의 개척자 중 한 명인 Cannon(1929)은 사람과 동물이 위험한 상황에 직면하게 되었을 때 어떻게 반응하는지를 실험한 연구에서 사람이나 동물은 그 위험한 상황에 맞서 싸울 것인지 아니면 도망을 칠 것인지에 대한 적응적 반응을 하게 된다고 했다. 즉 인간이나 동물은 갑작스러운 위험 자극에 대해 자기의 행동 반응을 선택해야 하는 적응적 반응을 하며, 이러한 위험 자극이나 상황을 스트레스라고 처음 언급하였다.

한편 Holmes와 Rahe(1967)는 스트레스를 사회적 재적응에 필요한 압력이나 에너지의 총량으로 정의하면서 일상생활의 다양한 변화가 우리에게 스트레스 출처로 작용할 수 있다고 보았다. 그들은 일상생활 속에서 일어날 수 있는 다양한 긍정적 · 부정적 변화가 개인의 사회적 재적응(social readjustment)에 대한 압력으로 작용하며, 개인은 이러한 생활 속의 변화에 잘 적응하기 위한 에너지를 투입해야 되는데 이것이 스트레스 지수라고 보았다. 그들의 연구에 따르면, 생활에서의 변화 중 가장 높은 스트레스 지수를 보인 것은 배우자의 죽음(100)이었으며, 이혼(73), 가족구성원의 죽음(63), 질병(53), 결혼(50), 해고(47), 은퇴(45) 등의 순이었다(〈표 10-1〉). 그들은 스트레스 지수의 점수가 100 이상인 사람들은 이전 6개월 동안에 평균

1.4개의 질병을 경험하였다고 보고하였다. 300에서 400 사이의 점수는 1.9개의 질병과 관련이 있었고, 500 이상의 점수를 받은 사람들은 2.1개의 질병을 경험하였다고 보고하였다. 400 이상의 일상생활 변화점수를 받은 사람들은 더 낮은 점수를 받은 사람들에 비해 신체적 질병, 두통, 근육 긴장, 불안과 우울 증상 등을 2~3배 정도 더 많이 경험하는 것으로 나타났다.

그렇다면 직무 스트레스란 무엇인가? 많은 학자들이 직무 스트레스(job stress)의 의미를 다양하게 정의하고 있다. French 등(1974)은 직무 스트레스를 개인의 기술이나 능력이 직무규정에 부적합한 상태라고 정의했으며, Caplan 등(1975)은 개인에게 위험을 주는 직무환경의 어떤 특성이라고 정의했고, Cooper 등(1976)은 특정 직무와 연관된 부정적 환경요인 또는 스트레스 요인이라고 정의하였다. 이를 종합해 보면 직

〈표 10-1〉 사회적 재적응 평정척도

인생 사건	인생 변화치	인생 사건	인생 변화치
배우자의 죽음	100	직장에서의 책임의 변화	29
이혼	73	자식들이 집을 떠남	29
혼인상의 별거	65	친척과의 다툼	29
형무소 복역	63	탁월한 개인적 성취	28
가까운 가족의 사망	63	부인이 직장에 나가거나 그만둠	26
개인적 부상이나 질병	53	학교에 입학하거나 졸업	26
결혼	50	생활조건의 변화	25
직장에서 해고	47	개인적 습관을 고침	24
혼인상의 화해	45	상사와의 다툼	23
은퇴	45	거주지의 변화	20
가족의 건강상의 변화	44	전학	20
임신	40	레크리에이션의 변화	19
성생활 문제	39	교회활동에서의 변화	19
새로운 가족을 얻음	39	사교활동에서의 변화	18
사업의 재조정	39	수면습관의 변화	16
경제사정의 변화	38	식사습관의 변화	15
친한 친구의 죽음	37	휴가	13
직업전환	36	크리스마스	12
저당물의 권리 상실	30	사소한 법의 위반	11

무 스트레스란 스트레스를 주는 다양한 직무를 경험함으로써 유발된 개인의 바람직하지 못한 반응이나 결과로 정의할 수 있다. 특히 스트레스에 취약한 사람은 스트레스를 받은 결과로 수행의 질적 저하, 의욕 저하, 의사소통 회피 등의 긴장을 경험하기도 한다. 개인이 이러한 스트레스를 받으면 자연히 자신이 맡은 직무에 대해 싫어하게 되어 삶의 불만족이 생기게 되며 우울증이 생기기도 한다(Beehr & Newman, 1978).

2. 직무 스트레스의 접근방법

스트레스 연구의 전문가들은 직무 스트레스를 자극 접근, 반응 접근, 자극과 반응의 상호작용 접근과 같은 세 가지 입장에서 기술한다. 이를 자세히 살펴보면 다음과 같다.

1) 자극 접근

이 접근에서는 스트레스를 외적 요인이나 외적인 힘으로 기술한다. 즉 이 접근에서는 스트레스를 압력이나 부담과 같은 자극의 개념으로 사용한다. 이때 스트레스에 대한 반응을 긴장(strain)이라고 한다. 사람들이 어느 정도의 외적 압력에는 견뎌 낼 수 있지만 저항의 수준은 사람마다 차이가 있다. 즉 어떤 사람은 생활 속에서 나타나는 과다한 압력을 잘 견뎌 내지만, 그렇지 못하고 쉽게 쇠약해지는 사람도 있다. 이 접근에서 본다면 어떤 사람에게 가해지는 압력 수준이 최적의 조건을 벗어날 때 스트레스가 발생한다고 볼 수 있다. 예를 들면 조직의 긴장과 반응은 직무환경을 변화시키고, 이것은 개인의 외적 스트레스가 되고, 개인은 이를 내적 긴장으로 발전시킨다. 이때 개인은 내적 긴장을 감소시키기 위해 반응을 하게 된다는 것이다.

2) 반응 접근

이 접근에서는 환경적인 자극 스트레스 인자나 요구에 대해 사람들이 보여 주는 반응에 초점을 둔다. 이때의 반응은 심장박동이 빨라지는 것과 같은 생리적 반응일 수도 있고, 불안이나 짜증과 같은 심리적 반응일 수도 있다. 이 접근방식의 스트레스 개념은 Hans Selye가 제안한 개념이다. 그는 동물을 대상으로 행한 실험에서 더위나 추위와 같은 극단적인 온도 자극이나 위협을 일으키는 심리적 자극 등과 같이 어떤 종류의 스트레스를 가해도 모두 동일한 반응을 보인다는 사실을 발견하였다. 그리고 이 반응을 일반적 적응 증후군이라고 불렀다.

3) 상호작용 접근

이 접근에서는 사람을 둘러싸고 있는 환경과의 상호작용을 보다 심도 있게 연구함으로써 스트레스를 한 단계 더 깊게 생각한다. 연구자들은 사람이란 그들이 처한 상황의 요구를 저울질하기도 하고, 자신의 요구에 맞추기 위해 자신의 능력을 평가하기도 하면서 환경과 상호작용을 한다는 사실을 알게 되었다. 그래서 스트레스를 '사람들이 지각하는 요구 수준과 그 요구 수준에 맞추기 위한 자기 자신의 지각적 능력 간의 불균형의 결과로 나타나는 생리적 · 심리적 반응' 이라고 생각한다. 이 접근에서는 직무 스트레스를 환경과 개인의 상호작용 과정에서 조직의 요구와 개인의 반응 능력 간의 지각적 불균형 상태로 본다.

3. 직무 스트레스 이론

스트레스에 관한 많은 이론이 있지만 여기서는 대표적인 이론인 Karasek의 요구-통제 모형과 French의 개인-환경 부합 모형에 대해 살펴보고자 한다(김원형 외, 2009).

1) 요구-통제 모형

Karasek(1979)의 요구-통제 모형(demand-control model)은 직무 요구와 직무 통제 간의 상호작용에 의해 스트레스가 발생한다고 제안한다. 직무 요구(job demand)는 직무에서 필요로 하는 지적 능력이나 업무 부하량을 의미하며, 직무 통제(job control)는 개인의 직무 자율성과 여러 기술을 사용할 수 있는 결정 권한을 조합한 개념이다. 직무 요구는 개인에게 부여된 업무 부하량이나 부가된 세금과 같이 새롭게 적응해야 하는 스트레스 출처를 의미한다. 요구-통제 모형에서는 충분한 직무 통제 없이 과다한 직무 요구가 많을 경우, 직무 긴장을 초래하게 된다고 보고 있다. 즉 개인의 직무 통제가 높을 경우 직무 요구와 긴장 간에는 아무런 관계가 없지만, 직무 통제가 낮을 경우 직무 요구가 증가할수록 직무 긴장도 함께 증가한다.

직업에 따라 직무 요구와 통제 간의 관계는 스트레스 긴장에 주는 효과가 다르게 나타난다(〈표 10-2〉). 예를 들면 직무 요구를 많이 하지만 직무 통제가 낮은 간호조무사나 조립라인 근로자와 같은 직업은 높은 스트레스 긴장을 보인다. 반면 직무

〈표 10-2〉 **직업에 따른 직무 요구-통제 모형**

	낮은 직무 요구	높은 직무 요구
낮은 직무 통제	수동적 직업 (수위, 야간 경비원)	높은 긴장 직업 (간호조무사, 조립라인 근로자)
높은 직무 통제	낮은 긴장 직업 (치과의사, 건축가)	능동적 직업 (의사, 관리자)

요구는 적지만 직무 통제는 높은 치과의사나 건축가는 특히 낮은 직무 긴장을 가져오는 직업으로 볼 수 있다. 수위와 야간 경비원과 같이 직무 요구와 직무 통제 모두 낮은 직업을 수동적 직업이라고 하는 반면, 의사나 관리자와 같이 직무 요구와 직무 통제 모두 높은 직업을 능동적 직업이라고 한다.

Karasek(1985)은 직무 요구-통제 모형을 검증하기 위해 직무내용 설문지(JCQ: Job Content Questionnaire)를 개발하였으며, 설문지의 하위 차원은 역할 과부하와 역할 갈등으로 구성된 직무 요구 차원, 기술 활용도와 직무 의사결정 범위로 구성된 직무 통제 차원, 마지막으로 우울증, 직무 불만족, 불면증 등 스트레스로 인한 건강 문제 차원 등으로 분류하였다. 직무내용 설문지를 사용하여 미국과 스웨덴 근로자의 스트레스 상태를 조사한 결과, 스트레스는 심장계 질환에 악영향을 미치고 있음을 밝혔으며, 특히 높은 직무 요구와 낮은 직무 통제 조건의 종업원에게서 우울증, 정서적 탈진과 같은 심리적 긴장뿐만 아니라 생리적 긴장과 직무 불만족이 심하게 나타났다(Karasek & Theorell, 1990). Bishop 등(2003)의 연구에서도 높은 직무 요구와 낮은 직무 통제 조건에 있는 종업원의 경우 혈압 상승이 지속적으로 이루어지고 있어 요구-통제 모형을 입증해 주었다. 반면 직무 요구가 높지만 동시에 자신의 직무 통제도 높은 의사나 관리자와 같은 능동적 직업을 가진 경우, 다양한 여가활동에 적극적으로 참여함으로써 건강을 유지하고 있었으며, 스스로가 직무에 필요한 자원과 기술, 그리고 의사결정을 통제할 수 있도록 직무를 개발하거나 직무를 재설계함으로써 높은 직무만족도를 보이고 있었다(Karasek & Theorell, 1990).

요구-통제 모형을 검증한 연구결과를 살펴보면 모형에서 제안한 가설이 부분적으로만 지지를 받는 것으로 나타났다. 이러한 혼합된 연구결과는 대부분 연구에 따라 사용한 요구나 통제에 대한 측정방법이 달랐기 때문인 것으로 보인다(Lang et al., 2003). Wall 등(1996)의 연구에서와 같이 통제조건을 종업원이 직접 수행하는 과제로 사용하였을 경우 요구-통제 모형이 입증되었지만, 동일 연구에서도 일반적 과제로 측정하였을 경우 다른 결과가 나타났다. 그러나 대부분의 요구-통제 모형은 미국과 유럽에서 스트레스와 긴장 간의 관계를 연구하는 데 널리 사용되고 있으며, 중국과 같은 아시아에서도 이 모형의 타당성이 입증되고 있어 다양한 문화에 적용할 수 있는 모형이라고 볼 수 있다(Xie, 1996).

2) 개인-환경 부합 모형

개인-환경 부합 모형(person-environment fit model)은 개인과 환경 간의 부합 정도에 따라 개인이 지각하는 스트레스 양이 결정된다고 보는 이론이다(French et al., 1982). 개인의 기술과 능력이 직무나 환경에서 필요로 하는 요구와 잘 맞추어질 때나 조화로울 때 개인과 환경 간의 부합도가 높아진다. 조직에서 개인이 받는 스트레스의 양은 직무환경에서의 요구 지각과 그러한 요구에 대처할 수 있는 개인의 역량 지각에 의해 결정된다. 개인과 환경 간의 부합도가 낮은 종업원의 경우 더 자주, 그리고 높은 직무 긴장 증후를 보이는 반면, 개인의 기술과 역량이 환경에 잘 부합되는 종업원은 스트레스도 덜 받을 뿐만 아니라 직무 긴장도 낮게 나타났다(Edward, 1996).

Karasek(1985)의 요구-통제 모형은 지각(perception)의 역할을 그다지 강조하지 않는 반면 개인-환경 부합 모형에서는 작업환경 요구에 대처할 수 있는 개인의 기술과 역량에 대한 지각을 강조한다. 개인-환경 부합 모형의 또 다른 특징은 가족의 지원과 같은 사회적 지원이나 직무자원과 같은 외부 영향요인을 중요하게 여긴다는 점이다. Edward와 Rothbard(1999)는 스트레스에 대처하기 위해서는 개인과 작업환경 간의 부합도뿐만 아니라 일-가정 간의 갈등에서 제시한 것처럼 개인과 가족 간의 부합도를 함께 높이는 개입기법이 중요하다고 제시했다. 특히 개인과 직무환경, 개인과 가족 사이의 부합도가 모두 나쁠 경우, 누적된 스트레스로 인해 직무수행이 떨어지고, 심각한 건강 문제가 발생한다고 보았다. 즉, 종업원의 직업적 건강 또는 안녕은 직무 경험뿐만 아니라 가족과의 관계에 대한 지각에 의해 결정된다고 보는 것이다.

개인-환경 부합 모형과 연관되어 있는 모형은 개인-직무 부합 모형(person-job fit model)과 개인-조직 부합 모형(person-organization fit model)이 있다. 개인과 직무 간의 부합은 개인의 기술, 능력, 흥미가 특정 직무에서 필요로 하는 요구와 매우 조화로운 정도를 의미하며, 개인과 조직 간의 부합은 종업원 개인의 가치와 조직이 추구하는 가치가 잘 일치하는 정도를 말한다(Lauver & Kristof-Brown, 2001). Saks와 Ashforth(1997)은 개인과 조직 간의 부합도가 높다고 지각한 종업원은 조직 동일시가 생기며, 조직에 계속 재직하려는 의도가 강하게 나타나는 반면, 개인과 조직 간의 부합도가 낮다고 지각하는 종업원은 스트레스를 더 많이 받으며, 직무 불만족과 이직 의도가 높다고 하였다(Lovelace & Rosen, 1996). 이와 유사하게 개인과 직무 간의 부합도가 좋다고 지각한 종업원의 경우, 직무 만족과 조직 몰입은 높은 반면 스트레스는 별로 받지 않는 것으로 나타났다. 이러한 연구결과를 토대로 실제 많은 조직에서 새로운 사원을 선발할 때 지원자가 앞으로 맡을 직무나 조직과 어느 정도 잘 부합되는지를 평정하는 과정을 거쳐 그 부합도가 높은 지원자를 선발하는 경향이 있다(Schneider, 1987).

개인과 환경 간의 적절하지 않은 부합에서 오는 스트레스로부터 자신을 보호하기 위한 기제로는 우선 사회적 지원을 들 수 있다. 예를 들면 과제 마감일자가 다가오지만 마감일자를 맞추지 못할 것으로 생각되는 종업원은 동료로부터 과제에 대한 정보 지원이나 정서적 지원을 받아 마감일자에 대한 스트레스를 줄일 수 있다. 전반적으로 개인과 환경 간의 부합 모형 이론에서는 개인과 환경 간의 상호작용의 산물로 스트레스 정도가 결정된다고 보기 때문에 개인의 선호, 가치, 능력 정도에 따라 스트레스를 받는 정도가 다르다고 보고 있다.

4. 직무 스트레스 출처

스트레스 출처(stressor)란 한 개인이 어떤 반응을 나타나게 하는 물리적, 심리적 요구라고 정의할 수 있다. 예로서 물리적 스트레스 출처에는 소음, 더위와 추위, 계속 울리는 전화벨 소리 등이 있으며, 심리적 스트레스 출처로는 역할 모호성, 대인 갈등, 통제 부족 등이 있다. 이 스트레스의 출처를 크게 개인 내적인 차원과 개인 외적인 차원으로 구분할 수 있는데, 개인 내적인 차원은 개인의 통제력 수준, 대인 간 갈등, 가정과 직장 간의 갈등 등이 있으며, 개인 외적인 차원은 물리적 요인, 기술 다양성, 과업 정체성, 과업 중요성 등 직무 관련 요인, 집단 역학적 요인, 조직 구조적 요인, 회사 정책적 요인 등이 포함된다(김원형 외, 2009).

1) 개인 내적인 차원

(1) 통제력

통제력(control)은 직무수행과 스트레스를 설명하는 중요한 개인 차원의 변인으로 인식되어 왔으며(Ganster & Murphy, 2000), 통제력은 스트레스 이론에서 제시된 Karasek(1979)의 요구-통제 모형의 중요 성분이기도 하다. 통제력은 자신의 생활에 대해 스스로 결정을 내릴 수 있는 정도를 의미한다. 개인은 자신의 상황에 대해 통제할 수 있는 역량과 예언력을 지각함으로써 특정 상황하에서 어떠한 반응을 보일 것인지를 결정할 수 있게 된다. 예를 들면 대학교수는 자신이 어떤 과정을 어떠한 방법으로 언제 학생들에게 가르칠지를 스스로 결정할 수 있다는 점에서 높은 직무 통제력을 가진다고 볼 수 있는 반면, 기계조립공장의 근로자는 고정된 시간계획에 따라 생산활동에 참여해야 하고, 매일 수행할 과제가 할당되며, 일하는 절차까지도 지시를 받는다는 점에서 통제력이 낮다고 볼 수 있다.

통제력은 또한 직무특성 이론에서 개인이 자신의 직무 과제를 언제, 어떻게 수행할지를 결정하는 자율성(autonomy)의 중요 결정요인으로 볼 수 있다. 최근 몇몇 조직에서 활용하고 있는 탄력 근무제 역시 자신의 근무시간을 자신이 결정할 수 있다는 통제감을 높여 주며(Baltes et al., 1999), 직장과 가정 간의 조화를 꾀하는 데도 많은 도움을 주는 것으로 나타났다. 참여적 의사결정이나 탄력 근무제, 직무 재설계와 같은 조직개발 개입 등은 개인의 직무 통제력과 자율성을 강화시킴으로써 종국적으로 스트레스와 직무 긴장을 줄일 수 있다.

(2) 대인 간 갈등

개인이 일상생활 속에서 대인관계가 나쁠 경우 대인 간 갈등(interpersonal conflict) 관계가 있다고 볼 수 있다. 대인 간 갈등 관계가 있을 경우 약하게는 서로 간 언쟁이 격화되기도 하지만 심할 경우 폭력으로 나타나기도 한다(Jex, 1998). 일반적으로 대인 간 갈등은 회사에서 새로 구입한 신형 컴퓨터를 누가 사용할 것인가와 같이 직무상 필요한 자원이 부족할 경우, 팀원 대부분은 빨리 프로젝트를 종결하고 싶은데 팀원 중 몇 명이 좀 더 완벽하게 프로젝트를 끝내자며 일의 종결을 지연시킬 경우, 개인이 상사나 경영진으로부터 공정하게 대우받고 있지 못하다고 느낄 경우 등에 발생한다. 일반적으로 대인 간 갈등이 발생할 경우, 인간관계에 더 많은 신경을 쓰게 되어 본연의 직무수행을 산만하게 만들며 신체적 건강 및 정신 건강에도 해가 된다. 핀란드 종업원을 대상으로 한 종단적 연구에서도 직장 내 대인 간 갈등이 종업원의 건강에 유의하게 영향을 끼치고 있었으며(Romanov et al., 1996), 우울증, 직무 불만족, 직장 내 절도, 태업, 폭력 등 다양한 형태의 부적 결과를 나타냈다(Frone, 2000).

(3) 일과 가정 간의 갈등

일과 가정 간의 갈등(work-family conflict)은 역할 갈등 중 역할 외 갈등의 한 형태로, 직장에서의 일 때문에 가정에서 보낼 시간이 충분하지 않은 것과 같이 일과 가정의 요구 간의 갈등을 의미한다(Baltes et al., 2003). 특히 자녀가 있는 맞벌이부부이거나 편모, 편부 가정일 경우, 자녀가 아프거나 빨리 귀가해서 자녀를 돌봐야만 하는 경우 일과 가정 간의 갈등으로 인해 스트레스가 심해진다. 일반적으로 직장에 다니는 남편보다는 부인의 경우, 직장에서 일을 마치고 가정에 돌아와서도 대부분의 가정 일을 떠맡고 있기 때문에 더 많은 스트레스를 받는 경향이 있다(Cleveland et al., 2000). 고위 관리직의 스트레스를 조사한 Lundberg와 Frankenhaeuser(1999)의 연구에서도 남성 관리자보다는 여성 관리자가 가사와 가족에 대한 의무 때문에 더 많은 스트레스에 시달리는 것으로 나타났으며, 집에 자녀가 없는 경우보다 보살펴야 할 자녀가 있는 여성 관리자의 경우 일이 끝난 후 더 많은 스트레스 호르몬이 분비되는 것으로 밝혀졌다.

일과 가정 간의 갈등을 일으키는 요인을 살펴보면, 개인이 직장에서 보내야 할 시간이 너무 많거나 탄력적으로 근무시간을 조정할 수 없을 때도 일과 가정 간의 갈등을 부추긴다(Major et al., 2002). 부적 감정을 경험하는 성향이 높은 부적 정서성(negative affectivity) 성격을 지닌 사람도 일과 가정 간의 갈등을 경험할 가능성이 높을 뿐만 아니라 다른 유형의 스트레스에도 약하고 긴장도 더 많이 보이게 된다(Wayne et al., 2004). Allen, Herst, Bruck 그리고 Sutton(2000)의 통합 연구에서는 직장생활을 하는 남녀 모두 일과 가정 간의 갈등이 있을 경우 −.23의 직무 불만족을 보였으며, 우울증과 신체적 건강 이상과 같은 스트레스 긴장을 나타내기도 했다(Major et al., 2002). 또한 일과 가정 간의 갈등은 잦은 결근과 지각과 연관되어 있으며(Hammer et al., 2003), 가정생활에 대한 불만족은 물론 삶에 대한 불만족에까지 영향을 미치는 것으로 밝혀졌다(Carlson & Kacmer, 2000).

2) 개인 외적인 차원

(1) 물리적 요인

생활환경에서 경험하게 되는 소음, 온도와 습도, 작업시간, 작업속도 등과 같은 물리적 요인은 스트레스를 일으키며, 종국적으로는 긴장을 가져온다. 예를 들면 자신이 통제할 수 없는 소음은 강력한 스트레스 출처로 작용하여 부적 정서를 경험하게 할 뿐만 아니라 동기도 저하시키게 된다(Cohen et al., 1986). 시끄러운 기계 소음을 내는 제조공장뿐만 아니라 개방형 사무실에서 잡담이나 타인의 대화 소리 역시 스트레스의 출처로 작용한다. Evans와 Johnson(2000)은 비록 낮은 수준의 소음에 접촉하는 것도 스트레스 호르몬을 촉진시키며, 수행을 저하시킨다고 했다. 또 다른 재미있는 결과는 제조공장의 근로자들이 자신들의 공장에는 소음이 그다지 없다고 지각하더라도, 실제 공장에서 발생한 소음은 근로자들의 스트레스 호르몬을 지속적으로 증가시켰다는 것이다.

또한 근로자가 통제할 수 없는 기계의 속도에 따라 수행해야 하는 직무(machine paced work) 역시 스트레스와 긴장을 가져오게 한다. 예를 들면 공장에서의 컨베이어 시스템은 근로자의 일하는 수행속도를 통제함으로써 스트레스를 주며, 정보통신기술의 발전으로 컴퓨터 스크린에서 제시한 통제대로 속도를 맞춰 진행해야 하는 컴퓨터 관련 업무 역시 스트레스를 준다. 같은 우체국 내에서도 기계의 속도에 의해 우편을 분류하는 직무를 수행하는 근로자는 우편 배달이나 고객 서비스 직무와 같이 자신이 일의 속도를 조절할 수 있는 근로자에 비해 더 많은 스트레스, 불안, 피로, 긴장을 느꼈다(Hurrel, 1985). 일반적으로 자신이 속도를 조절할 수 있는 일을 하는 근로자보다 기계에 의해 일의 속도를 통제받는 근로자가 스트레스 호르몬 분비가 더 많았으며, 불안을 더 느꼈고, 직무 불만족과 건강상 이상 증후를 더 보였다(Johansson, 1981).

(2) 역할 관련 요인

역할 갈등, 역할 모호성, 역할 과부하 등의 특성은 한 개인이 생활 속에서 여러 과제나 역할을 요구하거나 책임을 부가하기 때문에 발생하는 스트레스를 의미하며 통칭하여 역할 스트레스 출처(role stressor)라고 한다. 특히 개인이 수행하는 직무에서 역할 갈등, 역할 모호성, 역할 과부하 간의 요구가 상충될 경우 더욱 많은 스트레스를 겪게 된다.

역할 갈등(role conflict)은 서로 다른 역할 요구 간의 상충 정도로 정의하고 있으며, 이러한 역할 갈등은 생활 속의 요구와 개인 가치 간의 갈등, 개인적 자원 분배의 문제, 다른 사람에 대한 의무 이행에 따른 상충, 과다하게 많거나 어려운 과제에 대한 갈등 등의 형태로 나타난다. 반면 역할 모호성(role ambiguity)은 사회생활 속에서 타인이 자신에게 어떠한 행동을 기대하는지에 대해 명확한 지식을 갖고 있지 않을 경우 일어난다. 역할 모호성을 지닌 개인은 자신이 어떠한 행동을 통해 효과적으로 수행해야 하는지에 대해 확신을 갖고 있지 못하다.

역할 과부하(role overloading)는 일반적으로 양적 역할 과부하와 질적 역할 부하의 두 가지로 분류할 수 있다. 양적 역할 과부하는 우선 제한된 시간 내에 생활 속에서 수행할 수 있는 업무의 양과 관련된 과다 역할 부하를 의미한다(Quick & Quick, 1984). 일반적으로 역할 과부하라 함은 양적 역할 과부하를 말한다. 반면 질적 역할 부하는 다시 질적 역할 과부하와 질적 역할 과소 부하로 구분한다. 질적 역할 과부하는 개인의 역량에 비해 너무 어려운 일을 하게 될 때 발생한다. 즉 질적 역할 과부하의 경우 개인은 자신에게 어려운 여러 직무 과제를 쉽게 수행할 수 없기 때문에 어렵지 않은 과제를 많이 수행하려 하거나 아니면 수행하기 어렵지만 양이 많지 않은 과제를 수행하려는 행동을 보이게 된다. 반면 질적 역할 과소 부하는 개인이 습득한 기술이나 지식을 사용할 수 없거나 잠재적 역량을 개발할 기회를 가지지 못할 때 발생하는 것으로, 자신이 맡은 역할의 질적 수준이 너무 부족하기 때문에 발생하는 역할 부하 요인이다(Hurrell et al., 1998). 일반적으로 많은 역할 부하를 갖고 있는 개인은 스트레스를 받게 되며 이러한 스트레스는 다시 직무 만족의 저하와 긴장, 불안, 이직 의도의 증가를 가져온다(Day & Livingstone, 2001; 이주형, 김영철, 2002). Cohen(1992) 역시 과다한 역할 부하는 개인이 직장에서 겪는 스트레스의 직접적 원인이 되며, 직무 만족을 저해하고, 결과적으로 자신의 직무에 대해 정서적, 신체적으로 소진된 상태인 직무 탈진을 촉진시키는 선행변인임을 입증하였다.

(3) 조직적 요인

직무 스트레스를 유발하는 조직 수준의 요인으로는 조직변화, 조직풍토, 의사소통 요인, 훈련 프로그램, 통제 시스템, 조직정치 등이 있다. 조직의 독특한 분위기는 개인행동뿐만 아니라 집단행동에 중요한 영향을 끼친다. 그리고 의사소통 과정에 문제가 생길 때 조직구성원 간의 오해와 갈등이 생겨 스트레스를 유발한다. 또한 조직 내에서 힘 겨루기를 하는 경영자는 자신의 부하에게 지나친 기대와 요구를 부과하여 스트레스를 발생시킬 가능성이 높다.

5. 직무 스트레스 결과

개인이 받는 스트레스는 생리적, 심리적, 행동적 결과에 악영향을 미친다는 것이 일반적인 견해다(Cooper et al., 2001). 개인이 스트레스를 받게 되면 이로 인해 혈압 상승, 혈관 질환과 같은 신체적 증상과 우울증과 출근 압박감, 불안감과 같은 정신적 증상을 경험하게 되며 종국적으로는 심각한 삶의 질 저하를 겪게 된다. 이러한 스트레스로 인한 부적인 결과를 생리적 결과, 심리적 결과, 행동적 결과로 분류하여 살펴보면 〈표 10-3〉과 같다.

〈표 10-3〉 스트레스로 인한 생리적, 심리적, 행동적 결과

생리적 결과	두통, 피로감, 두근거림, 빠른 호흡, 수면 패턴의 변화, 떠는 행동, 어지럼증, 소화불량, 구토, 잦은 소변, 입이 마름, 목이 마름, 식욕의 변화, 심장질환과 심장마비, 혈압 및 맥박 상승, 두통, 스트레스 호르몬(아드레날린, 코르티솔) 증가, 어깨 통증 및 관절염
심리적 결과	공포감, 불안감, 분노감, 좌절감, 초조함, 과도한 흥분, 우울감과 슬픈 감정, 울거나 뛰쳐나가거나 숨고 싶은 욕구, 감정의 부인, 지루함, 주의집중력 부족, 부정적 사고, 경직된 사고, 직무 불만족, 직무 탈진
행동적 결과	신경질적 행동, 흡연의 증가, 알코올 섭취의 증가, 참을성의 부족, 대인관계의 유연성 부족, 타인 회피하기, 타인에게 폭언하기, 과도한 과식 또는 소식, 의사결정과 정보처리 과정 저하, 수행 저하, 결근, 지각, 사고, 태업, 이직

1) 생리적 결과

스트레스 상황에 처하게 되면 우리의 신경체계는 과활성화를 일으키게 되어 여러 종류의 스트레스 호르몬이 분비된다. 이러한 스트레스 호르몬 분비는 스트레스로 인한 신체적, 인지적 활동량이 증가하는 것을 미리 준비하기 위해서이며, 이로 인해 심장 박동이 증가하고, 심장 혈류도 높아지게 된다. 이러한 생리적 변화 초기에는 의사결정과 판단력, 수행 등을 증가시켜 주는 효과가 있지만 신경체계가 만성적으로

과활성화되면 혈관과 뇌에 과도한 스트레스 호르몬이 공급되어 건강을 해치게 된다(Kranz & Manuck, 1984). 스트레스는 혈관을 수축시켜 관상동맥과 심장병의 원인이 되기도 하는데, 이는 스트레스 상황에서 인간의 심장은 더 많은 펌프 활동을 해야 하기 때문에 더 많은 산소가 요구되며, 이러한 심장의 혈액순환 활동은 혈압 상승을 초래하기 때문이다. 즉 스트레스를 받는 인간의 심장은 더 많은 산소를 필요로 하며 이로 인해 혈압이 상승하여 심장마비가 오게 되는 것이다(Krantz & McCeney, 2002).

스트레스에 의한 신체적 반응은 Selye(1976)가 처음으로 연구하였다. 그는 유기체가 스트레스 출처에 의해 어떻게 반응하는가를 연구하여 일반적 적응 증후군(General Adaptation Syndrome)이라는 모형을 제안하였다. 그는 스트레스 출처에 대한 사람들의 반응에는 신경체계와 내분비 혹은 호르몬 체계 모두가 포함되어 있다는 것을 발견하였다. 또한 사람이 각기 다른 스트레스 출처를 경험하였다 하더라도 기본적인 신체적 반응은 유사하게 나타난다고 하였다. 그가 제시한 일반적 적응 증후군 모형은 경고 단계, 저항 단계, 소진 단계 등의 세 단계로 구성되어 있다([그림 10-1] 참조).

(1) 경고 단계

사람이 스트레스 출처에 직면할 때는 혈압과 체온이 순간적으로 떨어지고, 일시적으로 근육긴장 상태를 상실하게 된다. 예를 들어 상사가 전화로 화를 내고 있을 때, 사원은 심장박동이 멎는 것 같은 느낌이 들거나 혹은 나약해진 느낌이 들고, 처음에는 '난 여기서 무슨 일이 일어나고 있는지 혼란스럽다' 는 생각을 하게 된다.

그리고 순간적으로 스트레스에 대해 저항하는 능력이 저하되긴 하지만, 대부분의 사람들은 위협에 대해 저항하도록 재빨리 신체를 활성화시킨다. 뇌의 영역 중 시상하부는 피질 자극-방출 요인이라 부르는 방출 호르몬을 생산하여 뇌의 아랫부분에 위치해 있는 뇌하수체로 보낸다. 뇌하수체는 스트레스와 밀접한 호르몬인 부신피질자극 호르몬과 갑상선자극 호르몬을 생성하여 방출한다. 이 호르몬은 혈류 속으로 방출되며, 심장과 호흡계가 반응을 보이면서 방출 속도가 가속화된다. 이는 근육에 더 많은 에너지(혹은 산소)를 공급하게 하여 필요할 때 싸우거나 혹은 도망하는 데 필요한 힘을 제공하게 된다.

이 경고 단계는 행동적인 측면에서 긴장 상태, 경계 그리고 스트레스 출처에 대한 반응 준비 태세를 갖게 만든다. 즉 감각은 더욱 민감해지고, 청력은 정확해지며, 후각과 촉각, 그리고 미각이 증진된다. 동공은 확장되어 밤에도 잘 볼 수 있으며, 말초시신경도 더 활성화된다. 정신적인 활동 또한 증가되어 사고는 위협을 다루는 방법에 초점을 두게 된다. 그러므로 사원은 자신의 상사가 전화에 대고 소리를 지르는 동안 '이 상황에서 무슨 행동을 취해야 할 텐데' 라는 생각을 할 수 있다.

(2) 저항 단계

상사가 사원에게 야단치는 경우 전화상으로 끝내지 않고 "이 문제에 대해 더 얘기해야 하니 내 사무실로 지금 바로 오길 바라네."라고 말했다고 하자. 사원으로서는 스트레스 출처가 앞으로 더 증가할 것으로 생각하고 이에 대해 방어할 방법을 찾아야 하는 상황이다. 생리적인 측면에서 보면, 스트레스 출처에 대한 두 번째 단계, 즉 저항 단계가 발달하게 된다. 저항 단계에서 해야 할 가장 우선적인 것은 스트레스 출처의 새로운 요구를 충족시키기 위해서 부가적인 에너지를 얻는 것이다. 예를 들어 사원은 상사의 사무실로 가 상사에게 브리핑을 제대로 하기 위한 에너지가 필요하다. 혹은 신체적으로 공격을 받는 사람은 공격자를 피하기 위한 에너지가 필요하다.

신장의 부신피질에서 혈류로 방출된 호르몬이 에너지를 제공하는 역할을 하게 된다. 이들 호르몬은 혈당 수준을 높여 에너지 부족을 채워 주고, 인슐린의 상승과 함께 췌장을 자극하여 혈당의 신진대사를 도와준다. 이 단계에서는 또 다른 부신피질 호르몬인 코르티솔이 방출된다. 코르티솔은 사람이 신체적으로 공격을 받아 상처나 멍이 들 때 나타날 수 있는 염증을 줄여 주는 작용을 한다. 사람이 신체적으로 혹은 심리적으로 위협을 받으면 코르티솔의 생성 수준이 올라가게 된다(Dienstbier, 1989).

또한 이러한 저항 단계 동안에 뇌하수체는 엔돌핀, 즉 신체의 자연적인 통증 완화제를 방출하도록 자극한다. 어떤 스트레스 출처는 통증과 신체적인 상해를 가져올 수도 있다. 그러므로 엔도르핀은 통증을 예방하고 줄여 주는 역할을 하며, 유기체가 스트레스에 대처하기 위해 도망하거나, 싸우거나, 혹은 도움을 청하는 등의 필요한 행동을 할 수 있게 해 준다.

(3) 소진 단계

만약 신체적 혹은 심리적 스트레스 출처가 시간의 흐름에 따라 계속적으로 영향을 미친다면, 사람들은 에너지가 고갈되거나 계속해서 싸울 능력을 잃게 된다. 이는 스트레스 출처가 상당히 강력하고, 대처 능력을 압도할 때 발생한다. 혹은 대처를 위한 자원과 기술이 유용하지 않거나 잘 발달되어 있지 않을 때 발생한다. 어떤 경우든지 간에, 이때 사람들은 계속 에너지를 방출하게 되고 결국 스트레스 출처를 다룰 수 없게 되어 소진 단계가 시작된다. 이 단계의 특징을 보면, 극도의 피로감, 질병, 높은 수준의 불안과 우울증, 운동기술의 손상, 정신적인 기능의 손상, 악몽, 성적인 능력의 저하 등이 나타나며 스트레스를 다루는 방법을 발견하지 못하는 경우 사망하기도 한다.

예를 들어, 사원은 고약하고 횡포를 일삼는 상사를 다루는 기술이 부족할 수 있다. 이때 개인의 신체적인 안녕과 정서적인 안녕이 손상된다. 일을 하면서 긴장감과 일에 대한 좌절감이 증가되고, 사원은 출근이 두려울 수 있다. 따라서 두통, 근육 긴장, 신체적인 질병이 발생한다. 이러한 부정적인 현상은 그 사람의 다른 생활영역에까지

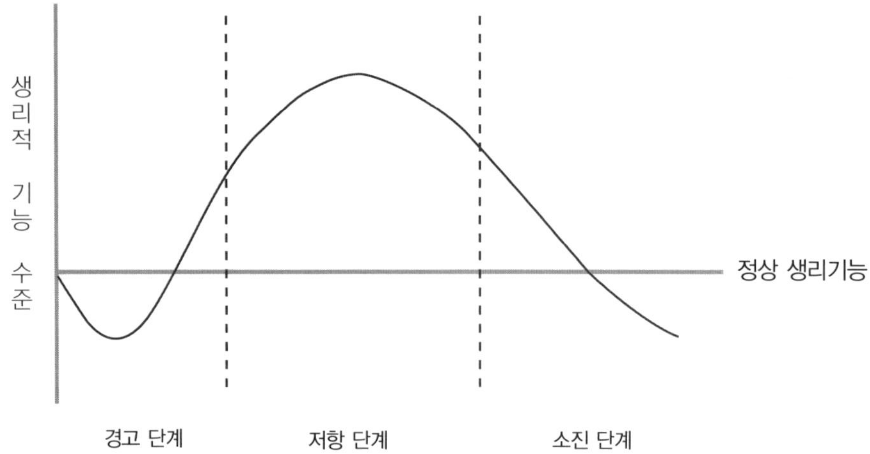

[그림 10-1] Selye의 일반적 적응 증후군 모형

영향을 준다. 즉 다른 사람을 대할 때 경계하는 자세를 취하고, 다른 사람과 사소한 시비를 자주 갖게 된다.

2) 심리적 결과

스트레스로 인한 심리적 결과에는 불안, 우울, 직무 탈진, 피로, 삶의 불만족, 직무 불만족 등이 포함된다. 직무 탈진(job burnout)은 가장 많이 연구된 스트레스의 심리적 결과 중 하나로, 소진, 몰개인화, 개인 성취감 감소로 나눌 수 있다. 소진(exhaustion)은 너무 많은 업무로 인해 정서적, 신체적으로 지친 상태를 의미하며, 몰개인화(depersonalization)는 업무 그 자체나 업무상 대면해야 하는 사람들에 대해 냉소적 태도를 가지며, 종종 세상사에 무심한 태도를 형성하는 것을 말한다. 너무나 많은 환자를 진료해야 하는 의사의 경우 환자들에게 관심을 보이거나 자세히 병의 상태를 설명하는 대신 기계적이거나 사무적인 진료행동을 하는 경우가 많다. 개인 성취감 감소는 개인이 자신의 직무를 통해 성공하는 것이 더 이상 의미가 없다는 신념을 의미한다.

또한 스트레스로 인해 개인은 자신의 정체성을 상실하기도 하며, 자존감과 직무 만족의 저하도 초래된다. 심지어 심각한 스트레스에 만성적으로 노출될 경우 우울증에 걸릴 수도 있다. 이러한 자존감의 저하, 직무 불만족, 우울증, 직무 탈진 등의 스트레스로 인한 심리적 결과는 만성피로, 불면증, 두통, 소화기 장애와 같은 심인성(정신 신체적) 질병과도 깊은 관련이 있다(Dougherty, 1993).

3) 행동적 결과

스트레스로 인한 행동적 결과로는 결근, 사고, 이직, 낮은 수행, 폭력을 포함한 비생산적 행동 등이 있다(Kahn & Boysiere, 1992). Gupta와 Beehr(1979)의 연구에서는 직장인들이 스트레스를 과도하게 받게 되면 직무 불만족과 직무 혐오를 느끼게 되며 이러한 직무 불만족이 누적되면 지각, 결근, 이직 등의 방법으로 자신이 속한 조직을 멀리하게 된다고 보고 있다. Cartwright와 Cooper(1997)도 종업원이 상당한 스트레스를 받는 직무를 수행하게 될 때 직무 만족과 동기가 현저히 저하되며, 이러한 낮은 수준의 직무 만족과 동기로 인해 직무 완수를 위한 노력을 덜 기울이고, 높은 결근율과 이직을 보이게 되며, 낮은 생산성과 수행을 나타나게 된다고 보고 하였다.

특히 이러한 행동적 부적 결과 중 정보처리상의 변화는 업무성과에 결정적 영향을 미친다는 점에 주목할 필요가 있다. 일반적으로 만성적 스트레스는 기억, 반응시간, 반응 정확성, 다양한 과제의 수행 등에 악영향을 미친다(Smith, 1993). 즉 스트레스를 받고 있는 상황에서는 주의를 집중하기가 어렵기 때문에 자극에 대해 성급한 반응을 하거나, 몇몇 단서만을 제한하여 사용하며, 인지적 과제에 대한 오류가 증가하는 경향이 있다(Svenson & Maul, 1993). 일반적으로 제한된 자원을 가지고 정보처리를 하는 우리들은 스트레스 상황에 처하게 되면 인지적 과제에 대처하는 능력이 손상받게 된다고 볼 수 있다. 특히 시간 압박 상황하에서의 스트레스는 의사결정의 질을 떨어뜨리며, 창의성도 저하된다. 예로 패스트 푸드를 배달하는 점원은 배달이 한꺼번에 몰리는 금요일 저녁에 교통신호나 보행자에 대한 정보처리를 하지 못해 교통사고를 내는 경우가 빈번하게 일어나곤 한다(Shanteau & Dino, 1993).

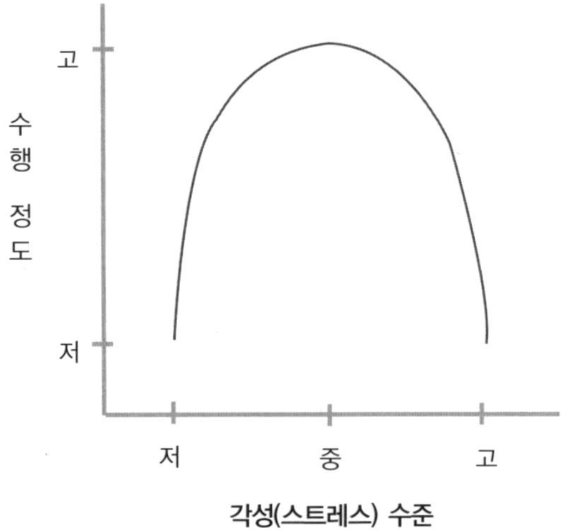

[그림 10-2] 각성(스트레스) 수준과 수행 간의 관계

Yerkes와 Dodson(1908)은 각성(arousal) 수준과 수행 간에는 역 U형의 관계가 존재한다는 가설을 [그림 10-2]와 같이 제안하였다. 각성 수준과 수행 간의 관계를 살펴보면 각성 수준이 증가할수록 수행도 높아지지만 일정 각성 수준부터는 수행이 점차 감소된다. 즉 중간 정도의 각성 수준에서 수행은 가장 높게 나타나지만 각성 수준이 너무 낮거나 높을 경우에는 수행이 떨어진다는 가설이다. 중간 정도의 각성 수준이 수행 동기와 에너지를 일으키며, 주의집중을 할 수 있다는 이러한 가설은 좋은 스트레스(eustress)가 중간 수준일 경우 수행을 가장 증가시킨다는 Selye의 실험실 연구 결과와 일맥상통한다(Jex, 1998).

그러나 실제 조직현장에서는 중간 정도 수준의 스트레스를 포함한 어떤 수준의 스트레스도 직무수행을 저해하는 부적 요인으로 작용하고 있다. 간호사를 대상으로 스트레스를 조사한 Motobildo 등(1986)의 연구에서는 간호사가 겪는 스트레스는 간호 수행의 여러 차원과 부적으로 연관되어 있었으며, 스트레스 상황하에서 환자에 대한 민감성, 다정다감성, 인내력도 상당히 떨어지는 것으로 나타났다. Tubre와 Collins(2000)의 통합연구에서도 다양한 스트레스 출처와 역할 애매성은 일관되게 수행에 부적인 영향을 미치는 것으로 나타났다.

스트레스 수준과 수행 간의 역 U 관계를 연구한 실험실 연구결과와 현장 연구결과가 서로 다르게 나타난 것은 아마도 과제의 성질에 기인하는 것으로 생각된다(Landy & Conte, 2004). 즉, 일반적으로 실험실 연구에서는 단순 과제를 제시하기 때문에 중간 정도의 스트레스 수준이 높은 수행을 가져올 수 있었지만, 실제 조직 현장에서 수행해야 하는 직무는 매우 복잡한 과제로 구성되어 있어 중간 정도 이상의 스트레스는 수행에 저해가 되는 것으로 나타났다. 스트레스는 수행을 떨어뜨리는 많은 요인 중 하나일 뿐이며, 수행을 감소시키는 요인은 과제의 복잡성, 직무수행자의 성격, 능력, 동기 등이 있다. 그럼에도 불구하고 스트레스가 수행에 부적 영향을 미친다는 것은 분명한 사실이다(Landy & Conte, 2004).

6. 직무 스트레스의 조절변인

심리학자들은 스트레스 출처와 스트레스로 인한 긴장(결과)을 조절할 수 있는 개인차 변인과 상황적 변인에 대해 지속적인 관심을 가져 왔다. 스트레스 조절변인(moderator)이란 스트레스 출처와 그로 인해 발생하는 스트레스 결과 간의 연관성과 방향에 영향을 끼치는 변인을 의미한다. 이러한 스트레스를 조절할 수 있는 개인차 변인으로는 A유형 행동양식, 강인성, 통제 소재, 자존감 등이 있으며, 상황적 조절변인으로는 사회적 지원 등이 있다(김원형 외, 2009).

1) A유형 행동양식

스트레스와 스트레스 긴장(결과) 간의 관계를 조절할 수 있는 변인 중 가장 많이 연구된 변인은 Friedman과 Rosenman(1959)이 제시한 A유형 행동양식(TABP: Type A Behavior Pattern)이다. A유형 행동양식은 가능하면 빠른 시간 안에 제한된 자원을 획득하기 위해 지속적으로 투쟁하는 성격이라고 정의할 수 있다. 일반적으로 A유형 행동양식을 가진 사람들은 적개심, 성취추구, 조급성, 시간 압박 등의 특징을 가지고 있다. 구체적으로 A유형 행동양식을 가진 사람들의 특징을 살펴보면 〈표 10-4〉와 같다.

A유형 행동양식의 사람은 자신이 상황을 통제하길 좋아하며, 책임감도 강하고, 혼자 일하길 즐기며, 일처리를 정확하게 하며, 일의 진척도 빠르고, 전문 영역에서 많은 성취를 이루기도 한다. 이와는 대조적으로 B유형 행동양식의 사람은 서두르지 않고 느긋하며, 인내심이 있고, 여유 있는 성격을 보인다. 한 개인이 조직 내에서 스트레스를 받더라도 조급하고 공격적인 A유형의 성격보다는 느긋하고 여유로운 B유형의 성격이 직무 스트레스에 대한 저항력이 강하며, 이로 인해 스트레스를 어느 정도 스스로 조절할 수 있다.

반면 A유형 행동양식을 보이는 사람들은 스트레스에 대해 생리적 각성 수준이

〈표 10-4〉 A유형 행동양식을 가진 사람의 행동특징

- 나는 가만히 앉아서 아무것도 하지 않는 것을 싫어한다.
- 나는 다른 사람들이 얘기할 때 끼어들어 말을 막는 경향이 있다.
- 나는 마감 시간이 있을 때 걱정을 하는 경향이 있다.
- 나는 점심 먹느라 시간을 낭비하는 것을 좋아하지 않는다.
- 나는 계획대로 하고 있다는 것을 확신하기 위해 시계를 본다.
- 나는 한 장소에 오래 있지를 못한다. 다른 장소로 재빨리 옮긴다.
- 나는 누군가가 천천히 일하고 있는 것을 지켜보는 것이 싫다.
- 나는 일이 지연되거나 방해받는 것에 대해 참기가 어렵다.
- 나는 생활하면서 다른 사람들과 경쟁하는 것을 좋아한다.
- 나는 다른 사람이 내가 싫어하는 일을 하거나 그들이 내 일을 방해할 때 쉽게 화가 난다.
- 나는 편지를 쓰거나 서류를 작성하는 것과 같이 반복적인 일을 하는 것이 참기 어렵다.
- 나는 식사하면서 신문을 읽거나 TV 보는 것을 좋아한다.
- 나는 최소한의 시간 동안 가능한 한 많은 일을 하려고 노력한다.
- 나는 너무 많은 책임을 맡는다.
- 나는 이완되어 있는 시간이 거의 없다.
- 나는 다른 사람들이 일처리 하는 방식에 대해 비판적이다.
- 나는 천천히 하는 것이 거의 불가능하다.
- 나는 인생에서 출세하려면 오랜 시간 일을 해야 한다고 믿는다.
- 나는 흔히 한 번에 두 가지 이상의 활동을 한다.

높으며, 이로 인해 심장계 질환에 노출되기 쉽다. 그 결과 A유형 행동양식을 가진 사람들은 심장혈관 질환의 위험이 높고, 다른 스트레스 관련 질병의 위험률이 높다. 한 연구에서는 3,100명의 중년 남자를 대상으로 8개월에서 1년간 추적 연구를 실시했다. 그 결과 A유형 행동양식을 가진 남자들은 B유형 행동양식을 가진 남자들에 비해 두 배 이상의 심장마비를 보였다(Friedman & Ulmer, 1984). 또 다른 연구에 의하면, A유형 행동양식을 가진 사람들은 남자뿐만 아니라 여자들도 심장질환의 위험이 두 배 이상 높다고 하였다(Haynes et al., 1980). 또한 A유형 행동양식을 가진 사람들은 뇌졸중, 당뇨병, 그리고 암질환뿐만 아니라 신체를 쇠약하게 하는 질병과 죽음을 이끄는 질병 등에 대해서도 위험률이 높았다(Yakubovich, Ragland, Brand, & Syme, 1988).

2) 강인성

강인성(hardiness)이란 스트레스에 저항할 수 있는 성격특성을 말하며, 강인성은 자기 삶에 대한 통제감, 자신의 일의 목적과 가치, 그리고 뜻밖의 변화를 장애라고 여기기보다는 도전으로 보는 관점 등 세 가지 특성을 가지고 있다(Kobasa, 1979). 강인한 성격의 사람은 스트레스에 대한 생리적 반응을 적게 보이며, 일반적 웰빙 수준도 높고, 질병에 걸릴 가능성도 적다. 스트레스를 많이 받는 경영자나 변호사 중에서도 강인한 성격을 지닌 사람은 유의하게 적은 스트레스 긴장을 보이고 있으며(Maddi & Kobasa, 1984), 문제 중심적 전략과 지원 추구적 전략을 적극적으로 활용하는 것이 특징이다(Cohen & Edward, 1989; Kobasa et al., 1982).

강인한 성격의 사람은 스트레스 상황을 극복해야 할 도전으로 지각하고 있기 때문에 스트레스에 대해 능동적 대처전략을 사용한다. 매우 중요하고도 스트레스를 많이 주는 시험이 닥칠 경우, 강인한 성격의 대학생은 시험을 자신의 지식과 역량을 보일 수 있는 좋은 기회라고 해석하여 사전에 미리 시험 준비를 시작하는 학습 습관을 보임으로써 스트레스 상황을 적극적으로 통제하는 대처전략을 시행한다(Quick et al., 1997). 이러한 연구결과를 종합해 보면 강인성 역시 스트레스 출처와 스트레스로 인한 긴장 간의 관계를 조절하는 중요한 변인으로 볼 수 있다(Cohen & Edward, 1989).

3) 자존감

자존감(self esteem)은 자신을 긍정적으로 정의하거나 긍정적 가치를 지닌 것으로 믿는 정도를 의미하기 때문에 긍정적 자기가치 혹은 긍정적 자기개념이라고도 한다. 자존감이 낮은 사람에 비해 높은 사람은 동일한 스트레스 상황에 직면했을 때 보다 효율적인 대처전략을 사용하기 때문에 스트레스로 인한 결과나 긴장을 덜 경험하게 된다(Ganster & Schaubroek, 1995). 비록 자존감이 스트레스를 감소시켜 주는 긍정적 효과가 있지만 자존감이 너무 높은 사람의 경우 직장에서의 폭력이나 공격 행동을 일으킬 가능성이 높아 항상 긍정적 효과만을 보이는 것은 아니다(Baumeister et al., 1996). 그러나 스트레스를 받는 상황에서는 자존감이 스트레스 출처와 스트레스 긴장 간의 조절 변인 역할을 하는 것은 분명하다(Cooper et al., 2001).

4) 통제 소재

통제 소재(locus of control)란 개인이 자신에게 일어난 일이 자신의 통제하에 있었는지, 아니면 자신의 통제 밖에 있었는지에 대한 신념이라고 정의할 수 있다(Rotter, 1966). 내적 통제자란 성공이나 성과가 자신의 노력이나 능력에 의해 결정되었다고 믿는 사람인 반면, 외적 통제자란 성공이나 성과가 타인이나 외부의 요인에 의해 결정되었다고 믿는 사람을 말한다. 자신의 성공을 외적 요인으로 귀인시키는 외적 통제자보다는 능력이나 노력으로 귀인시키는 내적 통제자가 스트레스에 대한 내성이 강하며, 낮은 수준의 직무 긴장을 경험하게 된다. 동일한 스트레스 상황에 노출될 경우, 내적 통제자는 외적 통제자보다 자신의 성공이나 목적을 성취하기 위해서는 스트레스 상황도 통제할 수 있다고 믿기 때문에 스트레스로 인한 긴장이나 결과를 덜 경험하게 된다. 즉 개인의 내적 통제는 스트레스 출처와 스트레스 긴장 간의 관계를 조절할 수 있는 변인이라는 것이 일반적인 연구결과다(Horner, 1996; Kahn & Byosiere, 1992).

5) 사회적 지원

스트레스 출처와 스트레스 긴장 간의 관계를 조절하는 개인차 변인이 아닌 상황적 변인으로는 사회적 지원(social support)이 있다. 사회적 지원은 개인이 타인(배우자, 동료, 친구)이나 집단(가족, 팀, 친교 모임), 조직(회사, 동문)과의 다양한 접촉을 통해 받는 도움, 위로, 정보, 편안함 등을 의미하며, 역시 스트레스로 인한 심리적 · 신체적 증상을 조절하는 역할을 한다(Cohen & Wills, 1985). 사회적 지원은 개인이 심리적으로 보호받고 있다는 느낌을 주기 때문에 스트레스의 부적 효과를 완화시켜 주는 역할을 한다.

7. 직무 스트레스의 관리전략

일반적으로 스트레스에 대처하는 방법은 문제 중심적 대처방법(problem focused coping)과 정서 중심적 대처방법(emotion focused coping)이 있다. 문제 중심적 대처는 스트레스를 일으킨 문제 자체를 직접적으로 통제하거나 변화시키는 대처 방법을 말한다. 문제 중심적 대처의 일반적 과정은 개인은 자신에게 스트레스를 준 문제에 대해 명확한 정의를 내리고, 여러 가지 문제를 해결할 방안을 제시하며, 그러한 방안이 갖고 있는 손익에 대한 가중치를 부여한 후 가장 최적의 문제해결 방안을 실행에 옮기는 것이다(Lazarus, 2001). 이러한 문제 중심적 대처방법에는 시간을 관리하는 기술, 여러 직무 요구 사항에 대해 행동계획을 설계하는 기법 등이 있다. 반면 정서 중심적 대처방법은 자신에게 스트레스를 주는 문제에 대해 정서적 반응을 줄이는 방법을 의미한다. 정서 중심적 대처방법은 한 개인이 스트레스를 주는 문제를 미리 회피하거나, 그러한 문제로 발생하는 스트레스를 최소화시키거나, 아예 문제로부터 자신을 격리하는 것 등이다. 예로서 한 개인이 직무로 인해 스트레스를 받을 때라도 가족이나 친구들로부터 사회적 지원을 받으면 그러한 스트레스의 부적 효과를 최소화할 수 있다.

한편 직무 스트레스에 대처하거나 관리하는 전략은 〈표 10-5〉와 같이 1차적 스트레스 관리전략, 2차적 스트레스 관리전략, 3차적 스트레스 관리전략으로 분류할 수 있다(Cooper et al., 2001).

〈표 10-5〉 스트레스 관리전략

구분	내용
1차적 스트레스 관리전략 (출처 지향적 관리전략)	• 개요: 스트레스 출처의 수와 강도를 줄이고 예방한다. • 목표: 작업환경, 기술, 조직구조의 변화 • 가정: 스트레스를 가장 효율적으로 관리하는 방법은 스트레스 출처를 제거하는 것이다 • 예: 직무 재설계, 인지적 재구조화
2차적 스트레스 관리전략 (반응 지향적 관리전략)	• 개요: 스트레스에 대한 개인의 반응을 수정하거나 예방한다. • 목표: 개인의 변화 • 가정: 스트레스 출처를 제거할 수 없을 경우 차선의 방법은 스트레스에 대한 개인의 반응을 수정하는 것이다 • 예: 이완 훈련, 바이오 피드백, 스트레스 관리 훈련, 신체 단련, 영양 섭취
3차적 스트레스 관리전략 (증후 지향적 관리전략)	• 개요: 스트레스로 인해 생긴 부정적 결과에 보다 효율적으로 대처할 수 있는 사람의 도움을 받음으로써 최소화한다. • 목표: 개인의 변화 • 가정: 일단 발생한 스트레스 결과에 대한 치료에 중점을 둔다. • 예: 종업원 지원 프로그램, 의학적 치료

1) 1차적 스트레스 관리전략

1차적 스트레스 관리전략은 스트레스 출처를 제거하거나 수정하는 전략에 중점을 두기 때문에 출처 지향적 관리전략이라고도 한다. 1차적 스트레스 관리에서는 종업원으로 하여금 직무나 작업환경에 대한 통제력을 증진시키는 개입(intervention)전략을 사용하게 함으로써 직접적으로 스트레스 출처의 빈도와 강도를 낮추고, 종업원의 직무 만족과 심리적 안녕을 높이는 전략을 구사한다. 1차적 스트레스 관리에서 사용되는 개입전략은 과제나 작업환경의 재설계, 참여적 경영의 촉진, 명확한 역할이나 직무기술서의 개발, 탄력적 근무시간 계획, A유형 행동양식의 변화 등이 포함된다. 1차적 스트레스 관리전략은 스트레스 출처를 직접적으로 관리하거나 변화시키는 전략을 사용하고 있기 때문에 문제 중심적 대처방법이라고 볼 수 있다. 대표적인 1차적 스트레스 관리전략으로는 직무 재설계와 인지적 재구성을 들 수 있다.

(1) 직무 재설계

직무 재설계(job redesign)의 중심적 역할은 종업원이 직무를 수행할 때 스트레스 출처가 되는 소음, 시간 압박, 직무 방해 요인, 역할 애매성, 근무시간 등을 줄이거나 제거할 수 있도록 직무를 재설계하는 것이다(Sparks et al., 1997). 이 직무 재설계 개입 기법은 종업원의 직무 자율성을 증진시키고, 경영 의사결정에 참여하는 기회를 확대하도록 직무를 재설계하는 것까지 포함하는 개념이다. 예를 들면 백화점 서비스 센터나 은행 등에서는 고객 서비스 직원에게 고객 대기표 시스템을 도입하여, 고객은 자기 번호가 해당 서비스 창구를 알려 주는 전자 스크린에 뜰 때까지 서비스 데스크에는 접근할 수 없도록 하고 있다. 이러한 고객 대기표 시스템을 통해 이전에는 지속적으로 줄을 서서 기다리고 있는 고객에 대해 가능한 한 빨리 서비스를 제공해야만 했던 스트레스를 줄일 수 있었으며, 직무 통제감도 증진될 수 있었다. 이러한 직무 재설계를 통해 직무환경의 변화를 가져옴으로써 종업원은 자신의 일에 대해 동기 수준, 직무 만족도, 직무 의미성이 높아진 반면 스트레스는 현격히 줄어들 수 있었다(Hackman & Oldham, 1980). 또한 간호사와 회계 직원을 병원경영회의에 참여시켜 의사결정을 함께 하도록 한 결과, 두 직종 모두 직무에 대한 통제감이 증가한 반면 역할 갈등이나 역할 애매성은 감소하였다(Jackson, 1983). 이러한 직무 재설계나 작업환경의 단순한 변화만으로도 스트레스와 직무에서 겪는 정서적 긴장이 상당히 감소될 수 있을 뿐만 아니라 높은 직무 만족과 낮은 이직까지 가져오게 할 수 있다.

(2) 인지적 재구성

인지적 재구성(cognitive restructuring)이란 스트레스를 일으키는 과정에 대한 지각이나 사고를 변화시키는 대처기법이다. 즉, 인지적 재구성은 개인-환경 부합 모형에서 제시한 직무 요구에 부응할 수 있는 자신의 역량이나 작업환경 자체에 대한 부정적 지각을 긍정적 지각으로 변화시키는 전략을 의미한다. 예를 들어 너무 많은 업무량 때문에 일을 끝마칠 수 없는 데 따른 스트레스를 지닌 종업원은 이 일은 내게는 충분히 도전할 수 있는 일이라고 스트레스에 대한 지각을 변화시킴으로써 어려운 일도 실제 완수할 수 있게 된다(Quick et al., 1997).

2) 2차적 스트레스 관리전략

2차적 스트레스 관리전략은 스트레스에 대한 개인의 반응을 수정하거나 예방하는 전략으로 구성되어 있다. 즉 2차적 스트레스 관리전략은 스트레스 그 자체나 스트레스 출처를 변화시키거나 제거하기보다는 스트레스로 인해 발생하는 부적 경험을 예방하기 위한 전략이기 때문에 반응 지향적 관리전략이라고도 한다. 2차적 스트레스 관리전략이 반응적 기법이라는 의미는 그 기법의 사용이나 효과는 스트레스에 대한 반응적 대처이기 때문이다. 즉 반응적 스트레스 기법 중 하나인 갈등관리 기법은 대인 간 갈등이 발생한 후에야 반응적으로 대인 간 갈등을 해소하는 기법이기 때문이다. 또한 2차적 스트레스 관리전략은 스트레스 출처에 대한 개인의 정서적 반응을 감소시키고, 개인이 스트레스 출처로부터 거리를 두거나, 회피하는 전략을 사용하기 때문에 크게는 정서 중심적 대처방법이라고 볼 수 있다. 직무에서 부적 정서를 경험하는 빈도가 높은 정서노동 직업의 경우, 정서노동 그 자체를 수정하거나 없앨 수 없으므로 문제 중심적 대처방법보다는 정서 중심적 대처 방법을 사용한다.

2차적 스트레스 관리전략에서 많이 사용하는 개입기법으로는 협상이나 갈등관리와 같은 훈련 프로그램이 있으며, 특별한 훈련 없이도 음주나 흡연, 음식섭취 습관의 개선, 체중조절과 체력단련과 같은 생활습관을 개선시키는 프로그램도 있다. 특히 스트레스 이완 훈련, 바이오 피드백, 사회적 지원 등과 같은 기법은 1차적 스트레스 관리전략과 함께 조합해서 사용하는 경우가 많다.

(1) 스트레스 관리 훈련

스트레스는 작업 환경에서는 내재적으로, 그리고 지속적으로 발생할 수밖에 없기 때문에 조직이나 개인 모두 이러한 조직에서 필연적으로 발생하는 스트레스를 관리하는 훈련에 주의를 기울이게 된다(Cooper & Cartwright, 2001). 스트레스 관리 훈련(stress management training)은 종업원이 제거하기 어렵거나 변화시키기 어려운 스트레스 출처를 다루는 방법을 훈련시키는 프로그램이다. 스트레스 관리 훈련은 주로 인지-행동적 기술 훈련 프로그램을 주로 사용하는데, 인지-행동적 기술 훈련이란 얼마나 스트레스를 주는 상황인지에 대한 평가과정을 수정하거나 스트레스 출처를 관리할 수 있는 행동적 기술을 개발시켜 주는 훈련 프로그램을 말한다. 인지-행동적 기술 훈련 프로그램은 대략 스트레스 대처에 대한 교육, 연습, 실제 응용으로 구성되어 있다. 교육은 다른 사람이 과거 이러한 스트레스 상황에서 어떻게 대응했는지에 대해 학습하는 것이며, 연습은 문제해결, 시간관리, 이완 훈련, 인지적 대처기법과 같은 다양한 스트레스 대처기술을 습득하는 것을 의미한다. 그리고 실제 응용은 모의 스트레스 상황에서 인지-행동적 기술을 실행하는 훈련을 말한다. 이러한 스트레스 관리 프로그램은 교육을 통한 인지적 재구조화와 같은 1차적 스트레스 전략과 함께 문제해결과 같은 행동적 기술 훈련을 병행하여 스트레스에 대처하는 기법이다(Murphy, 1996).

조직의 경우에 적합한 스트레스 관리기법은 우선 전체 종업원을 대상으로 스트레스에 대한 이해를 증진시킬 수 있는 시청각 교육을 실시한 다음, 스트레스에 대처할 수 있는 기술, 건강을 유지하는 방법, 스트레스를 이완할 수 있는 기법 등을 조직 차원에서 주기적으로 훈련시키는 방법이다. 병원의 조직 스트레스 관리 훈련을 종단적으로 연구한 Jones 등(1988)은 조직 스트레스 관리 훈련을 실시한 병원의 경우 스트레스로 인한 오진과 잘못된 치료 비율이 유의하게 감소되는 긍정적 결과를 보임을 입증했다.

(2) 이완 훈련과 바이오 피드백

이완 훈련(relaxation training)은 점진적으로 근육 이완을 시키거나 깊은 호흡 훈련을 통해 스트레스를 감소시키는 방법이다. 점진적 근육 이완은 주로 신체의 머리나 다리에서 시작하여 신체 전반으로 이행하며, 보통 5~7초 동안 근육을 긴장시키고 그다음에 근육을 다시 이완시키는 방법이다. 이완 훈련은 특히 각성과 불안을 감소시키는 데 효과적인 스트레스 대처방법이다(Murphy, 1996).

바이오 피드백(bio feedback)은 전자장치에서 자신의 신체 상태에 대한 정보를 피드백해 주면 개인은 그러한 피드백을 통해 자신의 심장 박동, 혈압, 피부 온도 등을 스스로 관리하거나 통제하는 방법을 말한다. 간단한 바이오 피드백 도구로 사용되는 바이오 반점(biodot) 장치는 스트레스를 받을 경우 반점이 검은색으로 변하며, 스트레스가 없거나 이완된 경우 반점의 색이 하얗게 변한다. 이러한 장치를 통해 개인은 자신의 스트레스 정도와 생리적 변화를 모니터할 수 있으며, 그 수준에 따라 불안과 각성 수준을 관리하게 된다.

(3) 사회적 지원

사회적 지원(social support)은 개인이 타인이나 집단, 조직과의 공식적 · 비공식적 접촉을 통해 받는 도움, 위로, 정보, 편안함 등을 말하며, 스트레스와 긴장을 감소시킬 수 있는 대처방법 중의 하나다(Cohen & Wills, 1985). House(1981)는 사회적 지원은 구체적으로 도구적 지원, 정서적 지원, 정보적 지원, 평가적 지원으로 분류할 수 있다고 했다. 도구적 지원(instrumental support)은 실질적으로 개인의 직무수행에 도움이 될 수 있도록 직접적으로 지원해 주는 것을 의미한다. 정서적 지원(emotional support)은 개인이 겪는 어려움이나 난관에 대해 관심이나 감정이입, 이해 등을 통해 지원해 주는 것으로, 보통 가족이나 심리치료사가 이 역할을 담당한다. 정보적 지원(informational support)은 난관에 봉착한 문제를 해결할 수 있는 정보를 개인에게 제공함으로써 도움을 주는 지원으로, 주로 전문가나 인터넷 웹사이트 등이 중요한 역할을 하기도 한다. 마지막으로 평가적 지원(appraisal support)이란 개인의 자존감을 살릴 수 있도록 개인의 역량에 대해 피드백을 주는 것으로, 친한 친구, 가족, 심리치료사, 회사 동료 등이 주로 평가적 지원자다.

앞서 설명한 바와 같이 사회적 지원은 스트레스 출처와 스트레스로 인한 결과 간의 관계를 조절할 수 있는 완충변인 역할을 하기도 한다. 예로서 상사와 갈등을 빚고 있는 금속공장 노동자의 경우 사회적 지원은 불안과 스트레스 긴장을 완화시켜 주는 조절변인 역할을 하는 것으로 밝혀졌으며(Frese, 1999), 특히 현대 가족체계와 같이 핵가족 체계에서 자라난 세대의 경우 대부분 부모나 가족과는 독립적으로 생활하고 있기 때문에 직장에서의 사회적 지원이 더욱 중요한 스트레스 대처방법으로 부각되고 있다(Quick et al., 1997). 그래서 최근 들어 멘토링 시스템, 조직 보상과 인정 프로그램, 조직 사회화 프로그램, 팀 빌딩을 통한 지원 시스템 등 조직 차원의 사회적 지원 프로그램이 증가하고 있다.

3) 3차적 스트레스 관리전략

3차적 스트레스 관리전략은 스트레스로 인해 생긴 부정적 결과에 대한 치료를 받고 부정적 결과에 보다 효율적으로 대처할 수 있는 사람의 도움을 받음으로써 최소화하는 데 초점을 맞추고 있기 때문에 증후 지향적 관리전략이라 한다. 3차적 스트레스 관리전략에는 종업원 원조 프로그램, 의학적 치료, 심리 치료, 경력 상담 등의 기법이 있다. 종업원 원조 프로그램(EAP: Employee Assistance Program)은 가장 널리 사용된 3차 스트레스 관리 프로그램으로, 원래는 미국에서 종업원의 알코올과 마약 중독을 치료하는 데 사용된 방법이었으나 스트레스 관리기법으로 확장되어 개발되었다. 그러므로 종업원 원조 프로그램은 스트레스 치료뿐만 아니라 알코올과 가족 문제, 행동적 · 정서적 장애 문제 등 조직 내 구성원이 직면하는 다양한 문제에 대해 조직 내 · 외의 전문가를 활용하여 상담해 주는 프로그램이다.

종업원 원조 프로그램이 성공하기 위해서 경영자는 프로그램에 적극적인 지원을 해 주어야 하며, 종업원에게 프로그램 활용방법이나 훈련방법을 주지시키고, 쉽게 프로그램에 참여할 수 있도록 해야 한다. 또한 이 프로그램에 참여한 종업원이 승진이나 직무 안정성에 불이익을 받지 않도록 행정적 조치를 취해야 하며, 개인의 프로그램 참여에 대해서도 보안을 유지해야 한다. 특히 비밀이 유지되지 않을 경우 종업원은 종업원 원조 프로그램에 대해 불신하게 되며, 그로 인해 조직에 대한 회의적 풍토가 조성되며, 결국 종업원 원조 프로그램이 실패로 돌아간다. Cooper와 Sadri(1991)는 종업원 원조 프로그램에 참여한 종업원의 경우 정신 건강과 자존감이 증진되었으며, 종업원 원조 프로그램으로 인해 안전사고와 결근 등이 감소했다고 밝혔다. 그러나 종업원 원조 프로그램은 부적 스트레스 결과의 치료에 초점을 맞춘 단기 전략으로서 근본적인 스트레스 예방 전략이라기보다는 스트레스로 인해 나빠진 건강을 회복시키는 전략이다.

8. 직무 스트레스의 통합모형

지금까지 살펴본 직무 스트레스와 관련하여, 개인이 받는 스트레스의 출처, 스트레스에 의해 나타나는 결과, 그리고 스트레스 출처와 결과 간의 관계를 조절하는 조절변인 등을 종합한 직무 스트레스 통합모형을 도식화하면 [그림 10-3]과 같다.

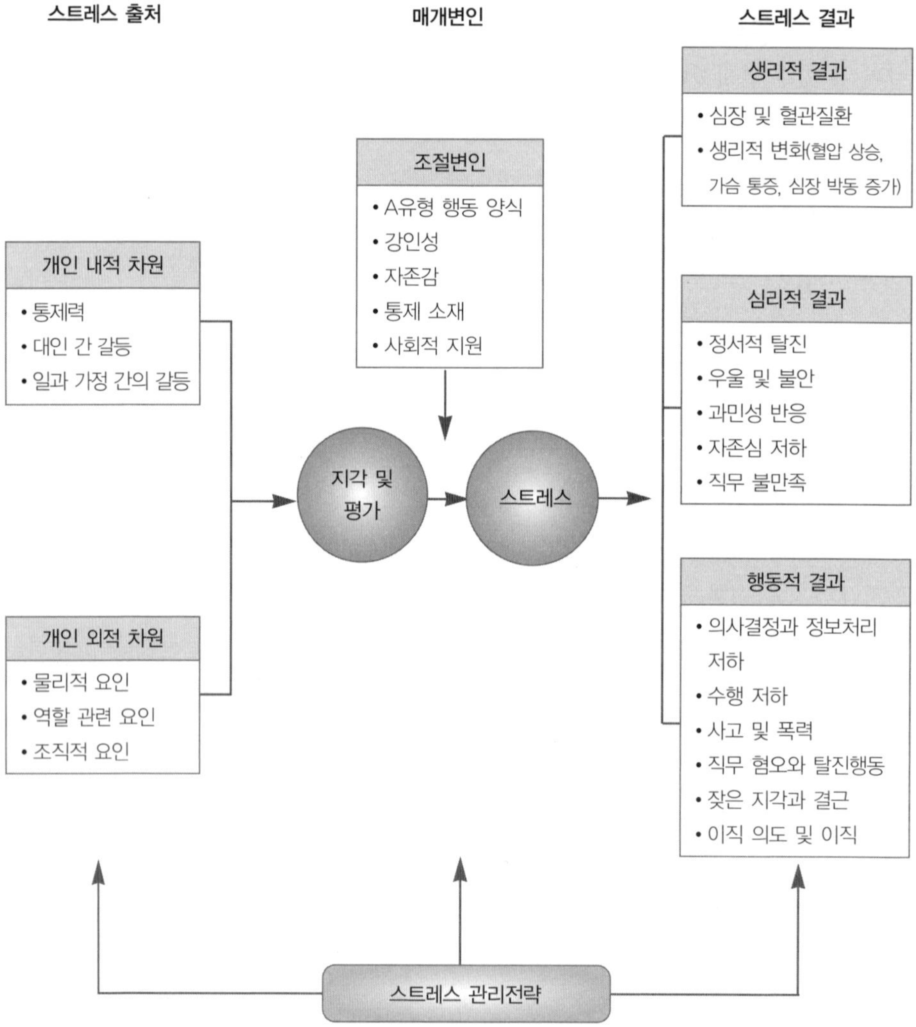

[그림 10-3] 직무 스트레스 통합모형

정리해 볼 문제

1. 조직에서 직무 스트레스 관리가 중요한 이유를 설명하시오.

2. 직무 스트레스에 대한 개인-환경 부합 모형에 대해 설명하시오.

3. 직무 스트레스의 개인 내적인 요인에 대해 설명하시오.

4. 직무 스트레스의 개인 외적인 요인에 대해 설명하시오.

5. 일반적 적응 증후군 모형에 대해 설명하시오.

6. 직무 스트레스의 조절변인에 대해 설명하시오.

7. 직무 스트레스의 1차적 관리전략에 대해 설명하시오.

제11장
산업상담

급변하는 현대사회를 살아가는 우리들은 다양한 문제에 봉착하게 된다. 점점 어려워지는 취업에 직면하여 스트레스를 받는 젊은이들, 성과 및 승진의 압박감에 시달리는 직장인들, 자식을 어느 정도 기른 후에 자신의 정체감을 상실하여 우울에 빠지는 중년부인들, 가정과 사회로부터 버림받았다고 생각하는 노인들, 비합리적인 신념과 기대로 인해 스스로 파놓은 함정에서 헤어나오지 못하는 사람들, 가정과 학교에서 제대로 적응하지 못하고 비행에 빠지는 청소년들, 심각한 약물이나 알코올 중독에 빠져드는 사람들 모두는 바로 상담이 절실히 필요한 사람들이라고 볼 수 있다.

특히 현대사회에서 대부분의 사람들은 기업 내 직장인으로 생활을 하게 된다. 그들은 특정 직업에 종사함으로써 생활을 유지할 수 있을 뿐 아니라, 만족과 심리적 성장의 원동력을 얻고 있다. 따라서 직장은 그 안에서 일하고 있는 각 개인이 심리적으로 안정을 유지하면서 자아실현을 하고 이를 바탕으로 행복한 가정, 건강한 사회를 만들어 갈 수 있는 곳이어야 한다. 그러나 현대인들은 그들의 욕구를 효율적으로 충족시키기 위해 다양한 집단이나 조직을 구성하고, 그들과 이해관계에 있는 집단이나 조직에 상호 영향력을 행사하는 과정에서 수많은 개인적 · 사회적 문제를 겪고 있다. 이러한 문제를 효율적으로 해결하지 못했을 때에는 개인의 신체적 · 정신적 질병을 초래하게 되고 사회적 혼란을 야기하게 된다. 이와 같은 상황에서 직장 내의 다양한 문제를 다루는 산업상담은 절실한 시대적 요청으로 매우 중요해지고 있다. 따라서 이 장에서는 상담의 의미, 산업상담의 기초 이론, 산업상담의 기본 원리 및 기법, 심리검사에 근거한 산업상담, 직업상담 등에 대해 살펴보고자 한다.

1. 상담의 의미

1) 상담의 정의

상담에 해당하는 영어 단어 counseling을 그대로 옮기면 서로 말을 주고받는다는 의미다. 그러나 상담은 단순히 정보를 교환하고 협의하는 상황인 대화나 토론, 설교, 심문의 차원을 넘어선다. 즉 얼굴을 대하면서 단순히 의견을 교환하는 것이 모두 상담은 아니다. 상담이란 도움을 필요로 하는 내담자(client)가 경험과 지식과 정보를 갖추고 있는 전문적 훈련을 받은 상담자(counselor)와의 대면관계에서 정보와 조언을 통해 도움을 받아 생활 속에서 일어난 문제를 해결해 나가는 것이며, 더 나아가서는 사고, 감정, 행동의 세 가지 측면에서 인간적인 성장을 하기 위해 노력하

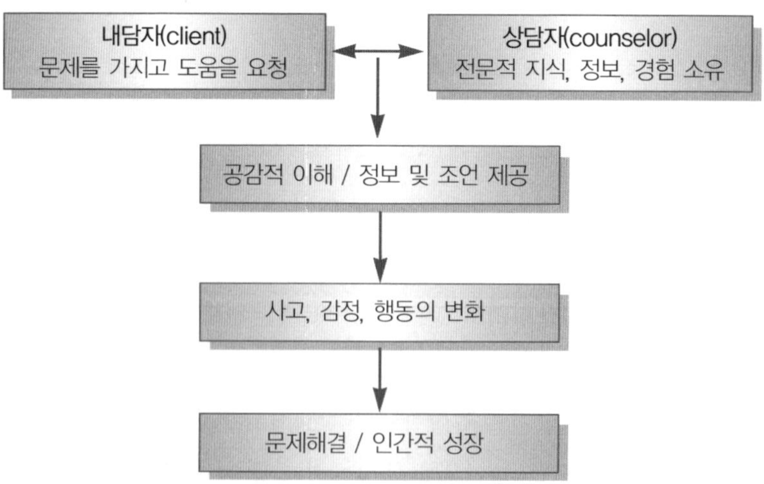

[그림 11-1] 상담의 의미

는 일련의 학습과정이다. 이러한 상담의 개념은 어떠한 상담이든(전화상담을 제외하고), 얼굴을 마주 대하는 대면관계로 이루어져 있고, 상담의 결과로 과거의 생각, 느낌, 행동 등에서 새로운 변화가 이루어지며, 궁극적인 목표는 문제의 해결 및 인간적인 성장에 있다는 것을 의미한다([그림 11-1]).

2) 상담자의 자질

상담자의 자질은 인간적 자질과 전문적 자질로 나눌 수 있다. 상담자의 인간적 자질은 '원만한 성품과 소신 있고 인간문제에 대한 예민한 관심' 이라고 할 수 있다. 이러한 자질은 아마도 모든 사람에게 바람직한 성격적 특성일 것이다. 그러나 이것은 상담자로서의 필요조건일 뿐 충분조건은 아니다. 원숙한 상담자가 되기 위해서는 '고도의 인간이해 능력과 의사소통 능력, 그리고 각 상담 분야에 필요한 전문적 지식과 정보' 등의 전문적 자질을 갖추어야 한다. 상담자가 갖추어야 할 자질을 요약하면 〈표 11-1〉과 같다.

〈표 11-1〉 상담자가 갖추어야 할 자질

자질	내용
타인의 감정과 태도에 대한 민감성	남의 감정과 생각을 민감하게 포착하고 이해할 수 있어야 하며, 이를 효율적으로 의사소통하는 능력이 있어야 한다.
인간존중의 마음	어떤 문제를 가진 사람일지라도 한 사람의 인간으로서 존중하는 마음자세가 갖추어져 있어야 한다.
객관성	모든 사람의 인생 경험, 행동방식, 가치관이나 태도 등이 다를 수 있다는 것을 수용할 수 있는 포용력이 있어야 한다.
자기이해	상담자 자신의 가치, 욕망, 행동동기, 그리고 대인관계 속성 등을 철저히 이해함으로써 상담자로서 판단 능력을 키울 뿐만 아니라 상담자 자신의 인간적 성숙을 도모할 수 있다.
전문적 지식과 정보, 경험	각 직무에 필요한 전문적인 정보, 직업구조나 취업경향, 내담자들의 개인적·사회적 정보 등을 갖추고 있어야 한다.

3) 상담의 진행 단계

상담은 상담자가 내담자와 만나기 시작해서 종결될 때까지 여러 번의 면접을 거치는 일련의 과정이다. 이 상담이 1~2회의 면접으로 끝나든 20회 이상으로 진행되든 그 과정을 단계적으로 구별해 볼 수 있다. 상담을 단계적으로 구별해 보는 것은 상담과정의 이해와 효과적인 상담진행에 도움이 될 뿐만 아니라, 상담기술의 훈련에도 지침이 될 수 있다. 상담의 과정은 일반적으로 다섯 단계로 진행되는데, 이를 구체적으로 살펴보면 다음과 같다.

(1) 동기 조성 및 구조화

이 단계에서는 내담자에게 찾아온 이유, 자신의 걱정거리나 문제 등을 말하도록 한다. 이때 상담자는 내담자의 진술에 주의하면서 그의 비언어적 행동을 관찰하고 문제가 무엇인지를 파악한다. 또한 상담에 대한 내담자의 기대를 명료화하여 내담자가 상담과정에 적극적으로 참여하도록 이끌어 주며, 상담과정의 방향과 체계를 분명히 한다. 그리고 상담자는 구조화를 통해 내담자로 하여금 상담에 대한 인식을 갖게 하여, 상담의 진행과정에 대한 두려움이나 궁금증을 줄여 준다. 구조화란 상담의 효과를 최대한으로 높이기 위해 상담의 기본 성격, 상담자 및 내담자의 역할 한계, 바람직한 태도 등을 설명하고 인식시켜 주는 작업으로, 일종의 내담자 교육이라고 할 수 있다. 이 구조화에 포함되는 사항은 상담의 성질, 상담자의 역할과 책임, 내담자의 역할과 책임, 상담의 목표, 시간적 · 공간적 제한 등이다.

(2) 촉진적 관계의 형성

이 단계에서는 상담자와 내담자가 솔직하고 믿을 만한 관계를 형성하게 된다. 내담자가 상담자에게서 느끼는 신뢰성, 매력, 전문성 등은 내담자로 하여금 상담에 대해 긍정적인 기대를 갖게 한다. 상담의 촉진적 관계를 형성하기 위해서는 상담자의 내담자에 대한 공감적 이해, 수용적 존중, 성실한 자세 등이 필요하다.

(3) 목표의 설정

이 단계에서는 문제에 대한 내담자의 감정 표현을 촉진시키고, 제시된 문제를 구체적으로 정의한다. 이 과정에서 현재의 '문제 행동'과 바람직한 '목표 행동'에 대한 내담자의 자각과 문제해결 과정에서의 실제적인 노력을 촉진하는 것이 필요하다. 이를 위해 문제 및 상담 목표에 관련된 내담자의 생각 및 감정을 탐색하고 정리하는 것이 좋다. 이러한 탐색을 통해 내담자는 자신의 주요 경험 및 사건을 이전보다 명확한 관점에서 재인식하게 된다. 이와 같이 내담자 자신에 대한 이러한 자각이 이루어져야 상담 목표에 도달하기 위한 실제적 노력을 하게 된다.

(4) 실천행동의 계획

이 단계에서는 내담자의 구체적인 행동절차를 협의하고, 세부적인 행동계획을 작성한다. 내담자의 자각과 합리적인 사고만으로 상담이 끝나는 것은 아니다. 상담을 하는 도중에는 앞으로 모든 문제가 잘 해결될 것 같지만 실제 생활에 부딪혔을 때는 당황하는 경우가 많다. 따라서 내담자의 새로운 인식이 실생활에서 실현되도록 내담자의 행동계획을 도와줄 필요가 있다.

(5) 실천결과의 평가와 종결

종결에 앞서 그동안 이룩한 것을 목표에 비추어 평가해야 한다. 이때 내담자로 하여금 상담의 전체 과정을 요약하게 할 수도 있다. 또한 문제가 생기면 다시 상담자를 찾아올 수 있다는 추후 상담의 가능성도 제시한다. 그리고 종결은 보통 내담자와 상담자의 합의에 의해 이루어진다. 내담자가 상담의 종결을 희망하더라도 아직 불충분하다는 판단이 설 경우에는 상담을 당분간 계속하도록 권유하는 것이 바람직하다. 또한 상담의 종결을 상담자가 자기를 배척하는 것으로 생각하는 내담자도 있으므로, 상담자는 내담자가 이러한 문제에 갑자기 직면하지 않도록 상담을 서서히 종결시킨다.

2. 산업상담의 기초 이론

1) 내담자 중심 이론

Rogers는 인간의 본성을 매우 긍정적인 입장에서 보았다. 즉 인간은 본질적으로 건설적이고 합리적인 존재라는 것이다. 그는 인간의 능력이나 가능성은 대개 그 인간의 주체 속에 내재해 있으며, 모든 인간은 주관적 지각에 의하여 그 행동이 지배되며, 각자 무엇인가를 향하여 되어 가고 있다는 인간관을 가지고 있다.

(1) 인간의 본성에 대한 가정

Rogers에 따르면 모든 사람은 자신의 가능성을 실현시키고자 하는 자아실현 경향성(self-actualization)을 소유하고 있다. 즉 인간은 스스로 자신을 유지하고 개발해서 성장해 나갈 수 있는 잠재 능력을 소유한 존재로, 인간의 삶에서 최우선적인 동기는 유전적인 특질이 허용하는 한도 내에서 최선의 자기(self)가 되고자 하는 것이다. 이러한 자아실현 경향성은 정상인뿐만 아니라 심리적인 부적응을 겪고 있는 사람을 포함해서 모든 인간에게 내재한다.

또한 인간은 개인마다 독특한 현상학적 장(phenomenal field)이 있다는 것이다. 즉 모든 사람은 세상을 지각하고 느끼며, 또 자신이 어떤 사람인가에 대해 생각하는, 사적이고 주관적인 경험의 세계를 가지고 있다는 것이다. 따라서 개인이 어떻게 행동하는가는 그가 세계를 어떻게 지각하고 해석하느냐에 달려 있으며, 개인의 행동이란 개인이 세계를 지각하고 해석한 직접적인 결과라고 본다. 이는 곧 개인을 가장 잘 이해하기 위해서는 그가 세상을 어떻게 보고 어떻게 해석하는가 하는 내적 준거체계(internal frame of reference), 즉 자아(self)를 이해할 필요가 있다는 것을 의미한다.

(2) 자아의 형성과 발달

개인이 세상을 지각하고 해석하는 준거 틀인 자아의 형성과 발달은 부모, 형제, 친척 등 개인을 둘러싸고 있는 중요한 사람과의 상호작용을 통하여 이루어진다. 식물이 성장하는 데 햇빛, 물, 적당한 온도 등 필요한 환경조건이 있듯이 자아가 건강하게 성장하는 데도 필요한 환경조건이 있다. 그 환경조건이란 다름 아닌 공감적 이해(또는 감정이입, empathy), 무조건적인 긍정적 존중(unconditional positive regard), 순수성(congruence)이 있는 환경이다. 즉 사람들은 자신이 느끼고 경험한 바를 마치 자신처럼 똑같이 느껴 주고 이해해 주며 자신을 있는 그대로 수용해 주는 환경에서(공감적 이해), 그리고 자신이 조건 없이 긍정적으로 대우받고 사랑받을 수 있는 환경에서(무조건적인 긍정적 존중) 자아를 원만히 발달시킬 수 있다. 이러한 환경 속에서 사람들은 자신이 느낀 감정이나 생각을 솔직하게 표현할 수 있다(순수성).

예컨대 모든 인간은 중요한 사람들로부터 '인정과 사랑을 받고자 하는 기본적 욕구' 를 가지고 있다. 그러나 흔히 어른들은 아이들에게 '만약 ~한다면' 이라는 가치의 조건을 제시하고 그러한 가치나 기대에 일치하게 행동할 때만 칭찬과 인정과 사랑을 주는 조건부적인 사랑을 한다. 따라서 긍정적인 대우를 받고자 하는 욕구를 충족시키기 위하여, 아이는 자신이 실제로 느낀 감정이나 생각을 억압하고, 타인의 기대와 가치에 따라 행동하려고 하며, 그 경험의 좋고 나쁨을 타인의 생각과 가치에 따라 지각하게 된다. 이러한 과정은 유기체적 경험과 일치하지 않는 자아개념을 형성하게 하여 건전한 자아의 발달을 방해한다.

그러나 '만약 ~한다면' 이라는 조건 없이, 있는 그대로 개인을 수용해 주고 사랑해 주는 무조건적인 긍정적 존중을 해 주었을 때, 그 경험은 개인의 유기체적인 경험과 조화를 이루어 건전한 자아의 발달을 촉진시킬 것이다. 즉 아이가 자신의 생각, 행동, 느낌이 어떻든지 간에 부모가 진실로 자기를 인정하고 사랑하고 대우해 준다고 느낄 때, 그리고 아이의 생각, 행동, 느낌이 솔직하게 수용되고 이해되고 함께 느껴 주는 공감적인 상황에서 개인의 건전한 자아발달이 가능하게 된다.

2) 합리적-정서적 이론

합리적-정서적 이론은 인간은 합리적이고 올바른 생각과 비합리적이고 일그러진 생각을 할 수 있는 가능성을 갖고 태어난 존재라는 가정에 기초한다. 인간은 본래 자기보존성, 행복, 생각하고 말하기, 사랑, 다른 사람과의 대화, 성장과 자기실현 등의 긍정적 성향을 지니고 있다. 또한 인간은 자기파괴, 생각의 기피, 꾸물거림, 끊임없는 실수의 반복, 미신적 사고, 성급함, 완전주의와 자기비난, 성장 가능성의 회피 등의 부정적 성향도 갖고 있다.

(1) 인간 본성에 대한 가정

합리적-정서적 접근은 인간은 오류를 잘 범한다는 가정하에 내담자에게 그 자신은 실수를 잘하는 창조물임과 동시에 자신과 평화롭게 살 수 있는 방법을 배울 수 있는 존재임을 받아들이도록 도우려 한다. 이 이론의 주창자인 Ellis는 합리적-정서적 접근의 기본 가정을 다음과 같이 제시하고 있다.

- 사람은 외적 상황에 의해 조건지어지기보다는 스스로 장애를 느끼기 때문에 조건지어진다.
- 사람은 일그러진 생각과 불필요한 장애를 스스로 만드는 생물학적이고 문화적인 경향이 있다.
- 사람은 그릇된 신념을 만들고 그것을 계속 유지하려는 유일한 존재다.
- 사람은 자신의 인지적 · 정서적 · 행동적 과정을 변화시킬 수 있는 능력을 지니고 있다. 즉 인간은 일상적인 행동유형과는 다른 반응을 택할 수 있고 혼란스럽게 되는 것을 거부할 수 있으며, 자신의 남은 삶을 최소한 장애 없이 지내기 위해 스스로 훈련할 수 있다.

Ellis는 인간은 자기와 대화할 수 있고(self-talking), 자기를 평가할 수 있으며(self-evaluating), 자기를 유지할 수 있는(self-sustaining) 존재라고 결론지었다. 인간은 단순한 선호(사랑, 인정, 성공에의 소망)에서 정서적·행동적 장애를 일으키며 그것을 무서운 욕구로 잘못 생각한다. 그에 따르면 인간은 선천적으로 성장과 자기실현의 경향성을 타고나지만, 이 타고난 경향성이 잘못된 생각이나 학습된 자기패배적 사고유형으로 인해 성장을 거부한다는 것이다.

(2) ABCDE 모형

Ellis는 심리적 장애의 유발요인으로 사람이 갖고 있는 신념과 생각이 중요하며, 이 잘못된 신념이나 생각을 변화시키면 이상행동을 고칠 수 있다고 보았다. 합리적-정서적 접근에 따라 상담을 진행하는 과정은 ABCDE 모형으로 설명 가능하다. 여기서 A(Antecedent event)는 내담자가 노출되었던 문제 장면이나 선행사건을 의미하며, B(Belief)는 이러한 문제 장면이나 선행사건에 대한 의미를 해석하는 인지적 과정을 뜻하며, C(Consequence)는 그 결과로 나타난 정서적 또는 행동적 상태를 의미하며, D(Dispute)는 내담자의 비합리적인 신념이나 생각에 대한 상담자의 논박을 뜻하며, 마지막으로 E(Effect)는 내담자의 비합리적인 신념이나 생각을 논박한 결과를 의미한다.

이 모형에서 중요한 핵심은 다음 두 가지다. 하나는 A-B-C 간의 관계로, 내담자가 겪는 심리적 문제(C)는 선행사건(A) 때문이 아니라 그 사건에 대해 내담자가 가지는 신념체계(B) 때문이라는 것이다. 또 다른 하나는 D-E 간의 관계로, 상담의 과정에서 상담자는 내담자의 비합리적인 신념(irB: irrational Belief)의 부당성을 적극적으로 논박(D)하여 그것을 합리적인 신념(rB: rational Belief)으로 바꿔 줌으로써 정서적 건강을 되찾게 하는 효과(E)를 얻는다는 것이다. 이때 비합리적인 신념(irB)을 논박하는 방법에는 지적이나 설득, 비합리적인 생각에 대한 강조, 극적인 부정 등의 정서유발적 기법과 문제 장면에서의 역할연습, 문제행동에 대한 강화 등의 행동적 기법이 있다. 이 모형을 그림으로 제시하면 [그림 11-2]와 같다.

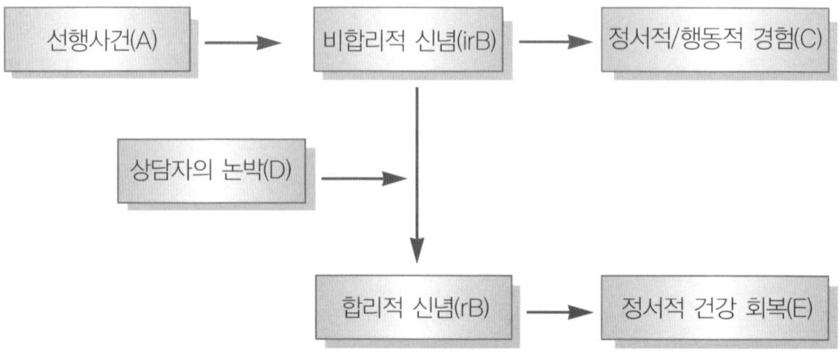

[그림 11-2] **합리적 – 정서적 상담의 진행과정: ABCDE 모형**

3) 의사교류분석 이론

의사교류분석 이론에서는 인간은 자신의 환경조건과 아동기의 조건을 개선할 수 있는 능력이 있다고 믿는다. 더 나아가 인간에게는 과거에 한 자신의 결정을 이해하는 능력이 있으며, 그것을 재결단할 수 있다고 본다. 이 접근에서는 인간은 선택할 수 있고, 새로운 결정을 할 수 있으며, 행동할 수 있다고 가정한다. 의사교류분석에서는 심리적 문제의 원인과 증상이 개인 간의 상호작용 속에 있다고 보기 때문에, 개인 간의 상호작용 관계에서 개인의 성격구조와 대인관계의 중요한 요소를 분석하려고 한다. 의사교류분석은 개인의 성격구조 속에는 다음과 같은 세 개의 독특한 자아상태가 존재한다고 보았다.

(1) 부모자아

부모자아(parent ego) 상태는 부모의 행동이나 태도, 사고를 자신 속에 내면화했거나 자신의 것 대신에 대치시킨 성격의 측면이다. 이러한 자아상태에서는 어떤 상황에 처했을 때 자신들의 부모가 느꼈으리라 상상되는 감정을 재경험하며 타인들과의 관계에서도 부모가 자신들에게 느끼고 행동했던 것처럼 그대로 느끼고 행동한다. 그래서 그와 같은 자아상태에서는 '해서는 안 된다' '마땅히 ~하지 않으면

안 된다' 와 같은 의미가 내포되어 있다.

부모의 메시지에는 의무, 책임, 인정을 받기 위해서 어떻게 행동해야 되는가, 또는 편견과 태도, 가치 등 행동기준을 제공하는 말이 포함되어 있다. 부모의 자아상태에는 비평적인 부모자아와 양육적인 부모자아의 두 가지 유형이 있다. 비평적인 부모는 훈계하고 처벌하고 거부하고 인정해 주지 않음으로써 어린이들에게 불편하고 불안한 감정을 불러일으킨다. 양육적인 부모는 편안하게 해 주고 칭찬하고 안정감을 줌으로써 자발적이고 창조적이고 친절하고 사려 깊은 어린이가 되도록 한다.

(2) 어른자아

어른자아(adult ego) 상태는 정보처리를 하는 성격의 측면이다. 즉 성격의 객관적인 측면으로 현재 의식상에 진행되고 있는 것을 알고 있는 부분이다. 이것은 감정적이거나 비평적이지 않으며 외부 현실에 기초를 두고 작용한다. 어른자아는 어떤 문제를 해결할 경우에 유용한 정보에 근거해서 최선책에 도달한다. 그 궁극적인 기능은 현재의 상황을 체계적이고 적응적이며 지적이고 현실검증적인 방도로 처리한다. 어른자아는 개인적인 한계, 즉 지적 수준이나 무능력, 사회경제적인 상태에 관계없이 모든 개인에게 존재한다.

(3) 아동자아

아동자아(child ego) 상태는 감정과 충동, 그리고 자발적인 행동으로 이루어져 있다. 유치하고 철없는 것을 의미하는 것이 아니라 어린아이처럼 솔직하고 천진난만하다는 것을 말한다. 즉 개인의 장난기 어린 사랑스러운 부분이다. 아동자아 기능도 역시 두 개의 독특한 유형, 즉 야생의 아동자아(natural child)와 순응적인 아동자아(adaptive child)가 있다.

야생의 아동자아는 그가 원하는 것은 무엇이든지 거리낌 없이 하려고 애를 쓴다. 여기에는 사랑, 애착, 창조성, 공격성, 반역, 자발성과 같은 본능적인 충동이 포함되어 있다. 그러나 순응적인 아동자아는 부모의 질책을 피하기 위해서 순종이나 만족의 지연과 같은 방도로 감정을 처리한다. 그 결과 순응적인 아동자아는 어린 시절 부모를 향해 가졌던 원래의 반응, 즉 죄책감, 두려움, 분노, 욕구불만과 같은 감정을 되풀이한다. 아동자아 속에 출현한 어른자아를 '꼬마교수' 라고 부르는데, 이 자아는 직관, 창조성, 조정의 원천이다. 즉 그것은 야생적인 아동자아와 순응적인 아동자아 사이의 협상자 역할을 한다.

3. 산업상담의 기본 원리 및 기법

1) 산업상담의 기본 원리

(1) 공감적 이해

① 공감적 이해란?

공감적 이해(empathic understanding)란 상담자가 상대방의 입장에서 그의 주관적인 세계를 이해하는 것을 말한다. 이것은 상담자가 제3의 귀를 가지고 상대방의 가슴에 있는 '소리 없는 소리' 또는 '마음의 소리' 를 듣는 것이다. 마치 우리가 상대방의 안경을 쓰고 사물을 보는 것과 같이 상대방이 지니고 있는 생각과 느낌의 틀, 즉 상대방의 내적 준거체제를 이용하여 그 사람의 생각과 감정을 이해하는 것이다. 상담자가 상대방의 감정에 공감하고 있음을 보이면, 상대방은 그 자신이 이해받고 있다는 느낌을 갖게 되며 상담자를 보다 신뢰하게 되어 자신을 더욱 깊이 드러내 보이게 된다. 그리고 이러한 과정 속에서 촉진적인 의사소통 관계가 이루어지게 된다.

공감적 이해의 수준은 인습적 수준, 기본적 수준, 심층적 수준의 세 가지 수준으로 구분할 수 있다. 상담의 궁극적인 목적이 인간관계에서 발생하는 갈등과 문제를 해결해서 상호 간의 이해와 사랑을 증진시키고 개인의 발달과 성숙을 도모하는 데 있다고 볼 때, 인습적 수준은 여기에 아무런 공헌을 하지 못하는 수준이며, 기본적 수준은 초보적이고 기본적인 수준에서, 그리고 심층적 수준은 보다 깊은 수준에서 공헌한다.

② 공감적 이해의 세 가지 수준

- 인습적 수준: 이 수준은 상대방이 표현하는 감정이나 사고조차도 정확히 지각하지 못하거나 또는 상대방의 표면적 감정, 사고를 지각하여 반응을 보인다 할지라도, 자신의 개념 틀에 의존하기 때문에 상대방의 감정, 생각과 일치된 의사소통을 하지 못한다.
- 기본적 수준: 이 수준은 상대방의 언어적 · 비언어적 표현에 주의를 기울임으로써 표면에 나타난 상대방의 감정, 사고와 일치된 의사소통을 한다. 하지만 상대방의 내면적 감정, 생각에는 반응을 보이지 않는다.
- 심층적 수준: 이 수준은 언어적으로 명백히 표현되지 않은 상대방의 내면적 감정이나 생각까지도 지각하여 이를 왜곡 없이 충분히 표현하며 상대방의 적극적인 성장동기를 이해하여 표현하는 경우다.

공감적 이해의 세 가지 수준의 예

예문: "이번 승진에서 제가 누락된 이유가 무엇입니까? 저는 도대체가 못마땅하고 억울합니다."

- 인습적 수준의 반응: "자네 이번에도 승진이 안 됐나? 이번에 누가 승진이 됐더라?"
- 기본적 수준의 반응: "이번 인사 조치에 대해 자네가 몹시 억울한가 보군."
- 심층적 수준의 반응: "자네가 승진할 자격이 충분히 있는데 승진되지 않아 몹시 서운했을 거야."

③ 공감적 이해 실습

공감적 이해는 두 가지 차원에서 이루어진다. 이 중 첫 번째 차원은 감수성(sensitivity) 차원으로, 상담자는 내담자의 말, 얼굴표정, 제스처 속에 숨어 있는 중요한 감정, 태도, 신념, 생각 등을 민감하게 포착해야 한다. 감정이나 생각들은 겉으로 표출되는 것도 있고 심층에 숨겨져 있을 수도 있는데 가능한 한 이 모두를 민감하게 파악해야 한다. 그리고 두 번째 차원은 의사소통(communication) 차원으로, 상담자가 파악한 내담자의 감정이나 생각을 내담자에게 적절하게 전달해 주는 과정이다. 즉 상담자가 아무리 정확하게 내담자의 내면세계를 이해했다 할지라도 그 내용을 내담자에게 전달해 주지 않으면 내담자는 자신이 이해받고 있다는 것을 느끼지 못할 것이다.

사람 중에는 유난히 남의 얘기를 잘 들어주고 공감해 주는 사람이 있다. 그러나 이러한 능력은 다른 사람에게 관심을 기울이려는 마음가짐과 끊임없는 노력과 훈련에 의해 습득된다. 이 중 가장 대표적인 방법이 반영적 경청이다. 반영적 경청이란 상대방의 이야기를 듣고 혹은 상대방의 표정이나 행동을 보고 그 사람의 심정이 어떠한지를 파악한 후 상대방에게 이를 확인해 보는 과정을 말한다. 이 반영적 경청은 다음의 3단계 과정을 거친다. 첫째, 상대방이 표출하는 언어적 혹은 비언어적 정보를 관심 있게 그리고 민감하게 받아들이는 과정이며, 둘째, 상대방이 방출하는 모든 정보를 바탕으로 상대방의 심정을 이해하는 과정이고, 셋째, 상대방의 기분이나 감정에 대해 이해한 내용을 상대방에게 확인하는 과정이다.

(2) 무조건적 존중

① 무조건적 존중이란?

무조건적 존중(unconditioned regard)이란 상대방을 한 인간으로 존중하며 그의 감정, 사고, 행동을 평가하거나 비판하지 않고 있는 그대로 받아들이는 것을 말한다. 이것은 상대방이 어떤 문제를 지니고 있든 어떤 죄악과 과오를 범하였든 상관없이 무조건적으로 상대를 귀중한 존재로 소중하게 여기는 것을 의미한다. 상담자가 이러한 태도를 마음과 행동으로 보여 줄 때 상대방은 자신이 존중받고 있다는 느낌을 갖게 되어 자유롭게 자신의 체험과 감정을 표현할 수 있게 된다. 이러한 과정이 진행됨에 따라 심층적인 의사소통의 관계가 이루어지게 된다.

② 무조건적 존중의 세 가지 수준

- 인습적 수준: 이 수준은 상대방을 전적으로 무시하고 그의 성취, 경험, 잠재 능력에 대한 부정적인 평가를 하고, 상대방을 거의 존중하지 않는다.
- 기본적 수준: 이 수준은 상대방의 성취, 경험, 잠재 능력을 있는 그대로 수용한다.
- 심층적 수준: 이 수준은 상대방의 성취, 경험, 잠재 능력에 대하여 깊은 존중과 긍정적인 관심을 표현하며, 드러나지 않은 상대방의 가치와 가능성을 배려하여 표현한다.

무조건적 존중의 세 가지 수준의 예

예문: "경리 사고가 난 것은 분명히 잘못입니다. 그렇지만 고의로 그런 것도 아닌데 매번 시말서를 쓰라고 하다니 너무한 것 같습니다."

- 인습적 수준의 반응: "핑계 없는 무덤이 없다더니 무슨 변명이 그리 많아? 잘못한 것에 대해 시말서를 쓰는 건 당연한 거 아냐?"
- 기본적 수준의 반응: "어쩌다 실수한 일에 대해 시말서를 쓴다는 게 너무 한다는 생각이 들 수 있지."
- 심층적 수준의 반응: "열심히 하는 데도 오히려 일이 잘못될 수도 있지. 평소에 일하는 걸로 봐서 고의로 그랬다고는 결코 생각하지 않고 있네."

(3) 순수성(일치성)

① 순수성(일치성)이란?

순수성(congruence)이란 상담자가 내담자와의 관계 속에서 경험한 감정, 사고, 태도 등을 솔직하고 정확하게 인식하여 표현하는 것을 말한다. 다시 말하면 이는 상담자가 느끼는 내면적인 경험과 그러한 경험을 표현하는 것이 모두 일치하는 것을 말한다. 상대방과의 관계에서 갖게 되는 감정, 사고, 태도는 긍정적일 수도 있고 부정적일 수도 있다. 상담자가 자신이 느낀 긍정적인 또는 부정적인 감정과 사고를 솔직하게 표현할 뿐만 아니라 내담자가 표현하는 부정적인 감정을 받아들일 수 있을 때, 솔직한 의사소통과 감정의 교류가 가능해진다.

② 순수성의 세 가지 수준

- 인습적 수준: 이 수준은 상대방에 대해 부정적인 표현을 하거나, 자신의 감정, 사고를 진실하게 표현하기보다는 의례적이고 인습적인 방식으로 표현한다.
- 기본적 수준: 이 수준은 표면적인 자신의 감정, 사고를 표현하나 자신의 내면에 있는 진심이 아직 표현되지는 않는 경우다.
- 심층적 수준: 이 수준은 자신의 감정과 사고를 솔직하게 표현하여 자신의 내면에 있는 긍정적 동기를 아주 솔직하게 표현하여 상대방에게 관심을 충분히 전달하는 경우다.

순수성의 세 가지 수준의 예

예문: "저…… 오늘 늦어서 죄송합니다."(자주 늦는다는 생각도 들지만 걱정이 된다)

- 인습적 수준의 반응: "늦는 수도 있지. 괜찮네."
- 기본적 수준의 반응: "그래, 오늘도 또 늦었구먼, 일찍 다닐 수 없겠나?"
- 심층적 수준의 반응: "자네 요즈음 자주 늦는구먼. 혹시 업무에 흥미가 없거나 무슨 불만이라도 있는 게 아닌가?"

2) 산업상담의 기법

(1) 반영

반영은 내담자의 말에서 표현된 기본적인 태도, 주요 감정의 내용을 상담자가 다른 참신한 말로 부연해 주는 것이다(예: "당신은 무엇을 생각하고 있는 것 같습니다"). 이를 통해 내담자는 자기가 이해받고 있다는 인식을 갖게 된다. 또한 상담자는 내담자가 말로써 표현하는 것뿐만 아니라 자세, 몸짓, 목소리 어조, 눈빛 등에 의해 표현되고 있는 것도 반영해 주는 것이 필요하다(예: "당신은 지금 괜찮다고 말하고 있는데, 나에게는 초조해 보이는군요"). 반영기법을 사용할 때 상투적 문구는 내담자의 귀에 거슬리게 되거나 상담에 대해 염증을 느낄 가능성이 있으므로 다양한 표현을 쓰는 것이 필요하다.

(2) 수용

수용이란 "으음"이나 "예, 계속하십시요"와 같이 짧은 문구로 표현하는 상담자의 반응을 말한다. 이런 반응은 내담자에게 주의를 기울이고 있으며, 내담자의 말을 받아들이고 있다는 상담자의 태도를 나타내는 것이다. 이런 반응을 통해 내담자의 감정표현을 촉진시키게 된다.

(3) 바꾸어 말하기

바꾸어 말하기란 내담자가 말하는 것을 상담자가 바꾸어 말하여 주는 것이다. 이렇게 함으로써 내담자의 입장을 이해하려고 상담자가 노력하고 있음을 알려 주게 되며, 내담자가 한 말을 간략하게 반복함으로써 내담자의 생각을 구체화시키며, 내담자가 말하고 있는 바를 상담자 자신이 제대로 이해하고 있는지를 확인해 볼 수 있다.

(4) 경청

경청은 내담자로 하여금 생각이나 감정을 자유롭게 표현할 수 있도록 북돋아 주며, 자신의 방식으로 문제를 탐색하며, 상담에 대한 책임감을 느끼게 한다. 상담자는 내담자가 표현하는 언어적인 의미 이외에도 비언어적인 의미까지 이해할 수 있어야 하는데, 이를 위해서는 내담자의 입장에서 내담자의 이야기를 충분히 주의 깊게 들어줄 수 있어야 한다. 효과적인 경청을 위해서는 내담자가 말할 때 눈길을 보냄으로써 그와 함께 하고 있음을 알리며, 상담자가 관심이 있음을 나타내는 자연스럽고 이완된 자세를 취하며, 내담자의 말을 가로막든가 내담자의 발언 중에 질문을 던지거나 새로운 문제를 제기하지 않도록 해야 한다.

(5) 요약

요약은 여러 생각과 감정을 매회의 상담이 끝날 무렵 하나로 묶어 정리하는 것으로, 요약의 기본은 대화의 내용과 감정의 요체, 그리고 일반적인 줄거리를 잡아 내는 것이다. 요약은 가능한 한 내담자가 스스로 할 수 있도록 돕는 것이 유익하다. 일반적인 요약기법을 사용할 경우, 내담자의 말 중에서 내용과 감정에 주의를 기울이고, 파악된 주된 내용과 감정을 통합해서 전달하며, 상담자 자신의 새로운 견해를 추가하지 않도록 해야 하며, 상담자가 요약하는 것이 좋을지 내담자가 요약하는 것이 좋을지를 결정해야 한다.

(6) 명료화

명료화란 내담자의 말 중에서 모호한 점을 내담자가 확실히 알도록 해 주는 것이다. 즉 내담자가 말하고자 하는 의미를 상담자가 생각하고, 이 생각한 바를 다시 내담자에게 말해 주는 것이다. 효과적인 명료화를 위해서는 내담자의 말이 모호하거나 잘 이해되지 않았음을 밝히고, 내담자 스스로 자기의 말을 재음미하거나 구체적인 예를 들어 명확히 해 줄 것을 요청하며, 내담자의 진술에 대한 상담자 자신의 반응을 나타냄으로써 내담자의 반응을 명료화해야 한다.

(7) 해석

해석은 내담자로 하여금 자신의 문제를 새로운 각도에서 이해하도록 그의 생활 경험과 행동의 의미를 설명하는 것이다. 즉 내담자가 말한 내용의 초점을 요약하면서 상담자가 타당하다고 여기는 다른 자료를 덧붙여 설명하는 것이다. 이 기법의 주요 목표는 내담자로 하여금 그들의 문제에 대한 통찰력을 갖게 하며, 결국에는 생활 속의 사건을 그들 스스로가 해석하도록 도와주는 데 있다.

4. 심리검사에 근거한 산업상담

1) MBTI

(1) MBTI란?

MBTI(Myers-Briggs Type Indicator)는 Jung의 성격유형 이론을 바탕으로, Myers와 Briggs가 1943년 이후 계속적으로 연구 개발한 인간행동의 이해를 위한 성격유형 검사다. MBTI는 95문항으로 구성되어 있는 성격유형 지표로서, 기준이 되는 네 가지 지표는 외향성-내향성(주의집중과 에너지 방향), 감각-직관(정보수집과 인식방법), 사고-감정(판단과 의사결정 과정), 판단-인식(행동이해와 생활양식) 차원이다. 이 검사를 통해 각 개인은 네 가지 지표에 대해 자신이 갖고 있는 선호성을 확인해 볼 수 있어 각자의 성격적 특성을 보다 깊이 이해할 수 있다.

MBTI의 바탕이 되는 성격 이론의 요점은 인간의 행동이 겉으로 보기에는 예측하기 힘들고 변화무쌍하지만 근본적으로 일관성을 갖고 있다는 점이다. 이와 아울러 각 개인은 누구나 자신만의 독특한 개성과 잠재력을 지니고 있으며 세상을 지각하고 판단하는 방법이 각자 서로 다를 수 있다는 점이다. 개인의 행동상 일관성과 독특성은 성격을 보다 깊이 이해하는 데 바탕이 되며, 더 나아가 다른 사람과의 관계를 이해하고 원만히 하는 데 도움이 된다.

구체적으로 MBTI의 검사를 통해서 개인이 사물, 사건, 사람, 생각을 인식하는 방법과 이에 근거하여 판단을 내리는 방법을 확인해 볼 수 있다. 그러므로 MBTI의 실시 목적은 이러한 인식과 판단 과정에서 나타나는 사람들의 근본적인 선호성을 알아내고, 각자의 선호성이 개별적으로, 그리고 복합적으로 어떻게 작용하는지를 관찰하여 이를 통해 자신의 관심, 가치관, 동기 및 흥미 분야 등을 확인하는 것이다. 이러한 작업은 개인적 차원에서 잠재적 능력을 개발하고 자신의 약점을 보완하기 위한 정보를 얻을 수 있으며, 대인관계 차원에서는 서로간의 선호성의 차이로 발생하는 문제점을 이해하고 조화로운 관계 형성에 기여할 수 있다.

(2) MBTI의 내용

MBTI에는 개인의 선호성을 나타내는 네 가지 지표가 있는데 각 지표는 인식, 판단 기능과 관련한 네 가지 기본적인 선호성 중 하나를 대표한다. 이 선호성은 주어진 상황에서 사람들이 무엇에 주의를 기울이는가뿐만 아니라 그들이 인식한 것에 대하여 어떻게 결론을 내리는가에 영향을 준다. 다음은 네 가지 선호성의 영역과 이에 근거하여 나타날 수 있는 16가지 성격유형이다.

① 주의집중의 방향과 에너지의 원천: 외향성 – 내향성(E–I)

EI 지표는 개인이 외향성인가 내향성인가를 나타내는 지표이며, 이는 서로 상호 보완적인 면을 지니고 있다. 외향성(E)인 사람은 주로 외부 세계와 외부 환경에 초점을 두는 경향이 있다. 사람들과의 상호작용을 통해 에너지를 충전하며 외부 상황에 대해 도전적이고 많은 활동에 참여하므로 활동적이고 사교적인 특성을 지닌다. 그리고 외부 세계를 이해하기 위해서 우선 경험을 해보는 성향이 있다. 반면 내향성(I)인 사람은 주로 내적인 세계에 주의를 두고 있어 인식과 판단 과정에 있어서 자신의 내부 세계나 개념에 초점을 두는 경향이 있다. 사람들과의 관계를 즐기지만 개인의 공간과 시간을 필요로 하고 이를 통해 에너지가 충전된다. 그리고 세상을 이해하기 위해서는 먼저 생각하고 이해하려는 성향이 있다.

② 정보수집(인식) 기능: 감각 – 직관(S–N)

SN 지표는 개인이 선호하는 정보수집 방법 및 인식방법을 말한다. 감각형(S)은 오관에 의존하여 외부의 정보를 받아들이는 반면 직관형(N)은 직관 혹은 육감에 의해 사물을 인식하는 성향을 지니고 있다. 그리고 감각형은 자신의 내 · 외부 세계에 무엇이 존재하고 현재 어떠한지에 대한 정보를 감각기관을 통해 상세하게 받아들이는 경향이 있다. 현재 이 상황에 무엇이 주어졌는지를 알려고 하고 이를 처리하려고 하므로 현실적이고 실용적인 특성을 지닌다. 또한 대체로 현실을 있는 그대로 즐기고 순서에 입각하여 일처리를 하고 근면성실한 장점이 있는 반면 구체적인 사실에 주의를 기울이느라 전체를 간과할 소지가 있다. 반면 직관형은 감각기관에 의해 들어온 정보 차원을 넘어서 미래의 가능성이나 사건에 대한 전체적인 관계와 의미를 파악하는 데 중점을 두고 있다. 일처리 방식에 있어서도 새로운 것을 추구하고 자신의 상상력과 영감을 사실 그 자체보다 더 중요한 가치로 두고 있다. 현재에 머무르기보다는 미래지향적이고 변화와 다양성을 즐기는 반면 상황에 대한 정확하고 상세한 정보를 간과해 버릴 수 있는 약점이 있다.

③ 의사결정(판단) 기능: 사고 – 감정(T–F)

TF 지표는 개인이 선호하는 판단방법을 말한다. 즉 판단할 때 사실과 논리에 근거를 두고 객관적인 가치에 따라 판단하는 경우(T)와 이보다는 개인적 가치와 인간적인 측면에 근거하여 결정을 내리는 경우(F)로 나누어진다. 사고형(T)은 일관성과 타당성을 중시하므로 자신이 가지는 선호가치와 관계없이 일반적으로 수용되는 객관적인 원리원칙에 입각하여 결정을 내린다. 따라서 옳고 그름, 진실에 대한 판단을 중시한다. 감정형(F)은 인간 중심의 가치에 기초를 두고 결정을 내리는 경향이 있으며 객관적인 기준보다는 자신의 주관적인 가치와 자신과 타인에게 어떤 영향을 줄 것인가를 고려하여 판단을 내리게 된다. 그리고 객관적인 진리보다 보편적인 선(goodness)을 선호하고 인간관계에서 조화를 중시한다.

④ 외부 세계에 대한 태도: 판단 – 인식(J–P)

JP 지표는 외부 세계를 받아들이는 방식이나 외부 세계에 대한 개인의 태도를 나타내는 지표로, 개인의 생활양식 및 행동양식을 반영한다. 판단형(J)은 생활을 조절하고 통제하기를 원하여 계획을 세우고 질서 있게 살아가는 경향이 있다. 따라서 구조화되고 조직화된 상황을 선호하고 일을 미리 계획하고 준비하여 정해진 기간 내에 마무리짓는 것을 철저히 지킨다. 반면 인식형(P)은 상황에 맞게 자율적으로 융통성 있게 생활하는 것을 선호한다. 삶을 통제하기보다는 이해하려고 노력하고 자신의 순간적인 적응 능력을 믿고 일의 과정을 즐긴다. 다양한 기회를 즐기고 애매한 상황에서도 잘 적응해 나가는 성향이 있다. 그리고 정해진 시간 내에 일을 처리하지 못하는 경우도 있으나 상황에 따라 자발적이고 개방적으로 적응해 나가는 장점이 있다.

위에서 설명한 MBTI의 네 가지 선호경향이 조합되어 아래 〈표 11–2〉와 같은 16가지 성격유형이 만들어진다.

〈표 11-2〉 MBTI의 16가지 성격유형

ISTJ	ISFJ	INFJ	INTJ
신중하고 조용하며 집중력이 강하고 매사에 철저하며 사리분별력이 뛰어나다.	조용하고 차분하며 친근하고 책임감이 있으며 헌신적이다.	인내심이 많고 통찰력과 직관력이 뛰어나며 양심이 바르고 화합을 추구한다.	사고가 독창적이며 창의력과 비판분석력이 뛰어나며 내적 신념이 강하다.
ISTP	ISFP	INFP	INTP
조용하고 과묵하고 절제된 호기심으로 인생을 관찰하며 민감성이 뛰어나다.	말없이 다정하고 온화하며 친절하고 연기력이 뛰어나며 겸손하다.	정열적이고 충실하며 목가적이고 낭만적이며 내적 신념이 깊다.	조용하고 과묵하며 논리와 분석으로 문제를 해결하기 좋아한다.
ESTP	ESFP	ENFP	ENTP
현실적인 문제해결에 능하며 적응력이 강하고 관용적이다.	사교적이고 활동적이며 수용적이고 친절하며 낙천적이다.	따뜻하고 정열적이고 활기에 넘치며 재능이 많고 상상력이 풍부하다.	민첩하고 독창적이며 안목이 넓으며 다방면에 관심과 재능이 많다.
ESTJ	ESFJ	ENFJ	ENTJ
구체적이고 현실적이고 사실적이며 활동을 주도하는 지도력이 있다.	마음이 따뜻하고 이야기하기 좋아하고 양심이 바르고 인화를 잘 이룬다.	따뜻하고 적극적이며 책임감이 강하고 사교성이 풍부하고 동정심이 많다.	열성이 많고 솔직하고 단호하고 지도력과 통솔력이 있다.

(3) MBTI의 활용

MBTI의 활용은 크게 교육 분야, 직업지도, 상담 장면, 팀 빌딩, 그리고 의사소통 등을 들 수 있다. 특히 직원 교육이나 훈련, 그리고 사무의 효율성 등을 고려할 때, 팀 빌딩과 의사소통 훈련과 관련하여 활용할 수 있다. 구체적으로, 효율적인 직원 배치와 능률적인 업무활동을 위해 도움이 될 수 있다. 즉 각 유형에 적절한 업무수행을 맡긴다든지, 서로의 성격유형에 대한 이해를 바탕으로 직원 간의 원활한 의사소통과 업무진행을 기대할 수 있다. 예를 들어 다양한 유형으로 각 부서의 직원을 구성함으로써 서로 다른 시각에서 다양한 사고를 모을 수 있으며, 각 유형의 장점에 초점을 두어 서로의 의견에 대해 존중감을 갖게 할 수 있다. 또한 이전에 의사소통에 있어서 어려움을 초래한 원인을 확인할 수 있으므로 서로에 대한 배려와 이해를 기초로 한 인간관계 형성에 도움이 될 수 있다. 아울러 개인적으로 볼 때, 자신의 주어진 역할을 수행하는 데 있어 자신이 가진 강점과 약점을 잘 개발하고 보완함으로써 자기개발에 긍정적인 영향을 줄 수 있다.

2) 에니어그램

(1) 에니어그램이란?

과거 성격에 대한 수많은 정의가 있었지만 이해하기 쉽고 설명하기 쉬운 성격체계는 드물었다. 원래 자아관찰의 도구로 개발되었던 에니어그램은 아홉 가지 성격유형과 이들 아홉 가지 성격유형이 어떻게 상호작용하고 있는지를 잘 나타내고 있다. 에니어그램에서는 정서적 습관, 독특한 사고방식, 다른 사람과 인간관계를 맺는 방식 등이 서로 상호작용하는 각 유형의 고유한 특성을 보여 주고 있다.

원래 에니어그램(Enneagram)이란 '에니어(annear, 9)' 라는 단어와 '그라모스(grammos, 도형 · 선 · 점)' 라는 단어의 합성어다. 즉 에니어그램은 그리스어로 '아홉 개의 점이 있는 그림' 이라는 뜻이다. 원과 아홉 개의 점, 그리고 그 점을 잇는 선으로만 구성된 단순한 도형이지만 그 안에는 우주의 법칙과 인간 내면의 모든 것이 상징적으로 표현되어 있다.

(2) 에니어그램의 내용

에니어그램은 아홉 가지의 성격유형군이며 에니어그램의 각 숫자는 하나의 유형을 나타낸다([그림 11-3] 참조). 일반적으로 아홉 가지 모두가 자신과 어느 정도 비슷한 것 같아도, 이 중 자신과 가장 근접한 유형이 하나 있다. 이것이 여러분 각자의 기본 성격유형이 되는 것이다.

에니어그램의 기본 성격유형에 대해 몇 가지 고려해야 할 사항이 있는데, 이를 살펴보면 다음과 같다(윤운성 역, 1998). 첫째, 사람들은 한 기본 유형에서 다른 유형

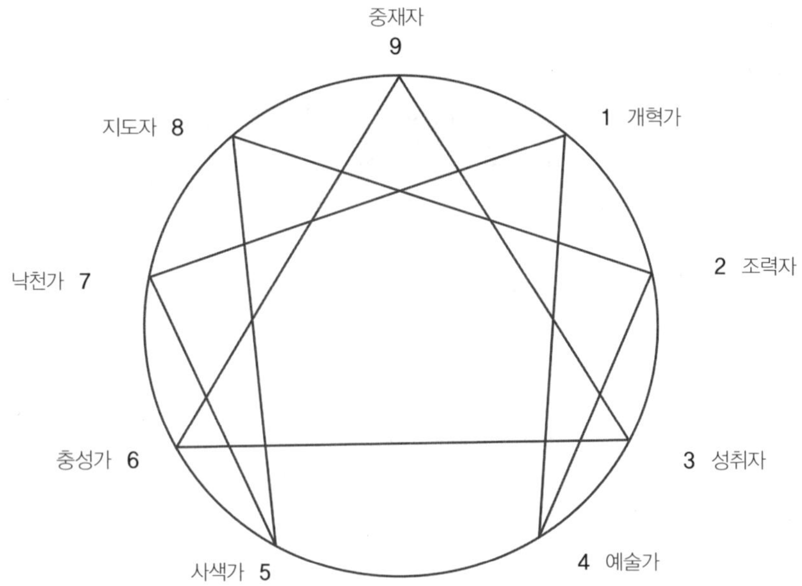

[그림 11-3] 에니어그램의 구조

으로 변화하지 않는다. 둘째, 성격유형의 기술은 남녀 모두에게 동등하게 적용할 수 있다. 셋째, 당신의 기본 유형에 대한 모든 내용이 당신에게 항상 적용할 수 있는 것은 아니다. 넷째, 에니어그램은 각 유형을 규정하는 데 있어서 가치 중립적이기 때문에 숫자를 사용한다.

주의해야 할 점은 에니어그램 체계에서 특정 유형이 다른 유형보다 더 좋다고 볼 수는 없다는 것이다. 각 유형은 저마다 효과적인 삶의 전략을 지니고 있다. 그러나 이들 유형 모두는 각각의 관점에 따라 매우 다르다. 에니어그램의 아홉 가지 성격유형을 간단히 소개하면 〈표 11-3〉과 같다.

〈표 11-3〉 에니어그램의 아홉 가지 성격유형

성격유형	기본 성향	행동특징	직업 분야
1. 개혁가 (reformer)	원칙주의적이고 이상주의적인 유형	옳고 그름이 분명하고 양심적이고 윤리적이다. 늘 일을 개선하려고 노력하지만 실수를 두려워한다. 비판적이고 지나친 완벽주의자가 될 수 있다. 일반적으로 분노와 조바심을 잘 억제하지 못한다	교사, 의사, 간호사, 성직자, 변호사, 경영자, 과학자, 은행가
2. 조력자 (helper)	남을 위하여 대인관계를 존중하는 유형	감정이 풍부하고 성실하고 따뜻한 마음을 지녔다. 다정하고 친절하며 자신을 희생시키기를 잘한다. 사려 깊고 타인들과 가까워지려고 노력한다. 남들의 욕구에 따라가거나 강제로 도우려 한다.	상담가, 사회복지사, 서비스직, 비서, 스튜디어스
3. 성취자 (achiever)	융통성이 있고 성공지향적인 유형	자신감 있고 사람의 마음을 끌며 매력적이다. 야망이 많고 에너지가 넘치며 발전을 위해 항상 노력한다. 자신의 이미지와 남들이 생각하는 자기 자신에 대해 지나치게 고민하기도 한다.	관리직, 법조계, 금융계, 컴퓨터 분야, 지도자
4. 예술가 (individualist)	내성적이고 낭만적인 유형	자신을 잘 알며 감수성이 예민하고 말이 없다. 감정적으로 정직하며 창의적이고 개인적이다. 자의식이 강하고 쉽게 우울해질 수 있다. 평범한 삶의 방식을 경멸하기도 한다.	시인, 소설가, 음악가, 직업상담가, 출판업
5. 사색가 (investigator)	지각력이 있고 사색적인 유형	경각심과 통찰력이 있고 호기심이 많다. 독립심이 강하고 혁신적이며 독창적이다. 자신의 생각과 공상에 몰두하기도 한다. 초연하기도 하지만 일에 집착하고 강렬하기도 하다.	과학기술 분야, 상담가, 예술가
6. 충성가 (loyalist)	충성스럽고 안전을 중시하는 유형	의지할 수 있고 열심히 일하며 책임감이 강하다. 훌륭한 문제해결사로 문제를 파악하고 협력을 촉진할 줄 안다. 방어적이고 회피적이고 근심이 많은 사람이 될 수도 있다.	법조인, 공무원, 군인, 의료서비스, 자영업
7. 낙천가 (enthusiast)	바쁘고 생산적인 유형	외향적이고 긍정적이며 다재다능하고 자발적이다. 노는 것을 즐기며 밝고 실천적이다. 늘 새롭고 신나는 경험을 추구하지만 무엇인가를 유지시켜 나가는 데는 관심이 없고 피곤해한다.	비행사, 사진작가, 사회복지사, 직업상담가, 세일즈맨, 분쟁조정자

8. 지도자 (challenger)	힘 있고 공격적인 유형	자신감이 넘치고 강하며 고집이 세다. 남을 보호하며 직설적이고 과단성이 있다. 자존감이 강하고 권력을 휘두르기도 한다. 가끔 남들과 대결하며 협박하기도 한다.	자영업, 사업가, 스포츠 스타, 지도자, 상담가
9. 중재자 (peacemaker)	조화적이고 자신을 드러내지 않는 유형	수용하고 믿을 줄 알며 안정적이다. 창의적이며 낙관적이고 남들을 잘 지지한다. 평화를 유지하기 위해 남들과의 좋은 관계에 지나치게 집착하기도 한다. 모든 일이 순조롭게 진행되길 원한다.	중재자, 외교관, 상담가, 공익단체

(3) 에니어그램의 활용

에니어그램은 인간에 대한 이해와 통찰에 탁월한 도구이므로 다양한 장면에서 쓰일 수 있다. 학교현장에서 교사와 학생 간의 관계, 의사소통, 효율적인 진로지도 등에 활용할 수 있으며, 기업체에서 인사관리, 조직관리, 의사소통, 리더십 훈련 등과 관련하여 효율적인 조직관리와 팀워크를 향상하는 측면에서 쓰일 수 있다. 그리고 종교단체나 사회단체 등의 공동체에서 깊은 상호 간의 이해와 사랑을 경험하고 단합된 힘을 발휘하는 데 활용할 수 있다.

5. 직업상담

1) 직업상담의 의미

(1) 직업상담의 필요성

현대사회는 수많은 직업이 새로 생겨나고 또 사라지기도 하며, 동일한 직업이라 할지라도 그 성격과 직무내용이 급속히 변화하고 있다. 따라서 이 많은 직업 가운데 개인 스스로가 자신의 적성, 능력, 성격, 가치관 등에 알맞은 직업을 탐색하고 선택한다는 것은 결코 쉬운 일이 아니다. 따라서 이러한 조건을 충족할 수 있는 합리적인 직업탐색 과정을 통하여 현명한 직업계획을 수립하기 위해서는 적절한 직업상담이 요구된다. 또한 직업을 갖게 된 후에도 자신이 선택한 직업 분야에서의 경력개발을 계획하고, 직장생활에서 직면하는 다양한 갈등이나 문제를 해결하며, 변화하는 직업환경에 적응하기 위해서도 직업상담이 절실히 필요하다.

(2) 직업상담의 정의

Crites(1981)는 직업상담이란 직업심리검사의 실시와 해석, 그리고 직업탐색 및 의사결정 과정에 내담자의 적극적인 참여를 요구하는 상담자와 내담자 사이의 관계라고 정의하였으며, 미국경력개발협회(National Career Development Association, 1991)에서는 내담자가 가장 적절한 진로나 직업을 결정할 수 있도록 자신과 환경에 대한 이해를 종합하고 응용하도록 돕기 위한 상담자와 내담자 사이의 관계라고 정의하고 있다. 이러한 정의를 종합하여 볼 때, 일반적인 의미로서의 직업상담이란 '진로나 직업과 관련된 문제를 상담의 기본 원리나 기법을 적용하여 해결하기 위한 상담자와 내담자 사이의 대면적 상호작용 과정'이라고 요약할 수 있다. 여기에서 중요한 점은 직업상담이란 단순히 학과 선택이나 직업선택을 위한 일회적 활동이 아니라 내담자의 진로계획 및 준비, 직업의 선택, 선택한 직업에의 적응 등을 단계적으로 도와주는 계속적인 과정이라는 점이다. 그리고 직업상담 과정에서 상담자와 내담자 간의 단순한 대화 이상의 목적 있는 대면적 만남을 통한 심리적 상호작용이 중요하다는 것이다.

2) 직업상담의 목적

직업상담의 목적은 객관적이고 합리적인 과정을 통하여 내담자가 자신의 진로나 직업을 명확하게 인식하도록 도와주는 것이라고 할 수 있다. 이정근(1988)은 직업상담은 상담을 통해 내담자가 자신을 정확히 이해하고 주위 여건을 충분히 고려하여 자신에게 적합한 직업을 계획하고 선택하여 이를 개척해 나감으로써, 자기 자신과 사회의 발전에 공헌할 수 있는 기틀을 마련해 주는 것이라고 주장하였다.

직업상담의 목적이 무엇인가에 따라 직업상담에서 다루어질 내용 및 기법이 달라지는데, 직업상담의 목적을 보다 구체적으로 살펴보면 다음과 같다(이정근, 1980).

첫째, 직업상담은 내담자가 이미 결정한 직업계획과 직업선택을 확인하는 과정이다. 따라서 내담자가 잠정적으로 결정한 직업이 자신에게 정말로 적합한지를 각종 심리검사 자료와 다양한 정보를 활용하여 평가하는 것이 필요하다.

둘째, 직업상담은 개인의 직업적 목표를 분명하게 해 주는 과정이다. 일반적으로 내담자는 직업선정에 대해 나름대로의 목표를 가지고 있지만, 이 목표가 비현실적이거나 불충분한 자료에 근거하여 이루어진 그릇된 판단일 경우도 많다. 이런 경우 내담자의 막연한 직업적 목표를 명확히 해 주고, 잘못된 판단이나 결정이 있을 때 이를 교정해 주는 것이 직업상담의 중요한 목표다.

셋째, 직업상담은 내담자로 하여금 직업세계에 대한 구체적인 이해와 새로운 사실을 발견하도록 촉진하는 과정이다. 즉 직업에 필요한 요구조건, 훈련기회, 고용기회, 보수관계, 작업조건, 장래의 전망 등 직업세계 전반에 대한 이해를 도와주는 것이다.

넷째, 직업상담은 내담자에게 진로 관련 의사결정 능력을 길러 주는 과정이다. 즉 내담자가 진로결정 상황에 직면하였을 때 현명하게 선택하고 적응해 나갈 수 있는 기술과 능력을 가르쳐 줄 수 있어야 한다.

다섯째, 직업상담은 직업선택과 직업생활에서의 능동적인 태도를 함양하는 과정이다. 따라서 직업상담을 통해 내담자가 주위의 환경에 너무 얽매이지 않고 자기를 성장시킬 수 있는 능력을 기를 수 있도록 도와주어야 한다.

3) 직업상담의 원리

직업상담은 다음과 같은 원리에 기초하여 실시해야 한다(청소년 대화의 광장 편, 1996).

첫째, 직업상담은 내담자 개인의 특성을 객관적으로 파악한 후 실시해야 한다. 이때 내담자 개인의 특성이란 적성, 재능, 성격, 학업성취, 신체조건 등의 내적인 요인과 가정의 사회경제적 지위, 개인이나 부모의 교육 정도 등 가정적 요인을 의미한다.

둘째, 직업상담에서 가장 핵심적인 요소는 개인의 진로 또는 직업결정이므로, 이 의사결정에 대한 상담과정이 포함되어야 한다. Gelatt(1967)는 직업 의사결정에 대한 상담과정을 다음과 같이 8단계로 구성하였다. ① 진로나 직업결정의 목표의식 확립, ② 관련 정보의 수집, ③ 가능한 대안의 목록 작성, ④ 각 대안을 선택했을 때 예상되는 결과 예측, ⑤ 각 결과의 달성 가능성 예언, ⑥ 각 결과에 대한 가치평가, ⑦ 대안의 선택, ⑧ 결정에 대한 평가.

셋째, 직업상담은 변화하는 직업세계에 대한 이해를 토대로 이루어져야 한다. 따라서 상담자는 사회구조의 변화, 직업의 종류와 특성, 정보화 시대의 유망직종, 직업정보, 교육 및 훈련정보 등에 대해 잘 알고 있어야 한다.

넷째, 직업상담은 각종 심리검사를 활용하여 그 결과를 토대로 합리적인 결과를 이끌어 낼 수 있어야 한다. 직업상담에 사용되는 심리검사에는 지능검사, 직업적성검사, 직업성숙도검사, 흥미검사, 성격검사, 창의성검사 등이 있으며, 직업상담자는 이러한 심리검사를 잘 활용할 수 있는 능력이 있어야 한다.

다섯째, 직업상담은 상담윤리에 따라 전개되어야 한다. 따라서 직업상담자는 상담자로서의 윤리를 준수하고, 윤리적인 범위 내에서 상담을 전개해 나가야 한다.

4) 직업상담자의 자질

미국경력개발협회(1991)에서는 직업상담자가 갖추어야 할 자질을 다음과 같이 제시하였다.

첫째, 개인 및 집단상담에 대한 일반적 기술이 있어야 한다. 즉 직업상담자는 내담자들과의 촉진적 관계를 형성·유지할 수 있어야 하며, 또한 내담자들의 목표, 심리적 상태, 발달과제, 목표달성 수준 등에 따라 적절한 상담기법을 계획, 실행, 평가할 수 있는 능력이 있어야 한다.

둘째, 개인 및 집단에 대한 측정기술이 있어야 한다. 직업상담은 일반적으로 다양한 심리검사를 활용하여 이루어지므로, 직업상담자는 내담자의 개인적 특성(적성, 성격, 흥미, 가치관 등), 발달적 성숙도(직업성숙도, 직업결정성 등), 작업조건(과업특성, 규범, 물리적 환경 등) 등을 측정하는 도구와 기법에 대해 잘 알고 있어야 한다. 그리고 직업상담자는 측정결과를 해석하고 설명하여, 내담자들이 측정도구로부터 얻은 자료를 이해할 수 있도록 지원해야 한다.

셋째, 직업상담 이론에 대한 지식이 있어야 한다. 즉 직업상담자는 상담에 대한 기초적인 이론 및 기법, 진로 및 직업 발달에 관한 이론과 모형, 직업상담의 이론적 모형 및 기법 등을 잘 알고 있어야 한다.

넷째, 다양한 정보 및 자원에 대한 지식이 있어야 한다. 이 정보 및 자원에 관한 지식은 직업상담자에게 특히 중요하게 강조되는 부분이다. 따라서 직업상담자는 내담자가 이용할 수 있는 채용정보와 교육 및 훈련 등의 추세에 대한 풍부한 지식, 그리고 노동시장 및 직무에 대한 정보를 가지고 있어야 한다.

직업상담자의 역할

- 상담과정을 통해 내담자가 인생과 직업의 목표를 명확히 할 수 있도록 돕는다.
- 내담자의 능력, 적성, 흥미 등을 평가하고, 각 내담자가 선택할 수 있는 직업대안을 찾기 위해 관련 검사를 실시하고 해석한다.
- 직업계획 작성 등의 경험을 통해 내담자에게 직업에 대한 탐색활동을 하도록 장려한다.
- 직업정보 시스템을 활용하여 내담자가 직업세계에 대해 더 잘 이해할 수 있도록 돕는다.
- 의사결정 기술을 향상시킬 수 있는 기회를 제공한다.
- 내담자가 자신의 직업계획을 개발할 수 있도록 돕는다.
- 내담자에게 직업탐색 기술과 전략을 가르치고, 스스로 이력서를 작성할 수 있도록 돕는다.
- 직장에서의 갈등을 해결할 수 있도록 인간관계 기술을 훈련시킨다.
- 직무 스트레스, 직업전환, 실직 등으로 인해 낙담한 내담자를 격려해 준다.

(출처: National Career Development Association, 1985)

다섯째, 특수집단에 대한 직업상담 기술이 있어야 한다. 즉 직업상담자는 특수집단(장애인, 고령자, 타문화권자 등)의 직업상담 과정에 영향을 끼치는 요인에 대한 지식이 있어야 하며, 또한 이를 효율적으로 해결하기 위한 기술과 능력이 있어야 한다. 특히 특수집단의 내담자들과 직업상담 시에는 더 많은 주의와 노력이 요구된다.

5) 직업상담의 유형

직업상담에서 다루는 상담유형은 그 성격에 따라 크게 진학상담, 취업상담, 직업적응 상담 등 세 가지로 나눌 수 있다(한국 산업 및 조직심리학회 편, 2000). 그러나 직업상담의 유형이 이와 같이 세 가지로 분류되고 있지만, 실제 직업상담에서 다루어야 할 문제의 성격은 이보다 훨씬 다양하며, 문제의 성격에 따라 상담이나 조력의 방법도 달라져야 한다.

(1) 진학상담

진학상담은 상급학교 진학을 목표로 하는 학생을 대상으로 하되 반드시 졸업 후의 취업문제를 염두에 두고 상담을 진행시켜야 하므로, 직업 인식의 초기 단계에서부터 직업 탐색과 선택을 위한 의사결정, 직업준비 및 취업에 이르기까지의 광범위한 주제에 대해 계속적으로 상담이 이루어져야 한다. 직업상담자는 내담자의 진학계획이 합리적 · 현실적으로 수립되었는지를 판단하고 조언해 주어야 하고, 이를 조정할 수 있도록 도와야 하며, 자기와 직업세계에 대한 이해를 확장할 수 있도록 촉진시켜야 한다. 이를 위해 각종 심리검사를 이용하여 내담자가 자신의 적성이나 성격 등을 올바로 이해할 수 있도록 도와야 한다.

(2) 취업상담

취업상담은 내담자가 최초 취업을 준비하는 학생(예: 고등학교나 대학을 졸업하는 학생)인 경우와 재취업이 요구되는 사람(예: 직장폐쇄, 고용조정 등으로 인한 실직자)

인 경우로 구분할 수 있다. 최초 취업을 준비하는 학생과의 취업상담에서 직업상담자는 진학상담에서와 마찬가지로 내담자가 자기와 직업세계에 대한 이해를 확장시킬 수 있도록 도와야 한다. 예를 들면, 심리검사를 통해 개인의 적성과 성격 및 흥미에 대한 올바른 이해를 도모하고, 각종 직업 관련 자료를 참고하여 가급적 많은 직업에 대한 정보를 제공하여 직업세계에 대한 이해를 도와야 한다. 또한 취업정보나 취업절차, 그리고 취업에 필요한 준비사항 등과 같은 현실적인 문제에 대해서도 정보를 제시할 수 있어야 한다.

한편 재취업을 원하는 경우는 자신의 의지로 직장을 옮기는 경우와 자신의 의지와는 상관없이 직장을 옮겨야 하는 경우로 나뉜다. 전자는 현재 직장에서 직무 부적응의 문제를 경험하거나 또는 자신의 경력개발을 위해 직장을 옮기는 경우이므로 직무적응 상담과 취업상담이 함께 진행되어야 한다. 후자는 직장의 경영난으로 인한 고용조정을 통해 갑작스럽게 해고를 당하거나 직장이 폐쇄됨으로써 하루아침에 직장을 잃은 실직자의 경우로, 이들과의 취업상담은 최초 취업을 준비하는 학생과의 취업상담과는 전혀 다른 성격을 갖는다. 직업은 개인의 정체성, 자기존중, 자기가치 등과 밀접히 연결되어 있기 때문에, 직업 상실은 심리적으로 황폐감을 느끼게 한다(Bradley, 1990). 따라서 전통적으로 이들에 대한 직업상담은 정서적 지지에서 시작하되, 내담자의 재무상황에 따라서 즉시 고용이 이루어질 수 있도록 빠르게 고용탐색으로 전환되어야 할 때도 있다. 재취업을 위한 취업상담에서, 직업상담자는 내담자 상담활동을 통해서 배운 기술을 실제로 활용할 수 있도록 고용에 필요한 기술(예: 직무정보 탐색, 직무 인터뷰 등), 시간관리 기술(많은 일로 부담이 클 경우) 등을 개발할 수 있도록 도와야 한다. 만일 내담자가 직업 상실로 인해 우울감, 분노, 좌절감 등을 경험하고 있다면, 직업상담자는 또한 그러한 문제도 다룰 수 있어야 한다.

(3) 직업적응 상담

직업적응 상담은 직장에서의 인간관계와 갈등에 대한 대처, 직무 스트레스 관리 등에 초점을 둔 상담이다. 만일 내담자가 인간관계에서의 갈등을 경험하고 있다면 건설적인 갈등관리 방법과 효과적인 인간관계 기술을 학습하도록 도움을 줄 수 있어야 하며, 내담자가 직무 스트레스로 고통받고 있다면 스트레스의 출처에 대한 탐색을 통해 그 원인을 규명하고 효과적인 스트레스 관리방안을 모색할 수 있도록 도와야 한다.

그러나 만일 내담자가 적응상의 문제로 직장을 옮기기를 원한다면, 직업상담자는 적응상의 문제와 재취업의 현실성 모두를 고려하여 내담자가 올바른 판단을 내릴 수 있도록 도와야 한다. 예를 들어, 내담자의 적응상의 문제가 대인관계나 직무 스트레스 등에 의한 것이라면, 이러한 문제를 해결할 수 있는 방안을 먼저 모색하는 것이 바람직할 것이다. 그러나 내담자의 적응 문제가 개인의 적성과 흥미 또는 성격과 직업적 요구와의 차이로 인한 것이라면, 재취업이 바람직할 것이다. 이때의 재취업이 직장만을 옮길 것인지 아니면 직업을 바꿀 것인지를 판단하기 위해서는 여러 가지 현실적인 문제(사회적 상황, 적성과 흥미, 연령 등)를 함께 고려하여야 한다. 직업을 바꾸고자 하는 사람은 직업을 바꿀 수밖에 없는 내담자보다는 스트레스가 적을 것이다. 그러나 그렇다고 해서 직업을 바꾸고자 하는 사람이, 직장을 잃은 사람이 경험하는 것만큼 긴급함을 느끼지 않는다는 것은 아니다. 따라서 이들에 대한 직업상담 또한 심리적 지지와 함께 이루어져야 할 것이다.

6) 우리나라의 직업상담사 제도

(1) 개요

국가에서는 1999년부터 직업상담사 제도를 도입하여 직업지도 및 상담, 고용정보 등 직업안정 관련 업무를 전문적으로 수행하도록 하였는데, 이 전문 인력을 양성하기 위한 자격시험이 직업상담사다. 직업상담사란 직업안정기관이나 교육훈련기관, 인력 관련 기관, 기업의 상담실, 중·고등학교 및 대학교 등에서 구인, 구직 등에 필요한 직업정보를 수집·분석하여 미취업자 및 구직자에게 구직, 전직 정보를 제공하고 이들의 직업선택이나 구직활동에 있어 전문적인 컨설팅이나 취업알선

상담을 하는 직업상담 전문가다. 또한, 직업지도 업무를 기획하고, 개인에게 직업 선택, 직업전환, 직업적응, 실업대처, 은퇴 등의 과정에서 정보를 제공하거나 문제를 예방하고 지원 · 상담활동을 수행하는 전문인이다.

(2) 수행 직무

직업상담사는 상담의 기본 원리와 기법에 바탕을 두고 개인의 능력과 적성에 맞는 직업의 선택, 직업생활 준비 및 적응, 직업전환 · 은퇴 과정에서 일어나는 문제를 예방하고 지원하는 활동을 하는 전문인력이다. 직업상담사가 수행하는 업무는 상담업무, 직업소개 업무, 직업 관련 검사 실시 및 해석업무, 직업지도 프로그램 개발과 운영업무, 직업상담 행정업무 등으로 구별할 수 있다. 주요 상담업무에는 근로기준법을 비롯한 노동관계 법규 등 노동시장에서 발생하는 직업과 관련된 법적인 일반적인 사항에 대한 일반 상담, 구인 · 구직상담, 창업상담, 경력개발 상담, 직업적응 상담, 직업전환 상담, 은퇴후 상담 등이 있다.

직업상담사는 구직자에게 가장 적합한 직업이 무엇인지를 찾는 데 도움을 주며, 적성 및 흥미검사 등을 실시하여 구직자의 적성과 흥미에 알맞은 직업정보를 제공하고, 청소년, 여성, 중 · 고령자, 실업자 등을 위한 직업지도 프로그램을 개발 · 운영한다. 그리고 취업이 곤란한 구직자(장애자, 고령자)에게 보다 많은 취업 기회를 제공하고 구인난을 겪고 있는 기업에게 다양한 인력을 소개하기 위하여 구인처 및 구직자를 개척하기도 한다.

우리나라의 경우, 직업상담사 1급과 2급 자격이 있는데 이들이 수행하는 직무내용을 살펴보면, 직업상담사 1급은 구인 · 구직은 물론 창업상담과 직업적응, 직업전환에 대한 상담을 실시하며, 직업상담사 2급은 노동관계 법규와 관련한 상담을 하고 노동시장과 직업세계에 대한 정보를 수집해 이를 분석 · 가공 · 제공하는 역할을 담당한다. 이들이 수행하는 직무내용을 요약하면 다음과 같다.

- 직업상담과 직업지도 업무의 기획 및 평가

- 구인 · 구직 · 취업상담, 진학상담, 경력개발 상담, 직업적응 상담, 직업전환 상담
- 적성검사, 흥미검사의 실시 및 해석
- 노동시장, 직업세계 등과 관련한 직업정보의 수집, 분석, 가공, 제공

(3) 진로 및 전망

직업상담사 1급 또는 2급 자격을 취득한 경우 지방노동관서나 고용지원센터, 인력은행 등 전국 119개 국립 직업안정기관과 전국 281개 시 · 군 · 구 소재 공공직업안정기관, 1,756개의 민간 유 · 무료 직업소개소의 직업상담원 및 24개 국외 유료직업소개소 등의 직업상담원에 취업이 가능하다. 또한 유료직업소개사업의 등록을 할 수 있는 자격과 유료직업소개소의 직업상담원 자격을 부여하기로 하였다. 그리고 앞으로 고용노동부 지방노동관서 등 직업소개기관 직업상담원 채용 시 직업상담사 자격소지자를 우대할 방침이다. 우리나라 국립직업안정기관에서 직업상담과 직업지도를 수행하는 직업지도관 및 직업상담원의 인원은 외국의 직업안정기관 인력 수에 비해 턱없이 부족한 실정이다. 따라서 직업상담사에 대한 인력 수요나 공급은 절대적으로 커질 것이며 그만큼 전망도 매우 밝다.

(4) 취득방법

직업상담사 2급의 경우, 필기시험과 실기시험으로 구분된다. 필기시험과목은 직업상담학, 직업심리학, 직업정보론, 노동시장론, 노동관계 법규 등으로 구성된 객관식 4지 택일형이며, 실기시험과목은 직업상담실무로 필답형이다. 합격기준은 필기시험은 매 과목 40점 이상, 전 과목 평균 60점 이상이어야 하며, 실기시험은 60점 이상이어야 한다. 직업상담사 1급의 경우, 필기시험과목은 고급직업상담학, 고급직업심리학, 고급직업정보론, 노동시장론, 노동관계 법규 등으로 구성된 객관식 4지 택일형이며, 실기시험과목은 직업상담실무로 작업형이다. 합격기준은 직업상담사 2급과 동일하다.

정리해 볼 문제

1. 일반적인 상담의 진행 단계에 대해 설명하시오.

2. 합리적-정서적 상담 이론에 대해 설명하시오.

3. 산업상담의 세 가지 기본 원리에 대해 설명하시오.

4. 산업상담의 기법 중 반영이란 무엇인가?

5. MBTI에 대해 설명하시오.

6. 직업상담의 필요성에 대해 설명하시오.

7. 직업상담의 세 가지 유형에 대해 설명하시오.

제12장

노사관계

기업은 사용자와 노동자로 구성되어 있다. 원활한 노사관계를 맺고 있는 기업은 뛰어난 경쟁력을 보이고 있으며 노동자의 기업에 대한 만족도도 매우 높은 것으로 나타나고 있다. 그러나 노사관계가 원활하지 못한 기업은 매우 어려운 상황에 처해 있다. 국내 굴지의 기업 중 노사분규가 지속되고 있는 기업은 기업신용도에서도 매우 낮은 수치를 나타내고 있다. 이 장에서는 노사관계의 의미, 노동조합의 기능과 역할, 단체교섭, 단체협약, 부당노동행위, 노동쟁의, 노사협의 제도, 노동자의 경영참가 제도, 신노사문화 등에 대해 살펴보고자 한다.

1. 노사관계의 의미

1) 노사관계의 정의

노사관계란 산업화의 산물로서 'industrial relation' 에서 유래되었는데, 이 용어를 보편적으로 사용하기 시작한 것은 제2차 세계대전 후의 일이다. 노사관계란 근본적으로 노동자와 사용자 간의 관계라고 말할 수 있지만, 일반적으로는 노동조합(노동자), 사용자(기업), 정부 간의 수직적 · 수평적 제반 관계를 말한다. 보다 구체적으로 살펴보면 노사관계란 그 관계의 유지 · 기능화에 대한 이해와 책임을 갖는 주된 당사자인 노사(주체)가 중심이 되고, 나아가 정책 주체로서의 정부가 관여하며, 이들이 노사 상호의 권리 · 의무의 승인을 전제로 노동력의 거래, 고용, 이용, 육성을 통해 그 가격이나 처우, 또 질서나 제도의 형성 · 유지 · 개선을 위해서 노동시장 및 직장을 매개로 해서 대등하게 맺어지는 관계를 말한다(정재훈, 2006). 이 정의에서 말하는 것을 정리해 보면, 다음과 같은 여러 가지 의미가 내포되어 있다.

- 노동시장과 직장을 주된 전개의 장으로 해서 노동력을 둘러싼 거래 · 교섭, 그리고 고용 · 처우 · 소비가 추구되는 관계라는 점
- 노사관계의 당사자는 복수이고, 반드시 이해관계가 일치하는 것은 아니라는 점
- 그러나 대립이나 투쟁뿐만 아니라 관심이나 이해를 공통으로 하고 있는 측면도 있다는 점
- 당사자는 단체교섭의 유지, 쟁의행위의 실시와 대처, 단체협약의 체결과 운용에 있어 책임과 의무를 다할 능력을 갖고 있다는 점
- 경영자의 경영권, 노동자의 노동기본권, 정부의 정책 주체로서의 권한 등에 대해 각 당사자는 상호의 권력과 능력의 승인을 전제로 하고 있다는 점
- 생산이나 노동이 일회적인 것이 아니라 영속적인 이상 노사관계도 영속적이라는 점

노사관계 시스템의 모형 속에는 기본적으로 노동조합, 사용자 그리고 정부가 포함되며, 더 넓게는 여러 환경적 요인(기술, 시장 및 예산 제약, 행위자들의 권력관계와 지위, 이념 등)이 포함된다. 이 모형을 도식화해서 살펴보면 [그림 12-1]과 같다(김영록, 2005).

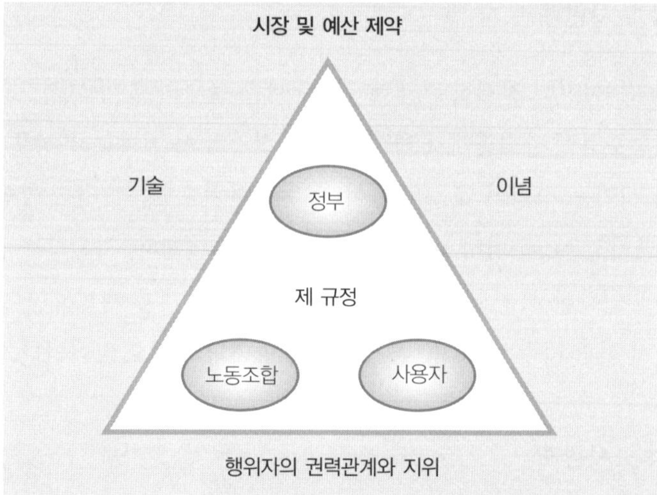

[그림 12-1] **노사관계 시스템의 개념적 모형**

2) 노사관계의 발전과정

노사관계는 18세기 중엽부터 시작된 영국의 산업혁명 이후 오늘날까지 각 나라에서 추진되어 온 공업화 과정을 배경으로 하여 성립되었다. 따라서 노사관계는 그 시대와 사회에 따라 각각 독특한 특징을 보이지만, 일반적으로 다음과 같은 다섯 가지 단계로 구분할 수 있다(홍종달, 1999).

(1) 전제적 노사관계

자본주의 초기인 19세기 중엽까지는 기업의 경영은 전적으로 소유자에 의해 이루어졌으며 전제적 또는 일방적 성격을 띠고 있는 것이 일반적이었다. 이러한 단계에서의 근로조건은 사용자의 일방적인 의사로 결정되고, 사용자와 근로자 간의 관계는 명령과 복종의 지배관계로 인간적인 요소는 무시되었다. 그 결과 근로자를 종속시키는 데는 효과적이었으나 생산성을 높이는 데는 성공하지 못하였고, 점차 근로자들은 전제적인 관리방식에 저항을 하기 시작하였다.

(2) 온정적 노사관계

자본과 노동은 여전히 전제적 관계에 있었음에도 불구하고 어느 정도의 인간적 접촉을 통한 가족주의적 사회관계가 형성되고 그 결과 노사 간에는 온정주의적 관계가 나타났다. 이 시기는 경영이 효율을 높이고 다른 한편으로는 노동조합의 형성을 저지하는 가부장적·온정주의적 노사관계를 형성하는 단계다. 사용자는 근로자에 대해 온정주의에 입각한 복지후생 시설을 마련하는 등 관계를 개선하였으며, 그 결과 전제와 은혜, 충성과 자주성이라는 온정주의적 형태의 특징으로 나타나게 되었다.

(3) 완화적 노사관계

기업 규모의 확대와 함께 전문 경영자의 역할이 높아지고, 미숙련 노동자를 중심으로 한 산업별 노동조합의 발전과 노동자 정당의 출현에 의해 노사 간의 대립적 양상이 구체화되었다. 이 시기의 노동조합이나 노동자에 대한 사용자 측의 정책은 당근과 채찍의 정책에 의해 특징지어진다. 즉 한편으로는 노동조합에 대해 폭력적 대응책을 강구하는 동시에, 다른 한편으로는 종업원 대표제나 다양한 복지제도 등의 친화정책이 전개되었다.

(4) 항쟁적 노사관계

항쟁적 노사관계는 사회주의적 변혁에 직면한 시기로, 격화된 계급투쟁이 개별적 경영 차원에서 전개되고 고용조건이 오직 실력행사에 의해 결정되었다. 그리고 경영자와 노동자 간의 관계도 주도권 획득을 둘러싼 상호대립주의 성격을 가지며, 특히 이 시기는 경영자를 축출하고 노동자가 직접 경영을 담당하는 형태가 등장하기도 하였다.

(5) 민주적 노사관계

민주적 노사관계는 산업별 노동조합의 발전으로 노동조합과 기업의 전문경영자

사이의 대등한 입장에서 임금 및 노동조건을 공동으로 결정하는 단계다. 이 시기는 소유와 경영의 분리가 촉진되어 경영의 전문화, 전문 경영인의 등장, 경영자 단체의 조직화 등이 나타났으며, 노동도 경영 규모의 확대에 따라 노동력이 고도로 집중화되었다.

한편 Mills와 McCormick(1985)은 노사관계를 주종관계(master-servant) 단계, 사용자 통제(management control) 단계, 노사대등(union-management counterbalancing) 단계, 그리고 경쟁력 지향(competitiveness orientation) 단계의 네 단계로 구분하였다. 각 단계의 특징을 단체교섭의 역할, 노동조합의 조직, 노동법의 역할 등의 측면에서 살펴보면 〈표 12-1〉과 같다.

〈표 12-1〉 노사관계의 발달단계

	주종관계	사용자 통제	노사대등	경쟁력 지향
단체교섭의 역할	없음	없음	• 규칙 설정 • 임금인상 • 근로자 권익 보호	• 기업경쟁력 유지 • 직장 보호
노동조합의 조직	약함	초기 성장	강함	영향력 있는 소수
노동법의 역할	약함	사용자 권위 보호	노동조합 지원	작업현장기준 설정

2. 노동조합

1) 노동조합의 정의

영국의 노동조합 운동사를 쓴 Sidney Webb(1920)은 "노동조합이란 근로조건의 유지 또는 개선을 목적으로 하는 임금근로자의 지속적 단체"라고 하였다. 이와 같이 근로자들은 스스로 단결하고 집단세력을 형성하여 사용자들과 대등한 위치에서 노동력의 보다 나은 조건을 실현시키려는 의도에서 노동조합을 형성하게 되었다.

우리나라의 현행 노동조합 및 노동관계 조정법 제2조에서는 노동조합의 정의를 "근로자가 주체가 되어 자주적으로 단결하여 근로조건의 유지 · 개선, 기타 근로자의 경제적 · 사회적 지위의 향상을 도모함을 목적으로 조직하는 단체 또는 그 연합체"라고 하고 있다.

2) 노동조합의 기능

노동조합의 기능은 노동조합이 추구하는 목적과 깊이 관련되어 있으며, 노동조합의 기능은 노동조합의 목적과 관련해서만 제대로 파악할 수 있다. 그리고 노동조합의 목적은 노동자들이 노동조합의 목적과 조합원의 욕구를 어떻게 파악하고 있

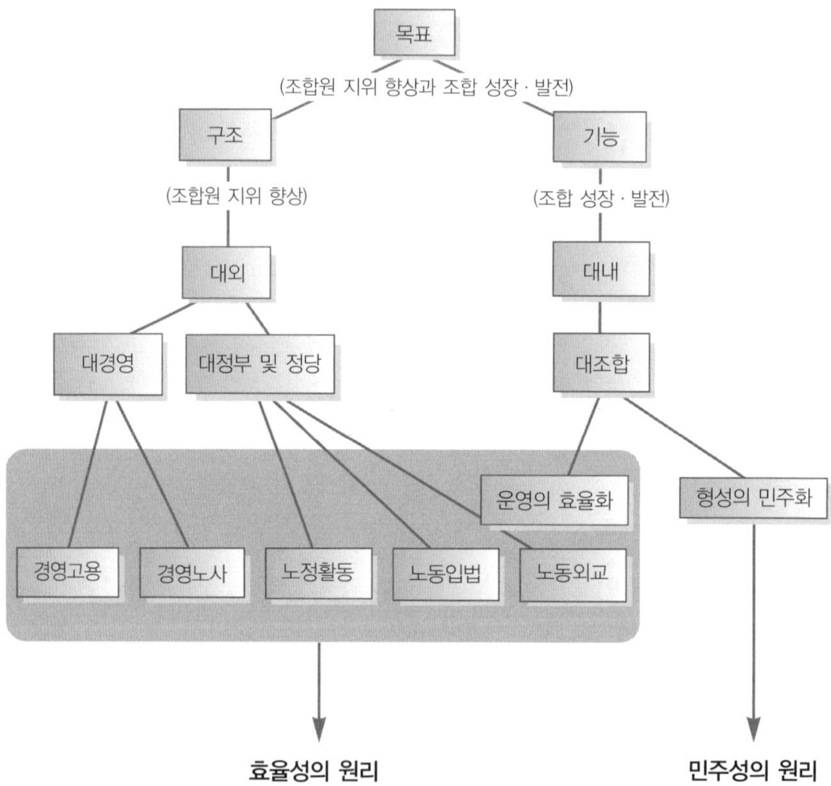

[그림 12-2] 노동조합 활동의 기본 모형

느냐에 따라 결정된다. 최종태 등(1985)은 시스템적 조직행동의 관점에서 노동조합 활동의 전개모형을 [그림 12-2]와 같이 제시하였다.

노동조합의 일반적인 기능을 다섯 가지 측면으로 구분하여 살펴보면 [그림 12-3]과 같다(정재훈, 2006).

- 힘의 기능: 노동조합이 추구하는 목표의 달성 여부는 조합이 보유하고 있는 힘의 크기에 의해 좌우된다. 따라서 노동조합의 힘은 노조의 목적달성을 위한 가장 기초적인 수단이 된다. 노동조합의 힘은 곧 노동자들의 단결력인데, 이것이 있기 때문에 고용계약상의 보수나 신분문제에 대해 노동자들은 사용자들의 자의적인 결정을 막을 수 있다. Perlman(1972)은 노동조합의 단결력에 대해 특정 노동자 집단의 교섭목적이 뚜렷하고 참가하는 노동자의 직무영역이 경계가 명확할수록 그들을 묶는 결속력은 더욱 강해진다고 주장하였다. 따라서 노동조합 구성원의 이질성이 중대할수록 그들을 묶어 주는 공통의 이해는 줄어들게 되고, 그들 간의 결속력도 떨어지게 된다.
- 경제 규제적 기능: 대부분의 조합원들에게 노동조합의 가장 중요한 기능은 노동시간, 휴일 등을 포함한 임금협상이다. 임금협상과 관련한 노동조합의 경제적 기능은 이 협상의 직접적 수혜대상인 조합원뿐만 아니라 비조합원, 나아가 노조 비결성 조직에도 중요한 영향을 끼친다. 일반적으로 대기업의 경우 노동조합이 임금에 미치는 영향이 크며, 기업 규모가 작을수록 노동조합이 임금에 미치는 영향은 적은 것으로 나타난다.
- 직무 규제적 기능: 직무 규제는 고용관계와 관련하여 경영자의 자의적인 권력행사로부터 조합원을 보호하고자 하는 노동조합의 기능을 말한다. 노동조합은 조합원을 보호하기 위해 경영자의 결정에 대항하기도 하고, 나아가 공동 규제를 통해 경영자의 힘을 제한하기도 한다. 이 직무 규제의 내용에는 채용, 승진, 징계, 해고, 퇴직 등의 신분과 관련한 사항뿐만 아니라 고충처리, 직업훈련, 안전 등 광범위한 사항이 포함된다.
- 사회개혁적 기능: 노동조합운동은 전통적으로 한 사회에서 자본과 노동의 분화

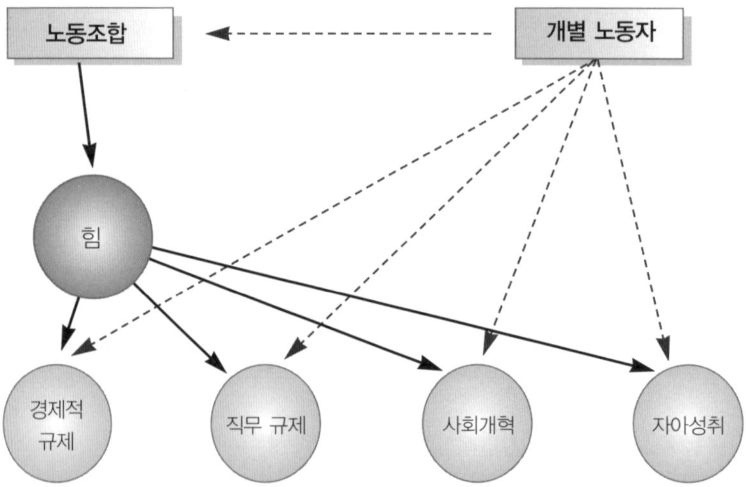

[그림 12-3] **노동조합의 기능**

현상이 뚜렷하게 나타날 때 활성화되었으며, 노동계급의 열망은 정치제도에의 참여를 통해 실현되었다. 그리고 대부분의 민주사회에서는 정부의 경제 및 사회정책 수립과정에 노동조합이 참여할 수 있는 제도적 장치를 마련해서 이를 통해 노동자의 욕구를 수렴하고자 한다.

- 자아성취적 기능: 노동조합은 다양한 의사결정과정에 조합원의 참가를 보장함으로써 그들의 자아성취 욕구를 충족시켜 주는 기능을 한다. 조합원이 노동조합과 관련하여 의사결정에 참가하는 경로는 노동조합 운영에의 참가, 단체교섭을 통한 참가, 정치적 대의제도를 통한 참가 등이 있다(Salamon, 1987).

한편 노동조합의 기능을 1차적 기능인 기본기능, 2차적 기능인 집행기능, 3차적 기능인 참모기능으로 크게 분류할 수도 있다(구본장, 2000). 이를 구체적으로 살펴보면 다음과 같다.

- 기본기능: 노동조합의 기본기능이란 조직기능이다. 즉 노동조합의 목적이 집단적인 교섭을 통한 근로조건의 개선에 있다면, 근로자의 조직이야말로 근로자 및

노동조합의 기본적인 요소로서 매우 중요한 역할을 할 것이다. 이 기본기능은 근로자 기능과 노동조합 기능으로 분류할 수 있는데, 근로자 기능이란 노동조합을 형성하기 위해 비조합원인 근로자를 조직하는 기능이고, 노동조합 기능이란 노동조합이 조직된 후에 노동조합을 유지 · 확장하는 기능이다.

- 집행기능: 노동조합의 집행기능은 단체교섭 기능, 경제활동 기능, 정치활동 기능 등이 있다. 우선 단체교섭 기능은 노동조합이 사용자와의 단체교섭을 통해 임금 및 근로조건의 유지 · 개선을 꾀하는 기능을 말한다. 그리고 경제활동 기능은 조합원 자신의 어려움이 닥쳐올 때 조합이 행하는 경제적 보조역할의 일종인 공제적 기능과 근로자가 취득한 임금의 소비 면에서의 보호를 포함한 생산현장 밖에서의 경제적 보호를 의미하는 협동적 기능이 있다. 마지막으로 정치활동 기능은 노동조합이 경제적인 목적을 달성하기 위해 특정 법률의 재정 · 개정의 촉구와 반대 등의 정치적 발언권을 행사하는 것이며, 이의 실현을 위하여 특정 정당을 지지하거나 반대하는 정치활동을 전개하기도 한다.
- 참모기능: 참모기능이란 교육활동, 홍보활동, 조사연구 활동, 사회봉사 활동 등으로, 이러한 활동은 노동조합의 기본기능과 집행기능이 더욱 효과적으로 수행될 수 있도록 보조하는 역할을 한다.

3) 노동조합의 형태

노동조합의 일반적인 형태를 네 가지로 구분하여 살펴보면 다음과 같다(〈표 12-2〉 참조).

(1) 직종별 노동조합

이 노동조합은 그들이 종사하는 산업과는 관계없이 동일 직종에 종사하는 근로자가 자신들의 특권적인 지위를 획득하고 유지하기 위해 조합을 결성하는 형태를 말하며, 노동조합의 형성 초기에 나타난 형태다. 이런 조직 원칙하에서는 개인이

맡고 있는 일과 산업 위계 속에서의 그들의 위치가 단결력을 제공하는 원천이 된다. 따라서 어떤 의미에서 이런 노동조합은 여러 산업에 걸쳐 있다는 것 때문에 수평적 특성을 가진 것으로 분류할 수 있다.

(2) 산업별 노동조합

이 노동조합은 일정한 산업에 종사하는 근로자를 그 소속 또는 직업에 관계없이 그 산업의 근로자 전체로 조직하는 형태를 말한다. 이러한 조직화 원칙은 노동조합이 조합원 모집 시에 그 산업 내에서는 어떤 직업적인 장벽도 가져서는 안 되며, 조합원이 다른 산업의 동일직업 종사자와 직업은 다르더라도 같은 산업 내의 동료 노동자와 더 큰 공통의 이해관계를 가지고 있다는 인식에 기초하고 있다. 따라서 산업별 노동조합은 조직 내의 다양한 계층을 포괄하려는 측면에서 수직적 특성을 가지고 있다.

(3) 일반 노동조합

이 노동조합은 직업 또는 기업이나 업종 여하를 불문하고 동일 지역에 있는 중소기업을 중심으로 조직되는 형태를 말한다. 다시 말해 직종별 또는 산업별 조직으로 쉽게 정의할 수 없는 나머지 모든 노동조합을 포괄한다.

(4) 기업별 노동조합

이 노동조합은 동일한 기업에 종사하는 근로자로 조직되며, 직종이나 산업은 고려하지 않는 형태를 말한다. 따라서 단체교섭, 중재, 파업 등과 같은 조합의 기능은 기업에 고용되어 있는 조합 지도자에 의해 기업조직 내에서 수행된다. 기업별 노동조합의 장점은 조합과 기업 간의 관계가 기업의 현실에 맞추어 진행되어 간다는 점, 조합원에게 그 기업에서의 직업 안정을 마련해 준다는 점, 조합 지도자가 기업 내에서 선출되기 때문에 지도자와 일반 조합원의 유대가 강하다는 점 등이다. 반면 단점

〈표 12-2〉 노동조합의 형태별 특징

	직종별 조합	산업별 조합	일반 조합	기업별 조합
환경	• 초기공업 시대 • 산업자본 시대 • 숙련공 독점 시대 • 도제제도 전성시대	• 기계생산 시대 • 직종분화 시대 • 직업분화 시대 • 반숙련공, 미숙련공 등장 시대	• 미숙련공 다수 등장 시대 • 직종별 조합에서 제외되었던 산업조직 • 직종별 · 산업별의 중간 산물	• 사용자 주도적인 노사관계 조직 • 가족주의적 노사 패턴에서 갈등을 전제로 한 노사 패턴으로의 전환기 조직
조합형태	• 1직종 1조합 • 횡단적	• 1산업 1조합 • 횡단적	• 전산업 1조합 • 횡단적	• 1기업 1조직 • 종단적
조직기반	• 숙련공	• 반숙련공 • 미숙련공	• 미숙련공	• 기업
조직성격	• 완전폐쇄적	• 개방적	• 완전 개방적	• 폐쇄적
조직관리	• 공제활동 • 중앙집권화	• 조합민주주의	• 중앙집권적 관료주의	• 복지활동 • 조합민주주의
노동시장 통제방법	• 직업독점 • 도제제도	• 단체교섭 • 파업 • 경영 참가	• 입법 규제 • 단체교섭 • 파업	• 노사협의 • 단체교섭

으로는 조합원들이 그들이 속한 기업의 운명 여부에 크게 의존하게 된다는 점, 같은 조합 내에 공존하는 화이트칼라와 블루칼라 간에 심각한 갈등이 종종 유발된다는 점 등이 있다.

3. 단체교섭

1) 단체교섭의 의의

단체교섭(collective bargaining)이란 개개의 사용자 또는 그 이상의 사용자 단체가 하나 또는 그 이상의 노동조합을 당사자로 하여 임금 및 근로조건에 관한 협정을 이루려는 목적에서 행해지는 협상의 과정이라고 정의할 수 있다. 다시 말하면 노사 대표자가 근로자의 임금 및 근로조건 등에 관해 협정을 체결하기 위해 평화적으로 타협을 모색하는 절차다. 단체교섭의 본질적인 특징은 노동자들이 대표를 통하여 단체로 협상한다는 점이기 때문에, 노동자들은 목적의 공통점을 확인하고 단체를 조직하여 단체적 행동을 할 준비가 되어 있어야 한다. 단체교섭은 사회적 변화에 대응하여 잠재적인 불만요소를 해소하고 이해관계에 있는 모든 집단의 요구를 수용하고 해결하도록 모색하는 안전장치의 역할을 담당한다.

2) 단체교섭의 방식

단체교섭은 노사의 힘과 노동환경을 배경으로 하는 거래와 협상의 관계다. 따라서 단체교섭의 방법 및 형태는 노동운동의 성격과 노동조합의 조직형태에 따라 다양하게 나타날 수 있다. 단체교섭의 다양한 형태를 살펴보면 다음과 같다([그림 12-4] 참조).

(1) 기업별 교섭

기업별 교섭은 특정 기업 또는 사업장 단위로 조직된 노동조합과 그 상대방인 사용자 간에 단체교섭이 행해지는 방식이다. 우리나라의 단체교섭 유형은 전형적으로 이에 해당하는데, 그 이유는 노동조합의 조직형태가 기업별이기 때문이다. 기업별 교섭은 회사 사정에 익숙하여 무리한 요구나 이에 따르는 노사분규를 방지할 수 있다는 장점이 있는 반면, 교섭의 양 당사자는 고용관계가 종속적이기 때문에 실질적으로 대등한 입장에서 교섭하기가 곤란하다는 단점이 있다.

(2) 통일 교섭

통일 교섭은 산업별 또는 직종별로 노동조합이 조직되어 있어 노동시장을 전국적 또는 지역적으로 통합하여 사용자 단체와 교섭하는 방식이다. 복수사용자 교섭이라고도 하며, 영국을 비롯하여 유럽 각국에서 가장 많이 활용하고 있다.

(3) 대각선 교섭

대각선 교섭은 산업별 노동조합이 개별 기업 사용자와 개별적으로 교섭하는 방식이다. 이 방식은 산업별 노동조합에 대응할 만한 사용자 단체가 없거나 이런 사용자 단체가 있더라도 각 기업에 특수한 사정이 있을 때 사용된다. 예를 들면 미국의 General Motors 등 대규모 회사는 그들 단독의 힘만으로도 전국 노조와 대결할 수 있다고 믿기 때문에 이 방식을 채택한다.

(4) 집단 교섭

집단 교섭은 수개의 개별 노동조합 또는 지부가 공동으로 수 개의 사용자 집단과 교섭하는 방식이다. 노동조합 측이나 사용자 측이 산업별로 연합전선을 형성하여 교섭하는 것이므로, 연합교섭이라고도 한다.

(5) 공동 교섭

공동 교섭은 상급 단체와 개별 기업의 노동조합이 공동으로 개별 사용자 집단과 교섭하는 방식이다. 즉, 상부조합과 지부가 공동으로 사용자와 교섭하는 방식을 말한다. 이 방식은 기업별 노조에서는 기업별 교섭이 갖는 약점을 어느 정도 보완해 줄 수 있으며, 산업별 또는 직종별 노조의 경우에서도 지부에 대한 인력 및 재정적 지원을 줄 수 있다.

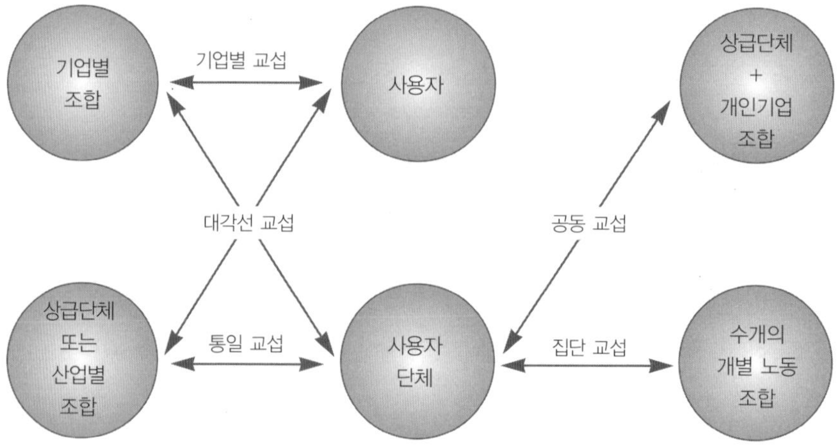

[그림 12-4] **단체교섭의 방식**

3) 단체교섭의 주체

(1) 단체교섭의 당사자

노동조합 측의 단체교섭의 당사자라고 하면 개별 근로자가 아니라 노동조합 자체를 말한다. 이 경우 노동조합은 적어도 노동조합으로서의 실질적 요건과 형식적 요건을 갖추어야 한다. 한편 사용자 측의 당사자는 근로계약에 의해 근로자를 채용한 계약상의 당사자다. 노동조합 및 노동관계조정법에 의하면 개별 사용자나 사용자 단체가 단체교섭의 당사자가 될 수 있다.

(2) 단체교섭의 담당자

노동조합 측의 단체교섭 담당자는 단위 노동조합의 대표자 또는 단위 노동조합으로부터 위임을 받은 자가 될 수 있으며, 사용자 측의 담당자는 사용자 또는 사용자 단체의 대표자가 된다.

4) 단체교섭의 범위

단체교섭의 범위는 일반화되고 정형화된 틀이 없으며, 노동법상의 범위와 시대와 환경의 변화에 따라 노사 간에 자주적으로 결정된다. 단체교섭의 대상은 근로조건 전반에 관한 내용이라고 해석할 수 있으며, 교섭의 대상은 집단성을 띠어야 한다. 그러나 경영 및 인사에 관한 사항은 단체교섭의 대상이 될 수 없다.

5) 생산적 단체교섭의 단계

일반적으로 단체교섭을 진행하는 과정에서 노동조합과 사용자 측의 태도와 행동에 따라 생산적 교섭이 될 수도 있고, 대립적 교섭이 될 수도 있다. 생산적 교섭(productive bargaining)이란 노사 간 단체교섭이 신속하고 평화적으로 타결되는 것을 의미하며, 나아가 노사 공동의 이익창출 방안에 대한 협상도 함께 진행하는 교섭을 의미한다.

생산적인 단체교섭의 단계는 단체교섭의 시작에서부터 단체협약의 체결까지를 교섭준비 단계, 예비교섭 단계, 본교섭 단계, 교섭타결 단계 등 네 단계로 구분할 수 있다(허찬영 외, 2003).

(1) 교섭준비 단계

단체교섭에 임하는 노사 대표는 기업 내부뿐만 아니라 외부 환경요인까지도 고려하여 쌍방의 요구사항에 대한 수용 여부를 결정해야 하기 때문에 상식이나 감정보다는 전문적 지식과 이성적 판단, 그리고 정확한 분석결과를 바탕으로 교섭해야 한다. 이 단계에서는 교섭항목을 선정하고, 이에 대한 관련 자료를 수집하여 교섭 요구안을 작성한다.

(2) 예비교섭 단계

예비교섭은 교섭의 정식 개시에 앞서서 노사 실무자 간에 교섭 개최 일시 및 기간, 교섭장소, 교섭위원 수, 교섭진행 절차, 협약서의 작성절차 등을 논의하는 단계다. 별도의 예비교섭 없이 본교섭에 곧바로 들어가는 경우도 있지만, 교섭의 원활한 진행을 위해서는 사전 예비교섭을 갖는 것이 바람직하다.

(3) 본교섭 단계

예비교섭을 통해 본교섭의 진행에 관한 합의가 이루어지고 상호 교환된 상대 측의 요구안과 정보를 분석하고 이에 대한 대응안을 설득력 있게 준비한 후 본교섭에 들어간다. 본교섭 단계에서는 노사 양측의 교섭위원을 소개하는 상견례, 노사 양측의 요구안에 대해 소수의 양측 실무자들이 참여하는 실무교섭, 노사 양측의 교섭대표가 참여하여 양측의 교섭 요구안을 최종적으로 타결하는 대표교섭 등의 절차를 거친다.

(4) 교섭타결 단계

교섭을 통해 노사 간에 합의가 이루어지면 교섭은 종결되고, 노사 양 대표가 단체협약서를 서면으로 작성하여 서명 · 날인한다. 이 단계에서는 그동안 교섭진행과정에서 나타났던 노사 간의 문제점과 과제를 분석 · 정리하여 향후의 노사관계에 참고하는 것이 필요하며, 교섭과정에서 양측 교섭위원 간에 내재되어 있는 감정도 해소시키는 것이 바람직하다.

생산적 교섭을 위한 고려사항

- 회의개최 시간, 발언순서 등 회의규정을 엄수한다.
- 교섭장에서는 정중한 언어 사용과 예의를 갖추어야 한다.
- 교섭 안건의 수가 많은 경우에는 합의가 가능한 사안부터 우선적으로 논의하여 교섭의 진행속도를 가속화한다.
- 자기주장은 명료하게 설명하고, 상대방의 주장은 적극적으로 경청한다.
- 상대방의 요구나 주장에 대해 신속하고 성의 있게 검토하여 수용 여부를 밝혀야 하며, 수용할 수 없는 경우에는 그 근거와 대안을 제시한다.
- 교섭과정에서 노사 양측은 인내를 갖고 교섭을 진행해야 하며, 전부가 아니면 전무라는 식의 극단적 자세를 버려야 한다.
- 교섭진행 중에 조합원에게 교섭과정이나 진척상황 등을 정확하게 알려 줄 필요가 있다.

4. 단체협약

1) 단체협약의 의미

단체협약(collective agreement)이란 노동조합과 사용자 또는 사용자 단체 간의 단체교섭을 통해 다양한 근로조건에 대해 당사자 간 합의 후 이를 약정함으로써 성립된다. 이 단체협약은 협약 당사자인 노동조합과 사용자가 체결하는 서면상의 계약 형식을 띠고 있으며, 그 내용은 여러 가지 상이한 요소로 구성되어 있다.

이 단체협약의 절차는 노동조합과 사용자가 사전 준비 단계로부터 협상과 중재, 그리고 화해 등의 과정을 거쳐 협약의 체결을 거치는 모든 노력이 효과적인 단체협약을 위한 것이라 할 수 있고, 일단 협약이 체결되고 나면 합의된 협약내용을 노사 양측이 성실하게 준수하여야 한다.

2) 단체협약의 기능

단체협약의 기능을 몇 가지 측면으로 나누어 살펴보면 다음과 같다. 첫째, 단체협약은 노사의 공동 의사에 의한 새로운 기업질서로서, 기업에 있어 소유권의 전제를 막고 종업원의 권익 신장과 참여 확대로 기업을 민주화하는 기능을 한다. 둘째, 단체협약의 유효기간 중에는 노사 간의 분규와 쟁의가 없는 산업평화를 유지할 수 있다는 것이다. 셋째, 단체협약을 체결할 수 있는 노동조합이라면 그 나름대로 조직력을 갖게 되고, 개인 근로자와 사용자 간의 개별 계약에서는 기대할 수 없는 보다 좋은 근로조건을 확보할 수 있다. 넷째, 근로자 측은 협약의 유효기간 중 협약에 정해진 근로조건 기준에 따르는 권리를 보장받게 된다.

3) 단체협약의 성립

단체협약을 체결할 수 있는 법률상의 능력을 가진 당사자를 단체협약의 당사자라고 한다. 노동조합 및 노동관계조정법에 따르면 노동조합과 사용자 또는 사용자단체만이 단체협약의 당사자가 될 수 있다. 그리고 단체협약은 집단적 성격을 가지고 있기 때문에 개인 근로자인 조합원은 단체협약의 당사자가 될 수 없다.

그리고 단체협약의 유효기간은 2년을 초과할 수 없으며, 단체협약은 반드시 서면으로 작성하여 당사자 양측이 서명 · 날인해야 한다. 서면에 의하지 않은 단체협약은 효력이 없다.

4) 단체협약의 내용

단체협약의 내용은 크게 세 부분으로 나누어 살펴볼 수 있다. 첫째는 규범적 부분으로, 임금, 근로시간, 복지, 해고, 기타 대우 등 근로조건에 관한 기준을 정하는 부분과 같이 개별적인 근로관계에 있어서만 실현되는 부분을 말한다. 둘째는 채무적 부분으로, 사용자와 노동조합의 관계를 정하는 부분, 즉 유일교섭단체협정, 단체교섭의 위임금지협정 등과 같은 집단적 근로관계에만 적용되는 부분을 말한다. 셋째는 조직적 부분으로, 조합원인 종업원의 고용동의협정, 고충처리관계의 조직과 운영에 관한 협정 등과 같이 집단적 근로관계에 적용되면서도 개별적인 근로관계와도 관련된 부분을 말한다.

한국 기업의 단체협약을 분석한 자료에 의하면 단체협약의 내용은 크게 총칙 및

〈표 12-3〉 단체협약의 항목과 주요 내용

대항목	소항목	내용
총칙 및 조합활동	총칙	비조합원의 범위, 조합원의 범위, 해고효력을 다투는 자의 처우
	조합활동	조합전임 형태, 전임자 수, 전임자 대우, 근무시간 중 유급 조합활동 내용, 근무시간 중 조합활동 절차, 조합비 공제
인사	조합원 참여형태	인사위원회에의 노동조합 참여형태, 비정규직 채용 시 노조 참여, 외국인 근로자 채용 시 노조 참여, 하도급 시 노조 참여, 합병, 사업양도, 회사명 변경 시 고용승계 규정, 휴·폐업 시 노조의 참여, 고용안정 협약, 인원정리 시 노조 참여, 징계 시 노조의 참여형태
	해고회피 내용	
	우선채용 규정	
	남녀고용 평등	
	사회적 책무	
	정년	
근로조건	근로시간/휴일/휴가	기준근로시간, 월 소정근로시간, 휴무제, 격주휴무제 실시 시 주당 근로시간을 초과할 경우 시간외수당 지급 여부, 근로시간의 범위, 교대제 근무, 탄력적 근로시간제, 선택적 근로시간제, 간주 근로시간제, 주휴제, 유급휴일 중복 시 처우
	임금/퇴직금	임금체계의 변경 또는 개정 시 노조의 참여형태, 임금의 구성, 임금결정 방법, 임금지급 시기, 연봉제, 고정상여금, 특별상여금, 퇴직금

집단적 노사관계	노동쟁의	평화의무조항과 쟁의조항
	노사협의회	노사협의회 근로자 위원 선출방법, 노사협의회 협의사항, 노사협의회 의결사항, 노사협의회 보고사항, 의결사항의 해석 불일치 시 중재규정, 노사협의회 결정사항의 효력
	단체협약 관리	단체협약의 유효기간, 유효기간 중 재교섭, 협약 유효기간 만료 시 효력 연장, 협약갱신 요청시기, 단체협약 자동 갱신

조합활동에 관한 규정, 인사에 관한 규정, 근로조건에 관한 규정, 집단적 노사관계에 관한 규정 등으로 구별된다(김정한 외, 2003). 이들 각 항목별 주요 내용을 살펴보면 〈표 12-3〉과 같다.

5. 부당노동행위

1) 부당노동행위 구제 제도의 의의

급변하는 산업사회의 발전과정에서 노사관계도 복잡 · 다양화되고 있어 어떤 행위가 노동자의 권리를 침해하는가를 판단하기는 쉽지 않고, 사용자의 행위에 대해 시민법질서에 따라 사후에 손해배상을 청구하는 등의 권리 구제는 시기를 상실하기 쉽다. 이러한 문제를 해결하기 위한 부당노동행위 구제 제도는 노동 3권을 구체적으로 보장하기 위한 행정적 제도다. 즉 단결권, 단체교섭권, 단체행동권의 실질적인 보장은 사용자로부터의 침해를 배제함으로써 이루어질 수 있다.

2) 부당노동행위의 유형

부당노동행위란 사업주가 행하는 모든 부당한 처사를 말하는 것이 아니고 법 81조에 규정된 다음의 다섯 가지 유형을 말한다.

(1) 반조합적인 불이익 처분

근로자가 노동조합에 가입 또는 가입하려고 하였거나 노동조합을 조직하려고 하였거나 기타 노동조합의 업무를 위한 정당한 행위를 한 것을 이유로 그 근로자를 해고하거나 그 근로자에게 불이익을 주는 행위다. 예를 들면 인사상의 불이익 처분(해고, 배치전환, 휴직, 고용 거부, 강등 등), 경제상의 불이익 처분(감봉, 차별 승급 등), 시설장비상의 불이익 처분(복지시설의 차별적 이용, 선제적 공장폐쇄 등) 등이 이에 해당한다.

(2) 황견계약

근로자가 어느 노동조합에 가입하지 아니할 것 또는 탈퇴할 것을 고용조건으로 하거나 특정한 노동조합의 조합원이 될 것을 고용조건으로 하는 행위다. 다만, 노동조합이 당해 사업장에 종사하는 근로자의 3분의 2 이상을 대표하고 있을 때에는 근로자가 그 노동조합의 조합원이 될 것을 고용조건으로 하는 단체협약의 체결은 예외로 하며, 이 경우 사용자는 근로자가 그 노동조합에서 제명된 것 또는 그 노동조합을 탈퇴하여 새로 노동조합을 조직하거나 다른 노동조합에 가입한 것을 이유로 근로자에게 신분상 불이익한 행위를 할 수 없다.

(3) 단체교섭의 거부

노동조합의 대표자 또는 노동조합으로부터 위임을 받은 자와의 단체협약 체결, 기타 단체교섭을 정당한 이유 없이 거부하거나 해태하는 행위다.

(4) 지배, 개입, 경비 지원

근로자가 노동조합을 조직 또는 운영하는 것을 지배하거나 이에 개입하는 행위와 노동조합의 전임자에게 급여를 지원하거나 노동조합의 운영비를 원조하는 행위다. 다만, 근로자가 근로시간 중에 사용자와 협의 또는 교섭하는 것을 사용자가 허용함은 무방하며, 또한 근로자의 후생자금 또는 경제상의 불행, 기타 재액의 방지와 구제 등을 위한 기금의 기부와 최소 규모의 노동조합사무소의 제공은 예외로 한다.

(5) 보복적인 불이익 처분

근로자가 정당한 단체행동에 참가한 것을 이유로 하거나 또는 노동위원회에 대하여 기타 행정관청에 증거를 제출한 것을 이유로 그 근로자를 해고하거나 그 근로자에게 불이익을 주는 행위다.

3) 부당노동행위의 구제 절차

사용자의 부당노동행위로 인하여 그 권리를 침해당한 근로자 또는 노동조합은 노동위원회에 그 구제를 신청할 수 있다. 이때 구제의 신청은 부당노동행위가 있은 날(계속하는 행위는 그 종료일)부터 3개월 이내에 이를 행하여야 한다. 노동위원회는 구제신청을 받은 때에는 지체 없이 필요한 조사와 관계 당사자의 심문을 하여야 한다. 노동위원회는 심문을 종료하고 부당노동행위가 성립한다고 판정한 때에는 사용자에게 구제명령을 발하여야 하며, 부당노동행위가 성립되지 아니한다고 판정한 때에는 그 구제신청을 기각하는 결정을 하여야 한다.

지방노동위원회 또는 특별노동위원회의 구제명령 또는 기각결정에 불복이 있는 관계 당사자는 그 명령서 또는 결정서의 송달을 받은 날부터 10일 이내에 중앙노동위원회에 그 재심을 신청할 수 있다. 중앙노동위원회의 재심판정에 대하여 관계 당사자는 그 재심판정서의 송달을 받은 날부터 15일 이내에 행정소송법이 정하는 바에 의하여 소를 제기할 수 있다. 그러나 규정된 기간 내에 재심을 신청하지 아니하거나 행정소송을 제기하지 아니한 때에는 그 구제명령 · 기각결정 또는 재심판정은 확정된다. 노동위원회가 부당노동행위를 인정하고 구제명령을 한 경우에는 반드시 이에 따라야 하며, 노동위원회의 구제명령 · 기각결정 또는 재심판정은 중앙노동위원회에의 재심신청이나 행정소송의 제기에 의하여 그 효력이 정지되지 아니한다.

6. 노동쟁의

1) 노동쟁의의 의의

노동쟁의(labor dispute)란 노동조합과 사용자 또는 사용자 단체 사이에 임금, 시간, 복지, 해고, 기타 대우 등 근로조건의 결정에 관한 주장의 불일치로 인하여 발생한 분쟁상태를 말한다. 이때 주장의 불일치라 함은 당사자 간의 합의를 위한 노력을 계속해도 더 이상 자주적 교섭에 의한 합의의 여지가 없는 경우를 말한다.

노사관계의 양 당사자는 각자의 서로 다른 가정, 가치, 목표 등을 가지고 있는데, 이 문화적 차이점을 살펴보면 〈표 12-4〉와 같다(김영록, 2004). 노동쟁의의 본질을 이해하기 위해서는 이러한 당사자의 기본적인 차이점을 인식하는 것이 중요하다.

〈표 12-4〉 노사 간의 문화적 차이점

노동조합	사용자
평등주의적: 구성원 간의 구별을 극소화하고, 모두가 동등하게 취급됨	위계적: 구성원 간의 구별을 극대화하고, 통제 및 지휘명령체계를 공고히 함
구성원에 의한 민주적 의사결정	소수에 의한 의사결정
상호 보호를 통한 안전의 확보: 한 명에 대한 위해는 모두에 대한 위해로 간주	경쟁에 기초한 안전의 확보: 개인은 자신에게 상응하는 대가를 받는 개인주의 강조
연공서열이 구성원 간 의사결정의 기초로 작용	성과가 구성원 간 의사결정의 기초로 작용
목표: 고용 보장, 근로생활의 질, 안전, 임금 및 복리후생 수준의 제고	목표: 생산성, 낮은 세율, 고객만족
과거의 관행과 사건이 행위 및 의사결정을 통제	현시점에서 가장 잘 작동하는 방식을 추구하는 실용주의

2) 쟁의행위의 종류

(1) 근로자 측의 쟁의행위

① 동맹파업

동맹파업(strike)은 쟁의행위에 있어 가장 널리 행해지고 있는 기본적인 형태로, 근로자가 단결하여 근로조건의 유지 · 개선을 달성하기 위해 조직적이고 집단적인 방법으로 노무 제공을 거부하는 행위다. 동맹파업의 수단으로는 조합원을 공장, 사업장 등의 시설물 밖으로 철수시키는 직장이탈(work out), 직장을 점거하는 농성(sitdown strike), 수금액의 납입 기피, 생산품의 출하 저하 등의 방법이 있다. 동맹파업은 많은 경우 생산을 마비시키고 회사의 수익을 급속하게 감소시켜 버리기 때문에, 해당 기업에 가장 큰 손실을 줄 수 있는 노동조합의 쟁의행위 중의 하나다.

② 태업

태업(sabotage)이란 다수의 근로자가 하나의 단체를 형성하여 근로조건의 유지 · 개선을 위해 조직적인 방법으로 작업능률을 저하시키는 쟁의행위를 말한다. 따라서 태업은 근로 제공은 하되, 동일한 시간에 제공되는 근로의 양을 줄이거나 근로의 질을 저하시키는 행위다. 태업은 동맹파업이 주는 사회적인 여론이 불리할 경우와 동맹파업을 할 만한 실력을 갖추지 못한 경우에 주로 사용하는 쟁의행위다.

③ 준법투쟁

준법투쟁은 일반적으로 준수하게 되어 있는 보안규정이나 안전규정, 근무규정 등을 필요 이상으로 엄정하게 준수함으로써 작업능률을 의식적으로 저하시키는 행위를 말한다. 다시 말하면 잔업 거부, 정시 출퇴근, 규칙 이행, 일제 휴가신청 등의 행위를 함으로써 업무의 정상적인 운영을 저해하는 행위다.

④ 보이콧

보이콧(boycott)은 사용자 또는 그와 거래관계에 있는 제3자의 제품 구입을 거절한다거나 사용자 또는 그와 거래관계에 있는 제3자와의 근로계약 체결을 거절할 것을 요구하는 행위다. 이 쟁의행위는 우리나라의 경우 드물게 보이는 현상이나 미국에서는 성행하는 형태이기도 하다.

⑤ 생산관리

생산관리는 근로자들이 단결하여 사용자의 지휘나 명령을 거부하고 사업장 또는 공장을 점거함으로써 조합 간부의 지휘하에 노무를 제공하는 행위다. 이 쟁의행위는 전후 일본에서 성행했던 방법으로 제2차 세계대전 후의 극도로 혼란했던 일본의 사회적 · 경제적 환경하에서 노동자의 임금 확보방법으로 행해졌으나 현재는 거의 찾아볼 수 없다.

⑥ 피케팅

피케팅(picketing)은 문자 그대로 파업의 배신자를 감시하는 것이며, 제3자에 대하여 파업에의 협력을 호소하는 평화적 설득을 기본으로 하고 있다. 즉 피케팅은 동맹파업을 효과적으로 수행하기 위해 근로 희망자들의 사업장 또는 공장의 출입을 저지하고 파업 참여에 협력할 것을 요구하는 행위다.

(2) 사용자 측의 대항행위

① 조업계속

노동조합이 파업을 감행할 때 사용자가 노동조합원 이외의 근로자로서 이미 근로계약 관계에 있는 종업원이나 노동조합원 중 근로 희망자를 이용해서 조업을 하는 것을 말한다.

② 직장폐쇄

직장폐쇄(lock out)는 사용자에 의해 사용되는 전형적인 쟁의행위로, 사용자가 자신의 주장을 관철하기 위하여 근로자 집단에 대해 생산수단에의 접근을 차단하고 근로자의 노동력을 조직적 · 일시적으로 거부하는 행위다. 직장폐쇄의 의의는 사용자의 임금 지불의무의 면탈과 쟁의 중인 노조의 쟁의 거점을 상실시키고자 하는 데 있다.

3) 노동쟁의 조정

노사관계법은 노사분쟁의 해결에 있어 노사자치의 원칙 아래 노동쟁의 조정의 방식으로 노사의 자주적 해결 원리에 의한 사적 조정 절차와 노사관계법에 명문으로 규정된 공적 조정 절차를 두고 있다. 그리고 사적 조정에 관한 당사자 간의 합의가 있는 경우 사적 조정 절차가 우선적으로 적용되는 것이 원칙이다. 그러나 당사자 간의 사적 조정 절차가 없거나 사적 절차에 의해 분쟁이 해결되지 않을 경우에 공적 조정 절차가 적용된다.

일반적인 공적 조정 절차에는 조정과 중재가 있다. 첫째, 조정은 당사자의 신청에 의한 절차로, 조정위원회가 당사자의 의견을 들어 조정안을 작성하여 수락을 권고하게 된다. 둘째, 중재는 노동쟁의 조정 절차 중 최종 단계로, 조정 절차가 실패한 경우 당사자 간의 합의가 있는 경우나 필수 공익사업이나 긴급조정의 경우에 한하여 예외적으로 적용하는 절차다.

7. 노사협의 제도

1) 노사협의 제도의 의의

노사협의 제도는 공장이나 기업 수준에서 근로자와 사용자가 경영상의 모든 문제에 관해 협의, 공동 결정(합의)하는 제도로, 노사 간의 협력관계를 수립하면서 근로자들이 기업경영에 참여할 수 있도록 하는 것이다. ILO은 노사협의 제도에 대해 "경영자와 근로자가 대등한 입장에서 단체교섭에서 취급하지 않은 사항으로, 노사 쌍방이 이해관계를 공통으로 하는 사항에 대해 협의함으로써 상호 간의 이해를 넓히고 협력하는 기능을 가진 제도"라고 정의하고 있다.

이러한 내용을 기초로 노사협의 제도의 목적을 살펴보면, 기업의 민주화와 생산성 향상을 목적으로 한 근로자와 경영자의 대화의 광장으로, 단체교섭 사항에 포함되지 않는 노사의 이해관계가 공통되는 문제에 대해, 노사가 대등한 입장에서 대화하여, 협력에 필요한 상호 이해를 촉진하는 제도라고 할 수 있다. 이 노사협의 제도의 기본은 어디까지나 노사 상호 간의 인간성 존중, 노사권리의 상호 존중, 노사 간의 상호 신뢰에서 찾을 수 있다.

2) 노사협의 제도의 성격

노사협의 제도는 근로자와 사용자 쌍방이 참여와 협력을 통하여 노사 공동의 이익을 증진함으로써 산업평화를 도모하고 국민경제 발전에 이바지함을 목적으로 하고 있다. 따라서 노사협의는 상호 이해와 협조를 바탕으로 하는 노사의 협동적 관계를 수립하기 위한 것이므로 투쟁적 대립관계와는 구별되며 노사 공동의 이익을 증진하는 것이어야 한다.

위와 같은 목적을 가진 우리나라 노사협의 제도는 다음과 같은 네 가지의 성격을 가지고 있다. 첫째, 근로자 참여 및 협력 증진에 관한 법률에 의해 30인 이상 사업 또는 사업장 단위로 설치와 운영이 의무화되어 있다. 둘째, 노사협의회의 기능은 경영관리적 내지 경영참가적 성격을 갖는다. 셋째, 노동조합의 이원적 기능을 가져, 근로자 과반수로 조직된 노동조합이 있는 사업 또는 사업장의 경우 노조가 위촉하는 근로자를 대표위원으로 정한다. 넷째, 노사협의회의 조직과 운영은 행정지도와 감독을 할 수 있도록 하는 등 경영관리적 성격을 갖는다.

3) 노사협의회 구성 및 운영

노사협의회는 근로자와 사용자를 대표하는 동수의 위원으로 구성하되 그 수는 각 3인 이상 10인 이내로 한다. 노사협의회를 대표하는 의장을 두며, 의장은 위원 중에서 호선하며, 근로자 위원과 사용자 위원 중 각 1인을 공동 의장으로 할 수 있다. 위원의 임기는 3년으로 하되 연임이 가능하며 위원은 비상임 무보수로 하며 사용자는 근로자 위원에게 어떤 불이익 처분을 해서도 안 된다.

노사협의회는 3개월마다 정기적으로 회의를 개최하여야 하고, 필요에 따라 임시 회의를 개최할 수 있다. 회의 소집권은 의장이 가지되 노사 측의 대표자가 회의의 목적사항을 문서로 명시하여 회의의 소집을 요구할 때는 의무적으로 소집해야 한다. 이 경우 의장은 회의 개최 7일 전에 회의일시, 장소, 의제 등을 각 위원에게 통보해야 한다. 각 위원의 과반수 출석으로 개최하고 출석위원의 2/3 이상의 찬성으로 의결한다. 노사협의회는 그 조직과 운영에 관한 규정을 제정하고, 이를 협의회의 설치일로부터 15일 이내에 고용노동부 장관에게 제출해야 한다.

8. 경영참가 제도

1) 경영참가 제도의 의의

경영참가는 최근 우리나라의 노사관계에 있어서도 노동조합 측으로부터 강력하게 제기되고 있는 민감한 사항이다. 넓은 의미로 볼 때 경영참가는 근로자 또는 노동조합이 개별 기업에서의 경영상 제반 문제에 관하여 여러 가지 다양한 형태로 참가하는 것을 의미한다. 오늘날 경영참가 제도는 근로자의 이익을 지키기 위한 임금 등의 문제보다는 경영상의 여러 가지 문제에 대해 근로자 또는 노동조합으로 하여금 그들의 입장에서 발언하고 협력하도록 함으로써 노사가 더욱 유대관계를 긴밀히 하는 데 그 의의가 있다.

2) 경영참가의 유형

근로자 또는 노동조합이 경영에 참가하는 유형에는 크게 직접 참가와 간접 참가가 있다. 직접 참가에는 이익참가, 의사결정 참가, 작업장 참가 등이 있으며, 간접 참가에는 자본참가 등이 있다.

(1) 이익참가

이익참가는 이윤분배 제도라고도 하는데, 이는 경영의 능률증진을 위해 노동조합이 적극적으로 참가하고 그 협력의 대가로 이윤의 일부를 임금 이외의 형태로 근로자에게 분배하는 방식이다. 이 방식의 대표적인 것 중의 하나가 스캔론 플랜(Scanlon Plan)이다. 이러한 이윤분배 제도는 근로자에게 이윤을 분배함으로써 노사가 공통적으로 이윤창출에 대한 이해관계를 갖고, 이윤분배액의 증대라는 자극이 근로자의 근면과 능률을 촉진하며, 노사관계의 개선 수단으로도 이용된다.

(2) 의사결정 참가

의사결정 참가는 결과에 대한 참가가 아니라 과정에 대한 참가라고 볼 수 있으며, 그 형태에는 노사협의제와 노사공동의사결정제가 있다. 우선 노사협의제는 노사 쌍방에게 관심이 깊은 사항으로 보통 단체교섭에서는 취급하지 않는 사항에 대해 노사가 협력하여 협의하는 제도다. 반면 노사공동의사결정제란 경영에 대한 의사결정권이 노사 공동으로 이루어지는 것으로, 근로자 및 노동조합 대표가 경영에 참가하여 의견교환 및 경영문제를 제시하는 제도다.

(3) 작업장 참가

작업장 참가는 근로자가 작업수행 과정에서 개선사항 등을 제시하여 경영에 참여하는 방식으로, 품질관리(QC) 분임조와 제안제도 등이 있다. 품질관리(QC) 분임조는 생산이나 작업상의 문제점을 분임조원이 찾아 토의하고 해결안을 찾아내기 위한 근로자 위원회를 말하며, 제안제도는 생산성, 품질향상, 근무환경 개선 등에 대해 개별 근로자가 개선방안을 제시하여 경영에 기여하는 제도다.

(4) 자본참가

자본참가는 근로자가 자본의 출자자로서 기업경영에 참여할 수 있도록 하는 형태로 소유참가라고도 한다. 자본참가의 형태에는 종업원지주제와 노동주체 등이 있다. 종업원지주제는 일반적으로 기업의 경영방침으로서 특별한 편리를 제공함으로써 종업원이 자사주를 취득, 보유하는 것을 추진하는 제도다.

9. 신노사문화

1) 신노사문화의 방향

신노사문화는 지식사회화에 따른 경쟁력 원천의 변화, 세계화에 따른 무한경쟁, 민주적 법과 제도의 확립, 신근로자 계층의 등장 등과 같은 환경적 요인을 고려하여 정립해야 한다. 따라서 앞으로 신노사문화는 이러한 환경적 요인을 고려하여 다음과 같은 방향으로 나아가야 할 것이다(구본장 외, 2009).

첫째, 상호 불신의 구노사문화에서 상호 신뢰와 존중의 문화로 발전해야 할 것이다. 상호 불신이 지배하는 곳에서는 노사가 공존 · 공영의 운명 공동체로 발전할 수 없으며, 무한경쟁에서 승리하기 위한 협력이 이루어질 수 없다. 따라서 신노사문화가 창출되기 위해서는 상호 신뢰와 존중의 문화가 형성되어야 한다. 노사가 신뢰하고 존중하면 일에 대한 창의와 열정이 우러나오고, 어려울 때 장래에 대한 약속을 믿고 현재의 고통을 감내할 수 있다.

둘째, 배제와 투쟁을 탈피하고 참여와 협력의 문화를 정착시켜야 한다. 근로자의 참여를 배제하는 닫힌 경영, 위로부터의 지시에 의한 권위주의적 경영은 근로자와 노동조합으로 하여금 대립과 투쟁전략을 선택하지 않을 수 없게 한다. 따라서 신노사문화는 참여와 협력의 문화이어야 한다. 참여와 협력의 문화는 지식사회에서 기업이 지닌 가장 소중한 자산인 인적자원을 최대한 활용하게 함으로써 기업의 경쟁력을 강화시키고 노사관계를 안정시킬 수 있다.

셋째, 신노사문화는 타율과 무책임에서 벗어나 자율과 책임의 문화를 확립해야 한다. 신노사문화는 노사가 자율적으로 대화와 협상을 통해 문제를 풀어 가고, 그 결과를 존중하며 성실하게 이행함으로써 책임질 줄 아는 노사관계 주체로 발전해야 한다. 이러한 자율과 책임의 문화는 권위주의적 노사관계에서 벗어나 민주적 노사관계로 나아가게 해 줄 것이다.

〈표 12-5〉 구노사문화와 신노사문화의 비교

	구노사문화	신노사문화
기본특성	불신과 무시 배제와 투쟁 타율과 무책임	신뢰와 존중 참여와 협력 자율과 책임
관행	닫힌 경영 분배협상 중시 법규범 무시	열린 · 참여 경영 생산협력 중시 법규범 존중
법과 제도	노동기본권 제약 일부 근로조건의 과보호 파트너십 제도 미비	노동기본권 보장 근로조건의 균형 보호 파트너십 제도 구축
환경	제한경쟁 산업화 시대 권위주의 구근로계층	무한경쟁 지식사회 민주주의 신근로계층

2) 신노사문화 창출을 위한 과제

(1) 노사관계 주체의 패러다임 전환

노사관계는 대립적 패러다임에서 협력적 패러다임으로 전환되어야 한다. 대립적 패러다임에서는 편가르기가 이루어지고, 근로자 참여에 대해 사용자는 '경영권을 내놓으라는 이야기로', 노동조합은 '노동운동을 포기하고 사용자에게 복종하라는 이야기로' 생각하게 된다.

미국의 NPA(National Planning Association, 1993)는 노사협력의 전제조건으로 다음의 아홉 가지를 제시하고 있다.

- 기업은 강한 노조를 경영자산으로 간주한다.
- 노동조합은 근로자의 복지가 기업의 성공에 달려 있음을 인식한다.
- 노동조합은 강하고 책임감이 있으며 민주적이어야 한다.
- 기업은 노동조합의 내부 운영에 개입하지 않아야 하며, 근로자의 노조에 대한 충성을 약화시키려 해서는 안 된다.
- 상대방을 신뢰하고 존중해야 하며 공존 불가능한 이념상의 대립이 없어야 한다.
- 문제해결을 위해 법률적 방법을 택하지 않는다.
- 추상적인 원리원칙을 따지기보다 매일매일의 구체적인 문제해결에 더 많은 시간을 투입한다.
- 노사협의와 정보공유를 활성화시킨다.
- 고충은 즉시 처리한다.

과연 우리 기업이나 산업현장에서는 이러한 전제조건이 어느 정도나 충족되고 있는지 생각해 보아야 하며, 구체적인 참여와 협력의 노사관계를 구축하기 전에 이 전제조건을 충족시키려는 노력이 선행되어야 한다.

(2) 신노사문화 창출을 위한 사용자의 과제

미래 신노사문화 창출을 위한 사용자 측의 과제를 살펴보면 다음과 같다(이원덕, 1999).

첫째, 노사관계를 가볍게 생각해서는 안 된다. 지금까지 기업들은 노사관계는 조용하면 좋은 것이고, 임금 및 단체협약만 끝나면 모든 문제가 해결되는 것으로 인식해 왔다. 그러나 노사관계는 일시적인 문제가 아니라 항상 계속되는 문제로 인식해야 한다. 이를 위해 노사관계 담당부서의 위상을 높이고, 노사관계에 대한 전문성을 강화해야 할 것이다.

둘째, 정보의 공개와 공유를 통한 경영, 나아가 근로자 참여를 통한 참여경영을 발전시킬 필요가 있다. 열린 참여경영은 근로자와 노동조합의 기업에 대한 신뢰를 높이고, 기업의 경쟁력 제고에 기여할 것이다. 열린 경영을 촉진하기 위한 방법에는 노사협의회의 기능 활성화, 최고경영진의 정기적인 경영설명회 등이 있다.

셋째, 지식의 생산과 활용이 극대화될 수 있도록 인적자원관리의 혁신이 이루어져야 한다. 권위주의를 지양하고 조직을 수평조직으로 전환하며 권한이양이 적극적으로 이루어져야 할 것이다. 경영성과의 공정한 배분을 위해 성과 참가와 종업원지주제를 통한 소유 참가를 확대해야 하고, 근로자의 기술과 지식의 습득을 권장하는 보상체계의 도입이 필요하다.

넷째, 기업은 노동조합과 근로자로부터 신뢰와 존중을 받기 위한 노력을 기울여야 한다. 이를 위해서는 근로자에 대한 인격적인 대우, 약속이나 합의사항에 대한 철저한 이행 등이 선행되어야 한다. 부당노동행위를 저지르지 않으며, 노사문제의 해결을 위한 법적인 절차 준수도 중요하다.

(3) 신노사문화 창출을 위한 노동조합 및 근로자의 과제

첫째, 교섭문화의 재구축이 필요하다. 이를 위해서는 교섭 상황에서 상대방에게 정중한 용어를 사용하고, 예의를 갖추어야 하며, 요구사항은 객관적인 자료를 바탕으로 합리적인 수준에서 제시하고, 기업의 권한을 벗어나는 요구사항을 기업에 요구해서는 안 될 것이다.

둘째, 노동조합의 활동을 분배협상 중심에서 생산협력 중심으로 전환해야 한다. 분배협상은 제로섬의 관계이므로 대립과 갈등이 불가피하다. 노사가 공생하기 위해서는 분배 이전에 생산부문에 적극 동참하는 참여와 협력이 필요하다.

셋째, 노동조합 활동에 대한 전문성을 제고할 수 있어야 한다. 노동조합은 경영성과에 대해 책임 있는 한 주체로서 전문성과 합리성을 갖추어야 한다.

넷째, 노동조합도 법을 준수해야 한다. 자율과 책임의 민주적 노사관계는 법이 제대로 지켜져야 잘 정착될 수 있다.

3) 고성과 조직을 위한 정책적 제언

김동원(2008)은 여덟 개의 국내 우량기업의 사례를 토대로 노사협력과 고성과 작업조직이 형성되는 과정과 성과를 설명하였다. 그리고 이를 토대로 정책수립과 실무적 적용을 위하여 경영자와 노사관계자들이 염두에 두어야 할 핵심요소를 일곱 가지로 분류하여 다음과 같이 제시하였다.

첫째, 노사가 협력관계를 시작하기 위해서는 과거의 노사갈등 경험과 외부에서 촉발된 경영상의 위기 가능성을 강조하여 노사의 실질적인 행동변화를 어끌어 내야 한다.

둘째, 노사협력과 고성과 작업조직의 도입을 위해서는 최고경영자와 근로자 대표 간에 기업의 생존과 성장을 위하여 노사협력이 절실하다는 강력한 공감대가 먼저 형성되어야 하며, 그 후 노사 간의 신뢰 형성을 위한 고용보장선언이나 노사화합선언 등 상징적이고 구체적인 조치를 취함으로써 구성원의 행동변화를 이끌어 내야 한다.

셋째, 고성과 작업조직의 도입과정에서 나타난 협력적 노사관계로의 변화가 지속적으로 유지되기 위해서는 자극 단계에서 경험한 노사협력의 중요성에 대한 학습효과와 위기상황에 대한 인식의 유지와 함께 노사가 고성과 작업조직의 성공을 지속적인 상호 이익(성과배분, 고용안정 등)의 선순환 구조로 연결시키려는 공동 노력이 뒷받침되어야 한다.

넷째, 노사협력/신뢰는 고성과 작업조직의 나머지 보편적 요소를 연결시켜 주는 핵심적 위치를 차지하고 있다. 노사협력을 목표로 하는 노사관계자는 신뢰의 형성과 유지를 위해 장기간에 걸쳐 노사 간의 묵시적 약속을 충실히 이행하여야 한다.

다섯째, 근로자의 지식과 창의성을 발휘할 기회를 제공하기 위하여 성과향상을 목표로 하는 정보 공유와 경영 참가를 활성화시켜야 한다. 특히 일선 직원의 의견을 최고경영자가 직접 듣는 하의상달 의사소통을 위한 노력과 일선 근로자들의 의견이 항상 작업과정에 반영되도록 하는 중간관리층의 역할이 필수적이다.

여섯째, 근로자들이 고성과를 달성하도록 이끌기 위해서 핵심인력에 대한 고용안정과 다양한 보상제도의 적극적인 활용이 중요하다. 금전적인 보상이 부담이 되는 경우 세심한 비금전적인 보상을 제공하기 위하여 노력할 필요가 있다.

일곱째, 고성과 조직이 기술과 시장의 변화에 민첩하게 대응할 수 있는 창의적이고 숙련된 근로자를 육성하는 것이 중요하다. 이때 교육훈련 프로그램은 일반적 지식과 능력, 특정한 직무 관련 지식과 능력, 조직문화에 대한 이해 등 모두 포함시키는 것이 효과적이다.

정리해 볼 문제

1. 노사관계의 중요성을 사용자의 입장과 노동조합의 입장에서 각각 설명하시오.

2. 노동조합의 일반적인 기능을 다섯 가지 측면에서 설명하시오.

3. 기업별 노동조합의 장단점에 대해 설명하시오.

4. 단체교섭의 다양한 방식을 설명하시오.

5. 단체협약의 기능에 대해 설명하시오.

6. 부당노동행위의 유형에 대해 설명하시오.

7. 근로자 측의 쟁의행위 유형에 대해 설명하시오.

8. 근로자 또는 노동조합의 경영참가 유형에 대해 설명하시오.

9. 미래의 신노사문화 방향에 대해 설명하시오.

제13장

국제 인적자원관리

앞으로의 기업은 글로벌 경쟁이 더욱 치열하고, 문화적 특성이 매우 다양한 환경하에서 활동을 해야 한다. 따라서 조직과 직무의 세계가 글로벌 관점을 점점 더 지향하게 되고, 노동시장도 더욱 유동적으로 될 것이다. 이와 같이 세계 경영환경이 글로벌화되어 가고, 기업이 해외에서 사업을 수행함에 따라 이문화 환경이나 국제적 상황에 효과적으로 대처하기 위한 국제 인적자원관리의 필요성이 더욱 부각되고 있다. 이 장에서는 국제 인적자원관리와 관련하여 국제 인적자원관리의 개념, 국제 인적자원관리 환경과 접근방법, 국제 인적자원관리 전략, 국제 인적자원관리 기능 등을 살펴보고자 한다.

1. 국제 인적자원관리의 개념

1) 국제 인적자원관리의 의의

WTO 체제의 출범 이후 더욱 가속화되고 있는 무한경쟁의 시대적 환경에 직면하여 세계화에 대한 인식이 고조되고 있으며, 세계화를 위한 실천전략을 새롭게 정비해야 할 필요성이 더욱 강조되고 있다. 세계적 경쟁환경하에서 성공적으로 경쟁에 대처해 나가는 기업이 있는가 하면, 경쟁의 이점을 얻는 데 실패하는 기업도 있다. 이러한 실패의 이유는 여러 가지가 있겠지만, 사람이 전략을 만들고 실행하고 배치하기 때문에 사람이 경쟁의 성패를 결정하는 핵심이라는 관점에서 국제 인적자원관리에 대한 중요성이 대두된다.

글로벌 시장에서 성공하려는 기업에서 중요한 것은 전 세계에 걸쳐 기업활동을 전개하고 다양한 능력을 발휘할 수 있는 글로벌 인재의 육성이다. 국제 인적자원관리의 중요성은 다국적 기업의 국제적 합병과 흡수, 외국 인력의 자국 내 유입, 글로벌 기업 간의 경쟁 격화, 해외시장 개척의 확산 등의 글로벌 환경변화로 인해 점차 증가될 수밖에 없다. 글로벌 환경하에서 인적자원 문제를 관리하고 이해하는 것은 다음과 같은 이유 때문에 특히 중요하다(박내희, 1998a). 첫째, 정보기술의 발달은 세계 각지의 정보를 빠르게 전달시키고 있으며, 이러한 정보가 미치지 못하는 곳이 없게 됨으로써 세계는 그야말로 지구촌화되었다. 둘째, 국가 간 상호 의존성의 증가는 경제적으로, 그리고 정치적으로 전 세계를 하나의 국가로 연결하고 있다. 셋째, 세계 각 국민들의 가치, 윤리, 태도 등의 이문화에 대한 우리의 이해가 불가피하다.

그러나 글로벌 환경하에서 인적자원을 관리하고 이해한다는 것은 그리 간단한 문제가 아니며, 특히 국가를 초월하여 사람을 관리하는 일은 다음과 같은 이유로 더욱 복잡하고 어렵게 되었다. 첫째, 조직구성원의 고용, 교육훈련, 승진, 해고 등에 관한 정부의 규제가 국가마다 상이하다. 둘째, 노동관계, 특히 노동조합에 대한 내용 역시 국가마다 다르다. 셋째, 임금정책 등을 포함한 경제적 하부구조 또한 국가마다 상이하기 때문에 임금구조, 퇴직절차 등에 관한 국가별 상황을 이해하는 것이 필요하다. 마지막으로, 관리 스타일이 문화에 따라 다르기 때문에 각국의 문화에 대한 이해가 필요하다.

2) 국제 인적자원관리의 정의

국제 인적자원관리(international human resource management)란 다국적 기업의 본국과 현지국 종업원을 포함한 전체 인력을 대상으로 한 인력의 확보, 개발, 보상,

유지에 관한 체계적이고 계획적인 관리활동으로 정의할 수 있다. 따라서 국제 인적자원관리는 문화와 제도적 여건의 차이로 인해 일국 내 인적자원관리보다는 훨씬 복잡하고 다양한 특성을 지닌다. 우선 각국의 정치적 환경과 각종 제도적 환경의 차이에 따라 인적자원관리 활동이 대단히 복잡해진다. 또한 본국과 현지국, 나아가 제3국의 인력을 대상으로 하기 때문에 이들을 어떻게 최적으로 결합할 것인가 하는 문제가 발생한다.

3) 국제 인적자원관리의 중요성

오늘날 세계화 시대를 맞이하여 국제 인적자원관리는 기업의 국제경쟁력 확보와 유지에 있어 대단히 중요하다. 다국적 기업의 경쟁력은 여러 국가에 산재해 있는 생산요소를 최적으로 결합함으로써 달성할 수 있는데, 이러한 이질적 자원의 결합은 물리적 결합만이 아니라 상이한 가치와 행동양식을 지닌 사람들의 결합과정이기도 하다. 따라서 다국적 기업의 경쟁력의 원천으로서 인적자원관리의 역할이 중요한 것이다.

국제 인적자원관리는 해외지사의 활동을 조정하고 통제하는 수단으로서도 매우 중요하다. 본사는 각국에 산재해 있는 해외지사의 활동을 조정하고 통합해야 한다. 국제 인적자원관리는 해외지사의 활동을 조정하고 통제하는 데 있어서 규범적 통제 또는 문화적 통제의 기능을 수행한다. 규범적 또는 문화적 통제란 외부의 강제적 규칙이나 경제적 유인을 통한 통제가 아니라, 공유된 가치와 신념을 통해서 사람의 내부로부터 목표로 하는 행위를 유도하는 것을 말한다. 이러한 기능은 본사의 전략적 목표와 가치에 부합되는 현지국의 경영자나 종업원을 채용하고 육성함으로써 달성할 수 있다.

4) 국제 인적자원관리의 체계

국제 인적자원관리는 환경분석과 조직분석으로부터 시작된다. 환경분석에는 현지국의 정치적 · 법적 환경, 노동시장, 문화 등이 있으며, 조직분석에는 국제화 단계, 제품 및 기술의 성격, 조직 내부의 가용 인적자원 등이 있다. 조직 내외의 여건을 분석한 다음에는 국제 인적자원관리의 전략, 즉 본사와 현지 자회사 간의 인적자원관리의 관계를 설정한다. 이러한 전략에 입각해서 현지 자회사의 인력에 대한 관리(현지인 관리)와 파견인에 대한 관리(파견인 관리)가 이루어진다. 이상의 국제 인적자원관리 체계를 도식화하면 [그림 13-1]과 같다(김식현, 1999).

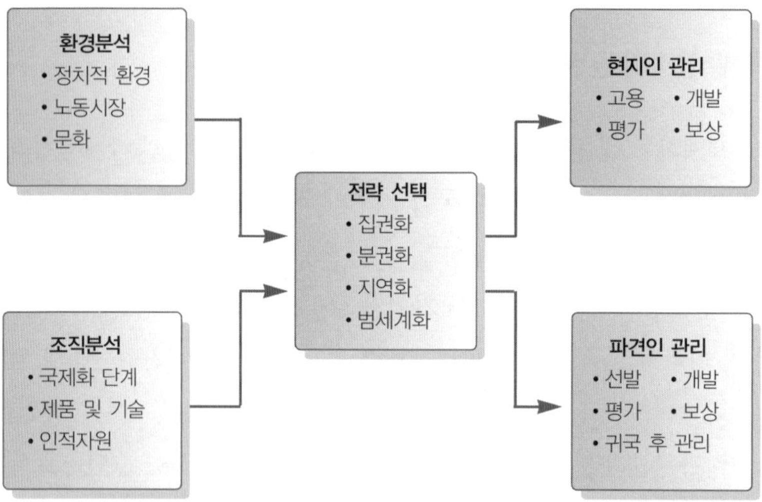

[그림 13-1] 국제 인적자원관리 체계도

2. 국제 인적자원관리 환경과 접근방법

1) 국제 인적자원관리 환경

국제 인적자원관리에서 현지국의 고용관계를 포함한 노사관계에 대한 정책과 외국 기업에 대한 정책은 매우 중요하다. 왜냐하면 각국의 노사관계와 고용관계에 대한 법규와 규제는 인적자원관리에 직접적인 영향을 끼치기 때문이다. 또한 기술이전 등의 이유로 현지국의 정부에서 의무적으로 관리자나 기술인력을 채용하기를 요구하는 경우도 있다(구본장 외, 2009).

(1) 노동시장 환경

현지국의 노동시장 상황은 중요한 요인이다. 필요한 인력을 현지에서 조달할 수 없는 경우에는 훈련비용이 많이 소요된다. 특히 경영층이나 전문 인력이 제대로 형성되어 있지 않은 경우에는 본사의 인력을 파견해야 한다. 예를 들어, 경영진이나 기술인력의 공급이 상당히 제한된 지역에서는 집권화 전략이 적합한 반면, 경영진이나 기술인력에 대한 교육체계가 구비된 지역에서는 분권화나 지역화 또는 범세계화 전략을 사용하는 것이 적합하다.

(2) 현지국의 문화적 환경

현지국의 문화적 환경은 국제 인적자원관리에서 중요하게 고려해야 할 환경요인이다. 문화적 특성은 국제 인적자원관리의 전략을 선택하는 데 영향을 끼칠 뿐만 아니라 현지인에 대한 인적자원관리의 전체 영역에 영향을 끼친다. 문화에 따라서 집권화 전략을 수용하는 정도가 다르기 때문에 국제 인적자원관리 전략을 수립할 때는 반드시 현지국의 문화를 고려해야 한다. 또한 현지국 기업의 인적자원관리 담당자는 현지국의 문화와 부합하면서 동시에 본사가 수용 가능한 인적자원관리 활동을 수행해야 한다.

(3) 조직 내부 환경

조직의 내부 여건으로 먼저 조직의 국제화 단계를 고려해야 한다. 일반적으로 국제화의 초기에는 집권화 전략을 활용하다가 점차 분권화와 지역화를 거쳐서 범세계적 네트워크를 구축하는 단계에서는 범세계화 전략을 활용하는 것이 바람직하다(〈표 13-1〉). 또한 조직 내부여건으로서 제품이나 기술의 특성도 중요한 요인이다. 정교한 제품이나 서비스를 생산하는 경우에는 집권화 전략을 선택해야 하지만, 현지국의 특수한 사정을 고려해야 하는 제품의 경우는 분권화 전략을 선택해야 한다.

〈표 13-1〉 조직의 성장 단계별 국제 인적자원관리 전략

단계별	특성	국제 인적자원 관리 전략
창업 단계	신설 단계의 기업으로서 시장과 제품이 제한되고 해외진출도 제한된 단계	집권화
기능적 성장 단계	성장 단계로서, 기술적 전문화, 시장 및 제품의 확대, 공식적인 관리와 구조, 주요 해외지사의 확립 단계	분권화
통제된 성장 단계	제한된 자원과 극심한 경쟁으로 인해 생산성 및 비용에 초점을 맞추는 단계로서, 제품의 다양화, 조직구조의 통합, 해외진출의 확대 단계	지역화
전략적 통합 단계	범세계적으로 활동이 통합되는 단계로서, 새로운 형태의 조직구조, 전략적 관리가 이루어지는 단계	범세계화

(4) 조직 내부의 인적자원 역량

조직 내부의 인적자원 역량분석은 현지 또는 제3국에서 조달 가능한 인적자원 역량과 대비해서 이루어져야 한다. 국제 인적자원관리 전략이 효과적으로 실행되기 위해서는 이에 필요한 인적자원 역량이 뒷받침되어야 한다. 즉 본사의 인적자원 역량을 분석하고, 현지국 및 제3국을 포함한 이용 가능한 인적자원의 포트폴리오를 구성해야 한다. 국제 인적자원관리의 전략별 포트폴리오에 대한 예를 살펴보

〈표 13-2〉 국제 인적자원관리 전략과 포트폴리오

	인사전략 및 정책	경력관리	인력 포트폴리오	사회화
집권화	통일된 인사정책	본사에서 개발	파견인 비중 높음	본사에 대한 몰입
분권화	개별적 인사정책	자회사 내부 이동	현지인 비중 높음	자회사에 대한 몰입
지역화	지역권별로 차이	지역 내 자회사 간 이동	현지인과 제3국인으로 구성	자회사 및 지역권에 대한 몰입
범세계화	전체적인 정책만 통일	범세계적 차원에서의 개발과 이동	역량에 따라 파견인, 현지인, 제3국인으로 배합	기업 전체에 대한 몰입

면 〈표 13-2〉와 같다(Rogers & Wong, 1996).

2) 국제 인적자원관리 접근방법

국제 인적자원관리에 대한 접근방법은 분화와 통합의 차원에 따라 달라진다. 분화(differentiation)란 의사결정의 분권화 또는 현지화를 의미하고, 통합(integration)이란 의사결정을 본국으로 집권화시키는 정도를 말한다. 이와 같이 의사결정의 집권화와 분권화의 정도 및 배합에 따라 국제 인적자원관리 전략을 다음과 같이 네 가지 유형으로 구분할 수 있으며, 각 기업의 국제화 전략에 따라 국제 인적자원관리도 각 전략에 적합한 정책을 수행하게 된다(〈표 13-3〉 참조).

(1) 자국 중심적 접근방법

이 접근방법은 본국에서 사용하던 인적자원관리 정책과 관행을 해외 자회사에 그대로 적용하는 방법이다. 이때 자국 내 인적자원관리 부서는 직접적으로 해외지사의 인력에 대한 관리를 담당한다. 이 방법은 현지인보다 본국인을 더 선호하며, 본국인을 파견하여 해외지사를 운영하며, 이들을 현지인들보다 급여나 승진 등에서 우대한다.

(2) 현지 중심적 접근방법

이 접근방법은 각 나라는 고유한 문화적 특성을 보유하고 있으며, 이러한 문화와 관습은 외국인들에게 생소하다는 것을 기본 가정으로 한다. 따라서 이 접근방법에서는 해외지사의 인적자원관리에 대해서 기본적으로 본국에서 관여하지 않고, 현지국의 기업이 인사자율권을 갖게 되며 인적자원관리 책임자도 현지국에서 선발한다.

(3) 권역 중심적 접근방법

이 접근방법은 자회사를 지역별로 분류하여 권역으로 나누고 인적자원관리를 권역별로 구분하여 실시하는 것이다. 즉 이 전략은 세계를 몇 개의 지역으로 구분하고, 한 지역을 관리하기 위한 경영자를 그 지역 내에서 선발, 교육, 훈련, 배치, 평가하는 방법이다. 따라서 인적자원관리 정책도 한 지역 내에서 개발하고 활용하여 가능한 한 지역 내부의 통합성을 유지하려고 노력한다. 이 전략은 자국 중심형이나 현지 중심형과는 달리 인적자원관리 활동을 한 나라의 국경을 넘어 한 지역 내에서 합리화하는 데 초점을 둔다.

(4) 범세계적 접근방법

이 접근방법은 지역이나 국적에 관계없이 전체 기업을 하나의 범세계적 네트워크로 운영하는 방법으로, 인적자원관리도 최적 결합의 원칙에 의해 운영된다. 따라서 본국의 인사정책이 전 세계적으로 통용될 수도 있고, 현지국의 사정에 의해 분권적으로 운영될 수도 있다. 또 인력 충원의 경우도 최적 충원의 원칙에 따라 본국이나 현지국 또는 제3국으로부터 이루어질 수 있다.

〈표 13-3〉 국제 인적자원관리의 접근방법 간 비교

	자국 중심적 방법	현지 중심적 방법	권역 중심적 방법	범세계적 방법
표준설정 및 통제	본국의 본사기준	현지의 독립적 관리	권역으로 묶인 국가 간의 조정	범세계적 조정
커뮤니케이션과 조정	본사의 일방적 커뮤니케이션	본사와 자회사 간의 조정이 거의 없음	지역 내 지사 간의 조정	본사와 지사 간의 전체적으로 연결된 네트워크
충원과 교육훈련	본사에서 인력을 선발, 배치, 훈련	현지에서 현지인을 선발, 배치, 훈련	권역 내에서 인력을 선발, 교육	전 세계적으로 최적의 인력을 선발, 배치, 교육
의사결정 권한	본사에 집중	자회사에 집중	권역별 본부에 집중	본사와 자회사의 협의로 결정
보상과 동기부여	본사 기준에 따름	자회사 성과에 따라 적용	권역별로 독자적 기준 적용	범세계적 평가기준 적용

3. 국제 인적자원관리 전략

1) 국제 인적자원관리 전략 과정

세계시장을 개척하고 성공적인 세계화 경영을 하기 위해서는 국제 인적자원관리가 매우 중요한 역할을 한다. 그러나 1970년대까지만 해도 한국 기업을 비롯한 다른 국가의 다국적 기업도 세계화 경영전략 수립 시 국제 인적자원관리 전략을 함께 기획하지 않은 것이 사실이다. 그러나 기업의 모든 관심이 세계화에 집중되면서 국제 인적자원관리 전략은 점점 중요하게 되었으며, 1990년대에 들어서는 기업의 전체 경영전략 중 가장 중요한 부분을 차지하게 되었다.

국제 인적자원관리 전략은 국제 인적자원관리의 임무와 목표 설정 → 국제 인적자원관리의 분석과 진단 → 국제 인적자원관리 전략의 개발과 선택 → 국제 인적자원관리 전략의 실행 → 국제 인적자원관리 전략의 평가 등의 단계를 거친다. 그리고 국제 인적자원관리 전략의 주요 분석 주제는 본국과 현지국의 노동력 분석, 현지국의 문화 및 경영관행 분석, 현지국의 노사관계 연구, 현지국의 임금과 복리후생체계 평가 등이다.

2) 국제 인적자원관리 전략 단계

Adler(1991)는 국제 인적자원관리 전략의 단계에 대한 이해를 위해 유용한 틀을 제시하였다. 이 틀은 국제화에 대한 '단계별' 또는 '진화적인' 접근방법을 바탕으로 하고 있으며, 기업은 몇 개의 조직 발전 단계를 거친다고 주장하였다. 즉 Adler는 조직이 전형적으로 순수한 국내 조직에서 국제적인(international) 조직으로, 그리고 다국적(multi-national) 조직으로, 마지막으로 글로벌(global) 조직으로 발전한다고 보았다. 이들 각 단계는 태도, 전략, 기술, 서비스 등이 각각 다른 특징이 있으며, 단계가 발전할수록 전체적인 사업활동에서 국제적인 활동이 점점 더 중요해진다는 특징이 있다. 글로벌 기업의 각 발전 단계별 특징을 살펴보면 〈표 13-4〉와 같다(Adler, 1991; 정재훈, 2006에서 재인용).

〈표 13-4〉 글로벌 기업의 발전 단계

	제1단계 (국내 조직)	제2단계 (국제적 조직)	제3단계 (다국적 조직)	제4단계 (글로벌 조직)
전략	국내	국제적	다국적	세계적
지배적 구조	집권화	분권화	집권화	국제적 네트워크
주요 관심	제품과 서비스	시장	가격	전략
경쟁자	거의 없음	조금 있음	많음	아주 많음
제조 입지	국내	국내, 주요 시장	다국적(최소 비용)	세계적(최소비용)
수출	없음	증가 추세	많음	수입과 수출
문화적 관점	편협적임	상대적임	본국 중심형	문화 중심적
문화적 민감성	중요하지 않음	매우 중요함	조금 중요함	핵심요소

3) 국제 인적자원관리 성공전략

국제 인적자원관리 전략이 성공하기 위해서는 기업의 세계화 전략에 국제 인적자원관리 전략을 연결시켜, 기업이 세계화 전략을 성취하도록 도와야 한다. 이를 위해서는 다음과 같은 점을 고려해야 한다(Adler & Ghadar, 1990).

- 국제 인적자원관리 부서는 기업으로 하여금 다양하고 복합적인 이문화가 있음을 이해시켜야 한다.
- 국제 인적자원관리 부서는 기업에 다른 국가의 문화를 통합하고 조정하는 방법을 조언해야 한다.
- 기업은 세계화를 제대로 인식하고 있는 수준 높은 인적자원을 선발하여 기업의 세계화를 촉진시켜야 한다.
- 기업은 국제 경영교육과 이문화 훈련 등을 포함한 다양한 프로그램을 개발해

야 한다.

- 국제 인적자원관리자는 기업의 세계화 전략과 세계화 목표를 이해해야 한다.
- 국제 인적자원관리자는 국제 인적자원관리 전략을 기업의 가치, 사명, 전략에 부합시키는 능력을 개발해야 한다.

4. 국제 인적자원관리 기능

1) 선발

국제기업의 해외 자회사에 필요한 인적자원을 확보하기 위해서는 인적자원을 어느 집단에서 선발할 것인가를 결정해야 한다. 이 선발방법에는 본국인을 선발하는 방법, 현지인을 선발하는 방법, 제3국인을 선발하는 방법 등이 있다. 이 중 어느 집단의 인력이 더 우수하다는 절대적인 기준은 없으며, 현지국의 경제적 상황, 정치적 상황, 문화적 상황 등을 종합적으로 판단하여 결정해야 한다. 특히 어떤 충원방식을 채택할 것인가 하는 문제는 조직적인 상황과 관련하여 기업의 전략적 입장에 의해 결정되어야 한다. 각 선발방법별 인력 활용의 장단점을 살펴보면 〈표 13-5〉와 같다.

선발에서 중요하게 고려해야 할 요인 중의 하나는 본국과 현지국 간의 문화적 차이다. 본국과 현지국 간의 문화적 차이가 심할 경우는 본국인 파견인력의 문화적응에 필요한 교육훈련 비용이 많이 들고, 파견인이 현지국의 문화에 적응하지 못할 가능성이 높다. 따라서 이러한 비용과 효과를 고려하여 본국인을 파견할 것인지 현지인을 채용할 것인지를 결정해야 한다. 그러나 본사가 위치한 국가의 문화와 자회사가 위치한 국가의 문화가 상이할수록 두 문화 간의 조정자로서 본국인의 중요성은 더욱 커진다.

국제인력의 선발과 관련하여 또 하나의 중요한 요소는 현지국의 정치적 상황이다. 국가에 따라서는 파견인의 숫자를 제한하는 경우도 있고, 조직구성원의 일정 비율을 자국인으로 선발할 것을 요구하는 경우도 있다.

〈표 13-5〉 파견인, 현지인, 제3국인 활용의 장단점

	장점	단점
파견인	• 본사의 목표, 정책, 경영 관행과의 친밀성 • 기술적 · 관리적 능력의 우수성 • 본사 인사부서와의 효과적인 커뮤니케이션 • 해외 자회사에 대한 용이한 통제	• 사회적 · 경제적 · 정치적 · 법적 환경 적응의 어려움 • 선발, 교육훈련, 유지비용의 부담 • 파견인력 가족의 현지적응 문제
현지인	• 현지국의 사회적 · 경제적 · 정치적 · 법적 환경의 친밀성 • 파견인이나 제3국인 채용보다 낮은 비용 • 현지인의 조직몰입과 사기 증진 • 현지 자회사 운영에 대한 현지국의 요구에 효과적으로 대응	• 본사의 효과적인 통제 어려움 • 본사 인사부서와 커뮤니케이션의 어려움 • 본사 인력의 다양한 문화에 대한 경험 기회의 부족
제3국인	• 기술적 · 관리적 전문가를 확보함 • 일반적으로 국제경영 경력을 가지고 있음 • 파견인보다 비용부담이 적음	• 현지국이 특정 국가에 대해 민감하게 반응할 수 있음 • 현지인의 기회를 방해하는 결과 초래

(1) 파견인 선발

일단 해외 자회사에 본국인을 파견하는 것이 전략적으로 적합하다고 판단되면 파견인을 선발해야 한다. 성공적인 파견인 선발의 핵심은 현지 경영활동에 가장 적합한 인적자원을 선발하는 것이다. 일반적인 해외 파견인 부임 과정을 살펴보면 [그림 13-2]와 같으며(Briscoe & Gazda, 1989), 특히 성공적인 파견인 선발을 위하여 3단계(해외 파견인 지원자 평가)가 매우 중요한 역할을 한다고 볼 수 있다. 이 단계에서는 지원자에 대한 직무능력평가, 개인특성평가, 해외부임 동기와 열망 평가, 가족사항평가, 현지어 및 영어 유창성 평가, 해외부임 경력 평가 등이 이루어진다.

해외에서 관리자로서 성공적인 업무수행을 하기 위해서는 국내 기업에서의 경력만으로는 부족하다. 따라서 성공적인 파견인력을 선발하기 위해서는 개인적 특성과 능력을 기초로 의사소통 능력, 문화적응 능력, 관계형성 능력 등 다양한 측면을 종합적으로 검토해야 한다. 해외 파견 시 파견인력의 선발과 관련한 모형을 그림으

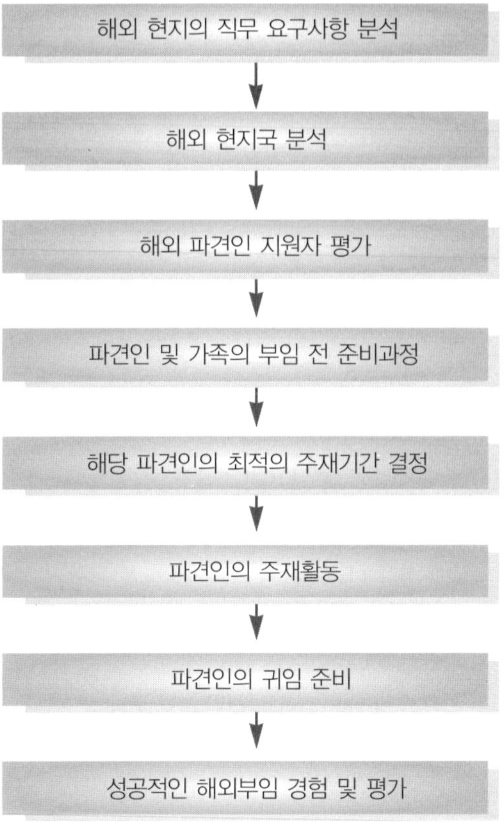

[그림 13-2] **성공적인 해외 파견인 부임 과정**

로 나타내면 [그림 13-3]과 같다(구본장 외, 2009).

철저한 직무분석과 작업환경 연구는 정확한 파견인의 선발 결정을 위해 필요하다. 특히 해외 파견인의 경우 국내에서 여러 가지 직무를 두루 경험했다고 하더라도 다른 문화권에서는 그 역량을 발휘하지 못할 수 있다. 왜냐하면 해외 파견인의 경우 특히 이문화 환경에 대한 적응력이 필요하기 때문이다. 이와 관련하여 김원형(2006)은 21세기 국제 인적자원이 갖추어야 할 핵심역량을 〈표 13-6〉과 같이 제시하고 있다.

Kealey(1996)는 성공적인 국제 인적자원선발 시스템을 구축하기 위한 단계를 다

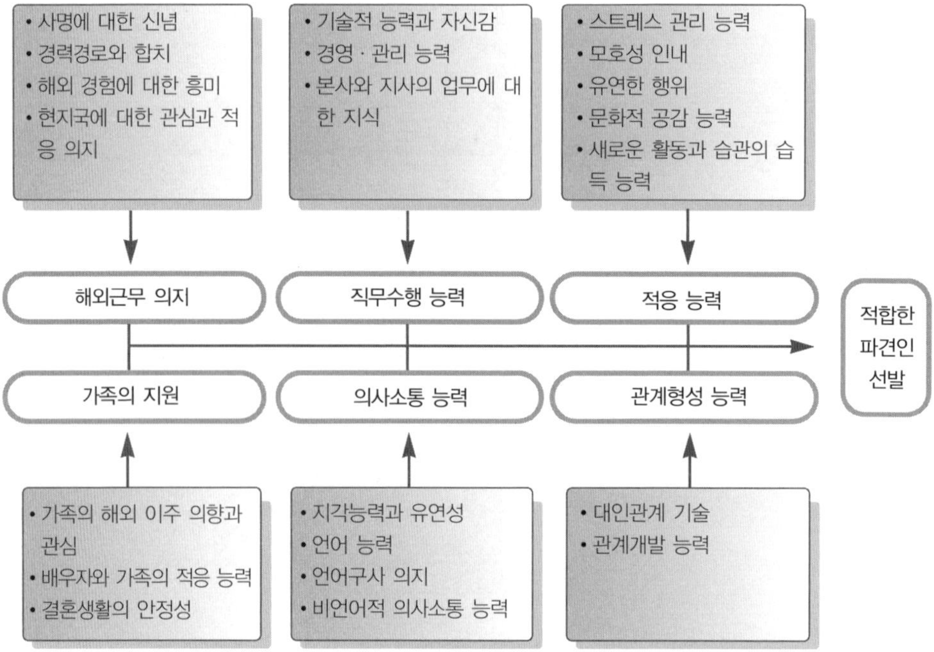

[그림 13-3] **파견인 선발 모형**

음과 같이 제시하였다. 첫째, 해외 현지에 적합한 지식, 기술, 능력에 대한 직무분석을 실시하며, 직무분석에는 직무기술서와 직무명세서에 의한 분석, 해외 현지에 대한 사회문화적 분석 등을 포함시켜야 한다. 이러한 직무분석을 통해 해외 현지에 파견할 파견인의 선발기준을 결정해야 한다. 둘째, 해외 파견 예정자 선발절차에 대한 계획을 수립하고 실시해야 한다. 즉 해외에 파견될 인적자원에 대한 자기평정, 인사기록 확인 등의 사전심사 프로그램을 계획하며, 해외 파견 예정자 선발위원을 선정한다. 셋째, 해외 파견 예정자를 대상으로 선발면접과 역량평가를 실시한다. 이러한 과정을 거쳐 해외 현지에서 성공할 가능성이 가장 높은 국제 인적자원을 선발할 수 있다. 마지막으로, 해외 현지 적응에 부족한 역량이 있을 경우 국제 인적자원 교육 및 훈련 프로그램을 실시해야 한다. 그리고 이러한 교육 및 훈련에 대한 평가를 실시하여 미진한 분야에 대해서 재교육 프로그램을 계획하고 실시해야 한다.

〈표 13-6〉 21세기 국제 인적자원의 핵심역량

핵심역량	세부내용
현지어와 영어 유창성	• 해외 현지어와 영어를 완벽하게 구사함으로써 직무를 원활하게 수행
다차원적인 안목	• 글로벌 경영, 생산, 기능, 마케팅 능력 • 다양한 환경에 대한 경험 확대
국제경영의 숙달	• 주요 해외 프로젝트의 성공적인 운영실적
의사결정 기술	• 전략적 의사결정의 정확성 • 효과적인 의사결정에 의한 가시적 성과
인맥 구축	• 현지국의 정치 · 경제 · 사회 분야 인맥을 구축하는 능력
이문화 적응성	• 이문화에 대한 적응 용이성 • 문화적 다양성 수용
문화적 민감성	• 문화, 인종, 국적, 성별, 종교 등의 다양성을 수용하는 능력 • 문화 차이에 대한 이해
팀 리더십	• 해외 주요 업무를 완수하기 위해 문화적으로 다양한 작업집단을 다루는 능력
신체적 건강과 정신적 성숙	• 성공적인 직무수행을 위한 신체적 건강 • 심리적 · 정서적 안정을 통한 정신 건강

(2) 현지인 또는 제3국인 선발

일반적으로 글로벌 기업의 해외지사 구성원은 현지인으로 구성되며, 특히 사업 수행에 필요한 인적자원이 부족한 지역에서는 제3국적의 인력을 고용한다. 현지인은 이미 그 나라의 문화와 언어를 알고 있고 채용에 따른 비용도 많이 들지 않는다. 특히 해외 현지국 정부는 현지 인력의 고용과 지역발전에 도움이 된다는 점에서 현지인 채용을 호의적으로 평가하는 경향이 있다. 그러나 현지인은 본사의 목표와 절차에 대해 잘못된 지식을 갖거나 의사소통의 어려움이 있을 수 있다.

다국적 기업이나 글로벌 기업이 현지 국가에서 구성원을 선발하고자 할 때, 해외 현지 인력시장에 대한 취약한 정보, 해외 현지 교육 시스템에 대한 정보 부족, 선발 과정에서의 언어와 문화차이 문제, 현지인의 능력에 대한 불신 등의 일반적인 어려움이 있다. 그러나 이러한 어려움이 있다 하더라도 현실적으로 많은 기업은 현지 인력에 의지하는 경향이 더욱 증가하고 있다.

2) 교육훈련

무한경쟁의 글로벌 시장에서 경쟁하는 기업은 국제적 경험과 비전을 보유한 능력 있는 인력을 개발하기 위해 많은 교육훈련을 실시하고 있다. 국제 인적자원관리에서 이러한 교육훈련은 해외 자회사로 파견되는 해외 파견인의 교육훈련과 해외 자회사에 근무하는 현지인이나 제3국인의 교육훈련으로 나누어 볼 수 있다.

우선 해외 파견인에 대한 교육훈련은 업무 능력 향상 이외에 특히 상이한 문화에 대한 적응 능력이 주요 내용을 이루고 있다. 즉 해외 파견인력은 현지에서 겪게 될 문화적 충격이나 혼란에 대비해 그 나라의 문화적 전통과 관습에 대한 사전지식을 충분히 보유해야 한다. 파견인에 대한 교육훈련 프로그램의 선정은 기업의 전략, 파견인의 업무 성격, 현지국의 문화적 특성, 의사소통의 정도 등을 고려하여 종합적으로 이루어져야 한다. 즉 파견인이 과거에 담당했던 직무와 이질성이 클수록, 본국과 현지국 간의 문화적 차이가 클수록, 그리고 현지국 사람들과의 의사소통에 어려움이 많을수록, 파견인에 대한 교육훈련을 철저하게 시켜야 한다. Harris와 Moran(1991)은 해외 파견인에게 훈련시켜야 할 일반적 역량으로 직무기술적 능력, 적응성 및 정서적 안정, 적극성, 인간관계 및 현지인과의 조화, 현지언어 능력, 문화 간 공감성 등을 제시하고 있다.

다음으로 해외 자회사에 근무하는 현지인이나 제3국인을 대상으로 하는 교육훈련도 성공적인 사업수행을 위해 매우 중요하다. 이들에 대한 교육훈련이 중요한 이유는 해외에서의 사업의 성공이 궁극적으로 현지에서 일하고 있는 조직구성원에게 달려 있기 때문이다. 이들은 대체로 전문적 업무 능력, 선진화된 경영기법, 본국의 문화에 대한 이해 등이 부족하므로 이 분야에 대한 내용이 교육훈련의 주요 내용이 될 것이다.

3) 보수 및 보상

해외에서 활동하는 인적자원에 대한 보수관리는 국제 인적자원관리에서 가장 복잡하고 어려운 문제에 속한다. 그 이유는 국가 간의 임금 수준과 복리후생의 제공 정도가 매우 큰 차이를 보이기 때문이다. 즉 비슷한 직무를 수행한다 하더라도 어떠한 국가에 속해 있느냐에 따라 보상의 양과 형태는 매우 다양하게 나타난다. 따라서 능력 있는 해외 파견인력 및 지역관리자에 대한 적절한 보상 시스템을 개발하는 것이 매우 중요하다. 이러한 인력에 대한 효과적인 보상정책이 되기 위해서는 다음과 같은 목적을 달성해야 한다(구본장 외, 2009). 첫째, 능력을 갖춘 종업원이 해외에서 근무할 수 있도록 충분한 유인을 제공해야 한다. 둘째, 해외 자회사 간에, 본국과 해외 자회사 간의 이동이 용이해야 한다. 셋째, 본국에 근무하든 해외 자회사에 근무하든 모든 종업원의 보상에는 일관성과 합리성이 있어야 한다. 넷째, 여러 지역에서 경쟁하고 있는 경쟁기업의 보상정책과 관련해서 합당한 보상을 제공해야 한다.

일반적으로 해외에서 활동하는 인력에 대한 보수체계는 다음의 네 가지 방식으로 나누어 볼 수 있다.

첫째, 협상방식(negotiation approach)은 구성원과 개별적으로 협상하여 보수 수준과 체계를 결정하는 방식이다. 특히 처음으로 해외에 인력을 파견하고 그 인원이 소수인 경우에, 임금과 부가급 등의 결정은 해외 파견자와 개별적으로 협상함으로써 이루어진다. 이러한 방식은 인력의 해외파견 초기 단계에서 주로 나타나는 매우 단순한 형태다.

둘째, 균형화 방식(balance sheet approach)은 본사의 기본적인 보수 프로그램을 조정하여 현지 보수를 결정하는 방식이다. 즉 해외 파견자의 수가 증가하면 개별적으로 협상에 의해 보수를 결정하는 데는 한계가 있다. 따라서 파견된 국가별로 현지의 사정을 고려하여 본국에서 제공했던 보수에 일정 항목을 가감하여 설계한다. 이 방식은 일반적으로 해외파견 근무자 수가 많은 다국적 기업이나 글로벌 기업이 채택하는 경우가 많다.

셋째, 현지화 방식(localization approach)은 현지국의 보수 수준과 체계에 따라 접근하는 방법이다. 이 방식은 높은 인건비 부담과 해외 자회사 간 불공정성을 해소하기 위해 자주 활용되며, 특히 입사 초기부터 해외에 파견되어 오랜기간 동안 해외에서 근무할 인적자원에게 적용되는 경우가 많다.

넷째, 권역별 방식(regional approach)은 인적자원을 파견하는 특정 권역별로 임금 및 후생복지 시스템을 설계하는 방법이다. 이 방식의 일차적 목적은 특정 지역 내에서 보상의 공정성을 확보하고 유지하는 데 있으며, 다른 접근 방식을 보완하는 형태로 운영된다.

일반적으로 유사한 직무를 수행하는 글로벌 기업의 종업원이라도 각국마다 전통과 가치, 경제 수준, 일반적 급여 등이 차이가 나기 때문에 각국 파견인과 현지인을 위한 보상체계가 개발되어야 한다(Reynolds, 1992). 그리고 글로벌 기업이 성공적인 인적자원관리를 하려면 국제 보상체계와 보상철학에 대한 효과적인 전략이 절대적으로 필요하다(Gajek & Sabo, 1993).

4) 업적평가

국제 인적자원에 대한 업적평가는 임금 결정, 직무 배치, 인적자원 개발 및 훈련의 결정 등과 직접적으로 관련되어 있기 때문에 매우 중요하다. 또한 이러한 업적평가는 관리자와 조직의 수행을 향상시키는 기능을 함으로써 전반적인 경쟁우위를 유지하고 성취하는 데 기여할 수 있다. 그러나 국제 인적자원에 대한 업적평가에는 그 나라의 관습, 법률 등 사회문화적 요인이 절대적으로 영향을 미치기 때문에, 업적평가 또한 매우 복잡하고 어려운 문제에 속한다. 예를 들면 본사와 현지의 평가자 선정 문제, 본사와 현지 간의 현지인의 업적에 대한 시각 차이, 해외 현지에 맞지 않는 부적절한 목표설정, 본사와의 의사소통의 어려움, 해외 환경과 문화에 대한 이해 부족 등의 많은 어려움이 있다(Brewster, 1991; Dowling & Schuler, 1990).

국제 인적자원에 대한 업적평가는 해외에서의 경영 판단과 의사결정, 기술적 역량, 다양한 이문화 환경 등에 근거를 두어야 하며, 개개인의 해외 주재 경험과 해외 업무 특성 등을 고려해야 업적평가의 타당성을 확보할 수 있다. 그리고 해외 현지에 대한 업적평가체계를 개발할 때는 현지 관리자가 반드시 업적평가 개발팀에 참여해야 하며, 만일 업적평가가 본사 주도로 개발될 때도 현지 주재 경험이 있는 귀임자가 평가체계 개발에 참여해야 한다. 또한 국제 인적자원에 대한 업적평가를 실시할 때는 국제 인적자원관리 전략과의 연계성, 국제업적평가 준거개발, 평가방법, 평가자 선정, 평가자 훈련 등이 고려되어야 한다.

그러나 평가의 기본 원칙은 본사의 기업이념과 경영철학에 따라 설정되어야 하며, 또한 국제규범에 위배되지 않아야 한다. 일반적으로 경영층이나 관리층에 대한 평가는 본사 내지 국제적 기준을 존중하지만, 일반 종업원에 대한 평가는 현지국의 기준을 존중하는 경향이 있다.

5) 노사관계

글로벌 기업의 해외 진출에 있어 성공의 변수가 되는 요인 중의 하나가 현지의 노사관계에 대해 본사나 해외 자회사가 어떻게 대처하는가 하는 문제다. 특히 본국의 노사관계와 현지의 사정에 차이가 클수록 현지에서 원활한 노사관계의 구축을 위해 노력해야 한다. 이문화 간 노사관계는 본국에서 친숙하게 이루어지는 노사관계와는 현저하게 다르다. 예를 들면 어떤 국가에서는 고용 관계 규정이 있다 하더라도 종업원이 노동조합을 결성하지 않고 있는 반면, 어떤 국가에서는 본사에서 종업원이 노조에 가입할 수 없어도 현지에서는 노조가 의무적으로 결성되기도 한다.

해외에 진출한 기업은 그 나라의 노사관계와 관련한 특정 인적자원관리 정책을 실시할 때 세심한 주의를 기울여야 한다. 다국적 기업은 각국의 독특한 규제와 끊임없이 직면하게 되므로, 어떻게 하면 이러한 차이점을 자사의 전략범위 내에서 효과적으로 해결할 수 있는가 하는 것이 중요하다.

그리고 해외에서의 노사관계에 영향을 미치는 중요한 변인으로 본사 파견 관리자의 현지인에 대한 태도와 행동이다. 본국에서 파견된 관리자가 현지인에 대해 독단적이고 권위적인 태도와 행동을 취한다든지, 현지인을 무시하는 인사정책을 실시하게 되면, 노사관계가 건잡을 수 없이 악화될 수 있다(김성국, 2000).

정리해 볼 문제

1. 국제 인적자원관리의 중요성에 대해 설명하시오.
2. 국제 인적자원관리 환경요인에 대해 설명하시오.
3. 국제 인적자원관리의 네 가지 접근방법에 대해 설명하시오.
4. 글로벌 기업의 발전 단계에 대해 설명하시오.
5. 해외 파견인 활용의 장단점에 대해 설명하시오.
6. 21세기 국제 인적자원의 핵심역량에 대해 설명하시오.
7. 일반적인 해외 파견인 부임과정을 설명하시오.

참고문헌

구본장(2000). 노사관계론. 서울: 형설출판사.

구본장, 박계홍(2009). 인적자원관리론. 서울: 형설출판사.

김동원(2008). 한국 우량기업의 노사관계 DNA. 서울: 박영사.

김식현(1999). 인적자원관리론. 서울: 무역경영사.

김영록(2004). 대안적 노사분쟁 해결방안으로서의 조정이 갖는 의의와 전망. 인재경영, 창간호, 82-87.

김영록(2005). 노사관리 체계의 이해. 인재경영, 7월호, 118-123.

김원형, 남승규, 이재창(2006). 新산업 및 조직심리학. 서울: 학지사.

김원형, 남승규, 이재창, 우석봉(2009). 심리학의 이해와 적용. 서울: 학지사.

김정인, 김지호, 양병화(1999). 인사심리학. 서울: 학지사.

김홍국(2000). 경력개발의 이론과 실제. 서울: 다산출판사.

박경규(2002). 신인사관리. 서울: 홍문사.

박내희(1998a). 국제인적자원관리. 서울: 박영사.

박내희(1998b). 인사관리. 서울: 박영사.

안희탁, 양병무(1993). 직무급의 이론과 실무. 서울: 경총 노동경제연구원.

유규창(2005). 전략적 성과관리와 평가제도. 인재경영, 6월호, 52-57.

유태용(2004). 경쟁우위 달성에 있어서 인적자원의 전략적 역할. 인재경영, 창간호, 88-95.

윤운성 역(1998). 성격을 알면 성공이 보인다. 서울: 학지사.

이정근(1980). 진로지도와 진로상담. 서울: 중앙적성연구소.

이정근(1988). 진로지도의 실제. 서울: 성원사.

정연앙(2004). 임금관리 이해와 성과주의 보상전략. 인재경영, 창간호, 62-71.

정재훈(2006). 노사관계론. 서울: 학현사.

청소년 대화의 광장 편(1996). 청소년 진로상담. 서울: 청소년 대화의 광장.

최종태, 박준성(1985). 노동조합의 활동전략: 금융노조의 위치와 활동전략에 관한 연구. 서울: 서울대학교 출판부.

탁진국(2002). 경력개발 및 관리. 서울: 시그마프레스.

한국 산업 및 조직심리학회 편(2000). 직업심리 및 상담. 서울: 학지사.

한인수(2004). 국내인사평가의 실태와 다면평가. 인재경영, 창간호, 50-61.

허찬영 외(2003). 노사 파트너십 종합매뉴얼 개발. 서울: 노동부.

홍종달(1999). 노사관계론. 서울: 한국노동교육원.

황규대(2008). 경쟁우위 달성을 위한 전략적 인적자원관리. 서울: 박영사.

Adler, N. J., & Ghadar, F. (1990). Strategic human resource management: A global perspective. *Human Resource Management: An International Comparison*. Berlin Walter de Gruyter.

Adler, N. J. (1991). *International dimensions of organizational behavior*. Kent Publishers.

Allen, T. D., Herst, D. E., Bruck, C. S., & Sutton, M. (2000). Consequences associated with Work-to-family conflict: A review and agenda for future research. *Journal of Occupational Health Psychology, 5*, 278-308.

Baltes, B. B., Briggs, T. E., Huff, J. W., Wright, J. A. & Neuman, G. A. (1999). Flexible and compressed workweek schedules: A meta-analysis of their effects on work-related criteria. *Journal of Applied Psychology, 84*, 496-513.

Barrett, R. S.(1966). Influence of supervisor' s requirements on ratings. *Personnel Psychology, 19*, 375-387.

Baumeister, R. F., Smart, L., & Boden J. M. (1996). Relation of threatened egotism to violence and aggression: The dark side of self-esteem. *Psychological Review, 103*, 5-33.

Beehr, T. A., & Newman, J. E. (1978). Job stress and employee health and organizational effectivess: A facet Analysis, model and literature review. *Personal Psychology, 31*, 665-669.

Betz, N. E., & Corning, A. F. (1993). The inseparability of career and personal counseling. *Career Development Quarterly, 42*, 137-142.

Bishop, G., Ang, J., Khader, M., Enkelman, H., Tong, E., Why, Y., & Diong, S. M. (2003). Job Demand, Decisional control, and Cardiovascular response. *Journal of Occupational Health Psychology, 8*, 146-158.

Blum, M. L., & Naylor, J. C. (1968). *Industrial psychology: Its theoretical and social foundations*. New York: Harper & Row.

Bohlander, G., & Snell, S. (2004). *Managing human resources*. South-western.

Borman, W. C., & Motowidlo, S. J. (1993). Expanding the criterion domain to include elements of contextual performance. In Schmitt, N., & Borman, W. C. (Eds.), *Personnel selection in organizations*. San Francisco: Jossey-Bass.

Bracken, D. W., Dalton, M. A., Jako, R. A., McCauley, C. D., & Pollman, V. A. (1997). *Should 360-degree feedback be used only for development purposes?* Greenboro, NC: Center for Creative Leadership.

Bradley, L. J. (1990). *Counseling midlife career changers*. Garrett Park, MD: Garrett Park Press.

Breaugh, J. A. (1981). Relationship between recruiting sources and employee performance, absenteeism, and work attitude. *Academy of Management Journal, 24*(1), 142-147.

Brewster, C. (1991). *The management of expatriates*. LondonL: Kogan Page.

Briscoe, J., & Gazda, C. (1989). The successful expatriate: Managing in a global economy. Third biennual international conference. *Eastern Academy of Management.*

Brown, D., & Brooks, L. (1991). *Career counseling techniques.* Boston: Allyn & Bacon.

Campbell, J. P. (1971). Personnel training and development. *Annual Review of Psychology, 22,* 565-602.

Cannon, W. V. (1929). *Bodily changes in pain, hunger, fear, and rage.* New York: Appleton-Century.

Caplan, R. D., Cobb, J. R. P., French, R. V., & Harrison, S. R. (1975). Job stress, strain, and health. Paper presented at the 103rd annual convention of the American public health association, Chicago.

Capper, J., & Fletcher, D. (1996). Effectiveness and cost-effectiveness of print-based correspondence study. A paper prepared for the institute for defense analyses. Alexandria, VA.

Carlson, D., & Kacmar, K. (2000). Work-family conflict in the organization: Do life role value make a difference? *Journal of Management, 26,* 1031-1054.

Cartwright, S., & Cooper, C. L. (1997). The human effect of mergers and acquisitions. In C. L. Cooper & D. M. Rousseau (Eds.), *Trends in organizational behavior.* New York: Wiley.

Cleveland, J. N., Stockdale, M., & Murphy, K. R. (2000). *Women and men in organizations.* Mahwah, NJ: Erlbaum.

Cohen, S., & Edwards, J. R. (1989). Personality characteristics as moderators of the relationship between stress and disorder. In R. W. Neufeld (Ed.), *Advances in the investigation of Psychological stress.* New York: John Wiley.

Cohen, S. (1992). A power primer. *Psychological Bulletin, 112,* 155-159.

Cohen, S., & Wills, T. A. (1985). Stress, social support, and the buffering hypothesis. *Psychological Bulletin, 98,* 310-357.

Cohen, S., Evans, G. W., stokols, D., & Krantz, D. S. (1986). *Behavior, health, and environmental stress.* New York: Plenum.

Cooper, C. L., & Cartwright, S. (2001). A strategic approach to organizational stress Management. In P. A. Hancock, & P. A. Desmond (Eds.), *Stress, workload, and fatigue. Human factors in transportation.* Mahwah, NJ: Erlbaum.

Cooper, C. L., & Marshall, J. (1976). Occupational sources of stress: A review of the literature relating to coronary heart disease and mental health. *Journal of occupational psychology, 49,* 11-28.

Cooper, C. L., & Sadri, G. (1991). The impact of stress counseling at work. *Journal of social Behavior and Personality, 6,* 411-423.

Coppard, L. C. (1976). Gaming simulation and the training process. In R. L. Craig (Ed.), *Training and development handbook: A guide to human resource development.* New York: McGraw-Hill.

Daugherty, M., & Funke, B. (1998). University faculty and student perceptions of web-based instruction.

Journal of Distance Education, 13(1), 21-39.

Day, D. V., & Livingstone, H. A. (2001). Chronic and acute stressors among military personnel: Do coping styles buffer their negative impact on health? *Journal of Occupational Health Psychology, 6*, 348-360.

De Cenzo, D. A., & Robbins, S. P., (1996). *Human resource management* (4th ed.). New York: Wiley.

Deutch, C. H. (1990). Managing the multimedia benefit kit, *New York Times*.

Dowling, P. J., & Schuler, R. S. (1990). *International dimensions of human resource management*, Boston: PWS-Kent.

Edward, J. R. (1996). An examination of competing versions of the person-environment fit approach to stress. *Academy of Management Journal, 39*, 292-339.

Edward, J. R., & Rothbard, N. P. (1999). Work and family stress and well-being: An examination of person-environment fit in the work and family design research. *Journal of Applied Psychology, 77*, 85-129.

Ellis, A. (1989). Rational-emotive therapy. In R. J., Corsini, & D. Wedding (Eds.), *Current psychotherapies* (4th ed.). Itasca, IL: Peacock, F. E.

Evans, G. W., & Johnson, D. (2000). Stress and open office noise. *Journal of Applied Psychology, 85*, 779-783.

Faley, R. H., & Sundstrom, E. (1985). Content representativeness: An empirical method of evaluation. *Journal of Applied Psychology, 70*, 567-571.

Farr, J. L. (1973). Response requirement and primacy-recency effects in a simulated selection interview. *Journal of Applied Psychology, 58*, 228-233.

Flanagan, J. C. (1954). The critical incident technique. *Psychological Bulletin, 51*, 327-358.

Flanagan, J. C., & Burns, R. K. (1955). The employee performance record: A new appraisal and development tool. *Harvard Business Review, 33*, 95-102.

French, J. R. P., Caplan, R. E., & Harrison, R. V. (1982). *Mechanisms of job stress and strain*. New York: John Wiley.

French, J. R. P., Rogers, W., & Cobb, S. (1974). *A model of person-environment fit. Coping and adaptation*. New York: Basic Books.

Frese, M. (1999). Social support as a moderator of the relationship between work stressors and Psychological dysfunctioning: A longitudinal study with objective measures. *Journal of Occupational Health Psychology, 3*, 179-192.

Friedman, M., & Rosenman, R. (1959). Association of specific overt behavior pattern with blood and cardiovascular findings. *Journal of the American Method Association, 169*, 1286-1296.

Frone, M. R. (2000). Work-family conflict and employee Psychiatric disorders: The national comorbidity survey. *Journal of Applied Psychology, 64,* 77-81.

Ganster, D. C., & Schaubroek, J. (1995). The moderating Effects of self-esteem on the work stress-employee health relationship. In R. Crandall & P. L. Perrewe (Eds.), *Occupational stress: A handbook.* London: Taylor & Francis.

Ghorpade, J., & Atchison, T. J. (1980). The concept of job analysis: A review and some suggestions. *Public Personnel Management, 9(3),* 134-144.

Goldstein, I. L. (1980). Training in work organization. In M. R. Rosenzweig, & L. W. Porter (Eds.), *Annual review of psychology, 31, 229-273,* Palo Alto, CA: Annual Reviews.

Goldstein, I. L. (1986). *Training in organizations: Need assessment, development, and evaluation.* Monterey, CA: Brooks/Cole.

Gorlin, H. (1982). An overview of corporate personnel practices, *Personnel Journal, 61,* 125-130.

Greenberg, J. (1986). Determinants of perceived fairness of performance evaluation. *Journal of Applied Psychology, 71,* 340-342.

Guion, R. M. (1965). Industrial psychology as an academic discipline. *American Psychologist, 20,* 815-821.

Hackman, J. R., & Oldham, G. R. (1980). *Work Redesign.* Reading, MA: Addison-Wesley.

Hall, D. T. (1976). *Careers in organizations.* Pacific Palisades, Calif: Goodyear.

Hall, D. T., & Goodale, J. G. (1986). *Human resource management: Strategy, design and implementation.* Glenview, IL: Scott, Foresman Co.

Hammer, L., Bauer, T., & Grandy, A. (2003). Work family Conflict and work related withdrawal behaviors. *Journal of Business and Psychology, 17,* 419-436.

Harris, M. M., & Schaubroeck, J. (1988). A meta-analysis of self-supervisor, self-peer, and peer-supervisor ratings. *Personnel Psychology, 41,* 43-62.

Harris, P. R., & Moran, R. T. (1991). *Managing cultural differences.* Houston, TX: Gulf Publishing.

Hiltz, S. R. (1994). *The virtual classroom: Learning without limits via computer networks.* Norwood, NJ: Ablex Publishing Corporation.

Holland, J. L. (1973). *Making vocational choice: A theory of careers.* Englewood Cliffs, NJ: Prentice-Hall.

Holland, J. L. (1985). *Making vocational choice: A theory of vocational personalities and work environments* (2nd ed.). Englewood Cliffs, NJ: Prentice-Hall.

Holmes, T. H. & Rahe, R. H. (1967). The social readjustment rating scale. *Journal of Psychosomatic Research, 11,* 213-218.

Horner, K. R. (1996). Locus of control, neuroticism, and stressors: Combined influences on reported physical illness. *Personality and Individual Differences, 21,* 195-204.

House, J. S. (1981). *Work stress and social support.* MA; Addison-Wesley.

Hurrel, J. J. (1985). Machine-paced work and the Type A behavior pattern. *Journal of Occupational Psychology, 58,* 15-25.

Hurrel, J. J., Nelson, D. L., & Simmons, B. L. (1998). Measuring job stressors and strains: Where we have been, where we are, and where we need to go. *Journal of Occupational Psychology, 3,* 368-389.

Hurtz, G. M., & Donovan, J. J. (2000), Personality and job performance: The big five revisited. *Journal of Applied Psychology, 85,* 868-879.

Jackson, S. E. (1983). Participation in Decision Making as strategy for reducing job related strain. *Journal of Applied Psychology, 68,* 3-19.

Jex, S. M. (1998). *Stress and job performance: Theory, research, and implications for Managerial Practice.* Thousand Oaks, CA: sage.

Johansson, G. (1981). Psychoneuroendocrine correlates of unpaced and paced performance. In G. Salvendy, & M. J. Smith (Eds.), *Machine-Pacing and Occupational Stress.* London: Tayor & Francis.

Jones, J. W., Barge, B. N., Fay, L, M., Kunz, L. K., & Wuebker, L. J. (1988). Stress and medical malpractice: Organizational risk assessment and intervention. *Journal of Applied Psychology, 873,* 727-735.

Kahn, R. L., & Byosiere, P. B.(1992). Stress in organizations. In M. D. Dunnette, & L. M. Hough(Eds.), *Handbook of industrial and organizational psychology* (Vol. 3). Palo Alto, CA: Consulting Psychologists Press.

Kaplan, A. (1964). *The conduct of inquiry.* New York: Harper & Row.

Karasek, R. A. (1979). Job demands, job decision latitude, and mental strain: Implications for job redesign. *Administrative Sciences Quarterly, 24,* 285-308.

Karasek, R. A., & Theorell, T. (1990). *Healthy work.* New York: Basic Books.

Kealey, D. J. (1996). A study of cross cultural effectiveness: Theoretical issues, practical application. *International Journal of Intercultural Relations, Vol. 13,* 387-428.

Kennedy, D. J., & Berger, F. (1994). Newcomer socialization: Oriented to facts to feelings?. *Cornell Hotel and Restaurant Administration Quarterly, 35,* 58-71.

Kirkpatrick, D. L. (1959). Techniques for evaluating training programs. *Journal of the American Society of Training Directors, 13,* 21-26.

Kirkpatrick, D. L. (1994). *Evaluating training programs: The four levels*, San Francisco: Berrett-Koehler Publishers.

Kobasa, S. C. (1979). Stressful life events, personality, and heath: An inquiry into hardiness. *Journal of Personality and Social Psychology, 37,* 1-11.

Kobasa, S. C., Maddi, S. R., & Kahn, S. (1982). Hardiness and Health: A Prospective study. *Journal of Personality and Social Psychology, 42,* 168-177.

Kopelman, R. E. (1986). *Managing productivity in organizations.* New York: McGraw-Hill.

Korman, A. K. (1977). *Organizational behavior.* Englewood Cliffs, N. J.: Prentice-Hall.

Krantz, D. S., & Manuck, S. B. (1984). Acute psychologic reactivity and risk of cardiovascular disease: A review and methodologic critique. *Psychological Bulletin, 96,* 435-464.

Krantz, D. S., & McCeney, M. K. (2002). Effects of Psychological and Social factors on organic disease: A critical reassessment of research on coronary heart disease. *Annual Review of Psychology, 53,* 341-362.

Krumboltz, J. D. (1993). Integrating career and personal counseling. *Career Development Quarterly, 42,* 143-148.

Kujawski, C. J., & Young, D. M. (1979). Appraisals of people resources. In D. Yoder, & H. G. Heneman, Jr. (Eds.), *ASPA handbook of personnel and industrial relations,* Washington, DC: Bureau of National Affairs.

Lacho, K. J., Stearns, G. K., & Villere, M. R.(1979). A study of employee appraisal systems of major cities in the United States. *Public Personnel Management, 8,* 111-125.

LaFollette, W. R.(1975). How is the climate in your organization?. *Personnel Psychology, 54,* 376-389.

Landy, F. J., & Trumbo, D. A. (1980). *Psychology of work behavior(rev. ed.),* Chicago, IL: Dorsey Press.

Landy, F., & Conte, J. (2004). *Work in the 21st century.* New York: McGraw-Hill.

Lang, P. J., & Lazovik, A. D. (2003). Experimental desensitization of a phobic. *Journal of Abnormal and Social Psychology, 66,* 519-525.

Lauver, K. L., & Kristof-Brown, A. (2001). Distinguishing between employee' s perceptions of person-job and person-job and person-organization fit. *Journal of Vocational Behavior, 59,* 454-470.

Lazarus, R. S. (2001). Toward better research on stress and coping. *American Psychologist, 55,* 665-673.

Lazer, R. L., & Wilkstrom, W. S. (1977). *Appraisal managerial performance: Current practices and future directions.* New York: Conference Board.

Levine, E. R., Ash, R. A., Hall, H., & Sistrunk, F. (1983). Evaluation of job analysis methods by experienced job analyists, *Academy of Management Journal, 26,* 339-348.

Levinson, D. J. (1986). A conception of adult development. *American Psychologist, 41*(1), 3-13.

Lewin, K., Lippitt, R., & White, R. (1939). Patterns of aggressive behavior in experimentally created "social climates." *Journal of Social Psychology, 10,* 271-299.

Linderman, E. C. (1929). *The meaning of adult education.* New York: New Republic.

Lord, J. S. (1989). External and internal recruitment. In W. F. Cascio (Eds.), *Human resource planning, employment, and placement.* Washington, DC: Bureau of National Affairs.

Lovelace, K., & Rosen, B. (1996). Differences in achieving person-organization fit among diverse groups of managers. *Journal of Management, 22,* 703-722.

Lundberg, U., & Frankenhaeuser, M. (1999). Stress and workload of men and women in high-ranking positions. *Journal of Occupational Health Psychology, 4,* 142-151.

Maddi, F. A., & Kobasa, S. C. (1984). *The hardy executive: Health under stress. Homewood,* IL: Dow Jones-Irwin.

Major, V., Klein, K., & Ehrhart, M. (2002). Work time, work interference with family, and Psychological distress. *Journal of Applied Psychology, 87,* 427-436.

May, K. E. (1996). Work in the 21st century: Implications for job analysis. *The Industrial-Organizational Psychologist, 33*(4), 98-100.

McCormick, E. J. (1979). *Job analysis: Methods and applications.* New York: Amacom.

McCormick, E. J., Jeanneret, P. R., & Mecham, R. C. (1972). A study of job characteristics job dimensions as based on the Position Analysis Questionnaire(PAQ). *Journal of Applied Psychology, 56,* 347-368.

McGehee, W., & Thayer, P. W. (1961). *Training in business and industry.* New York: Wiley.

Milkovich, G. T., & Newman, J. M. (1987). *Compensation(2nd ed.).* Plano, TX: Business Publications, Inc.

Mills, D. Q., & McCormick, J. (1985). *Industrial relations in transition: Cases and text.* John Wiley & Sons.

Minor, F. J. (1986). Computer applications in career development planning. In D. T. Hall, & Associates (Eds.), *Career development in organizations.* San Francisco, CA: Jossey-Bass Publisher.

Moir, E. (1981). Career resource centers in business and industry. *Training and Development Journal, 35,* 54-57.

Moore, M. G., & Thompson, M. M. (1997). The effects of distance learning: Revised edition. *ACSDE Research Monograpg 15,* Penn State University.

Mount, M. K. (1984). Psychometric properties of subordinate ratings of managerial performance. *Personnel Psychology, 37,* 687-702.

Muchinsky, P. M. (1993). *Psychology applied to work* (4th ed.). Pacific Grove, CA: Brooks/Cole Publishing Co.

Munsterberg, H. (1913). *Psychology and industrial efficiency.* Boston: Houghton Mifflin.

Murphy, K. R. (1996). Individual differences and behavior in organizations: Much more than G. In K. R. Murphy (Ed.), *Individual differences and behavior in organizations*. San Francisco: Jossey-Bass.

Murphy, K. R., Martin, C., & Garcia, M. (1982). Do behavioral observation scales measure observation? *Journal of Applied Psychology, 67,* 562-567.

Organ, D. (1988). *Organizational citizenship behavior: The good soldier syndrome*. San Francisco: New Lexington Press.

Parker, T. C. (1976). Statistical methods for measuring training results. In R. L. Craig (Ed.), *Training and development handbook* (2nd ed.). New York: McGraw-Hill.

Patten, T. H. (1977). *Pay*. New York: Free Press.

Perlman, S. (1972). Labour' s 'home grown' philosophy In W. E. McCarthy (Ed.), *Trade Unoins*. Penguin.

Quick, J., Quick, J., Nelson, D., & Hurrell, J. (1997). *Preventative stress management in organizations*, Washington, D.C.: American Psychological Association.

Reigeluth, C. M. (1993). *Instructional-design theories & models: An overview of their current status*. Hillsdale, NJ: Lawrence Erlbaum Associates.

Rogers, R. A., & Wong, J. (1996). Human factors in the transfer of the Japanese best practice manufacturing system to Singapore. *The International Journal of Resource Management, 7,* 455-488.

Romanov, K., Appelberg, K., Honkasalo, M., & Koskevue, M. (1996). Recent interpersonal conflict at work and Psychiatric Morbidity: A prospective study of 15, 530 employees aged 24-64. *Journal of Psychosomatic Research, 40,* 169-176.

Rotter, J. B. (1966). Generalized expectancies for internal versus external control of reinforcement. *Psychological Monographs, 8* (1, Whole Mo. 609).

Russell, J. E. (1991). Career development interventions in organizations. *Journal of Vocational Behavior, 38,* 237-287.

Saks, A. M., & Ashforth, B. E. (1997). A longitudinal investigation of the relationships between job information sources applicant perceptions of fit and work outcomes. *Personnel Psychology, 50,* 3-15.

Salamon, M. (1987). *Industrial relations: theory and practice*. London: Prentice-Hall.

Sanchez, J. I., & Levine, E. L. (1999). Is job analysis dead, misunderstood, or both?: New forms of work analysis and design. In A. I. Kraut, & A. K. Korman (Eds.), *Evaluating practices in human resource management*. San Francisco, CA: Jossey-Bass Publishers.

Schanz, H. (1979). Betriebliches ausbildungswesen, Wiesbaden, Gabler.

Schmitt, N. (1976). Social and situational determinants of interview decisions: Implications for the employment interview. *Personnel Psychology, 29,* 79-101.

Schmitt, N., & Chan, D. (1998). *Personnel selection: A theoretical approach.* Sage Publications.

Schneider, B. (1987). The people make the place. *Personnel Psychology, 40,* 437-454.

Scholl, R. W., Cooper, E. A., & McKenna, J. F. (1987). Referent selection in determining equity perceptions: Differential effects on behavioral and attitudinal outcomes. *Personnel Psychology, 40,* 113-124.

Schultz, D. P., & Schultz, S. E. (1986). *Psychology and industry today* (4th ed.). New York: Macmillan Publishing Co.

Scott, W. D. (1903). *The theory of advertising.* Boston: Small, Maynard.

Scott, W. D. (1908). *The psychology of advertising.* New York: Arno Press.

Selye, H. (1976). *The stress of life.* New York: McGraw-Hill.

Shanteau, J., & Dino, G. A. (1993). Environmental stressor effects on creativity and decision-making. In O. Svenson, & A. J, Maule (Eds.), *Time pressure and stress in buman judgement and decision making.* New York: Plenum.

Shaw, M. E. (1967). Role playing. In R. L. Craig and L. R. Bittel (Eds.), *Training and development handbook.* New York: McGraw-Hill.

Simon, H. (1976). *Administrative behavior* (3th ed.). New York: The Free Press.

Sisson, D. E. (1948). Forced choice, the new Army rating. *Personnel Psychology, 1,* 365-381.

Smith, J. C. (1993). *Understanding stress and coping.* New York: Macmillan.

Sparks, K., Cooper, C., Fride, Y., & Shirom,. A. (1997). The effects of Hours of work on health: A meta-analytic review. *Journal of Occupational and Organizational Psychology, 70,* 391-408.

Spokane, A. (1991). *Career interventions*, Englewood Cliffs, NJ: Prentice-Hall.

Super, D. E. (1957). *The psychology of careers.* New York: Harper & Row.

Svenson, O., & Maul, J. A. (1993). *Time pressure and stress in human judgement and decision-making.* New York: Plenum.

Thompson, D. E., & Thompson, T. A. (1982). Court standards for job analysis in test validation. *Personnel Psychology, 35,* 865-874.

Thompson, M. (1996). Distance delivery of graduate-level teacher education: beyond parity claims. *Journal of Continuing Higher Education, 44*(3), 29-34.

Tough, A. (1979). *The adult' s learning projects* (2d ed.). Toronto: Ontario Institute for Education.

Tubre, E. L., & Collins, J. M. (2000). Jackson and Schuler(1985), revisited: A meta-analysis of the relationships between role ambiguity, role conflict, and job performance. *Journal of Management,*

26, 155-169.

Tucker, M. F., Cline, V. B., & Sohsitt, J. R. (1967). Prediction of creativing and other performance measures from bio-graphical information among pharmaceutical scientist, *Journal of Applied Psychology, 51,* 131-138.

Turban, D. B., & Dougherty, T. W. (1994). Role of protege personality in receipt of mentoring and career success. *Academy of Management Journal, 37,* 688-702.

Van Velsor, E., Ruderman, M. N., & Young, D. P. (1991). *Enhancing self objectivity and performance on the job: The role of upward feedback.* Paper presented at the 6th annual conference of the Society of I/O Psychology, St. Louis.

Viteles, M. S. (1932). *Industrial psychology.* New York: W. W. Norton.

Wall, T. D., Jackson, P., Mullarkey, S., & Parker, S. (1996). The demand control model of job strain: A more specific test. *Journal of Occupational and Organizational Psychology, 69,* 159-166.

Wanek, J. E., Sackett, P. R., & Ones, D. S. (2003). Towards an understanding of integrity test similarities and differences: An item-level analysis of seven tests. *Personnel Psychology, 56,* 873-894.

Wayne, F. C. (1998). *Applied psychology in human resource management* (5th ed.). Prentice-Hall.

Wayne, J., Musisca, N. & Fleeson, W. (2004). Considering role of personality in the work family experience. *Journal of Vocational Behavior, 64,* 108-130.

Wexley, K. N., & Latham, G. P. (1991). *Developing and training human resource in organizations* (2nd ed.). New York: Harper Collins Publishers, Inc.

Wlodkowski, R. J. (1985). *Enhancing adult motivation to learn.* Sanfrancisco: Jossey-Bass.

Xie, J. L. (1996). Karasek' s model in the people' s republic of china: Effects of job demands, control, and individual differences. *Academy of Management Journal, 39,* 1594-1618.

Yerkes, R. M., & Dodson, J. K. (1908). The relation of stimulus to rapidity of habit-formation. *Journal of Comparative Neurology and Psychology, 18,* 459-482.

Zammuto, R. F., London, M., & Rowland, K. M. (1982). Organization and rater differences in performance appraisals. *Personnel Psychology, 35,* 643-658.

Zedeck, S., & Cascio, W. F. (1982). Performance appraisal decisions as a function of rater training and purpose of the appraisal. *Journal of Applied Psychology, 67,* 752-758.

찾아보기

인 명

내 용

저 | 자 | 소 | 개

이재창(李在昌)

연세대학교 심리학과 졸업
연세대학교 대학원 사회심리학 석사
연세대학교 대학원 산업심리학 박사
현 대전대학교 산업 · 광고심리학과 교수
한국산업인력공단 국가기술자격증 자문위원
전 한국심리학회 홍보이사
한국 산업 및 조직심리학회지 편집위원
한국 산업 및 조직심리학회 이사
한국 산업 및 조직심리학회 자격 및 수련위원장
대전대학교 산학협력단 창업보육센터장
대전대학교 취업경력개발센터장
대전대학교 종합인재개발원장
미국 Eastern Michigan University 연구교수

〈저서〉

심리학의 이해(홍익대학교출판부, 1997)
생활 속의 심리학(학문사, 1998)
산업심리학(학지사, 1999)
인간과 심리학(학지사, 2003)
新산업 및 조직심리학(학지사, 2006)
심리학의 이해와 적용(학지사, 2009)

〈논문〉

목표 – 경로 명확성과 호감도가 과제수행집단의 응집력에 미치는 영향(석사학위 논문)
상사 – 부하의 교환관계가 상호평가에 미치는 영향(박사학위 논문) 외 다수

인적자원관리의 심리학

Psychology for Human Resource Management

2011년 1월 27일 1판 1쇄 발행
2019년 2월 19일 1판 2쇄 발행

지은이 • 이재창
펴낸이 • 김진환
펴낸곳 • (주) 학지사
121-837 서울특별시 마포구 서교동 352-29 마인드월드빌딩 5층
대표전화 • 02)330-5114 팩스 • 02)324-2345
등록번호 • 제313-2006-000265호

홈페이지 • http://www.hakjisa.co.kr
커뮤니티 • http://cafe.naver.com/hakjisa

ISBN 978-89-6330-556-1 93180

정가 19,000원